「政治改革」の研究
選挙制度改革による呪縛

吉田 健一 Yoshida Kenichi

法律文化社

はしがき

　本書はわが国における1990年代の政治改革論議の本質とは何であったかを明らかにするものである。89年から90年代の初頭は、わが国の元号でいうところの「平成」の初期にあたる。この時期は世界情勢も国内政治も激動の時期であった。世界的には冷戦が終結し、国内的には、その余波を受ける形で55年体制が崩壊した時期である。

　この時期には国内でも政治改革が叫ばれ、結果として選挙制度が改革された。この時期に行われた「政治改革」によって選挙制度改革が行われ、現行の小選挙区制を中心とする選挙制度に変更されたことは周知の事実である。

　この時期、わが国においてなされた政治改革論議の本質とはどのようなものだったのであろうか。なぜ、選挙制度が改革されたのだろうか。本書では90年代初期における政治改革論議の全体を貫いていた論議の本質について考察する。その際、竹下登内閣から細川護熙内閣までの議論を丹念に追っていく。

　今なお、この時期に行われた政治改革とその後の日本政治については、肯定的な評価を下す声も多い。だが、本当に90年代初期における政治改革とは、それほど肯定的な評価を下すに値するものであったのであろうか。そして、これは歴史的に誇れる改革であったのであろうか。端的に本書の結論を述べれば、その後の日本政治における諸改革の中身それ自体には首肯できるものが多いとしても、[1] 改革の目玉であった選挙制度改革—小選挙区比例代表並立制の導入—は全く誤った改革であったというものである。

　この時期の改革論議を主導した代表的な政治学者の佐々木毅ですら、後に「問題の根源にあるものは政党のあり方である。90年代、最大野党新進党の解党以後、野党の混乱と離合集散は目を覆うものがあったが、2012（平成24）年の民主党からの相次ぐ離党劇はそれを思い起こさせた。政治改革は議会制を当然の前提とし、確固たる基盤を持ち、一定程度の国民的信頼を継続的に獲得できる組織としての政党の存在を前提としている。もし政治家たちがこの意味での政党を組織し、活動させる能力がないということになれば、あるいは、個々の政治家が便宜的手段として政党を『作っては棄て、棄てては作る』ということ

とが日常化するようなことになれば、政党政治の基盤は危うくなる」と述べている（佐々木編、2013年、17頁-18頁）。

　だが、なぜ、日本の政党、特に野党第1党が常にこのような状況であり続けたのかということ自体が問われなければならないのではないだろうか。また政党一般を論じる議論は多いが、あらゆる政党を一般化して論じること自体にも問題があるのではないだろうか。

　長く政権を担当し、常に権力と結び付いている自民党の組織と、野党であっても国民の中で一定の基盤を持っている公明党や共産党と個人後援会型の保守政党に近い選挙と労組依存の選挙をする議員の同居している野党第1党を同列に「政党一般」として論じる事自体に大きな問題があるのである。

　政党の近代化が必要という問題意識を持つこと自体は、誰もが否定しないだろう。だが、政権にアプローチできる政党の数や、近代化された政党組織なるものは、制度改革によって、意識的に導き出すべきものなのだろうか。

　この時期の改革論者の中には、制度改革によって政党制を変え、政権にアプローチできる政党を人為的に2つに収斂させ、政治文化までも人為的に変えようとした発想が強くあった。このような発想は本来、議会政治や民主主義のあり方を考える上で非常に大きな問題を含むものであった。

　本書では、90年代初期の政治改革を肯定的に評価するのではなく、そもそも、90年代初期の政治改革論者たち—当時の言葉でいう「改革派」—が目指したものそれ自体が正しかったのか否かを根本的に問い直したいと考える。

　本書では、当時「改革派」といわれた人物やグループから出てきた選挙制度改革論議が、どれもほぼ同じ内容であり、同じような流れの人々から出てきたものに過ぎないにもかかわらず、なぜ、あたかも国民の大きな声のように喧伝されていったのかということにも焦点を当てながら議論を進めていきたい。

1)　例えば国会答弁における政府委員制度の廃止などの諸々の制度改革はそれ自体評価できることであろうと筆者も考えている。
2)　新進党、第3次民主党、その後に結党された民進党などのように政界再編の結果、結党されてきた政党。それぞれの政党の性格は違うが、共通点は「非自民非共産」であった。それ以外に結節点を持っていないのも共通である。それゆえに、政局の節目や選挙時には非自民とはいっても、内部には思想的にも政策的（特に安保外交政策やエネルギー政策などにおいて）にも自民党と違いのない議員を大量に抱え込むこととなった。

目　　次

はしがき

序　章　本書の問題意識と目的――――――――――――――― 1
    はじめに　1
    1　本書の問題意識と目的　2
    2　先行研究の検討―政治改革の歴史的評価の比較―　8
    3　本書における歴史記述に対する基本的な考え方　27
    おわりに　34

第 1 章　竹下内閣期及び宇野内閣期――――――――――――― 37
    ―1989 年 1 月～1989 年 8 月―
    はじめに　37
    1　有識者会議の設置とその提言　39
    2　後藤田正晴と『自民党政治改革大綱』　41
    3　宇野内閣の成立と第 8 次選挙制度審議会の発足　58
    4　野党の状況と政治改革に対する態度　64
    おわりに　68

第 2 章　海部内閣期――――――――――――――――――――― 74
    ―1989 年 8 月～1991 年 11 月―
    はじめに　74
    1　海部首相のリーダーシップ　75
    2　「政治改革推進派」と「政界再編推進派」―後藤田正晴と小沢一郎―
       80
    3　第 8 次選挙制度審議会と自民党政治改革本部―小林与三次と後藤田正晴―
       88

4　第8次選挙制度審議会と『答申』　95
　　5　社会党の「政治改革推進派」──ニューウェーブの会の登場──　99
　　6　冷戦終結と国内における政界再編の始まりの時期　105
　　おわりに　109

第3章　宮沢内閣期 ───────────── 115
　　　　──1991年11月〜1993年8月──
　　はじめに　115
　　1　宮沢政権下の出来事と宮沢首相のリーダーシップ　118
　　2　自民党内の動き──改革派と非改革派──　123
　　3　野党の動き──社会党を中心として──　130
　　4　小沢一郎と『日本改造計画』　136
　　5　細川護熙と『日本新党・責任ある変革』　141
　　6　武村正義と『小さくともキラリと光る国・日本』　146
　　7　山岸章の政界再編論　151
　　8　政治学者・ジャーナリストの立場　157
　　おわりに　164

第4章　細川内閣期 ───────────── 171
　　　　──1993年8月〜1994年1月──
　　はじめに　171
　　1　1993年総選挙前の動き──連立協議の開始──　175
　　2　「並立制」推進での野党7党合意と細川連立政権の誕生　178
　　3　政党制をめぐる考え方の相違──二大政党制か多党制か──　182
　　4　社会党内の路線闘争──並立制への是非をめぐって──　187
　　5　連立与党と自民党の攻防　191
　　6　政治改革法案の修正と与野党合意　195
　　7　参議院での法案否決から細川・河野合意へ　199
　　おわりに　205

第5章 「政治改革」後の日本政治をめぐる評価 ─── 213

はじめに　213
1　第3次民主党の形成過程をめぐる論点　214
2　民主党政権についての評価（1）─政治家自身による評価─　219
3　民主党政権についての評価（2）─政治学者たちの見解─　237
おわりに　252

第6章　政党制と選挙制度をめぐる考察 ─── 262

はじめに　262
1　政党制をめぐる考察　263
2　「一強多弱」現象と二大政党制　269
3　選挙制度をめぐる考察　276
4　戦前と戦後の比較から考える　283
5　戦前と戦後の連続性と相違点　295
6　小　括　299
おわりに　303

終　章　政治改革論議の本質と再考すべき政党制の問題 ─── 309

はじめに　309
1　政治改革期のまとめ　309
2　政治改革論議の本質とは何だったのか　317
3　再考すべき政党制の問題　325
おわりに　331

あとがき
引用・参考文献
事項索引
人名索引

序　章　本書の問題意識と目的

はじめに

　本書は1990年代初頭における政治改革期全体を通じて、どの時期にどのような議論がなされて、選挙制度改革が行われたのかを明らかにすること、そして当時の議論に欠けていたものを明らかにすることを目的としている。そのため、本書はその半分以上を歴史記述に充てる。そして、90年代の「政治改革」がその後の日本政治に何をもたらしたかを検討することによって、常時、政権交代可能な政党政治を日本に生み出すという当初の目的を達することができたのかということについて考察する。

　本書の立場を先に明らかにするならば、90年代の政治改革期になされた議論には極めて多くの問題が存在したというものである。端的に述べれば、リクルート事件の発生を受けて政治腐敗の問題がクローズアップされたが、これを中選挙区制という選挙制度の問題にすり替え、人為的に「政権交代可能な二大政党制」を導入しようとしたのが、90年代の「政治改革」論議の本質であった。

　しかし、当時は冷戦が終結して世界情勢が激動し、そのことと相まって、国内でも政治の「改革」が求められた。つまり、それまでの利害の調整を中心とした「小政治」から「大政治」への転換が求められたのである。世界的な冷戦の終結という問題と国内の政治腐敗の問題が一体化して、全てが渾然一体となる中で、「改革派」と「守旧派」の政治闘争が行われたように見えた。

　この過程を本書では順次明らかにするが、筆者の立場を最初に明確にしておきたい。筆者の立場は、90年代の「政治改革」論議の中で導入された小選挙区中心の選挙制度は、人為的に「二大政党制」を生み出し「政権交代」を起こそうと明確に意図されたものであり、その考え方そのものに大きな問題が内包されており、問題は今日も解決されていないというものである。

したがって、本書は選挙制度や政党制について価値中立の立場ではなく、明確に90年代の政治改革論議によって導入された現行の選挙制度に否定的な立場をとる。そのために終章においては、日本に相応しい衆議院の選挙制度の提言もしたい。はじめに本研究の対象とする時期を示す。
　ここで扱う「政治改革」とは、選挙制度改革と政治資金への規正が行われた89年から94年の諸改革を指す。対象とする期間は約5年あまりである。この時期は大きく分けると次の3つの時期に分けられる。
　第1期目は、リクルート事件の発生を受け、竹下登首相が「政治改革元年」を宣言した89年1月から、短期の宇野宗佑内閣を経ての海部俊樹内閣時代である。91年9月に政治改革3法案は廃案となるが、この時期が第1期である。
　第2期目は、宮沢喜一内閣時代である。海部内閣を引き継いだ宮沢内閣も表面上は「政治改革」を掲げる。だが、抜本改革と称された選挙制度改革には失敗し、93年6月に、野党から提出された不信任案が、自民党からも多数の賛同者が出たことによって可決され、自民党は分裂した。第3期は、93年総選挙を経て成立した7党8会派による細川護熙非自民連立内閣において、94年3月に政治改革関連4法案が成立するまでである。

1　本書の問題意識と目的

　ここで本書全体の問題意識とそれに基づいて、何を明らかにしたいのかという具体的な目的について述べておきたい。90年代初頭の政治改革論議についての評価はこの後、先行研究を検討するが、その多くが単純な「改革派」対「守旧派」の争いであったとするものである。多くの研究は当時の「改革派」を評価し、「守旧派」を批判的に位置付けている。説明がし易いためであろうが、このタイプのものが圧倒的に多い。そして、90年代の「改革派」とはすなわち、選挙制度改革に賛成したものであり、さらにいえば、小選挙区制の導入に賛成したものを指している。
　しかし、現実には、90年代初頭の政治情勢は、それほど単純なものではなかった。では、どうして、これほどまでに単純な「歴史観」が多数派になっているのだろうか。これが本書の最初の、そして根源的な問題意識である。この

こと自体を本書では詳細に検討するが、そのためにまず、90年代の初頭には政治改革の是非をめぐって政界再編が起こったという今日では疑いなく信じられている「歴史観」それ自体を見直すために、歴史記述自体を丁寧に行う。そして、そのことを通じて、この時期の議論に決定的に欠けていた議論は何であるかを最大限、明らかにしていきたいと考える。

現在、実際に90年代の初頭に政治改革をめぐって「改革派」と「守旧派」が争ったという半ば「常識」化しているストーリーが存在する。だが、これは、この時期に自称「改革派」を名乗った学者を中心に広められたある種の「歴史観」であるといっても過言ではない。だが、この「歴史観」は、既に20年以上の時間を経て、ある種の「常識」のようになっている。

しかし、この「常識」は正しいのだろうか。また、なぜ、このような言説が今日では既に「常識」と化したのだろうか。本書の大きな問いはまずここにある。この問いを明らかにするための方法として、歴史の記述を行い、90年代の初頭の日本政治は、実際にはそれほど単純な二元論で捉えられるものではなかったということを明らかにしたい。

政治改革論議はそもそも、リクルート事件に端を発した政界—より具体的には自民党内の問題だったのであるが—の金権腐敗体質の問題を、自民党内に固有の問題ではなく、また政治家個人の問題ではなく、中選挙区制に起因する問題だと考えられたところから始まった。これは第1章で言及する後藤田正晴の考え方から始まったものである。

そして、中選挙区制度が諸悪の根源であるという議論は広く人々に共有されていった。この時期、この論理が広く共有された背景には、戦後の日本では長く政権交代が起きていなかったという事実がある。政権交代が起きないことが原因となり与野党間のマンネリ化した緊張感のない政治が生み出されていた。選挙を行う前から政権政党は自民党と決まっていることから、中選挙区制の下では自民党内で「同士討ち」が起き、それが金権腐敗政治の原因となっているという議論がなされた。

だが、なぜ、自民党が強いのかという本質的な議論は一切なされずに、制度を変えれば政権交代が可能となるという言説が広がった。この議論が広く受け入れられた理由には、時代的な背景もあった。それは世界的に冷戦が終結した

ことである。冷戦の終結が引き金となって、日本国内の政治もこれまでのような、利益分配の政治（小政治）にとどまっていてはいけない、今後の複雑化する国際政治の中では日本も脱皮して「大政治」に対応できるようにならなければならないという意味での「政治改革論議」が活性化していった。

　このこと自体は、時代背景を考えるならば、当然のことでもあったのだが、このような大きなレベルでの「政治改革論議」と金権腐敗政治の問題を、政権交代がないことに求め、政権交代可能な二大政党制が理想であるという議論が結び付き、「改革派」と「守旧派」という分かり易い構図が作られた。

　政治家の名前を上げれば、「改革派」の代表は小沢一郎、羽田孜、細川、武村正義であった。守旧派の代表は自民党が政権を失った時の首相であった宮沢、宮沢内閣時の自民党幹事長であった梶山静六らであった。小沢に担がれ「改革派」の側で動いたが、当時も今も完全に「改革派」とは評価されず、「改革派」と「守旧派」の竹下、金丸信らの間で揺れ続け、評価の定まらない政治家には海部もいる。

　さらに個々人の政治家ではなく政党、政治グループでいえば、当時、「改革派」とされたのは新生党、日本新党、新党さきがけの保守3党であり、「守旧派」とされたのは小沢と敵対関係にあった自民党竹下派の議員とさらに選挙制度改革に反対していた自民党議員であった。

　また、当時の野党の社会党では極端なイデオロギーに固執する左派勢力や労組依存体質を引きずる人々が「守旧派」とされた。野党社会党陣営の側に注目すれば、「改革派」とされたのは、連合の初代会長山岸章やニューウェーブの会の面々であった。また、社会党や社民連の若手議員によって組織されたグループ「シリウス」の代表であった江田五月も「改革派」の代表であった。彼らはこれまでの社会党（特にその労組依存体質及び左派的イデオロギー）を否定することにより、当時の文脈でいう広義の「改革派」の仲間となった。

　つまり、改革論議の始まった直後、最初の「改革派」は自民党内の小選挙区制の賛同者であったのだが、社会党の中でも55年体制の固定化された自民党と社会党の役割分担に異を唱えることによって彼らは「改革派」の仲間となっていった。だが、同じ「改革派」でも両者の間には大きな違いがあった。

　この「改革派」が細川政権を成立させることになるのだが、これはいわば

「改革派の野合」ともいうべきものであって、「改革派」の内部での合意に基づく共通の理念は存在しなかった。「改革派の野合」という概念は、本書で筆者が初めて提唱する概念であり、これまで他の論者によって論じられた概念ではない。しかし、この「改革派の野合」は90年代の初頭のみならず、その後の日本政治に大きな影響を与え続けた。大袈裟にいえば、この90年代の「改革派の野合」こそが、その後の20年以上にわたる日本政治を規定したのである。

90年代初頭の日本政治では、冷戦の終結後、55年体制の主役である自民党と社会党の大半が「守旧派」であり、55年体制を壊そうとした側が「改革派」となっていった。この大きな流れの議論とリクルート事件の直後に自民党内から出てきた、「諸悪の根源は中選挙区制である」という議論がある時期から結び付き、渾然一体となっていった。

そして、この過程では多くの重要な議論がなされなかった。政権交代の必要性を説く議論と二大政党制を議会政治の理想とする議論は同じ側に位置したが、政権交代を促すための制度改革を推進した人々の間でも、なぜ、55年体制では政権交代が起きなかったのかという議論は一切なされなかった。

また、政権交代の必要性は論じられたが、どのような政党とどのような政党による政権交代が理想なのかという議論はなかった。つまりは保守二党制を構想した人々と保守政党と西欧型の社会民主主義政党の二党制を構想した人々がいたのだが、それらの人同士での議論は積極的にはなされなかった。

さらには、当時も日本政治の抱える全ての問題を中選挙区制度に帰する議論に関しては、多少の反対論はあったものの、ほぼ顧みられることはなかった。つまり、選挙制度改革に反対だというその一点のみで、彼らの真剣な議論は「改革派」によって封じられたのであった。

当時、「政治改革」を推進した勢力の議論は、極めて杜撰なものであった。なぜ、このような議論が広がっていったのか。まず、歴史事実を詳細に見ることによってこのことを明らかにする。

次にこの時期の議論に決定的に欠けていたものは何であるかを最大限、明らかにしていく。これも先に結論を述べれば、当時の議論に欠けていたことは既にいくつか挙げることができる。代表的なものは以下の通りである。

まず、中選挙区制が諸悪の根源とされたのだが、自民党が政権を握り続け

いるのは本当に中選挙区制に原因があったのかということである。当時、自民党がなぜ、長期間にわたって、一党優位体制を確立しているのかということの理由についての議論は全くなかった。存在した議論は、自民党の一党優位を崩すためには、選挙制度の改正が必要だというものだけであった。本来、なぜ、自民党が強すぎるのかという議論をすることなく、どうすれば、政権交代が可能となるかの議論を行うのは本末転倒であった。

　中選挙区制度が自民党一党優位の原因とされて行ったのだが、これは明らかに間違った議論であった。この議論は後藤田の主導した自民党政治改革委員会が竹下内閣時、竹下総裁に答申した自民党『政治改革大綱』で最初に明らかにされた考え方である[1]。

　まず、この『政治改革大綱』の時点で議論は歪められていたのであった。第1章で論じるが、『政治改革大綱』の趣旨は、中選挙区制だから政権交代が起きないという現状から、選挙制度改革を提言したものだったが、冷静に考えてみれば、自民党一党優位の原因は選挙制度にあったのではなく、自民党に投票する有権者が、55年体制の成立以降、相対的に一貫して多かったからである。それは、戦後の日本社会に誕生した単一保守党ゆえの圧倒的な強さによるものであって、本来は中選挙区制度とは別問題であった。

　また、選挙制度を改正することによって、人為的に政権交代の起きる政党制を導き出すことが、本当に国民にとって良いことなのかどうかという議論も当時は欠落していた。議院内閣制を採用しながら、選挙制度改革によって、政権交代可能な政治体制を作り出すには、小選挙区制度から二大政党制を導き出すという議論は分かりやすいものであったが、制度を変えることによって人為的に導き出される「政権交代」は本当に意味のあるものなのかという議論は一部の論者を除いて、ほぼなされなかったのであった。

　さらに、当時の「守旧派」とされた勢力は55年体制の枠組みを死守する勢力であったということまでは、国民にも分かりやすかった。しかし、その反対側の「改革派」は何を目指していたのだろうか。「改革派」の中身は国民に明らかになっていたのだろうか。実際、「改革派」は国民に改革の方向性を個別には明らかにしたが、「改革派」全体の方向性が「守旧派」と対比して語られることはなかった。

なぜならば、「改革派」の側に立っていた政治家同士にも複数の流れがあり、「改革派」同士の合意は一切なかったからである。政治家同士に合意がないのに、国民に対して、「改革派」が「守旧派」と何が違うのかなど、説明できるはずはなかったのである。あえていえば「改革派」の共通点は「反55年体制」であったが、これは改革後、「非自民」だけが野党の結集軸となっていったことと全く同じことであり、実質的な「改革派」同士の政策目標が合意されていたわけではなかった。

　さらに、制度改革によって日本の政党制に変革をもたらそうとした人々の中には、「二大政党制」または「二大ブロック制」までは最大公約数的な合意があったものの、その中身への合意はなかった。この部分は決定的に大きな問題であったといえるであろう。

　さらには、55年体制の自民党と社会党による政権交代のない政治体制への批判と限界を指摘する部分までは共通であったが、その後の「改革」の方向性に関しての詰めた議論はなされなかった。「改革派」の中身が明らかになっていないにもかかわらず、なぜ、「守旧派」だけは存在したのだろうか。

　「改革派」の目指すべき政治と日本社会の中身が明らかにならなければ、「守旧派」が何故に「守旧派」と呼ばれなければならないのかも、本当は分からないはずであった。だが、このような理性的な議論はなされなかった。全ての議論がある種のムードで進められていったからである。

　複数の自称「改革派」が存在したことまでは確かなのだが、これらの「改革派」の中身はそれぞれに違っていた。それにもかかわらず「改革派」内部の差異については、殆ど議論されなかった。「改革派」同士がどちらを向いているのかの議論はメディアでも積極的にはなされなかった。

　この議論は後付けの議論ではない。当時から真面目に政治の対立軸がどこにあるかを議論すれば気付いた問題だが、真摯な議論はなかったのである。90年代の初めに「改革派」がお互いに何を目指しているのかの議論がなかったことが、その後の新進党の結党と失敗、さらに90年代初頭から20年弱かけて起こった政権交代による民主党政権の失敗、そしてさらには、自民党の一強と政党としての性格の分からない民進党（17年秋に分裂後、18年夏に国民民主党として一部が再合併した）の誕生に結び付いたのである。

本書で歴史記述を行った後に、90年代の政治改革論論議に欠けていたことを明らかにするのは、今後の日本政治のあり方を展望するために、この作業は欠かすことができないと考えるからである。

2　先行研究の検討—政治改革の歴史的評価の比較—

次に先行研究の検討を行いたい。政治改革期のことについて何らかのことが論じられた書物は枚挙に暇がない。研究者によるもののみならず、ジャーナリスト、評論家の手によるものまで含めれば、膨大な書籍が刊行されている。

しかし、一方において本書が意図しているように、90年代の政治改革期の議論の全体を複数の角度から記述し、その時期になされた議論が妥当だったのかどうかと、その中で欠落していた部分について考察するということを意図した研究は見当たらない。

そこでここでは、90年代初頭の政治改革—特に小選挙区制の導入によって政権交代可能な二大政党制の導入を意図した部分—の歴史的評価を比較検討し、その各々の論者の評価の妥当性を検討したい。対象とするのは主として政治学者の議論であるが、政治学研究者であっても歴史家の視点でなされているものや評論家の視点など、言説の幅をかなり広く取って検討する。

2-1　佐々木毅

最初に検討するのが佐々木毅である。佐々木はこの時期、民間政治臨調の代表的な論者として活動したため、この時期の政治改革論議を高く評価している。佐々木は編著書の中で、政治改革は「日本を取り巻く大状況、政党制、そして政界再編」の3つが互いに絡み合って推進されたと指摘する（佐々木編、1999年、6頁）。

この佐々木の認識自体は間違ってはいないであろう。実際に90年代の政治改革論論議は日本を取り巻く大状況の変化、つまり冷戦の終結と密接にかかわっていた。そして政党制の問題に関していえば、自民党の一党優位と万年野党社会党のあり方への批判も噴き出していった。そして、そのことが93年以降の政界再編へとつながっていった。

また佐々木は、政治改革の発端となったリクルート事件が冷戦構造崩壊の過程で起こったことを指摘し、「この二つの間に因果関係はまったくないが、この同時性は無視できない」（佐々木編、1999年、6頁）と述べている。この認識も決して誤ったものではないだろう。本書の第3章で詳細に検討するが、小沢や細川の登場は旧来の自民党の利権政治への批判を含むものであったが、冷戦の終結による世界情勢の変化と関連していたことも間違いない。

　しかし、佐々木には、何故に冷戦の終結が日本にも影響を与えたのかということへの具体的な考察が欠けている。冷戦の終結とは社会主義陣営の敗北を意味したのであるから、より影響を受けたのは自民党ではなく、この時まだ国内に一定の勢力が残っていた左翼勢力の側であった。自民党以上に影響を受けたのは社会党の左派であった。もし、この頃までに社会党が現実政党化していれば、それほど日本の国内政治は影響を受けなかったかもしれないのである。しかし、社会主義陣営の敗北は自由主義陣営の勝利とともに保守の分裂につながっていった。ここが非常に複雑な部分である。

　さらに佐々木は89年の参議院選挙で、社会党が大勝したことにより、「自民党の一党優位政党制の終焉が始まり」、「従来の左右対立にかわって政治の舞台でも『改革』というシンボルが浮上して」きたと述べている（佐々木編、1999年、7頁）。従来の左右に変わって「改革」というシンボルが浮上したというのは、イデオロギー時代の終焉を指しているのだと考えられるが、左右の対立がなくなったのは、極端な左派勢力が敗北したからである。

　また、日本では55年体制時には、西欧のように保守党と社会民主主義政党の対立軸が生まれていなかったからこそ、冷戦の終結は日本に影響を与えることになったのである。「改革」という言葉が全面に出てきたのは確かであるが、結局、「改革」の中身を問わず55年体制を否定さえすれば「改革派」だという雰囲気が出てきたのが、まさにこの時期なのであった。

　そして、佐々木は常に「『政治とカネ』の問題はいわば負の遺産にかかわる問題であった」のに対して、「積極的イメージとしては、『政党本位の政治』といった形でそれまでの派閥政治にかかわる政治イメージが模索された」と述べている（佐々木編、1999年、10頁）。

　佐々木は「政党本位」の政治が模索され始めたこの時期の議論を評価してい

る。事実、55年体制下では、政権政党は現実的には自民党に限られており、社会党が政権を獲得する可能性は皆無であった。ここを変えるべきだという考え方が出てきたことは理解できる。だが、この時期の議論で欠落していたのは、なぜ、自民党が圧倒的に強いのかということであった。

そもそも、なぜ、自民党が圧倒的な多数の勢力を誇っていたのかというのは、社会党が政党全体として自由主義経済を認めていなかったというような理由ではない。この本質的な議論をなさずして、冷戦の終結とともに左右対立が終わり、対立軸は左右の間ではなく、「改革派」か「守旧派」かという部分にあるという認識が一般化していくのであるが、この時期に行われた議論は、重要な論点が欠落していたといわざるを得ないのである。

佐々木はほぼ全面的にこの時期の改革論議を肯定的に評価しているのであるが、特に特徴的なのは政治改革の発端となった自民党政治改革委員会の『政治改革大綱』を極めて高く評価していることである。佐々木は『政治改革大綱』について、「この文書は視野の広さと問題のとらえ方において特筆すべき内容を備えていた」と評価し、「『政治とカネ』の問題を個々の政治家に特殊な問題として扱うのではなく、それまでの政治活動全般の仕組みとの関係で理解すべきであるとの立場を明言し」たことを高く評価している（佐々木編、1999年、13頁）。

しかし、佐々木のこの見解には大きな疑問を抱かざるを得ない。『政治改革大綱』は「政治とカネ」の問題を政治家個々人の倫理の問題ではなく、中選挙区制という制度そのものに問題があるとしたのであるが、「政治とカネ」の問題は、ほぼ自民党の中で起こっていたことであり、自民党の問題を政界全体にまで拡大して、中選挙区制に起因する問題としたのは、いわば論理のすり替えといっても良いことであった。

佐々木は全体として、自民党『政治改革大綱』、第8次選挙制度審議会『答申』のいずれも全面的に高く評価する立場である。佐々木は民間人の立場から積極的に政治改革論議に参加しており、政治学者では最も小選挙区制導入に熱心な人物であったことから、当時を肯定的に評価するのは理解できるのであるが、佐々木の認識は、99年に出版された編著『政治改革1800日の真実』の14年後の2013年に出版された、佐々木毅・21世紀臨調編『平成のデモクラシー──政

治改革25年の歴史―』の中でも変化していないことが確認できる。

　だが、本書においては、この佐々木の歴史観にはいくつもの疑義を呈する。佐々木に代表される90年代の初頭、日本の政界は「政治改革」の実現をめぐって「改革派」と「守旧派」が争っており、「政治改革」への賛否をめぐって政界再編が起こったとする歴史観を「民間政治臨調史観」と名付けることとする。

　海部内閣期に前身の「政治改革に関する政党と民間各界の連絡会議」（通称：政治改革フォーラム）が活動を始め、宮沢内閣期に設立された「政治改革推進協議会」（民間政治臨調）は、その後、21世紀臨調と名前を変えて活動する。本書においては、通称である民間政治臨調の名前を取り、こちらの側から広く社会に広められて、現在、ほぼ常識のように語られている歴史観を「民間政治臨調史観」と名付け、一貫して、この史観を批判的に検討していく。

　佐々木は、何よりも政治腐敗の問題を個々の政治家に特殊な問題として扱うのではなく、政治活動全般の仕組みとの関係で理解すべきであるとの立場を自民党『政治改革大綱』が明言していたことを非常に高く評価している。さらに、当初、ハードルの高かったこの問題が、万年与党と万年野党という日本政治の状況を変えるべきだという議論に進んでいったことを今もなお高く評価する。つまり、この万年与党と万年野党の構造を壊そうとした人々が「改革派」であったというわけである。このことまでは確かだったとしても、なぜ、この構造を壊す方法は小選挙区制の導入でなければならなかったのであろうか。

　本書で徹底的に対峙する価値観はこの佐々木に代表される「歴史観」である。反55年体制が「改革派」であったことまでは認めるとしても、『政治改革大綱』を評価することは別の問題だというのが本書の立場である。後にも見るが、今日ではほぼ全ての90年代の評価はこの佐々木的な価値観に統一されている。しかし、本書の第5章と第6章で展開する議論を見れば理解できるように、この時期に構想されたことのほとんどは失敗に終わった。

　この時期に構想されたことは、ほぼ実現しなかったのである。なぜならば、選挙制度を変更することによって人為的に政党制を変化させるという試み自体に大きな問題があったからである。より正確にいえば、この時期に構想されたことは、極めて技術的な問題に限定されていたことから、その結果までを完全

に見通すことはできなかったのである。現実の政治はその政治の中身そのものをめぐって（政策の対立軸）動いていったために、単純に「二大政党による政権交代可能な政治体制」なるものは出現しなかったのである。

2-2 大嶽秀夫

次に大嶽秀夫による政治改革の評価を見ておこう。大嶽は、政治改革期から間もない97年の時点で、大嶽編『政界再編の研究—新選挙制度による総選挙—』（有斐閣）を刊行している。大嶽はこの中で、政治改革を目指した勢力には、2つの勢力があったとしている（大嶽編、1997年、3頁-4頁）。

大嶽は2つの勢力を若手改革派と小沢グループに分けて論じているが、この中ではユートピア政治研究会の武村らの当時の若手改革派に高い評価を与えている。それは、後藤田が委員長を務めた自民党政治改革委員会の中にユートピア政治研究会のメンバーが何人か加わったこと、武村が事務局次長を務めたことにより、89年5月に公表された『政治改革大綱』の内容が、ユートピア政治研究会の提言に近いものであったことからである（大嶽編、1997年、5頁）。

大嶽はもう1つの勢力であった小沢については、小沢についての「政治改革」はスキャンダルの防止策ではなく、「国家改造」の中核的戦略であったとしている（大嶽編、1997年、21頁）。そして、大嶽は小沢については、「後藤田や若手改革派と同様の理由で小選挙区制を提唱していたが、官房副長官就任の頃から、国家エリートの立場からする政治改革の一環として、選挙制度の改革の必要を痛感し、より広い戦略の上にこの改革を位置付けるように意識を変化させた」のではないかと推測している（大嶽編、1997年、22頁）。

本書においては第2章（海部内閣期）の部分で論じるが、改革派が2派あったというのは、改革論議が始まった時からのことであった。しかし、これは、大嶽のいうような武村らの「若手グループ」と小沢らの違いというよりは、後藤田（伊東正義）と小沢（羽田）の違いであったと筆者は考えている。後藤田と武村も微妙であり、党内改革のみを考えていた後藤田（伊東）と自民党外に出ていった武村も考えていたことは同じとはいえない。制度改革については、同じ考え方を持っていた2人だが、政治改革を梃子にして自身の野心を遂げようとした武村と腐敗防止に力点を置いていた後藤田も全てが同じとはいえないか

らである。

　さて、大嶽は97年の時点であるが、政治改革については、どのような評価を下しているかを確認しておきたい。大嶽は選挙に金がかかりすぎるという事態を改めるという最初の狙いについては、それなりの効果をあげたと評価している（大嶽編、1997年、361頁-362頁）。しかし、「より根本的な改革と考えられていた『政党本位、政策本位』の政治は、ほとんど実現できていないといって過言ではない」（大嶽編、1997年、362頁）と述べている。

　大嶽はさらに最後の部分で、「結論的にいえば、政治改革の課題は、ほとんど解決を見ずに終わり、それどころか、期待とは正反対の方向に日本政治は動きつつある」（大嶽編、1997年、371頁）と指摘している。

　本書もその後20年以上が経過した時点での大嶽の見解までを踏まえて論じているわけではない。だが、そもそも政治改革期に期待されたものとは何だったのだろうか。それ自体が曖昧なものであったからこそ、その後の20年の混迷が続いたのではないだろうか。仮にこの時期に期待されたものの最大公約数的なものが、政党本位の政治、政権交代可能な二大政党制の実現、そして二大政党による複数回の政権交代が実際に起きることだったとするならば、20数年の歳月をかけて半分程度は実現したといえるのかもしれない。

　例えば「政党本位」は実現していないが、国会の議席の数の上では、二大政党制に向かっていったこと、自民党と民主党（当時）の間で政権が実際に選挙で争われたこと、そして、民主党への政権交代が実現したことを思い起こせば、当時、期待されたことは一応は実現されたともいえる。

　しかし、問題は政権交代が起きれば良かったのかということである。そして、さらにいえば、二大政党制らしき形が実現すれば、当時、期待されたことは実現したと考えて良いのだろうかということである。大嶽は97年の時点で、政治改革期には期待されたことがあったと考えている節があるが、どのような状況が起きることが、具体的に期待されていたかまでは論じていない。おそらくは、期待されたことは、民間政治臨調が主張した「政党本位」、「政策本位」、「二大政党による政権交代」というレベルの抽象論でとどまっていたのだろうと思われる。だが、このことが最も大きな問題なのである。

　実際の日本政治は、議席の上では、二大政党の議席占有率が高い比率を占め

るようになった。しかし、二大政党（二大勢力）の議席占有率が高まることが、そのまま二大政党制の実現ではないのである。二大政党制という限りは、明らかに異なった政策体系を持つ2つの政党が、ある程度は政権をめぐって対峙する状況が生まれなければならないが、実際にはそうなっていないし、そうなったこともなかった。

　これは、そもそも、政治改革論議がなされていた時点で、政権交代可能なもう1つの政党の像が十分に議論されなかったことに大きな原因があったのである。同じ「改革派」でも注意して見れば、小沢、武村、細川、江田、連合の山岸の間には明確な違いがあったことが理解できたはずだが、「改革派」同士の差異については論じられなかった。このことと大きな関係があるだろう。

　なお筆者は『政治改革大綱』の内容は、自民党政治改革委員会が設置される前に刊行されている後藤田の著書の内容から考えても、後藤田の考え方が色濃く反映されたものだと考えている。武村らが後藤田を動かした結果、『政治改革大綱』の内容が決定されたとは考えていない。確かに中選挙区制を抜本的に見直し、小選挙区制をベースとしながら、比例代表制を加味したものをユートピア政治研究会も提言していたことを考えると、厳密には後藤田が先だったのか、武村が先だったのかは微妙なところではある。

　最初に小選挙区制への改革を世に公表したのは後藤田で、それに影響を受けたのが武村であり、自民党政治改革委員会が設立された時点では、後藤田も武村らのユートピア政治研究会のメンバーもほぼ共通認識を持っていたというのが実際のところなのかもしれない。

2-3　中北浩爾

　次に中北浩爾について見てみよう。中北は『現代日本の政党デモクラシー』（岩波新書、2012年）の中で、小選挙区制が導入されるまでの道のりについて振り返っている（中北、2012年、28頁-62頁）。中北は政治改革期の後の日本政治については微妙な評価を下している。

　中北は政治改革の後の日本政治は小選挙区制を基調とする選挙制度が導入されたことによって、「これを契機として二大政党化が進み、日本政治は競争デモクラシーに大きく傾斜してい」ったとする（中北、2012年、28頁）。しかし、

「政治改革には、それとは別の可能性が存在」しており、「参加デモクラシーを目指して、小選挙区制ではなく比例代表制を導入する、より正確に言えば、小選挙区制に対して比例代表制の比重を高めることで、穏健な多党制を作り上げるという選択肢」があったとする（中北、2012年、28頁）。

そして、中北自身は、明確には主張していないが、穏健な多党制の方を支持している様子である。「この穏健な多党制という選択肢は、最終的には挫折したとはいえ、実現可能性を十分に持っていたものであり、今後の日本政治のあり方を考える上でも、正当な評価を与えられなければならない」（中北、2012年、28頁）との表現からそれが理解できる。

しかし、この中北の議論には疑問もある。これは本書においては、第4章（細川内閣期）において論じるが、当時、最終的な局面で穏健な多党制を主張したのは細川ただ1人であって、政治改革論議が始まった段階から、最終の細川、河野洋平の合意に至るまで、一貫して二大政党論と穏健な多党制論が対等で有力な議論として競いあっていたわけではなかった。

また、中北はこの本の中でも『自民党政治の変容』（NHK出版、2014年）でも穏健な多党制論者として香山健一[4]を挙げている。香山は確かに日本新党の細川のブレーンとして知られた学者であり、細川の名で『文藝春秋』に発表された「『自由社会連合』結党宣言」を執筆したということは広く知られている。しかし、90年代の政治改革論議の中で香山が二大政党制に反対して穏健な多党制を積極的に主張し続けていたという事実はない。

実際に存在した第8次選挙制度審議会の中で行われた議論は、小選挙区比例代表「並立制」か「併用制」かの違いであった。「並立制」の本質が小選挙区制、「併用制」が比例代表制という意味では、結果として、二大政党制か穏健な多党制かという議論が内包されていたといえなくもなかったが、力関係は対等ではなかった。

これも第2章で論じるが、第8次選挙制度審議会では、当初、「併用制」を主張していた委員たちも、最後の段階ではいとも簡単に「並立制」支持にまわり、「並立制」と「併用制」、ひいては「二大政党制」か「穏健な多党制」なのかという議論が審議会の中でなされたわけではなかった。そもそも、穏健な多党制という言葉は、最後に細川の口から出てきただけであり、自民党政治改革

委員会でも第8次選挙制度審議会でもこのような言葉は出てはいない。

　中北はあたかも、90年代には2つの有力な議論があり、最終的には二大政党制派（競争デモクラシー派）が勝利を収めたような認識を持っている様子であるが、これは明確に事実に反する。90年代初頭の政治改革論議は、最初から最後まで、ほぼ小選挙区制によって政権交代を可能にする二大政党制を導くことが理想だという議論だけで進められたのである。

　さらにもう1つ中北の議論に疑問を持たざるを得ないのは、「穏健な多党制を作り上げるという選択肢」（中北、2012年、28頁）があったと述べている部分である。穏健な多党制というなら、まさに55年体制が、既に穏健な多党制そのものであった。自民、社会、公明、民社、共産の5大政党が国会に議席を有しており、穏健な多党制は意図して、この後「作り上げる」ものではなく、この時点で成り立っていたのである。

　そして、さらに中北の議論には疑問がある。競争デモクラシーと参加デモクラシーに分けて議論を展開するのは中北の特徴のようである。中北はこの中にも「市場競争型」と「エリート競争型」デモクラシーがあるとする。だが、なぜ、二大政党制なら競争デモクラシーで、穏健な多党制なら参加デモクラシーになるといい切れるのだろうか。二大政党制でもその二大政党がともに議員政党や名望家政党にならなければ、または1つの党が包括政党、1つの党が大衆政党という組織の作り方になれば、二大政党でも参加デモクラシーは実現できる。穏健な多党制でも全ての政党が議員政党か、そのうちいくつかが排他的な組織政党であれば、参加デモクラシーは実現しない。

　参加デモクラシーが実現するか否かは、政党の数によるのではなく、有権者の多くが政党組織に参加しようとするか、または、政党を組織する政治家の側が、議員政党ではなく、一般党員の政党における権利を国会議員の権利と近いものにするかによって決まってくるはずである。

　国会議員の権利が圧倒的に強く、一般党員は政党の主体ではなく客体に過ぎず、単に国会議員（候補）によって登録数を競うためのみに毎年、党費を1年分だけ徴収して集められるという組織形態を採用する政党ばかりになれば、政党の数には関係なく、参加デモクラシーなど現実のものにはならない。

　中北は自民党『政治改革大綱』については画期的なものであったと評価して

いる（中北、2012年、33頁）。中北は全体から推測すると二大政党制論者ではないようであり、穏健な多党制を支持し、それに基づく参加デモクラシーの実現を主張していると考えられるのだが、それでも、後藤田の考え方の反映された自民党の『政治改革大綱』を評価している。

この部分は先に確認した佐々木と近い立場である。だが、この後藤田の考え方の反映された『政治改革大綱』、第8次選挙制度審議会『答申』はほぼ同じ内容である。『政治改革大綱』は小選挙区制導入によって結果として二大政党制を導き出すという論理が最初に公にされたものである。自身は穏健な多党制を支持する中北が、この『政治改革大綱』については評価するのはいかがなものであろうか。

中北の小沢への評価も見ておこう。中北は小沢の抱いていたモデルを、典型的な競争デモクラシーであったと述べる（中北、2012年、39頁）。この評価自体は正しいであろう。ただ、中北は別の政治学者（豊永郁子）を引用する形で、小沢は新自由主義者ではなかったという説を唱えているが（中北、2012年、39頁）、これは少し検討を要するだろう。[5]

中北は社会党についても論じているので、これも見ておこう。中北は社会党は「民意を比較的正確に代表する比例代表制を導入して、穏健な多党制を作り上げ、政権交代を伴いながらも、連立政権を基本とし、穏やかな合意を形成していく」という民主主義を目指していたとしている（中北、2012年、44頁）。残念ながら全くこれは事実に反するといっても良いだろう。当時の社会党には明確に統一された意思などというものはなかったからである。

まず、社会党は小選挙区制が持ち上がった当初は、党としてこれに大反対する。だが、途中から選挙制度改革は避けられないという認識から、自民党の主張する「並立制」に対抗して（海部内閣期）、西ドイツ型の「併用制」を主張する（土井たか子委員長時代）。「併用制」は確かに事実上の比例代表制であるから、この部分だけ見れば、社会党は穏健な多党制を志向していたと説明できないわけではない。しかし、社会党自身が、政界再編に臨む自らの姿勢を「穏健な多党制」を目指すという言葉を使って説明したことはなかった。

そして、社会党の全ての部分とは一心同体ではなかったが、右派勢力と一心同体であったといっても良い連合の初代会長山岸は、89年の参院選での社会党

の勝利以降、小選挙区制への警戒心を解いていった。これは小沢と急接近したことでも理解できる。また、山岸は自分自身が第 8 次選挙制度審議会の委員でもあったが、最初は「併用制」を主張していたにもかかわらず、答申の取りまとめの時期には「並立制」にさほど抵抗せずに、簡単に容認したことからも小選挙区制への警戒心を解いたことが理解できる。

これは第 2 章（海部内閣期）で見るが、89年の参院選（宇野内閣期）で社会党が 1 人区で自民党に勝利したことで山岸は小選挙区制への警戒心を解いたと考えられる。これは第 8 次選挙制度審議会の会長だった小林与三次の当時のインタビューからも分かることである[6]。

また、社会党は宮沢内閣期までは表向きは「併用制」（つまり比例代表制原理が効く）を掲げていたにもかかわらず、93年総選挙の前の段階では（山花貞夫委員長時代）、新生党、公明党、民社党との 4 党で「並立制」の導入で一致するのである。これは第 4 章（細川内閣期）で見ていくが、連立政権の合意は、選挙後ではなく選挙前になされており、その時の条件が「並立制」の導入なのであった。社会党は93年の総選挙の結果、連立政権への参加に舵を切ったのではない。総選挙の前に自民党から離党した直後の小沢新生党と「並立制」（つまり、小選挙区制を主軸とする）導入で合意しているのである[7]。

要するに社会党には中北がいうような意味での一貫した明確な意思はなかったのである。西ドイツ型「併用制」を掲げていたのは、宮沢内閣期までであり、細川内閣の誕生の前には山花委員長と久保亘書記長の執行部は「並立制」導入に舵を切っていたのである。

これは、第 2 章の海部内閣期の部分で論じるが、社会党の中から55年体制時の社会党の体質を批判するグループが登場したことと深い関連がある。彼らが社会党の中の「改革派」として、自民党の羽田・小沢派と接近していくのであるが、彼らは55年体制に批判的だったことから、選挙制度改革にも熱心に賛同していくのであった。

中北の特徴は二大政党制（＝競争デモクラシー）をもたらした小選挙区制（並立制）には批判的であり、穏健な多党制（＝参加デモクラシー）を導いた可能性のある比例代表原理に軸足を置いた制度の方が良かったと考えていることである。その意味においては、佐々木のように90年代の政治改革論議を全面的に肯

定的に評価しているわけではないことは確かのようである。

2-4　武田知己

次に武田知己について見ておきたい。武田は政治学者であるが、歴史学的なアプローチでも戦後政治を研究している研究者である。それゆえに、この政治改革期についても、大きな流れを日本の近代政党史の一部分に位置付けて論じている。季武嘉也・武田知己編『日本政党史』（吉川弘文館、2011年）の第5章で政治改革期の記述と評価がなされている。この書は政治学の書というよりは、明治以降の近代の政党史を通史として描いているのでどちらかといえば歴史書の性格が強い。

しかし、それゆえに、後世に伝えられる日本の90年代の歴史の概略という視点で読んだ場合、このような文脈で後世に歴史が伝えられることに対して、いくつかの疑問があるので、この論者の見解もここで検討しておきたい。

まず、この書には歴史の解釈以前に、事実として誤った記述がある。例えば、連合の発足に際して旧総評、同盟、新産別が合流したという記述の中に、「共産党系の新産別」という記述がある（季武・武田編、2011年、308頁）。これは明らかな間違いである[8]。また、この書では金丸が政界再編の地ならしを行っていたとの部分（季武・武田編、2011年、310頁）で、金丸は、「自社」大連立を考えており、小沢は「自公民」での再編を考えていたとの記述がある。だが、これは明らかに記述の仕方に問題があるだろう[9]。

第2章で見るが、小沢は平野貞夫の回想からも明らかなように、金丸が冷戦後の日本も「自社大連立」で乗り切れると思っていた程度の視野しかないことに絶望していたのである[10]。さらにこの本では「政治改革」と「政界再編」が混同されて記述されている（季武・武田編、2011年、311頁）のも気にかかる。

実際、この2つは、渾然一体となっていったのだが、小沢、武村、後藤田を並列で論じていることには違和感がある。この3人は、この時期、それぞれの役割を果たしたが、厳密に分けて論じるか、そこまでは無理だとしても、同列に扱わない方法を考えて、何らかの説明をした方が親切であろう。

また、海部首相が行き詰まった時に一時的に解散を匂わせた時の記述について、海部の解散を阻止したのは、小沢だったと書かれている（季武・武田編、

2011年、312頁)。これも事実ではない。海部は金丸にはしごを外されて、解散を断念したのである。小沢が海部の解散を止めたのではなく、海部は竹下派の竹下、金丸、小沢の3人の微妙なバランスの上に乗って、海部3案を推進していただけであり、竹下派の大部分が反対しており、海部は解散を封印されたのであった。

　この時、海部がもし、解散に踏み切っていれば、海部は自分の提出した海部3案（選挙制度改革）に対する賛否を衆院選の争点にしなければならなかった。だが、この時期、竹下派（の半分以上）、宮沢派、三塚派、渡辺派は全て小選挙区制反対でほぼまとまっていたので、国会で審議していた法案の内容を自民党が政権公約に掲げて選挙を戦うなどということは、事実上、全く考えようのないことであった。自民党総裁たる首相がこの時点で自民党を離党するという選択肢はあろうはずもなく、海部には退陣の道しかなかったのである[11]。

　また、宮沢内閣期に入ってからだが、「改革を掲げる羽田派は冷遇され」たという記述がある（季武・武田編、2011年、314頁）が、これも事実に反している。羽田本人が最初の宮沢内閣には蔵相として入閣している。改造内閣では羽田は閣外に去っているが、これは宮沢が「改革派」を冷遇したからなのではない。改造後も羽田・小沢派は宮沢に強硬な改革を迫っていく。

　宮沢自身はこの時期、改革論議が選挙制度改革になったことに対して、不可解だという考えを持っていたが、「改革派」だから羽田が宮沢から冷遇されたわけではなかった。宮沢は後の回顧録の中で、政治資金規正の問題と選挙制度改革を一緒にすること、国費から政党助成を出す代わりに、衆議院を一人区にすることに対して違和感を持っていたことを語っている（宮澤、1995年ｂ、19頁-24頁）。

　また、宮沢が改革を先送りした後の部分だが、世論は激昂し、「政治改革は待ったなし」の課題となった（季武・武田編、2011年、515頁）とあるが、これも一方的な表現である。当時の小沢に付きまとっていた暗い影の問題なども勘案すると、記述が一方的であり、実際には世論がこぞって羽田・小沢派を支持したわけではなかった。

　これほど複雑に入り乱れていた時期をコンパクトにまとめるのは難しいのだが、この本の記述は、単純な図式で描きすぎである。また菅直人が江田を担い

で「シリウス」を結成していたという書き方が出てくるが（季武・武田編、2011年、317頁）、いくら後に菅が有名になり、首相にまでなったからといって、この表現は適切ではない。「シリウス」のリーダーはこの時点で、正真正銘、江田であった。菅はこの時期、それほど有名でもなく、野党内でも存在感はなかった。

　また、細川政権の発足の前の部分に、「この時の連合内部の力学を考えれば、野党第一党である社会党から首班が出るのが自然であった」という記述がある（季武・武田編、2011年、318頁）が、これも歴史事実に反している。まさに、（野党）連合内部の力学からいって、社会党は「与党第1党」にもかかわらず、首班を出すなどは、考えようもない状況に陥っていたのが事実である。

　（野党）連合内部の力関係は、小沢が1番で、公明党の市川雄一が2番で、山花には発言権などはほぼなかった。それ以前に、社会党は結党以来、最大の敗北を喫し、山花と社会党は意気消沈していたのである。[12]また、小沢、武村、細川の目指していた方向性、国家観はそれぞれ全く別のものであり、細川はさておくとして、小沢と武村の考え方は対極であったといっても良い中で、3人を並立で描いた上で、「最大の功労者は、やはり、小沢一郎」（季武・武田編、2011年、320頁）と書くのは、いくら小沢を高く評価するという政治的立場（または歴史家としての立場）をとるにしても、問題のある記述だと指摘せざるを得ない。

　歴史家が過去の制度のみならず、人物評価を行うことは、批判されるべきことではないのだが、ここは、評価の理由が不可解である。最も事実に反するのは「六〇年代から度々試みられつつも挫折してきた野党連合を成功させた最大の功労者」（季武・武田編、2011年、320頁）の部分である。

　小沢が公明・民社と組んだのは、自民党を出ざるを得なくなったからであって、1960年代から挫折した野党連合を成功させたことを功績と書くのは、全く誤っている。そもそも、なぜ、ずっと野党連合が失敗してきたかといえば、公明、民社両党が「社公民路線」をとる時もありながら、殆どの時期は「自公民路線」をとっていたからである。[13]

　次に鳩山由紀夫、菅を中心としてできた96年の民主党についてだが、「新進党や社民党からの参加を得て」（季武・武田編、2011年、325頁）との表現も誤りではなくとも、正確にはおかしい。新進党からの参加者は鳩山邦夫1人だけで

あった。社民党からは「参加者を得て」程度ではなく、最も多くの議員が移動したのが社民党であった。新進党は96年の民主党の結成にあたって、グループ単位では議員は移動していない。そもそも96年の最初の民主党が結党されたのは、「自民党対新進党」の二大政党制に対抗する「第三極」の勢力が必要だという考え方からだったからである。

この書では、「民主党」を第1次、第2次、第3次に分けて記述していないのも非常に不親切で、後世の読者が読めば、民主党が徐々に選挙によって大きくなっていったと誤解させる。民主党は「大きく」はなっていくが、その最初のきっかけは、新進党の解党によるものであった。新進党の解党によって、旧新進党参加者の多くが「民主党」に参加することとなったのであった。最初の民主党は自民党にも（小沢が主導し公明が組織票で中心の）新進党に対する第三極を標榜して結成されていたことを明確に記述しておかなければ、民主党の性格の変容が理解できない。

また、「解党した新進党や社会党などの緊急避難的な政党であったともいえた民主党」（季武・武田編、2011年、326頁）との記述も正確ではない。最初の民主党を結党した96年のメンバーは社民党出身者と新党さきがけ出身者であった。そして、民主党は「緊急避難的な政党」であったのではなく、第1次民主党の結成の結果として、社会党（正しくはこの時点で社民党）は、党名変更しても党勢が回復できないところまで弱っていったのであった。

この記述では社会党が解党して、行き場がなくなった人が民主党に緊急避難したように読めるが、これは事実誤認である。新進党に関しては、小沢と公明党の仲たがいが解党の原因であり、第2次民主党に参加したのは、羽田、細川、鹿野道彦、民社（当時は友愛）のグループであった。民主党はこの時、また「大きく」なり、確かに緊急避難した人を入党させているが、社会党と新進党をここで同列に書くのはおかしい。社会党からの参加者と新進党からの参加者が民主党に入った時期はずれているからである。

この書の最大の欠点は、性格が変容していった民主党を同一政党が、徐々に選挙で力をつけて、ついに自民党から政権を奪い取ったという風に読める記述を行っていることである。また、「一度賞味期限が過ぎたと思われた自民党が総選挙で本当に敗北するまで」（季武・武田編、2011年、334頁）という記述があ

る。この本は2011年に出ているので仕方がないのだが、その後、自民党は国政選挙で5連勝し、またもや、一党優位体制が復活していることを考えれば、この歴史評価は早すぎたと指摘しないわけにはいかない。

かなり厳しく批判的に検討したが、それはこの書がある種の政治的立場を、積極的に前面に出しているわけではなく、極めて客観的な歴史記述を装って書かれているにもかかわらず、事実誤認も多く、解釈についても、極めて一面的な立場から記述されているからである。そして、これが歴史書の『日本政党史』の通史の中に記述されていることには、かなりの問題があると指摘しておきたい。

2-5 浅川博忠

最後に政治評論家の浅川博忠の議論を見ておきたい。浅川は学者・研究者ではないが、長年、ジャーナリストとして身近に政治家を取材してきた経験から、90年代の政治改革論議については独自の見解を有しており、それを明らかにしている。浅川には『小選挙区制は日本を滅ぼす―「失われた二十年」の政治抗争―』（講談社、2014年）という著作がある。浅川はこの本の中で、90年代の政治改革論議の全ては、竹下と小沢の抗争から始まったと指摘している（浅川、2014年、40頁-55頁）。

以下、浅川の語るところを紹介しつつ、考察を加える。まず浅川は、海部内閣から宮沢内閣時に議論された「政治改革」の本質は竹下と小沢の権力闘争であり、多くの政治家やジャーナリスト、学者たちもこの「竹小戦争」に巻きこまれて踊ったと述べる（浅川、2014年、15頁）。そして、浅川は小沢が竹下との抗争において、「『飛び道具』として用いたのが選挙制度であり、その結果が現行の小選挙区比例代表並立制であることは紛れもない事実である」（浅川、2014年、15頁）とする。

この見方は政治学者からすれば、全てを政治家の権力闘争で説明するのは、議論を矮小化しすぎであり、明らかに当時は「政治改革」をめぐって理念的な闘争があったはずだと批判される見方の典型的なものであろう。だが、この時期、底流では常に竹下と小沢の権力闘争が繰り広げられ、それが与野党に拡大されて行った過程が政治改革期の本質であったとする浅川の説明は一概に否定

できないものでもあろう。

　また、当時の若手議員が小選挙区制を支持した理由について浅川は、伊東と後藤田の2人は、「『政治腐敗の主因は派閥主導の長期自民党政権に起因している。これを打破するためには小選挙区制の導入が不可欠。その際には中選挙区で競いあっている自民党議員のうち当選回数が多く知名度の高い人を他の選挙区に移し、若手を現在の選挙区に残すべき』との共通の思いを持っていた」ことから、これに対して選挙地盤が軟弱な若手が歓迎し、小選挙区制導入による政治改革を正論として声高に叫び、これらの声をマスコミが支援するに至ったのだという（浅川、2014年、33頁-34頁）。

　この見方も、純粋な当時の若手改革派が理想に向けて政治改革に立ち上がったとする見解からすれば賛同し難い見解だろう。だが、この見方も決して一概に否定できないのではないだろうか。なぜなら当時の伊東と後藤田は既に長老で自らの野心はなく、自民党内の浄化を本気で考えていた。

　当時、腐敗防止を選挙制度改革と関連させて解決するという両者が主張し始めた案は、1つの選挙区の自民党候補を1人に絞るというものであったから、若手ほど賛同しやすかった面があった。特に若手議員にとっては、小選挙区制度は自分が1人の自民党公認にさえなれば、カネをかけずに確実に当選しやすくなるという意味で、非常に都合の良い制度であったからである。

　また、浅川によれば、宇野の退陣後、海部を首相に据えた竹下は、本心では小選挙区制に反対をしており、竹下は海部が独走しないように監視するために、小沢を幹事長に据えたという（浅川、2014年、34頁-35頁）。ここは判断が難しい部分である。確かに竹下はまだ自分の影響下にあると見ていた小沢を海部が勝手なことをしないように監視役につけたのかもしれない。

　そして、浅川はその後の展開を次のように述べる。小沢は竹下再登場を認めると自分がナンバー1になる機会が遅れると考えるようになり竹下離れを目論むに至ったのである（浅川、2014、35頁）。そして、その後、竹下離れを試み始めていた小沢は急速に金丸に近付いていくことによって「金竹小」のトリオに亀裂が生じ始めたのだという（浅川、2014年、35頁）。

　これは確かにそうなのかもしれない。この辺りは当時の新聞記事を詳細に見直しても、どの時期に小沢が竹下からの独立を明確に意識したかまでは分から

ない。だが、竹下と小沢の確執が激しくなっていったことは間違いのない事実である。その時期は海部内閣の発足直後だったのかもしれない。

次の展開として海部内閣時の90年12月25日、自民党『政治改革基本要綱』が決定される。翌91年5月から6月に海部は政治改革関連3法案を党議決定し、7月10日には閣議決定を見た。「こうした海部の言動を『金竹小』トリオは亀裂を生じつつあるとはいえ一致して不快な思いで見て」おり、「トリオは衆議院政治改革特別委員会の委員長である小此木彦三郎を動かした」（浅川、2014年、36頁）のだという。

この部分については、筆者は浅川の見方には賛同できない。というのは、第2章で詳細に検討するが、小沢は海部内閣期には、何度も海部に発破をかけ、海部に「不退転の決意」発言までさせて小選挙区制の導入を目指しているからである。したがって、海部の退陣時期に金丸、竹下、小沢の3者が政治改革法案を協力して葬ったということはなかったであろう[14]。

次に宮沢内閣期である。浅川は、宮沢もベテラン議員だったので、「本心では若手の『政治改革』論にたいして拒否反応を示し」ており、現に宮沢は「〈ユートピア政治研究会〉との会合では、『ベテラン議員の国替えにより支持者との関係が断絶してしまう』との反対論を述べてい」たと述べる（浅川、2014年、42頁）。

ここに関してはこの通りであろう。宮沢内閣期は第3章で扱うが、宮沢はそもそも小選挙区制の導入には根本的な疑念を抱いていた。この理由は、宮沢の後の複数の回顧録から明らかなように、宮沢はそもそも国家から公費を政党に投入する政党助成金制度との引き換えに選挙制度を小選挙区制にするという理屈に納得をしていなかったからである。

宮沢は自身が首相在任中、自ら積極的には政治改革については発言していないし、選挙制度改革については、自身の考えを明らかにしなかった。このことから当時、先頭に立って改革を実行すべき宮沢は優柔不断であるとして批判された。だが、宮沢は優柔不断だったのではなく、明確に小選挙区制導入には慎重な考え方を持っていたのである。ただし、自分の意思を表明しなかったことまで含めれば、確かに宮沢は優柔不断だった。時代の空気の中で、政治改革とは選挙制度改革であるという空気がメディアによって形成されていく中で、宮

沢は自身の見解を明確に表明することまでは無理だったのであろう。

そして浅川は、竹下派の「竹小戦争」を横目でながめていた武村が、この「好機」を逃さずに、「旧来システム打破の『政治改革』を主唱して〈ユートピア政治研究会〉をしかけた」（浅川、2014年、47頁）と述べる。この部分は本当か確認の仕様がない。武村が経世会の抗争を「好機」と捉え、年を取ってから中央政界に入り、当選回数の少なさから焦っていたところ、政界で主導権を発揮するため機会が来たので政治改革を唱え始めたというのは分かりやすい説明だが、本心がどうだったのかまでは分からない。

しかし、この浅川の見立ても一概には否定できないであろう。武村の立ち上げたユートピア政治研究会からは自民党政治改革委員会のメンバーとなった議員が複数名おり、また彼らは自民党時代には後藤田とともに『政治改革大綱』を作るために汗をかいた。そして、93年には自民党を離党して、多くが新党さきがけの結党に参加した。

だが、本当のところは、武村が個人的な野心を持っていたところに、後藤田、伊東が政治腐敗の問題の解決方法を選挙制度改革と絡み合わせたところ、これを支持する若手が武村の下に集って「改革派」を名乗り出したに過ぎないというのが事実に近いのかもしれない。

浅川は政治改革期全体を振り返り、「小選挙区制も政党助成金の問題も、小沢にとっては竹下に勝つための道具や武器」であり、細川も羽田も、権力闘争の駒の1つに過ぎなかったとする（浅川、2014年、65頁-66頁）。そして、その理由は、そもそも、「これまで小沢が政治改革について真剣に話す場面をついぞ見聞きしたことがなかった」（浅川、2014年、66頁）からだとしている。

この部分については、評価の難しい部分であろう。政治学者が全てを理念的な対立や抽象的な制度論で語るのに対し、政治評論家やジャーナリストは全てを政治家個人に注目して、政治家同士の権力闘争という視点で語ろうとするきらいがある。政治学者が全く現実の政治というものの実際を理解せず、現実の政治家は理念や思想だけで動いているのではないにもかかわらず、抽象的な概念を駆使して、現実政治を合理的に理解可能なものとして語る一方で、評論家やジャーナリストはあまりに人間関係や権力闘争といった「泥臭い」側面からしか政治を説明しない傾向がある。

政治は全てが権力闘争だったとしても、その権力闘争の軸になるものは何かがあるはずである。ただ人間関係や個々人の憎悪や利権争いによるものだけではなく、思想や理念によって政治的な対立や権力闘争がなされることもあることも全面的には否定できない。浅川の小沢理解もかなりの部分は真実を語っていると考えられるのだが、90年代の政治改革論議の全てを竹下と小沢の私闘からのみ語るのはやや議論を矮小化しているようにも思われる。ただ、多くの政治学者や歴史家が見落としていること、または全く見てもいなかったことを、身近に政治家を取材してきた浅川が指摘していることも確かであろう。

　そもそもの政治改革議論は竹下と小沢の経世会での権力闘争に始まったこと、若手議員が賛同する案を後藤田と伊東が提唱したことから、この2人が改革のシンボルに祭り上げられていったこと、個人的野心を抱いていた武村が、経世会（竹下派）の混乱を好機到来と考え、別の側から改革議論に参入してきたことは、これが全てではないにしてもいずれも事実の一部であっただろう。

3　本書における歴史記述に対する基本的な考え方

　ここで本書における歴史記述についての基本的な考え方を述べておきたい。アメリカの歴史家のJ・ギャディスは著書『歴史の風景―歴史家はどのように過去を描くのか―』[15]（日本語版は浜林正夫・柴田知薫子訳、2004年、大月書店）の中で、「歴史家は、絶対的な因果関係ではなく、偶発的な因果関係の存在を信じる」（ギャディス（浜林・柴田訳）、2004年、84頁）と述べ、「一点の曇りもない因果関係という信条は、独立変数のように、先行するものにまったく言及せずそれを突き止められるという考え方に内包されているのだが、こういう考え方を歴史家は拒絶する」（ギャディス（浜林・柴田訳）、2004年、85頁）と述べる。

　さらに、ギャディスは、「歴史家は、モデル化よりもシミュレーションを好む」と述べ、「社会科学者が扱う変数の数を減らそうとするのは、それによって計算が容易になり、ひいては予測の仕事が簡単になるからである」と述べる。そして、「歴史家はこのことを知っていて、自ら予測を完全に避けることを好み、好きなだけの変数を自由に『過去の予測』に組み入れることができる」と述べている（ギャディス（浜林・柴田訳）、2004年、85頁）。

本書における筆者の考え方もこのギャディスと同様である。本書で取り上げる政治改革論議のなされた時期はおよそ5年間程度であったが、様々な要因が絡み合って、最後の結末を迎えた。89年1月に竹下首相がリクルート事件を機に政治改革を宣言した時点で、5年後に自民党が政権を失うことを予想した人は誰もいなかったであろう。5年間で、冷戦の終結による世界レベルで社会主義陣営の敗北、89年の参議院選挙での社会党の大勝、宮沢内閣期に起きた経世会（竹下派）の内部分裂、そして小沢の台頭、92年の細川の日本新党の政界進出などの様々な出来事が起こるが、最初から予想されていたことなどはなかった。

　1つの条件（独立変数）があって必然的に1つの結果が出現したという説明は社会科学でもよくなされ、科学的な側面を強調する政治学においても、このように事例を説明する研究は多い。だが、本書はこのような独立変数、従属変数という言葉を用いる議論は一切、行わない。現実に起きた歴史というものは、そのように単純に議論することはできないからである。

　また次のギャディスの言葉も非常に重要な意味を持つ。ギャディスは、「歴史家が最善を尽くしても私たちの発見は書き直されるものであり、それは人間の探求のどんな分野においてもそうなの」だと指摘する。しかし、「そのような限定はつくが、私たちは私たちの描写は私たちが説明しようとした事実とどのくらい密接に適合しているかと問うことによって私たちの発見を評価する」（ギャディス（浜林・柴田訳）、2004年、134頁）と述べる。

　これは歴史家というものの宿命であろう。どう努力しても不備は残る。しかし、「私たちが説明しようとした事実とどのくらい密接に適合しているかと問うこと」の部分が重要であろう。歴史というものはどちらから見るか、どの視点で見るかによって、同じ時代の出来事でも全く違った描かれ方をする。そして、長い時間をかけて、1つの常識のようなもの、共通認識のようなものが醸成されていく。

　歴史は書き手によって同じ時代の同じ事件でも、全く別のように描かれる。だが、そうはいっても全体として妥当な評価、全体として無理のない評価、より現実に近い評価、同時代人の平均的な感覚としっくりくる評価というものはあるだろう。本書においても「説明しようとした事実とどのくらい密接に適合しているか」という部分を意識して記述を進めたい。

またギャディスは、「歴史家は直接的原因、中間的原因、遠因を区別するときや、また例外的な原因を一般的な原因と区別するときと同じように、因果関係を確立するときにもつねに反事実的推論を使っている」と指摘する。だが、それでも、「歴史家は過去の出来事の原因がはっきりと確立したことを、どうやって知るのかという問題が残っている」とし、「その答えは、もちろん、彼らは知らないということ」（ギャディス（浜林・柴田訳）、2004年、131頁-132頁）だと述べる。

　ギャディスはその理由として、「すべての資料が残っているわけ」ではないこと、また「すべてのことがまず最初に資料に記録されるわけ」ではないこと、「関係者の記憶は信頼できないこと」もあること、「もし信頼できるとしても関係者が出来事のすべてをあらゆる角度から目撃していたわけではない」ということを挙げ、「われわれは現実に起こったことの完全な物語を入手できると期待することはできない」（ギャディス（浜林・柴田訳）、2004年、132頁）と述べる。

　本書においても5年余りの全ての事実は当然、描ききれないし、キーパーソンの記録や回顧録の全てが正しい保障もない。起きた事実も記述の際、ある事実を選ぶとともに、ある事実は捨てなければならない。公平性を意識すれば、できうる限り実際に起きたことを複数の記録から描き、その後キーパーソンの回顧録などから立体的に真実に迫っていくより方法はない。しかし、それでも本書においても刊行後、そもそも参考にした書物の中の関係者の記憶の誤りなどが指摘されることも、予め想定しておかなければならないだろう。

　そして、ギャディスは歴史家が人物評価をする際には、歴史家は道徳的判断から距離を置くことができるが、距離を置くべきだという考えには否定的である。歴史家が自分の叙述する人物について道徳的な評価をすべきかどうかまた道徳的な評価をすることの是非については、以前からいくつかの議論がある。

　例えば歴史家のブロックは価値判断を拒否しているが、一方、E・H・カーは、「過去の個人に対してではなく、過去の事件、制度、政策に対して道徳的な判断を下す」ことは「歴史家にとって大切な判断」だという（『歴史とは何か』清水幾太郎訳、岩波新書、113頁）。この問題について、ギャディスは「歴史は他のすべての人と同じように歴史家にも起こる。歴史家は道徳的判断から距

離を置くことができるし、置くべきだという考えは、その事実を非現実的に否定するものである」（ギャディス（浜林・柴田訳）2004年、162頁）と述べている。

しかし、道徳的な判断を下すためには一定の基準は必要である。好きにすれば良いというものではない。この点について、ギャディスは「この問題をめぐる唯一の道は、歴史家が自らの時代の道徳性との関わりを受け入れ、しかしこの関わりを歴史家が取り上げている個人の道徳性や時代の道徳性と明白に区別すること」（ギャディス（浜林・柴田訳）、2004年、162頁）だと述べる。そして、「私たちはもし過去を三角法で描こうとするならば私たちには両方の視角が必要である」（ギャディス（浜林・柴田訳）、2004年、162頁）と述べる[16]。

つまり、歴史家は時代の「道徳性」（つまりは描く時代の道徳ということであろう）を理解し、それ受け入れた上で、しかし、自分が道徳的な評価を下す時には、歴史家が取り上げている個人の道徳性（歴史書の登場人物ということになるのであろう）と時代の道徳性からは別個に行わなければならないとギャディスは述べる。

本書においてはこのことにも充分な配慮を行う。すなわち、90年代の日本社会における道徳性と政治改革を推進したものの価値観までは筆者も理解している。だが、それにとらわれた評価は行わない。また、本書において筆者は、人物の評価ということについて、ギャディスと同じ立場をとることとする。すなわち、約5年間の政治改革期の事件、制度、政策のみならず、積極的に人物の評価も行う。人物の評価に踏み込まないことがそのまま「客観性」を保障するということではないと考えるからである。しかし、その際には、いくつかの根拠を挙げ、明らかにその評価が主観的になりすぎないような配慮は充分行う。

本書で対象とする90年代初頭の政治改革期についても、どの立場から見るかで全く違った描き方になるだろう。自民党から見るか、社会党から見るか、共産党から見るかでは全くこの時代の評価も変わるだろう。そして、最も今日、通用している歴史観は当時の「改革派」と呼ばれた人々からのものである。誰がどちらから見るかで、同じ時期を描いても全く違った記述になることはある意味では当然のことであろう。

しかし、重要な点は以下の部分である。完全に客観的な記述は無理だからといって、では全ての記述は、所詮は主観と主観のぶつかり合いに過ぎず、客観

的に近い記述すらも無理なのかということである。これは、先にも論じたが、ギャディスも「説明しようとした事実とどのくらい密接に適合しているか」が大事だという。様々な努力によって、極力、妥当なレベルまで持っていくということくらいまでは可能なのではないかと筆者も考える。

この点について本書では、極力、客観性ということは意識をして記述を進めていきたいと考えている。具体的にいえば、同じ時期の同じテーマの議論について、複数の見解があったことを記述し政党や派閥、人物についても複数の立場から記述する。これは明確に述べておくが、本書の歴史記述は、党派的には客観性を意識しており、当時のどの政党や派閥の立場に立ってもいない。

本書において「改革派」または「守旧派」という言葉を使う時に全て括弧をつけて記述するのは、筆者自身が「改革派」を真に改革派だったと考えているわけではなく、「守旧派」を真に守旧派だったと考えているわけではないからである。あくまでも「改革派」は通称「改革派」であったのであり、「守旧派」は通称「守旧派」であったという立場をとっている。いわば、「改革派」、「守旧派」というのは中身（実質的な内実）を表しているのではなく、その時の呼び名に過ぎないというのが本書の基本的な立場である。

だが、そうはいっても、ギャディスも認めるように、さらにギャディスに先立つブロック[17]やE・H・カー[18]も認めるように、歴史記述に一切の主観が入らない保証はないし、このことについても筆者は、予め充分に認識している。特に本書の目的の1つは、今日の日本においてほぼ「常識」となっている歴史観に対しては異論を唱えることであるから、この部分に対しては、かなり主観的な記述になることも多少はやむを得ないと考える。ただし、これは主観的な記述を積極的に行うということではなく、今日の「常識」になっている歴史観への違和感、疑念を表明することによって、社会に流通している「常識」を多少は真ん中に引き戻そうという意図からである。

そして、ギャディスは歴史家の歴史叙述については、「本当のことを言えば、それは事実に哀れな程度にしか近づき得ないものであり、歴史家の側のどんな熟練をもってしても、実際にそこに生き抜いた人にとってみれば極めて奇妙なものと思われるであろう」（ギャディス（浜林・柴田訳）、2004年、173頁）と述べる。これもギャディスの語る通りであろう。

哀れな程度にしか事実に近づき得ないのは、後世の人間が限られた情報で記述を行うことの宿命である。だが、筆者は「歴史家の側のどんな熟練をもってしても、実際にそこに生き抜いた人にとってみれば極めて奇妙なものと思われるであろう」というギャディスの言葉に注目したい。
　実は本書の試みも、現実に流通している歴史観が「実際にそこに生き抜いた人にとってみれば極めて奇妙なもの」なのではないかという疑念から出発している。先に先行研究に関する評価を行ったが、既に筆者には同時代を実際に生きた人間から見て極めて「奇妙」な解釈が政治学者や歴史家の中からあまりにも多く出回っているように感じざるを得ない。勿論、本書とて、結果的には「奇妙」なものを1つ加えるということにもなりかねないのではあるが、既に「奇妙」なものがあまりにも多く出ている以上、それらを批判的に検討することにも何らかの意味はあるのではないかと考える。
　ギャディスは歴史家によって描かれた記録については、「時間がたつにつれて、私たちの描写は、彼らがその中で生きていた出来事の直接的な記憶と競合し、その中に入り込み、ついにはそれに完全に取って代わるという意味で、事実になるのである」（ギャディス（浜林・柴田訳）、2004年、173頁）と述べている。
　まさに、90年代初頭の政治改革をめぐる評価について今、起きていることがこのことである。もう引き返せないくらいに「奇妙」な評価が「常識」として定着しているといっても良いだろう。しかし、それでも、例えば小沢に対する評価が一向に定まらないように、ある種の解釈をすれば、ある部分が整合性を持たなくなり、引き続き実際のところは良く分からないという部分も残されている。
　歴史家が描く歴史がなぜ、そうなるのかについて、ギャディスは、歴史家は悪意を持ってこうしているのではなく、陰謀はないとする。そしてギャディスは、「私たちは誰でも、過去について実際に記憶していることが過去のある描写に飲み込まれていった経験を持って」おり、それは、「ある一瞬を描いた写真が残っていると、それが人物や場所や時間について私たちが思い出すすべてとな」り、「過去をきわめて自分本位にまとめあげて日記に書いたことがたちまちのうちに過去それ自体になる」ことと同じだと述べる（ギャディス（浜林・柴田訳）、2004年、173頁）。
　筆者も悪意のある政治学者や歴史家が意識的に嘘を書いてきたとは考えてい

ない。当時の国際情勢と日本政界の状況を考えれば、あまりに現実が複雑だったために、実際には「ある一瞬を描いた写真」が「人物や場所や時間について私たちが思い出す全てとなる」ようになったのが事実であり、分かりやすい記述をして後世に伝えるしかなかったことも確かなのだろう。物事は単純化するほど、後世には伝えやすくなるからである。

　最後に主観と客観について整理する。主観と客観の問題は非常に難しく、そもそも、完全に客観的な歴史評価、人物評価というものはあり得るのかという議論がある。これについて筆者自身の立場を述べれば、完全に客観的な歴史評価、人物評価というものはあり得ないというものである。「応仁の乱」にしても「明治6年の政変」にしても「日露戦争」にしても「二・二六事件」にしても論じる歴史家の立場や見方によって同じ時代の同じ事件、同じ人物を論じても、全体の色調は大きく変わってくる。

　そもそも歴史記述に関しては万人が完全に納得するということは無理であり、この点においては、歴史は自然科学とは明らかに異なる。その意味においては歴史記述というものに、誰もが納得するという意味での唯一無二の「客観性」を求めるには無理があるのである。

　だが、歴史家は1つの事象や事件を様々な角度から検証し、1つの立場だけに依拠して記述することを意識的に避け、同じ出来事への評価や見方も極力、複眼的な視点を持って行い、可能な限り真摯で誠実な努力をすることによって、歴史を描くものは客観的と評価されても良い水準にまでは何とか迫れるとギャディスは考えているのではないだろうか。

　これは、ギャディスが使った地図の例えでいえば理解しやすいであろう。作り手によって、地図には強調して描かれるものや描かれないものがある。このことによって、完成する地図の全体の感じは、作り手によって確かに異なったものとなる。だが、いずれの地図も強調されている点は違ってはいても、間違った地図ではないし、どの地図もある意味においては正しい地図である。

　先に論じたようにギャディスは、歴史家の限界、宿命を充分に認めた上で、しかし、記述が事実に近付く度合いこそを重要視している。本書においても、このことを常に意識しながら記述を進めたい。

おわりに

　以上、本章では政治改革期の評価について代表的なものを見た。そして、本書における歴史記述についての基本的な立場を明らかにした。先行研究の検討ではできるだけ様々な立場からの評価を検討した。現在、通説となっている、90年代の初頭に政治改革への賛否をめぐって、(勇気ある)「改革派」と(卑怯な)「守旧派」が闘争し、自民党の中枢から登場した勇気ある「改革派」と利権に拘泥する卑怯な「守旧派」の闘いは、与野党の枠を超えて拡大し、双方の「守旧派」の代表であった古い自民党と古い社会党は敗北したという通説は再検討を要するというのが本書の立場である。

　本書では政治家のみならず、政治学者、ジャーナリスト、評論家も歴史記述の中での対象とした。なぜなら、彼らの言説も当時の歴史の「一場面」であるからである。そして、学者といえども「時代の道徳性」から逃れることはできないのだということを本書では描きたいと考える。また、先行研究の検討において政治学者のみならず歴史家に近い学者の研究も検討の対象としたのは、この時期の典型的な歴史的評価の問題点を論じておくことも本書の目的の1つであるからである。

1) 第1章で言及するが、この考え方は後藤田正晴が政治改革委員会の責任者になる前から著書で明らかにしていた考え方であった。そして、この『政治改革大綱』と同じ考え方に基づいて、政府の第8次選挙制度審議会の『答申』が出された。
2) この大嶽秀夫編の本は、政治改革法案の成立した1994年の3年後に刊行されたものであるので、この時点での評価は時期尚早であったと考えることができるかもしれない。その後、20年以上の日本政治の流れの中で、一応は二大政党制らしき状況が生まれ、政権交代まで現実に起こったことを考えれば、この時期での評価は早すぎたということもいえるであろう。
3) 第1章で詳細に見るが、後藤田は『政治とは何か』(講談社、1988年)の中で、最初に小選挙区比例代表制を提案している。一方、ユートピア政治研究会が立ち上がったのは同じ88年8月で、提言がまとめられたのが12月である(御厨・牧原編、2011年、38頁-40頁)。したがって、若手が政治改革委員会の中で後藤田を動かしたというよりも、後藤田は以前から自身の意見を明確に持っており、武村正義らは独自に研究会の中で選挙制度改革の議論を始め、後藤田から骨子を作ることを命じられた武村が、研究会での議論を踏まえた上で、以前から後藤田が持っていた考え方と基本的に同じ内容の提案をし

たというのが実際のところであろう。
4) 香山健一は政治学者。元学習院大学教授。中曽根康弘内閣では臨時教育審議会の委員に就任。当時は自民党のブレーンとしても知られた。新自由クラブが結党した時にも同党のブレーンとして活動。中北によれば日本新党は香山にとって、「新自由クラブに続く第二の挑戦」であった（中北、2014年、153頁）という。
5) 中北浩爾は豊永郁子の議論に賛同する形で、当時の小沢一郎の論理は個人に自己責任を課すという国家の為政者からの論理であったから、小沢を新自由主義者ではなかったと評価しているようだが（中北、2012年、39頁-40頁）、政府のかかわりを少なくして、個人に自己責任を課す社会を目指す思想が新自由主義である。小沢は「国家権力の側」から「個人の自由」の強制的に押し付けたので、「自由を尊重する」という部分に軸足のある新自由主義者ではなかったという論理なのであろうが、これは疑問の残る見解である。国家から「押し付けられた」、「見放された」と見ても、「個人の自由を最大限に尊重する」社会は個人の自己責任が強調されるという意味では結果は同じだからである。
6) 小林与三次は90年4月29日『毎日新聞』のインタビューで前年（89年）の参議院選挙の結果も大きかったようだがという質問に対し「これは（並立制でまとまるのに）非常に影響があった。参院はまったくの小選挙区制ですから。連合の委員（山岸章会長）に『あの成果をどうみるんだ』と聞いたら『さあ、何とも言えんなあ』と言っていた。これが現実なんだから、これを基に議論した訳です」と答えている。
7) さらに詳しく言及すれば、これを進めたのは当時の書記長久保亘を中心とする右派勢力であり、中間派や左派の意向は無視して進められた。当時の社会党は山花貞夫が委員長であったが、山花や右派の久保が左派を無視して小沢と組んでいったのである。そして、山花は93年の総選挙で大敗した後、細川政権の政治改革担当相に就任した。その時に左派の村山富市が委員長となった。村山は左派ではあったが最左派（社会主義協会）ではなく、また現実的な判断を重視する政治家であったことから、山花の路線を引き継ぐ形で右派、中間派、左派（最左派以外）の支持で委員長となった。つまり、この時、社会党は党としては、「並立制」に舵を切ったことを再確認して、山花の路線を追認したのであった。
8) 新産別は労働4団体の1つだったが「共産党系」ではなく、むしろ共産党排除の組合であった。もし、書くとするならば共産党系は「全労連」である。労働4団体が連合の発足にこぎつけたことは正しいが、この記述で読めば社会党系の総評、民社党系の同盟、共産党系の新産別が1つになって連合が結成されたように読めるが、共産党系のナショナルセンターは連合に参加していない。
9) 金丸信は自社大連立を構想してはいたが、金丸のパートナーは社会党の田辺誠であって、金丸の「自社大連立」は、小沢がこの時期に構想していたものとは全く異質のものであった。金丸は55年体制の延命を目指していたのであって、双方が同じ認識を持っていながら「目指す政権の組み合わせが異なっていた」（季武・武田編、2011年、310頁）という認識は大きな誤りである。
10) 平野貞夫（2008年、31頁）に平野と小沢のやり取りが詳細に証言されている。小沢は海部俊樹内閣発足直後に自民党を改革するか、できなければ壊すかだという認識を持ち始めていた。

11) 当時、自民党内には実は明確な形での「改革派と守旧派」の闘いなどは実際にはなく、後藤田（とその下にいた武村）が政治改革委員会で作った『政治改革大綱』を、海部期に小沢が法案化して、海部に出させたという事実があったのみである。海部は小沢に担がれてはいたが、改革の先頭に立って「守旧派」と闘っていたわけではなかった。
12) ここは原彬久についても言及されているので、最後まで読めば、大体においては正しい記述と考えても良いが、当時の社会党は、山花が93年の総選挙で敗北した直後に社会党内での議論をすることなく、先に連立参加を決めてしまうのである。
13) そもそも、小沢は自民党時代、野党連合政権論者ではなかった。しかも、小沢が「野党」になったのは93年総選挙の直前である。小沢を「60年代から何度も挫折していた野党連合を結成させた功労者」と評するのは、あまりにそれまでの小沢の政治的立場や政治行動を無視したものである。社会党主導で野党連立政権が誕生していれば、そう記述してもおかしくない。しかし、連立政権を主導したのは、自民党を割ったばかりの小沢であった。
14) この時期、小沢は都知事選の敗北の責任をとって自民党幹事長を辞任しており、表舞台に立っていなかった。金丸と竹下が委員長小此木彦三郎に圧力をかけて、政治改革3法案を廃案にした時に、小沢はあえて金丸と竹下登と一時的に距離をおき、抵抗はしなかったというのが事実ではないだろうか。後藤田（その下にいた武村）を除けば、海部内閣期においては、小沢であったことは間違いがない。したがって、金丸、竹下、小沢のトリオが海部を一致して不快な思いで見ていたという部分は明確に事実に反するであろう。
15) ジョン・ルイス・ギャディス（1941年-）は、アメリカの歴史学者。冷戦史研究のポスト修正主義学派の代表的論者として知られる。
16) ギャディスは三角法という例えを出しているが、これは製図を描く時に物体を前から、上から、横からそのまま描くのではなく、斜め右側で少し上から見て立体的に書く手法のことである。立体的なものを平面に描く時に三角法を用いるように、歴史家は歴史を記述する時に1つの出来事を立体的に描かなければならないということである。
17) マルク・ブロック（1886年-1944年）はフランスの歴史学者。アナール学派の初期の代表的人物。
18) エドワード・ハイレット・カー（1892年-1982年）はイギリスの歴史家、政治学者、外交官。『歴史とは何か』の中の「歴史とは現在と過去との絶え間のない対話である」という言葉は有名。

第1章　竹下内閣期及び宇野内閣期
――1989年1月～1989年8月――

はじめに

　そもそも、なぜ、この時期に「政治改革」が始まったのであろうか。直接的なきっかけはリクルート事件[1]によるものであった。リクルート事件が起きた時点では、冷戦終結後の世界的な視野で日本の今後のあり方を議論すべき政治改革論議が必要だという認識は政界にも国民にもなかったが、徐々に改革論議は大きな話に広がっていく。

　佐々木毅も述べているように（佐々木編、1999年、6頁-12頁）、日本の国内でリクルート事件が起きたことと、冷戦が終結したこととは、直接的には何の関係もなかった。だが、結果として、リクルート事件をきっかけに国内で始まった政治改革論議は、冷戦終結とともに世界が激変する中で、日本の政治はこのままではダメだという認識とともに広範に広がっていくこととなった。

　時期的にいえば、リクルート事件が起きた時期と冷静の終結はほぼ同時期である。リクルート事件が政界を混乱させたのは、1988年から89年であった。冷戦の終結は、89年12月のマルタ会談と考えられるので[2]、リクルート事件が起きた時期が少しだけ早かった。リクルート事件以前にもロッキード事件を初めとして、汚職事件は頻繁に起こっており、その都度、自民党は反省の意を国民に表し、目先を変えて政権を維持してきた[3]。しかし、この時期のリクルート事件の時は、さすがにこれまでのような小手先の改革や言葉だけの反省では済まされないという雰囲気が自民党にも広がった。

　さて、政治改革を誰が最初に始めたかということであるが、実質的な改革の担い手[4]とは別に、形式的に初めて政治改革の必要性を口にしたのは当時の首相竹下登であった。竹下自身がリクルート事件に連座しており、平成元年の4月には退陣に追い込まれるのであるが、最初に政治改革を宣言したのは竹下で

37

あった。

　竹下は89年の年頭の内閣記者会との会見において政治改革元年への決意を述べた（読売 1989.1.1）。当時はまだリクルート事件での逮捕者は出ておらず、新聞等のメディアも「リクルート疑惑」と報じており、検察が労働省ルートを最重点に捜査を始めたという時期であった（読売1989.1.1）。竹下は年頭の内閣記者会との会見で「今年を政治改革元年の決意でやらないと国民に申し訳ない」と述べ（読売 1989.1.1）、政治改革に並々ならぬ決意を示した。この年は1月7日までが「昭和」で1月8日に「平成」と改元された。

　この時期はまだリクルート事件は逮捕者こそ出してはいなかったものの、前年の88年には竹下内閣の4人の閣僚がリクルートの子会社から値上がり確実な未公開株を受け取ったという理由から辞任に追い込まれていた。竹下としても国民の信頼を回復するために政治改革に乗り出さざるを得ないという状況に追い込まれていた。もし、リクルート事件が起きなければ、平成の初期において政治改革は行われなかったかもしれないといえるほどに、この時期、国民の政治不信が高まった。

　竹下が最重要課題と位置付けた政治改革の特徴は、単なる政界浄化というスローガンにとどまるものではなく、法改正をともなう改革を視野に入れたことであった。竹下は早速、「賢人会議」[5]を翌2月に発足させることを決めた（読売 1989.1.7）。そして、賢人会議とは別に自民党内にも「政治改革委員会」が設置されることとなり、その陣容が決まった（読売 1989.1.13）。

　竹下はリクルート事件の批判をかわすため、「政治改革元年」を宣言し、私的な諮問機関である有識者会議を設置するとともに、自民党内に政治改革委員会を設置することを決めた。そして、この時期には既に、第8次選挙制度審議会の設置まで決めていたのであった。

　このように政治改革はリクルート事件がきっかけとなって始まった。だが、この時期、竹下もそして殆ど全ての与野党の政治家も冷戦の終結と、その後の国際政治のあり方や、国際社会での日本の立ち位置まで考えて政治改革議論を開始したわけではなかった。この時期の政治改革論議は、端的にいえば、リクルート事件の発生を機に、いかにして政治腐敗を防止するのかという問題意識から始まった。

しかし、この時に設置の決まった自民党内の政治改革委員会と政府の第8次選挙制度審議会は、この後、車の両輪の役割を果たしていくこととなる。すなわち、小選挙区比例代表並立制の導入に向けて、動き出すのである。
　この後、政治改革論議は、竹下が「政治改革元年」といった時には、全く想定もされていなかったような思いもよらなかった方向に議論は展開されていくこととなるのだが、これらについては次節以降に、その議論の萌芽を見ていくこととしたい。

1　有識者会議の設置とその提言

　政治改革の断行を決意した竹下は、私的諮問機関を立ち上げることにした。元号が既に平成に改まった後の1月26日夕方に、「政治改革に関する有識者会議」（当時の報道では、「いわゆる賢人会議」などと呼ばれる）のメンバーが小渕恵三官房長官によって発表された。メンバーは安原美穂元検事総長、京極純一東京女子大学長など、総勢12人であった（朝日　1989.1.27）。
　政治改革については、既に自民党内に「政治改革委員会」（後藤田正晴会長）が設置されていたが、竹下は「理念は有識者会議、具体策は党の委員会」でと考えていた（朝日　1989.1.27）。
　1月27日の午前に開かれた有識者会議の初会合の冒頭の挨拶で、竹下は見直しが必要な具体的な課題について、公職選挙法や政治資金規正法など制度面の是正を図ることも必要だとの認識を示した。そして、有識者会議の提言をもとに、首相の諮問機関である選挙制度審議会で具体策を練り、与野党間の協議に委ねるとの考えも示し、さらに、提言をこの年の夏の参議院選挙の前に得たいとの希望も述べた（朝日　1989.1.27）。
　短期間であるが、この時期に自民党内の「政治改革委員会」と竹下の私的諮問機関である「政治改革に関する有識者会議」が並び立つということになった。また、竹下は休眠状態にあった「選挙制度審議会」をも設置し、そこでの議論をもとに選挙制度改革に乗り出すことを考えていた。
　2月13日朝、竹下は「政治改革に関する有識者会議」（以下、有識者会議）の2回目の会議において、座長に元内閣法制局長官の林修三を決めた（朝日

1989.2.13 夕刊)。だが、有識者会議では委員自身から存在理由を問う声が出始めていた (毎日 1989.2.20)。

理由は自民党政治改革委員会 (後藤田会長) の方は、衆議院定数是正や将来の小選挙区、比例代表制の導入など選挙制度改革に比重を置きながら議論を進めているのに比べ、政府の有識者会議はまだ検討課題も固まっていなかったからであった。同会議発足への疑問は1月27日に開かれた初会合の時から委員の間にあった。

3月9日、有識者会議の第4回会合も首相官邸で開かれ、緊急提言取りまとめの議論がなされた (朝日 1989.3.9 夕刊)。会議では政治家と株の問題に論議が集まり、竹下首相は閣僚と政務次官に関しては、在任中は取引を規制する方針を示した (朝日 1989.3.9 夕刊)。

この会議の中では政治改革よりもリクルート事件の真相解明の方が急務であるという意見が相次いだ (毎日 1989.3.9 夕刊)。有識者会議での主な発言には以下のものがあった (朝日 1989.3.10)。

> 政界、経済界がすべて腐敗したかのように取り上げられている。行き過ぎは自制すべきだが、疑心暗鬼を防ぐためには、政治家自らが事実関係を明確にすべきだ。(亀井正夫・日経連副会長)

> 国民は政治家の児戯にも等しいウソに怒っている。国民は十万円以下でも税務署に申告させられているのに、政治家はどうして明らかにしないのか、という素朴な感情がある。(曽野綾子・作家)

> 内閣はぼうぜん自失、なすすべを知らずの感だ。司直だけに信をつないだかたちになっているのはまずい。実際にやるかどうかは別として、衆院解散をやるくらいの覚悟で臨むべきだ。(江藤淳・評論家)

> 世論の期待は何も選挙制度や政治資金についてばかりではない。(中略) 政治の腐敗は慢性病で、万能薬、特効薬はないと銘記すべきだ。小選挙区制にしてもすべて弊害が除かれるわけではない。今回の事件に関する対応のボタンのかけ違いを分析すべきだ。(京極純一・東大名誉教授)

竹下は「有識者会議で政治の理念ができてくると期待している。リクルート問題については、従来から4つの問題（証券取引法、税法、刑法、道義）をいってきた。事実解明については、司法と別にどうするか、例えば（株式売買約定書などの）3点セット。私については、国会の要求に基づくのか、自発的にやるのか、タイミングも含め熟慮中だ」と発言した（朝日 1989.3.10）。

4月13日、有識者会議は、第7回会合での合意を受け、4月27日を目途としているリクルート事件の再発防止を目的とした政治とカネに関する「緊急提言」の詰めの作業を開始した（読売 1989.4.14）。

有識者会議が議論を進めていた4月24日、竹下は退陣を決意し、25日に退陣を表明した。その後、27日、竹下は首相官邸で、後藤田正晴と約1時間会談した。この場で2人は今後の政治改革の段取りについて意見を交換したが、その結果、公職選挙法や政治資金規正法の改正、資産公開法制定など法的措置を要するものは、今国会中に法案を提出することなどで認識が一致した（読売 1989.4.28）。

有識者会議がまとめた提言では「緊急に措置すべきもの」として資産公開の基準を洗い直し、「資産を家族名義に移しかえるなど数多くの抜け道があり、資産の実態を反映していない」との批判にこたえるため「一定範囲の家族」にまで公開するように求めるものとなった（朝日 1989.4.27）。

また、「中長期的課題」では、「国民の期待にこたえる政治を実現できる政治制度を確立することが不可欠」とした上で、首相が政府の選挙制度審議会、自民党政治改革意見を踏まえて政治改革の実現に「最大限の努力」を払うように迫っている。最後に提言は、竹下首相の退陣表明を「リクルート問題に対し一つのけじめをつけた」と評価しつつも、「しかしながら、この提言に沿って政治改革を緒につけることこそけじめだ」と強調していた（朝日 1989.4.27）。

2　後藤田正晴と『自民党政治改革大綱』

本節では自民党から始まった政治改革論議を終始、主導した後藤田と自民党『政治改革大綱』について検討する。

佐々木は『政治改革1800日の真実』（講談社、1999年）で自民党『政治改革大

綱』を評価していることは確認した通りである。それも、リクルート事件から10年経った99年時点でも高くこの『政治改革大綱』を評価し、さらにその14年後の2013年になっても、『平成デモクラシー——政治改革25年の歴史—』（講談社、2013年）でも同じ認識を示していることも確認した。

この自民党『政治改革大綱』の中では何が提案されていたのだろうか。そして、自民党の政治改革委員会を主導した後藤田はどのような考え方を持っていたのだろうか。

89年1月に自民党内に設置された政治改革委員会が、この後、大きな役割を果たすことになっていくのだが、政治改革委員会の会長に後藤田が就任することが決まった（読売 1989.1.13）。この後藤田こそ、この後、非常に大きな役割を果たすこととなっていく。

当初、政治改革委員会の設置が決まった時点で、自民党内の大勢が選挙制度改革まで具体的な視野に入れていたわけではなかった。後に『政治改革大綱』によって小選挙区比例代表並立制の導入を最初に提言することになる後藤田もこの時期には、政治改革について「政治、選挙、政治資金改革は、本来、政党自身がやるのが建前だ。しかし、政党に自浄能力が欠如し、また、政党の消長、個々の議員の運命に直結することなので難しい。従って、自分の立場（自民党政治改革委員会会長）からいうのはおかしいが、第三者機関でやるのがいいのかもしれない」と発言していたくらいである（読売 1989.1.17）。

この時期に最初に小選挙区制に言及したのは当時の自民党幹事長安倍晋太郎であった。安倍は講演の中で、衆議院での小選挙区制に比例代表制を加味した制度の導入を政治改革委員会で積極的に検討していくという考えを政府・与党の首脳として初めて公にした（読売 1989.1.18）。そして、直後、後藤田は政治改革については翌年（90年）の秋を目途に最終結論を出すという意向を明らかにした。この時点では後藤田は、まず衆議院の定数是正を実行するとの考えを明らかにしていた（読売 1989.1.21）。

自民党が政治改革に乗り出したことにより、「政治改革」という言葉は、早くも、この頃から政党の枠を超えて使われるようになっていく。例えば民社党は89年の運動方針案に、政治改革の推進に全力をあげることを掲げることを明らかにした（読売 1989.1.21）。野党であった民社党も政治改革をいわなければ

ならなくなった背景には塚本三郎委員長もリクルート問題をめぐっての責任問題が浮上していたからであった。[6]

　自民党は89年の運動方針案の中で、6つの方針の中の1つの柱として重大な決意で臨むことをアピールした（読売 1989.1.29）。そして、労働組合の総評[7]（日本労働組合総評議会）も、政治改革へ研究会を設置することを事務局長が表明した（読売 1989.2.3）。そして、89年2月10日から再開された第114回臨時国会で竹下は、国民の不信を重視し、政治改革に全力を尽くすと施政方針演説で述べることとなった（読売 1989.2.10 夕刊）。

　竹下が国会でこの演説を行った直後、リクルートの江副浩正前会長らが贈収賄容疑で逮捕され、ついにリクルート疑惑はリクルート事件となった。[8]この時期には、政治改革の意味するものが、内容的にどこまで含むのかは、まだはっきりした共通認識があったわけではなかった。その中で、竹下が最初に手をつけたのは政治資金の問題であった。リクルート事件で国民の不信が増す中で、竹下は「政治改革に関する有識者会議」（座長：林元内閣法制局長官）に株取引問題に絞った緊急提言を出すように指示した（読売 1989.3.3）。これは先の節で見た内容である。

　そして、自民党もまず政治資金規正法改正から取り組むこととなり、この年3月中に改正案の成案を得ることを目標とした。ここから自民党内では政治改革に向けての態勢は一応整うこととなったのであった（読売 1989.3.4）。政局はこの後、NTTの真藤恒前会長、加藤孝労働元事務次官などが逮捕され、混迷の度を深めていった（読売 1989.3.7、1989.3.8）。

　このような状況の中、自民党では拡大政治改革員会が開かれ、初めて幹事長の安倍の打ち出した小選挙区比例代表制の導入について議論された。賛成論も出されたが、全体として反対、消極論が推進論よりも多く出された（読売 1989.3.9）。

2-1 『政治改革大綱』が決定されるまで

　本節では、政治改革委員会で『政治改革大綱』が出されるまでの動きを概観しておきたい。自民党内に新設された「政治改革委員会」は総裁直属機関であった。後藤田が会長に就任し、政治資金のあり方や選挙制度の見直しなど、

法改正をともなう根本的課題を議論することとなった。

　自民党政治改革委員会の陣容が固まったのは、89年1月12日だった。元号が「平成」に改まってからまだ5日目であった。同日、後藤田は首相の竹下、幹事長の安倍と相次いで協議してメンバーを詰めた。メンバーは総勢41人となった。また、前節で見たように竹下は、首相の私的諮問機関として民間有識者で構成する有識者会議についても、人選を急ぐ方針も明らかになった。

　政治改革委員会の事務局長には竹下派の左藤恵元郵政相が就任し、事務局次長には、前年末に改革の具体案を党首脳に提言した「ユートピア政治研究会」の世話人であった武村正義衆議院議員（安倍派）と森山真弓参議院議員（河本派）が起用されることも決まった（読売 1989.1.13）。

　13日の自民党の総務会で、政治改革委員会の正式メンバー41人が正式に決定された。政治改革委員会の主なメンバーは会長の後藤田以下、会長代行に塩川正十郎が就任し、副会長に梶山静六、粕谷茂、坂本三十次、砂田重民、山下元利、梶木又造（参議院）、檜垣徳太郎（参議院）、事務局長に左藤、事務局次長に武村、森山が就任した（朝日 1989.1.14）。

　後藤田は当初、事務局長にはかつて、新自由クラブを結成し、政治倫理の問題に熱心に取り組んでいた河野洋平を考え、竹下も一旦了承していた。しかし、執行部の難色で竹下派の左藤に落ち着いた（朝日 1989.1.14）。

　1月25日、政治改革委員会の専用室が自民党本部に設けられ、安倍や後藤田らが看板をかけた（毎日 1989.1.25）。この日以降、後藤田を会長とする政治改革委員会は、自民党内で政治改革の議論をリードしていくことなる。

　政治改革委員会は早速活動を開始した。第2回会合が25日午後、党本部で開かれ、党選挙制度調査会の定数是正問題小委員会（友納武小委員長）、政治資金小委員会（福島譲二小委員長）から衆院定数是正、政治資金規正法改正問題について昨年来の検討結果が報告された。福島が検討課題として示した同法改正のポイントは、「1、政治資金パーティーの主催を政治団体に限り、パーティー収支を明確化させる、2、政治資金の使途・管理について指針を定めることや、3、政治資金の寄付者公表の基準について年間50万円（現行は政党または政治資金団体に対する寄付は年間1万円、その他の政治団体に対しては年間100万円）と改めること」などであった。

一方、定数是正に関しては、「1、現行の中選挙区制を前提として是正する 2、増減は一減がよいとする意見が大勢 3、2人区・6人区の解消は関係議員の反対が多い 4、党で基本方針を決めてから第三者機関にゆだねる」という意見が強いことが報告された（読売 1989.1.26）。

2月21日午後、政治改革委員会は、都内のホテルで幹部による非公式の会合を開いた。この日の会合では、寄付者の公開基準の引き下げを中心に、改革案に対して反対論が噴出した。その結果、政治資金等小委員会（福島譲二小委員長）の試案などを土台に、幅広く党内調整を進めることになった。政治改革委員会では当初、22日の同委員会総会で、緊急の改革案を取りまとめる方針だったが、方針転換により、最終決着は3月以降にずれ込む見通しとなった（読売 1989.2.22）。

後藤田は2月21日の党総務会で、選挙制度改革に関連して、「例えば小選挙区と比例代表区（の議員の割合）を6対4とし、比例区は都道府県別に割り振るなら（名簿の）順位付けも可能ではないか」と述べた（読売 1989.2.22）。

22日午後、政治改革委員会が、自民党本部で開かれた。そして、これまで選挙制度調査会（砂田会長）の小委員会で検討を進めて来た衆議院定数是正、政治資金見直し、虚礼廃止の3テーマについて中間報告が行われた。だが、これらの試案に対しては、党内の取りまとめが難航しており、委員会では今後、各派閥の事務総長会合などを通じて、党内調整を進めていく方針を決めた（読売 1989.2.23）。

3月3日には、政治改革をめぐって安倍幹事長ら党4役、後藤田などによる自民党首脳協議が開かれた。この中では、政治資金規正法改正案などを今国会中に成立させる方針が確認された（読売 1989.3.4）。

後藤田らは、これまでパーティー規制など政治資金規正法見直しや衆院総定数の1減などについて、党選挙制度調査会（砂田会長）の小委員会による試案を発表し、これを首脳部の決断を仰いで、党の正式な方針とする考えだった。ところが党内から、党内議論を経ずに試案を発表するやり方はおかしいなど反発が噴出した。また、政治資金の公開基準を現行の100万円超から50万円超に引き下げることについても安倍幹事長、渡辺美智雄政調会長が公然と批判するなど首脳部間の意見の食い違いも表面化していた。このため、安倍ら党4役と

後藤田らが3日、首脳協議を開き、改革の議論の進め方、改革案取りまとめのスケジュールなどについて首脳間の意思統一を図ることとなった(毎日 1989.3.6)。

3月7日、政治改革委員会は党所属の全国会議員を対象に、政治資金制度の見直しについて意見を聴いた(朝日 1989.3.8)。政治改革委員会の拡大会議では、以下のようなやり取りがなされた。

 武部勤(無派閥):当面急ぐ問題は今国会で決着つけるというが、なぜ今国会でなければならないのか。小手先のことをやればかえって政治不信を増す。
 後藤田会長:政治家が現状に安住しているのではないかという国民の批判にこたえねばならない。
 浜田幸一(無派閥):国民が問うているのは、自民党の自浄努力とは何をするのかということだ。
 安倍幹事長:政治献金の総枠規制は十五年間変わっておらず、ひずみも出ている。いまの中選挙区制のままでいいのかといったことや国会改革にも真剣に取り組んで行く。
 石井一(竹下派):冠婚葬祭の寄付全廃に賛成だ。公職選挙法を改正してきっちりやらなければだめだ。株譲渡も禁止、政治家の資産、年間の収支もすべて公開すべきだ。一方で、出費はあるのだから、秘書をもう二、三人公費で見てやるとか、今のモチ代のようなヤミではなく、党が議員に資金を支給すべきだ。
 町村信孝(安倍派):冠婚葬祭への支出には強い罰則をつけて、違反者は公認しないぐらいの覚悟が必要だ。政党法には疑問がある。
 若林正俊(安倍派):小選挙区ならカネがかからないというような議論が一人歩きしている。どんな区割りをするのか、を考え始めれば大変なことになる。超長期の問題として取り組むべきだ(朝日 1989.3.8)。

8日には拡大政治改革委員会が開かれた。この中では安倍らが選挙制度の抜本改革の一環として打ち出している小選挙区比例代表制導入問題と、衆院定数の1減、6人区解消を図る当面の改革案について議論された。

特に小選挙区制度導入については、政党、政策本位の選挙や派閥解消の観点から賛成論も出されたが、「仮に小選挙区制を導入しても、自民党同士が公認を争う結果、カネのかからない政治に直ちに結びつくかは疑問だ」などという

反対・消極論が全体として推進論を上回った。これを受けて後藤田は、記者会見で、「改革の根本的哲学がなくてはいけないのは当たり前だ。全体のフレーム方向性については（当面の改革案と）合わせて出していきたい」と述べた（読売 1989.3.9）。

9日、政治改革委員会は、前日に引き続き、全国会議員を対象とした拡大会議を開いた。この中では、選挙制度改革についての意見が聴取された（朝日 1989.3.9 夕刊）。拡大会議では竹下首相や安倍幹事長が積極的な姿勢を見せていた小選挙区比例代表制に導入に対して、全体としては反対論の方が多かった（朝日 1989.3.9 夕刊）。この日は衆参計164人の国会議員が出席し、将来も中選挙区制を維持するか、小選挙区比例代表制とするかを中心に議論された（朝日 1989.3.9 夕刊）。

14日午前には、後藤田と選挙制度調査会会長の砂田が、安倍幹事長ら党4役と会談し、政治改革の具体案作りの日程について協議した。その結果、政治改革案は4月末から5月にかけての連休の間をタイムリミットとすることが確認された（朝日 1989.3.14 夕刊）。

3月29日、政治改革委員会は首長、議員、文化人らを対象とした政治改革に関するアンケート調査結果をまとめた。それによると、今後、自民党政治に求められているものとして「政治的信頼回復への取り組み」と回答した人が9割にものぼったとのことであった。また「小選挙区制への移行」を求める声が半数以上を占め、政権交代可能な政治ステムを志向していることが分かったと報告された（毎日 1989.3.30）。

4月19日、政治改革委員会は、資産公開問題などについて協議した。その結果、現行の閣僚の資産公開制度を基本に、実施対象を国会議員全員に拡大し、法制化することで一致した（読売 1989.4.19 夕刊）。また、後藤田は政治改革の取りまとめ時期について、当初予定していた4月末から5月連休明けにずれ込むとの見通しを明らかにした。後藤田は取りまとめが遅れる理由として「リクルート事件の捜査の進展や、けじめ問題、内閣の有識者会議の結論などを見極める必要がある」と述べた（読売 1989.4.19 夕刊）。

5月10日、自民党の政治改革委員会は、5月17日を目途にまとめる予定の政治改革案の重要な柱として「党改革」を盛り込む方針を固めた。特に派閥解消

を目指すために具体策として、首相（党総裁）、全閣僚、幹事長、総務会長、政調会長、参議院議員会長の党4役は任期中、所属する派閥を離脱することを盛り込むこととなった（朝日、毎日 1989.5.10）。

そして、5月19日、自民党の政治改革委員会は、竹下首相（総裁）に『政治改革大綱』を答申した（朝日、読売、毎日 1989.5.20）。

『政治改革大綱』は、政治資金の収入面と支出面の全般的な見直しを中心に、選挙制度の抜本的改革、国会議員の資産公開を含めた政治倫理の確立や党改革、国会改革など、様々な角度からの政治改革のプランが盛り込まれた内容となっていた。

具体的には『政治改革大綱』では、これまで「100万円超」とされていた、政治献金をした個人や法人の名の公開基準を「60万円超」に引き下げる一方、パーティー券の購入額の上限を150万円に規制することなどが盛り込まれた（朝日 1989.5.20）。

そして、選挙制度の改革は、中長期的な課題となり、衆議院定数を公選法に定めた「471」以下に削減し、将来的には小選挙区比例代表制に移行すること、参議院の比例代表制も抜本改革することが盛り込まれた（朝日 1989.5.20）。

2-2 『政治改革大綱』と後藤田正晴

政治改革委員会のまとめた『政治改革大綱』は後藤田自身の考え方が極めて色濃く反映されていたものであった。

『政治改革大綱』の中で特に重要な部分の内容を検討してみよう。『政治改革大綱』は「第一　政治改革の考え方」、「第二　政治改革の内容」、「第三　政治改革の手順と推進体制」から成るものであった。最初に少し長くなるが、「第一　政治改革の考え方」から一部分を引用する。

> 「〔現状認識〕いま、日本の政治はおおきな岐路に立たされている。リクルート疑惑をきっかけに、国民の政治にたいする不信感は頂点に達し、わが国議会政治史上、例をみない深刻な事態をむかえている。
> 　なかでも、とくにきびしい批判がわが党に集中している（中略）。さらにいま、わが国は自由主義と議会制民主主義を国家の基本理念として、社会、文化、経済の各分

野にわたるあたらしい飛躍をはかり、国際社会の平和と繁栄にいっそう貢献すべきだいじなときをむかえている。
　この重大な時期に、国民は各種選挙においてわが党にたいしきびしい審判を下している。選挙にしめされた結果は、もとよりわが党への批判のあらわれと、謙虚に受けとめなければならない。しかしわれわれは、戦後営々として築いてきた体制の変更を国民が望んでいるとはおもわない。われわれは自信をもって自由と民主主義の現体制を堅持する（以下、略）」。

まず、ここで確認しておきたいことは、これは自民党内の文書であるということである。反省の文言が書かれてはいるものの、「しかしわれわれは、戦後営々として築いてきた体制の変更を国民が望んでいるとはおもわない。われわれは自信をもって自由と民主主義の現体制を堅持する」とあるように大筋では自民党が進めてきた政治に自信を示してもいる。これは、社会主義ではなく自由主義経済を守ってきた路線の正統性を誇っているので、驚くには当たらない。そして、改革の方向として以下のような方向性が示されている。

　「〔改革の方向〕（前略）いま、国民の政治不信、および自民党批判の中心にあるものは、①政治家個々人の倫理性の欠如　②多額の政治資金とその不透明さ　③不合理な議員定数および選挙制度　④わかりにくく非能率的な国会審議　⑤派閥偏重など硬直した党運営などである。
　なかでも、政治と金の問題は政治不信の最大の元凶である。これまでわれわれは、政治倫理は第一義的には、個人の自覚によるべきであるとの信念から、自らをきびしく律する姿勢の徹底をはかってきたが、多額の政治資金の調達をしいられる政治のしくみ、とくに選挙制度のまえには自己規制だけでは十分でないことを痛感した。
　したがってわれわれは、諸問題のおおくが現行中選挙区制度の弊害に起因しているとの観点から、これを抜本的に見直すこととする。さらに、公私の峻別や節度ある政治資金とその透明性を制度的に裏付けることなどによって政治倫理の向上を期し、国会運営、党運営においても十分に国民の負託にこたえられる政治環境をととのえることを目的に、政治制度全般の改革をはかる」。

ここで、「諸問題のおおくが現行中選挙区制度の弊害に起因しているとの観点から、これを抜本的に見直すこととする」という一節が登場する。ここか

ら、自民党は中選挙区制度廃止に向けて動き出した。当時の「改革派」をいまだに支持する人々が、歴史的な英断と讃えるのがこの部分である。政治とカネの問題は個人の問題ではなく制度の弊害に起因しているということが、はっきり書かれている部分である。

そして、「3　選挙制度の抜本改革」の中の「(1)衆議院の改革」で「①総定数の削減、②格差是正、③選挙区制の抜本改革」が提案されている。最も重要な「3　選挙制度の抜本改革」の最初の部分を引用する。

　「政治改革を達成し、的確に民意を反映した活力ある政党政治を実現するためには、現行選挙制度の改革を欠かすことはできない。なかでも衆議院中選挙区制は、これまでわが国の政治の安定に役立ってきたが、金のかかる選挙、政党間の政策競争の欠如をまねくなど、政治のさまざまな面で問題を生んでいる」。

ここにこの後の5年間、与野党を巻き込んだ改革論議の中で何度となく強調される、制度改革によって政党間の政策競争を促そうとする考え方が、最初に登場してくる。

そして、「(1)衆議院の改革」の「③　選挙区制の抜本改革」において以下のように提言されている。

　「政治改革の柱となる主要課題のおおくは、いずれも中選挙区制の見直しと分かちがたい関係にある。したがってわれわれは、政治改革の根本にこの問題をすえ、現行中選挙区制の抜本的な見直しをおこない、あらたな選挙制度への移行をめざす。
　中選挙区制下においては、政党本位でなく個人中心の選挙となりがちである。多数党をめざすかぎり、おなじ政党のなかでの同士打ちはさけられない。このことは、日常政治活動や選挙運動の重点を政策以外におく傾向に拍車をかけ、利益誘導の政治や、後援会組織の維持と膨大な有権者への手当のため、多額の金がかかる選挙を生む原因となった。さらに、これらが高じ、政治腐敗の素地をまねくなど、国民の代表として行動すべき政治家の資質、活動のかなりの部分をそこなうにいたっている。
　一方で、この制度における与野党の勢力も永年固定化し、政権交代の可能性を見いだしにくくしている。こうした政治における緊張感の喪失は、党内においては派閥の公然化と派閥資金の肥大化をさそい、議会においては政策論議の不在と運営の硬直化

をまねくなど、国民の視点でなされるべき政党政治をほんらいの姿から遠ざけている。

　選挙区制の抜本改革は、現行制度のなかで永年過半数を制してきたわが党にとって、痛みをともなうものである。しかしわれわれは、国民本位、政策本位の政党政治を実現するため、小選挙区制の導入を基本とした選挙制度の抜本改革にとりくむ。そのさい、少数世論も反映されるよう比例代表制を加味することも検討する」。

　まさに「選挙区制の抜本改革は、現行制度のなかで永年過半数を制してきたわが党にとって、痛みをともなうものである。しかしわれわれは、国民本位、政策本位の政党政治を実現するため、小選挙区制の導入を基本とした選挙制度の抜本改革にとりくむ」の部分こそが、この時期の改革を評価する人々によって、今も自民党は政権を失うかもしれない制度を自ら提案してでも改革に乗り出したと評価される部分である。

　この時期の改革を評価する人々によって、この部分は「自民党の苦戦が予想される参院選直前の文書ということもあるが、ここまで書ききった決意には並々ならぬものがある。ここでの論点は政党のあり方と政党間のあり方の二つに分けられる」（佐々木・21世紀臨調編、2013年、14頁）と評価されている。

　しかし、この『政治改革大綱』は実際には、自民党全体が長い時間をかけての党内で各級議員の論議を集約した結果、まとめられたというものではない。前節で確認した通り拡大会議が開かれたり、党所属の全国会議員から、政治資金制度の見直しについて意見を聞いたりもしているが（朝日 1989.3.8）、事実上、89年1月末から5月末までの4ヶ月程度で、後藤田を中心とする40人程度の議員による議論でこの『政治改革大綱』はまとめられた。

　したがって、「ここまで書ききった決意には並々ならぬものがある」と自民党全体を評価するのは事実には反する評価である。あえていえば「後藤田正晴という政治家の決意には並々ならぬものがあった」というべきであろう。ほぼ、この文書の全ては後藤田という政治家個人の思想によって書き上げられたといっても過言ではない。

　後藤田はこの『政治改革大綱』の決定に先立つ1年ほど前に『政治とは何か』（講談社、1988年）という書物を上梓している。後藤田はその中で以下のよ

うに述べている。

　現在の中選挙区制では、政権（過半数）をとるためには同じ党から同一選挙区に複数の候補者を出さざるをえず、このため、政策よりも地盤、看板、鞄がものをいう個人選挙になってしまう。（中略）現在の選挙制度の下で、日常的に選挙区の世話をするために払う努力や経費は大変なもので、選挙の時だけではなく、政治に金がかかるのはもはや常識となっている（後藤田、1988年、179頁）。

まず、ここで後藤田は、中選挙区制度の弊害を述べる。だが、この時点で同一選挙区に複数の候補者を擁立できていたのは自民党だけなのだから、これは日本政界全体の問題ではなく自民党の問題であったというべきである。しかし、後藤田は1つの選挙区に同一政党（自民党）から複数の候補者が立候補するという選挙制度の改革こそが金権政治（選挙）をなくすためには必要だと考えていた。
　さらに後藤田は以下のような認識を示す。

　特に現行の衆議院の選挙制度は、繰り返すようだが、同一の党から複数の候補者を立てねばならないために、地盤と労力と経費がかかる個人選挙になっており、それが政治倫理問題の"根源"になっている。（中略）この問題について十分な研究と納得のいく議論をすべきだが、私は、いろいろな案を研究してみて、「小選挙区制プラス比例代表制」にするのが一番いいのではないかと考えるようになった（後藤田、1988年、190頁）。

実際、『政治改革大綱』には後藤田の考え方がそのまま反映されたことが、これで理解できるであろう。後藤田は金権選挙、政治倫理の問題と選挙制度の問題を関連付けて論じている。これは当時の自民党政治、そして、自民党内の問題を与野党全体の問題にまで拡大していき、「改革派」と「守旧派」に全ての政治家を二分した、後の政治改革論議の元が、この書物において88年に後藤田によって明らかにされていたことが理解できよう。後藤田の問題意識が自民党政治改革委員会で議論され、後藤田の考え方がそのまま『政治改革大綱』と

第1章　竹下内閣期及び宇野内閣期

してまとめられたのであった。
　さらに後藤田は予想される批判に対し次のように述べる。

　野党はこれに対して、小選挙区制は自由民主党に有利になる、と反対するだろうし、確かに、最初の二、三回の選挙は自由民主党が有利になる可能性が強い。しかし、回数を重ねれば自民党の有利は消え去るだろう。このことを野党の諸君は見落としているのだが、小選挙区制は諸外国の例を見るまでもなく、与野党の政権交代を現実的にするものである。政権をとらない政党では意味がないのだから、ぜひこのことを考えてもらいたい。私が何故このようにいうかといえば、議会制民主主義の建前からすれば、与野党が政権を交代するのがノーマルな姿であって、自由民主党がこれほど長期に政権を担当するのは、その建前から好ましい姿とはいえない（後藤田、1988年、193頁）。

　ここに後藤田の考え方の真骨頂が表現されている。自民党の政治家であった後藤田が「自由民主党がこれほど長期に政権を担当するのは、その建前から好ましい姿とはいえない」と述べている部分をもってして、後藤田の視野の広さや公平さ清廉さを評価する声は多くある。もはや、55年体制の時期のように自社が住み分け、自民党は利権の調整を行い、社会党は政権を諦め護憲を声高に訴えるというマンネリの中で漫然と過ごしてきた体制を打破して、ダイナミックな政治に対応できるように日本の政治自体が生まれ変わらなければならないという問題意識が後藤田の中にあったであろうことは、疑う余地はない。
　だが、「小選挙区制は諸外国の例を見るまでもなく、与野党の政権交代を現実的にするものである。政権を取らない政党では意味がないのだから、ぜひこのことを考えてもらいたい」の部分こそ、見落とされてはならない根本的な問題を含んでいた認識ではないだろうか。つまり、後藤田は制度改革によって人為的に政権担当可能な政党を複数作り出し、そして、それは2つ程度が望ましいと最初に考え始めていた政治家であるということがいえるのである。
　ここで後藤田が指している「このことを野党の諸君は見落としているのだが」がどの野党を指しているのかまでは分からない。野党といっても当時は社会党の他に主要な野党は公明党、民社党、共産党と4つあった。いくら小選挙区制度は自民党の永久政権を保証しないものになっていくからといっても、現

53

実問題として野党第2党以下（自民党を入れると第3党以下）であった各政党までが、選挙を重ねることによって単独で政権を獲得する政党に成長することは、その政党のこれまでの基礎票から考えようもないことであった。

このことから、ここで後藤田がいっている「野党の諸君」は主として社会党を指していると解釈するか、野党は選挙制度改革後、一本にまとまることを後藤田が想定していたかのどちらかであったのであろう。

2-3　後藤田正晴と武村正義

前節で見たように『政治改革大綱』は事実上、後藤田が何年も前から温めてきた構想がそのまま反映されたものであった。そして、後藤田は誰かに影響されたのではなく、改革論議が始まる以前から小選挙区比例代表並立制論者であり、二大政党論者でもあった。この時期の政治改革論議は全て後藤田から始まったといって過言ではない。しかし、中にはいわゆる「若手改革派」であるユートピア政治研究会の武村の役割を重視する見方もあるので、ここでは政治改革の骨子を考えたのは後藤田が先だったのか武村が先だったのかということについて検討したい。

武村らの「若手改革派」の影響力を重視する見方は先に紹介した大嶽秀夫の議論である。大嶽は自民党の政治改革論議には2つの流れがあり、1つが「若手改革派」、1つが小沢一郎だったとする。「若手改革派」とはつまり一人の人物に代表させれば武村のことである。この見方に立てば、武村らが最初の改革者であり、自民党政治改革員会の中で委員長の後藤田を動かしていったということになる。

武村は後藤田から政治改革の骨格を作ってくることと50人の政治改革委員会のメンバーの人選をしてくるように命じられ、年が明けて（本章で論じている1989年のことを指す）、上京して後藤田に報告に行ったこと、その日は昭和天皇が亡くなった日だったということを回顧している（御厨・牧原編、2011年、53頁）。そして、武村が後藤田に示した政治改革案の骨子は「衆議院の選挙制度改革」、「参議院の選挙制度改革」、「国会議員の政治資金制度の改革」、「国会改革」、「自民党改革」の5つだったと述べている（御厨・牧原編、2011年、53頁）。

ここの武村の回顧をそのまま素直に解釈すれば、武村の進言を後藤田が受け

入れたと解釈できなくもない。その視点に立てば、最初の提唱者は武村であったということになる。また、前年（88年）の12月にユートピア政治研究会がまとめて総裁の竹下に提出した提言には既に衆議院は中選挙区制をやめること、小選挙区制を基本にして比例を加味すること、公職選挙法の連座制を強化すること、政治資金は透明性を確保することなどが入っていた（御厨・牧原編、2011年、54頁）。

　これも武村の回顧であるが、政治改革論議の始まりは後藤田が竹下から呼ばれて官邸に行ったところ、竹下から党として総裁直属機関の政治改革員会を作るという話が後藤田にあり、後藤田が竹下の依頼で会長を引き受けることになり、武村を事務局長として使えと竹下が後藤田にいったということである（御厨・牧原編、2011年、40頁）。ということは、政治改革は竹下の発案に始まり、竹下の命を受けた後藤田がすぐに動き出し、さらに後藤田が武村に政治改革の骨子とメンバーを考えるように命じ、武村が実質的な案を後藤田に提言したということになる。

　時期的なことを確認しておくと、後藤田の『政治とは何か』（講談社）が刊行されたのが88年3月であった。そして、後藤田はその本の中で、最初に小選挙区比例代表並立制を提言している。また、既にこの書の中で政権交代の必要性についても言及している。以下、その部分を抜き出す。

> 政権交代には混乱が起きるだろうが、私は混乱の中から進歩が生まれるのだから、やむをえないことだとみる。与党と野党の政権交代が行われ、外交、防衛などの問題についてもニュアンスの違いはあっても、いざという時にはその対立は波打ち際でピタリと止まる。それが民主政治のあるべき姿であって、一刻も早くそのような政治が行われるようになることを期待したい（後藤田、1988年、193頁）。

　後藤田は「小選挙区制」、「政権交代」、「二大政党論」ということを既に88年3月の段階で提言していたのである。一方、ユートピア政治研究会が立ち上がったのが同じく88年の8月で、提言がまとめられたのが12月だった。本書は記述を89年（昭和64年から平成元年）1月から始めているが、前年、リクルート疑惑が政界を騒がせている時に武村らはユートピア政治研究会を立ち上げてい

たのだった。先に見た武村の回顧は89年の1月頃のことである。
　政治改革を形式的に始めたのは竹下であっても実際にその内容（選挙制度改革案を含む骨格部分）を考えたのは竹下ではない。では実質的に議論を始め、後の制度改革につながる議論を最も早く始めたのが武村だったのかと考えると、ここはやはり微妙である。
　確かに後藤田に骨子を提言したのは武村であり、中選挙区制の廃止を提言していたのが88年12月で、その議論は8月に始めていたのであるから、武村が最初の選挙制度改革論者といえなくもない。しかし、仮に自民党への提言を冊子にしたのは武村だったとしても、小選挙区制と比例代表制を絡ませたものを導入して、選挙制度改革によって金権腐敗問題を解決することと、政党制の変革までを最初に考えていたのはやはり後藤田であろう。
　後藤田から始まった改革は—勿論、先に確認したように、形式的には竹下の会見から始まったのではあるが—、権力の中枢の自己批判、反省から始まったというよりは、与野党両方の上に君臨する、超然とした内務官僚の思想と強い意思から始まったといった方が正しいのではないだろうか。このことは、後藤田の著書を読めば分かる。後藤田が田中角栄内閣の官房副長官の時から小選挙区制を考えていたことなどから考えても明らかなことである。
　しかし、後藤田が小選挙区制にこだわった理由には、旧内務官僚の視点とはもう1つ別の理由もあるのではないかとも思われる。ここは従来、さほど重視されてこなかった視点だが指摘しておきたい。後藤田が小選挙区制（を軸とする制度）を理想と考えた背景には極めて個人的な体験もあったと考えられるということである。後藤田は警察庁長官を務めた後に、田中内閣で官房副長官（事務）を官僚として務めている。そしてその後、田中の誘いで政界入りを目指した。だが、最初の挑戦には失敗した。
　後藤田は政界入りを決意し最初に出馬した1974年7月の参議院選挙で、大量の選挙違反による検挙者を出した。そもそも徳島には田中のライバルであった三木武夫がおり、後藤田の政界入りにあたっては参議院の公認問題から揉めた。後藤田は調整の結果、自民党公認を得て、徳島県選挙区から出馬したが、三木の城代家老ともいわれていた久次米健太郎に敗れた。この選挙は田中と三木の「阿波代理戦争」といわれた。選挙後、後藤田陣営からは268人もの選挙

違反者が徳島県警に検挙された。元警察庁長官でもあった後藤田は落選しただけではなく、自陣営から多数の選挙違反者を出してしまったのである。後藤田はこの選挙を一生の汚点と考えていた。

　政界に入った後藤田はカネを大量に使わざるを得ない選挙というもので苦労した。このことから後藤田は個人的にも金権選挙、金権政治に嫌悪感を抱いていたと想像することは難くない。後藤田の数多い回顧録の類からも、最初の参議院選挙で逮捕者を多く出したことが大きなショックだったことが理解できる。後藤田は抽象的な理想論よりも自身の切実な経験からもカネのかからない選挙制度を作ることへの強い思い入れがあったことは、これまた疑いの余地がなく確かなことだろう。

　戦前の内務官僚出身者として国家の論理に立っていた後藤田は自民党一党支配と非現実的な勢力を抱える社会党による55年体制に対して批判を持ち、基本政策でそう大きくは変わらない二大政党による政権交代可能な政治体制の出現を期待していたことは確かであろう。だが、一方、極めて個人的な苦い体験からも金権政治に対しては嫌悪感に近いものを持っていたのではないかと推察されるのである。

　そう考えれば後藤田が金権政治の代名詞であった田中の下に馳せ参じたこと自体が何となく辻褄が合わないといえなくもない。だが、後藤田自身が個人的に選挙に多大なカネがかかることと金権政治がまかり通っていることに対して単なる批判を超えた嫌悪に近い感情を持っていたことも間違いないであろう。

　政治腐敗、金権政治の問題は政治家個人の倫理観の問題ではなく、選挙制度の問題であるという論理が全面に出てきた背景には、後藤田の個人的な経験を抜きには考えられないのではないだろうか。この様に考えると、武村の提言が政治改革委員会が始まってから後藤田を動かしたのではなく、88年のユートピア政治研究会の議論の結論が、後藤田の提言とそれ以前からの考え方が極めて似たものとなったというべきであろう。

3 宇野内閣の成立と第8次選挙制度審議会の発足

3-1 宇野内閣と政治改革

　89年4月末にリクルート事件とそれにともなう政治の混乱の責任を取って竹下が退陣表明をした後、自民党の後継総裁の選出には時間がかかった。当初、竹下は元外相であり、清廉な人柄で有名であった伊東正義に後継総裁を依頼した。だが、硬骨漢で有名であった伊東は再三の説得にもかかわらず、これを断った。そして、伊東が断った後、紆余曲折を経て、竹下内閣の外相であり、中曽根派のナンバー2と見なされていた宇野宗佑が新総裁となった。

　4月末に竹下が退陣表明した後、5月は政治空白であったといって良い。竹下の後継総裁を伊東が固辞したことで、宇野が浮かび上がってきたのが5月で、政権内での政治改革論議は進まなかった。自民党内では、5月にも後藤田の政治改革委員会での議論は続いていたが、そこで改革論議がなされていた以外は、政治空白の時期だった。

　伊東が総裁就任を固辞したことで、誰もが予期しなかった宇野が後継総裁に就任し、宇野内閣が発足した。宇野はこれまでにも、防衛庁長官、通産相など豊富な閣僚経験を誇っていた。また、文人としての才も知られており、当時、現職の外相であったことからも、多少の意外性があったが、まずまず無難な人選かとも思われた。竹下が宇野を選んだのは盟友の安倍の総理総裁の芽を潰さないように若返り（世代交代）を避けたためであった。

　だが、宇野は後藤田や伊東とは違って、これまで政治改革については、全く無関心だったといって良い。事実、宇野は政治改革については、何の発言もしていなかったので、総裁就任時に急に政治改革に言及するような有様であった。宇野の発言は付け焼き刃の印象はぬぐえなかった。しかし、政権発足後、宇野が政治改革を「内閣の最重要課題」と位置付けたことにより、竹下によって提唱された政治改革は、宇野内閣にも継承されることとなった。

　89年6月2日午前、自民党は党本部で両院議員総会を開き、竹下首相（総裁）に代わる新総裁に宇野を選出した。これを受けて竹下内閣は臨時閣議を開いて総辞職した。87年11月に発足した竹下内閣は、575日で幕を閉じた（読売、

朝日、毎日 1989.6.2 夕刊）。

　自民党の宇野新総裁が誕生したことにともなって内閣・党役員の人事の骨格が相次いで固まった。幹事長には橋本龍太郎幹事長代理（竹下派）の昇格が固まった（読売、朝日、毎日 1989.6.2 夕刊）。2日、自民党の宇野総裁を首相とする宇野内閣が発足することになった。宇野は第75代、47人目の首相に就任した（朝日、読売、毎日 1989.6.3）。

　衆参両院本会議で指名された宇野はただちに組閣に入り、官房長官に塩川（安倍派）を起用したほか、三塚博通産相が外相に横滑り、蔵相、文相、厚相、自治相の4閣僚が竹下内閣からそのまま再任された（毎日 1989.6.3）。

　宇野は組閣後、首相官邸で内閣記者会との初めての記者会見に臨んだ。この中で宇野は自身の内閣を「改革前進内閣」を位置付け、自民党に専任の副総裁を中心とする政治改革推進本部（仮称）を設置し、政府・自民党をあげて政治改革に取り組む決意を表明した（朝日 1989.6.4）。宇野は記者会見で、政権を担当するにあたっての基本姿勢と、内政、外交の基本方針を明らかにした。この中で、宇野はリクルート事件による国民の政治不信解消に全力をあげる考えを強調した（朝日 1989.6.4）。

　政治改革については、政府の選挙制度審議会で中・長期の課題の検討に早急に入る方針を示し、自民党が今国会に提出した政治資金規正法改正案など政治改革関連3法の早期成立を目指す考えを表明した。また、中・長期の課題についても坂野重信自治相（留任）に政府の選挙制度審議会を早急に再開するよう指示したことを明らかにした（朝日、毎日 1989.6.4）。

　6月3日の初閣議で宇野から、選挙制度審議会を早期に発足させるように指示を受けた坂野自治相は、記者会見で、直ちに人選に入り、7月初めを目途に審議会を発足させる意向を明らかにした（朝日、毎日 1989.6.4）。

　5日午後、宇野首相は4時から衆議院本会議で、5時から参議院本会議で、政権発足後初めての所信表明演説を行った。この中で、宇野は政治に対する信頼を回復するため、政治改革を「内閣の最重要課題」と位置付け、不退転の決意で取り組む構えを表明した。具体策としては、当面、自民党がまとめた政治資金規正法改正案の早期成立に期待する姿勢を示した（朝日、読売 1989.6.6）。

　5日、野党各党党首は、宇野首相の所信表明演説について国会内で記者会見

し、「具体策が何もなく、しかも心がまったくこもっていない演説だった」(土井たか子・社会党委員長)などと評価を下した。その上で「直ちに衆院を解散して、国民に善悪の判断を問うしかない」(金子満広・共産党委員長代行)と解散・総選挙を迫った(毎日 1989.6.6)。

宇野内閣の姿勢について、土井は「竹下前内閣への忠誠を誓うだけの演説。これでは竹下リモコン内閣といわれても仕方がない」と批判。他の党首も「宇野内閣独特の姿勢がまったくない」(石田幸四郎・公明党委員長)、「おもしろくない演説の一語につきる」(江田五月・社民連代表)と批判。永末英一民社党委員長は「内閣の使命を自覚していない。どれだけ真剣に反省しているかを問われているのに、けじめという言葉だけで、政治改革にすりかえてしまった」と酷評し、政治改革について石田も「意気込みが感じられない。それに内容も柱を示したが、具体策が少なく、国民は極めて不満に感じたはずだ」と指摘した。金子も「リクルート疑惑をひきずる宇野内閣に政治改革ができるはずない」と批判した(毎日 1989.6.6)。

6日、このように野党から厳しく批判されつつも、宇野は政治改革の柱である選挙制度改正などの具体案作りを政府側で進める第8次選挙制度審議会を6月中に発足させる方針を固めた。審議会の会長には元自治事務次官で日本新聞協会会長の小林与三次読売新聞社長の就任が有力との情報を政府筋が同日夜、明らかにした(朝日 1989.6.7)。

14日午後、宇野は総裁就任以来、初めて自民党最高顧問を歴訪し就任挨拶をした。この中で、政治改革などについて意見交換したが、福田赳夫元首相との会談では政党法の制定に取り組むことで一致した(毎日 1989.6.15)。

19日、自民党政治改革推進本部の本部長に伊東、副本部長に後藤田が内定した(朝日 1989.6.20)。そして、22日に初会合が開かれることが決まった(読売 1989.6.21)。政治改革推進本部は、政治改革委員会が『政治改革大綱』を出した後、党内で政治改革論議をリードする機関となっていく。6月28日には第8次選挙制度審議会が発足したが、その動きは次章で見ていく。

7月には都議会議員選挙と参議院議員選挙が行われた。自民党は参議院議員選挙に大敗した。7月24日午前11時過ぎ、宇野は党本部で記者会見し、選挙敗北の責任を取って退陣する意向を表明した(読売 1989.7.24)。

3-2　第8次選挙制度審議会の発足

本節では第8次選挙制度審議会の発足に至るまでの過程を見ておく。第8次選挙制度審議会は宇野内閣時に発足したが、設置が決まったのは竹下内閣の時代だった。最初に89年2月6日、政府首脳が、2月中に首相の諮問機関である選挙制度審議会を再開する方針を明らかにした。選挙制度審議会は、1972年に第7次選挙制度審議会の任期が切れて以来、休眠状態になっていた（朝日 1989.2.7）[13]。

2月10日には、竹下は坂野自治相と会い、委員の人選など準備を急ぐよう指示することとなった（読売 1989.2.10）。3月になり、リクルート事件の捜査が政界にも波及しそうな状況となってきたが、第8次選挙制度審議会が3月末にも発足することが一旦、決まった（朝日 1989.3.9 夕刊）。

竹下は当初、国会開設100年に当たる、翌年11月までに結論を出すことを考えていた。この選挙制度審議会では、最大の焦点は小選挙区比例代表制導入をめぐる議論となることが、この頃、既に予想されていた（朝日 1989.3.9）。審議会は選挙制度と政治資金の2つの委員会を軸に進められる見通しがこの頃までに明らかになった（朝日 1989.3.9 夕刊）。

竹下退陣後、宇野内閣になってからの6月、第8次選挙制度審議会の顔触れが明らかになった。竹下は当初2月、できれば3月に選挙制度審議会を発足させたかったのだが、4月に自身が退陣し、6月に宇野内閣が発足するまで政治空白が続いた。結局、第8次選挙制度審議会は6月に発足した。

6月9日、第8次選挙制度審議会の陣容が、ほぼ明らかになった。宇野は、会長に小林読売新聞社社長の就任を要請した。さらに委員には亀井正夫日経連副会長、佐藤功東海大学法学部長、坂本春生第一勧業銀行顧問、河野義克元参院事務総長らの名前が取りざたされた（読売 1989.6.10）。

6月14日夕、政府首脳は、選挙制度のあり方を検討する第8次選挙制度審議会を、28日を目途に発足させる考えを明らかにした（毎日 1989.6.15）。18日、宇野は遊説のため訪れた新潟市内で記者会見し、第8次選挙制度審議会の月内発足を明言し、自民党政治改革推進本部についても、近いうちに設立できるとの見通しを述べた（朝日 1989.6.19）。自民党の政治改革推進本部の方は20日に発足している。

18日になり、選挙制度審議会の委員27人が内定した。会長には小林日本新聞協会会長（読売新聞社社長）に就任を要請することが既に固まっていたが小林以外の委員26人は、財界2人、労働界1人、学界5人、官界OB・選挙問題専門家6人、法曹関係者3人、マスコミ・評論家9人という構成であった（読売 1989.6.19）。23日に、メンバー27人が正式に発表された（読売 1989.6.24）。
　6月28日、第8次選挙制度審議会の初会合が、首相官邸で開かれた。初会合の席で宇野は政治資金制度、選挙制度の抜本改革案の取りまとめを諮問し、翌年（1990年）3月末を目途に『答申』を出すように審議会に要請した。委員の任期は2年だった。初会合では会長に、既に内定していた小林読売新聞社社長（日本新聞協会会長）を選出し、副会長には佐藤功東海大学法学部長を選出した（読売、朝日、毎日 1989.6.29）。
　第8次選挙制度審議会の発足について、自民党の政治改革推進本部の砂田選挙制度・政治資金委員長は「これだけ政治不信が高まっている以上、国会議員が『政界の実態をわかっていない人たちの提言は無意味』と無視するような態度は取れない」と述べ、選挙制度審議会の答申を自民党の政治改革推進本部側としても最大限尊重するコメントをした（朝日 1989.6.29）。
　野党は28日、第8次選挙制度審議会について厳しく批判した。例えば「宇野内閣が、東京都議選、参議院選を睨んで、政治改革に取り組んでいるというポーズを装っているだけだ」（山口鶴男・社会党書記長）、「国会決議に基づく衆院の定数是正を放置し、金権体質を直そうともせずに、選挙制度に手をつけるのは本質をすり替えるものだ」（石田・公明党委員長）などであった（朝日 1989.6.29）。
　この時点では野党は、小選挙区制導入には警戒心を持っており、社会党の山花貞夫副書記長は「審議会は小選挙区導入の隠れ蓑だ」、石田公明党委員長も「審議会委員には小選挙区論者が多く、世論をかわし、民意を圧殺してまで小選挙区制を導入しようとしている」などと批判した（朝日 1989.6.29）。
　この第8次選挙制度審議会は、海部内閣期に答申を出すことになる。この時期、第8次選挙制度審議会は活動を始めたばかりであるが、この審議会の性格について、ここで少し言及しておきたい。第8次選挙制度審議会のメンバーは以下の通りで、合計27人であった。

会　長　小林与三次（日本新聞協会長、読売新聞社長）
委　員
【財　界】亀井正夫（日経連副会長）、石原俊（経済同友会代表幹事）
【労働界】竪山利文（「連合」会長）[14]
【学　者】佐藤功（東海大法学部長）、堀江湛（慶大法学部長）、阿部照哉（京大教授）、内田健三（法大教授）、佐々木毅（東大教授）
【官界・選挙関係】河野義克（元参議院事務総長）、皆川迪夫（元総理府総務副長官）、新井裕（元警察庁長官）、山本朗（都道府県選挙管理委員会連合会長）、藤田晴子（元国立国会図書館専門調査員）、坂本春生（第一勧銀顧問）
【法曹界】江幡修三（元検事総長）、吉国一郎（元内閣法制局長官、プロ野球コミッショナー）、堀家嘉郎（弁護士）
【マスコミ】播谷実（読売新聞論説委員長）、川島正英（朝日新聞編集委員）、斎藤明（毎日新聞論説委員長）、清原武彦（産経新聞論説委員長）、新井明（日経新聞社長）、成田正路（NHK解説委員長）、中川順（民放連会長）、草柳大蔵（評論家）、屋山太郎（評論家）

であった。[15]

　一見してマスコミ関係者の存在感が非常に大きいことが分かる。大手新聞社の読売新聞、朝日新聞、毎日新聞の全国紙3紙に日経新聞、産経新聞、NHK、民放連からも代表者が入っている。内田はこの分類では【学者】に入れてあるが、元共同通信論説委員の顔もあった。また評論家屋山も元時事通信解説委員であるから、メディアの出身者の一員の顔もあった。会長の小林自身がこの時は読売新聞社長で日本新聞協会会長でもあったから、マスコミ界としては最強の人物であった。

　そもそもこれは審議会が発足した時から「世論の理解を得ることが政治改革にとって不可欠」（政府筋）なことからこうした布陣になったと報道されていた（読売 1989.6.19）。だが、「世論の理解を得る」といっても、メディアは世論の動向をよくつかんでいるので、そのメディアの代表を通じて国民の声を忠実に審議会に反映しようという考え方ではなく、決まったことをこの審議会のメンバーたちの会社の新聞を使って国民に大々的に報道する意図が当初からあったのだろう。

これまでに見てきたように、竹下が最初に「政治改革」を宣言するが、当初から、この「政治改革」には「選挙制度の抜本改革」が含まれるものであった。だが、「政府」を具体的な担当省庁と考えても、組織としての自治省に、この時点で総意として、小選挙区型の選挙制度を導入しようという強固な意思があったかどうかは、表面的には分かりにくいことであった[16]。
　行政の課題である場合、行政官僚が実力のある政治家を動かして、自分の省庁に都合の良い制度改革を進めることはよくある。当時の自治官僚が内々に人選をしたとして、第8次選挙制度審議会にメディアの代表を全部入れることを最初に提案した人物が誰なのかは疑問が残るところである。
　また、坂野自治相は、選挙制度審議会の人選の指示を2回も受けている。1度目が竹下から（1989年2月10日に竹下は坂野に審議会の人選を指示している）で、2度目は宇野から（6月3日の宇野内閣の初閣議時）である。ということは、人選は内々に竹下内閣時に始まっていたはずであるが、竹下の退陣までに全員は決まっておらず、宇野が改めて人選を急ぐように坂野に指示したという事実から、宇野内閣の発足時においても人選が続いていたということになる。
　竹下の退陣表明から後継総裁選び、宇野内閣の発足という政治空白が4月から6月の初めまであったが、この間も裏で選挙制度審議会の人選に動いていた人物がいたとしても不思議ではない。自治省内部の官僚も独自に人選を進めていたであろうが、明確な意志を持って中心的な人物を選び全体の構想を考えていた人物がいたとするならば、それは自民党政治改革委員会の会長であった後藤田であったのかもしれない。

4　野党の状況と政治改革に対する態度

　次にこの時期の野党の動きをまとめておきたい。55年体制下で公明、民社の両党は「自公民」路線をとる時と「社公民」路線をとる時があったが、この時期は「社公民」路線が久しぶりに盛り上がった時期である[17]。
　この背景には、当然、自民党がリクルート事件で批判を受けていたという事実もあったが、民社党の委員長が自民党に近い塚本から、やや社会党に近いスタンスを取る永末に交代したこともあった[18]。しかし、この時期の野党共闘は、

現実に何かの形で実ったわけではなかった。自民党の敵失に乗って「連合政権構想」が盛り上がったものの、結局は、各党の足並みはそろわず、大きな流れにはならなかった。

89年1月、自民党の安倍幹事長が、衆議院へ小選挙区制導入を検討すべきと発言したことに、野党の党首は一斉に反発した。1月18日、社会、民社両党首脳が小選挙区制反対の意思を表明した。既に反対の態度を鮮明にしている公明、共産両党と合わせ全野党が反小選挙区制で足並みをそろえることとなった（毎日 1989.1.19）。

小選挙区制については、この頃、野党各党は基本的には反対の姿勢であったが、後の目をもってみれば、実はこの時点でも既に社会党・共産党と公明党、民社党の間には微妙な、しかし、大きな違いが生まれていたことが分かる。

社会党、共産党が比例代表制を加味するか否かにかかわらず、基本的に小選挙区制度を主軸とする選挙制度改革に反対であったのに対し、既に公明党、民社党には、比例代表制の加味と、その組み合わせ次第では、必ずしも小選挙区制を基軸とする選挙制度改革には絶対反対ではないという姿勢が見て取れる。

「小選挙区制導入」といった時、それが単純小選挙区制を指しているものなのか、比例代表を加味させるのかということは、重要なテーマであり、並立制か併用制かも大きな論点となる。また、並立制を採用するとしても、その比率をどのように配分するかは、政党制の根幹に関わる重要な問題となる。この約5年後、細川護熙首相と野党になっていた自民党の河野総裁との間で選挙制度改革が合意された時にも、最後まで議論になったのは、小選挙区と比例代表の配分であったのだが、この時点では、まだそこまで洗練された議論がなされていたわけではなかった。

すなわち、公明党も民社党も「小選挙区制導入に反対」とは党首が表明していたものの、それは「単純小選挙区制導入」を指しているということであった。また、自民党幹部からは、政治改革のためには「小選挙区制導入が必要」との認識が示されてはいたが、それは竹下の発言でも分かるように、必ずしも「単純小選挙区制導入」を意味するものではなかった。事実、徐々に見ていくが、この後、政治改革期に政党再編が重なり、民社党はその渦に巻き込まれる中で、自分の党が単独で存在しない前提での議論を展開していくことになる。

89年2月、竹下が小選挙区制に言及し始めると、野党の書記長、書記局長は一斉に反発した。社会党の山口書記長は「小選挙区制は自民党の永久政権を狙ったずうずうしい考えだ」と批判。公明党の大久保直彦書記長も反対の考えを示した。民社党の大内啓伍書記長は「小選挙区制は建設的に競争する二大政党の時、機能する。……今の状態では自民党の独裁に入る」と述べ、現段階では議論に応じる考えがないことを強調。共産党の金子満広書記局長も「自民党が永久政権を狙っていることがはっきりしている」と反対意見を述べた（毎日1989.2.20）。

　だが、野党としても広義の政治改革に関しては、何もしないわけにはいかず[19]、3月頃になると、政府・自民党の政治改革論議をにらんで、社会党、公明党、民社党の野党3党もそれぞれ党内に「政治改革委員会」を設けるなどの動きを見せ始めた（朝日 1989.3.13）。

　この時点で野党の改革案のうち、ある程度、前面に出てきているのは、政治倫理を法律で定めるという考え方だった。社会党が1月に「政治倫理基本法」（仮称）の制定を政府に求めたのを初め、民社党も党の倫理規範を基本に、法制化を進める考えを打ち出していた（朝日 1989.3.13）。

　社会党の「政治倫理基本法」は、米国の「政府倫理法」などを参考に、「1、明確な倫理基準を設け、収入、資産などの報告を義務付ける、2、衆参両院に倫理委員会を設ける、3、議員除名処分などの罰則を盛り込む」というような内容から成り立っているものであった（朝日 1989.3.13）。

　4月になると、政局が緊迫してきた。このような状況の中で、土井社会党、矢野絢也公明党、永末民社党、江田社民連の野党4党首が7日午後、京都市で会談し、竹下内閣退陣、解散・総選挙を求め、野党連合政権を目指して「連合政権協議会」を設置することで合意した（毎日 1989.4.8）。

　だが、厳密にいえば、野党4党の足並みが揃っていたわけでもなかった。社会党、公明党、民社党、社民連の4野党が国会へ共同提出を目指している政治倫理法の立法化など政治改革の野党統一案づくりはずれ込んだ。京都での4野党首で緊急課題として協議することを決めたものの、対案となる自民党の政治改革案作りが党内の反発で遅れていることに加えて各野党それぞれの独自案作りの進み具合に大きな違いがあったためであった（朝日 1989.4.9）。

しかし、自民党の敵失を活かして存在感を見せたいとの考えは、野党に共通していた。社会土井、民社永末の両委員長が5月16日の夜、都内ホテルで会談した。これは、土井が永末の党首就任祝いの形で呼びかけたものであった。会談には両党の書記長、政審会長、国対委員長も同席することとなった。昭和35年に民社党が社会党から分裂して発足して以来、初めての両党の党首による会談となった。これは画期的なことだった。[20]

　5月になると野党の党首も衆議院の選挙制度改革について発言を始める。5月16日、永末民社、不破哲三共産両党委員長、江田社民連代表は、衆議院への比例代表制導入に前向きの姿勢を示した。永末は小選挙区比例代表制、不破は都道府県単位の比例代表制、江田は比例代表制をベースにした西独の小選挙区比例代表併用方式をそれぞれ提案した（毎日 1989.5.17）。

　比例代表制導入については、土井が西独方式を提唱、公明党の石田も小選挙区比例代表制の導入には慎重ながら選挙制度の見直しには前向きの姿勢を示していた。[21]永末は併用制か並立制かといった具体的な方法については触れなかった。不破は将来の検討課題として都道府県単位の比例代表制導入を提案した（毎日 1989.5.17）。

　そして、6月になると、政治資金規正法をめぐる動きもあった。社会党、公明党、民社党、社民連の4野党は政治資金規正法改正の共同要綱をまとめた。内容は3年後を目途に企業献金の廃止を謳っているものであった。また、政治資金を複数の団体に小口に分散して寄付するなどの「抜け道」を封じる工夫もされていた（読売、朝日、毎日 1989.6.18）。

　内容は、「1、政治家への政治献金の氏名公開基準を年30万円超に引き下げる、2、政治家個人によるパーティー開催を禁止、主催者を政治団体に限定する、3、パーティー券の購入限度額も一社、一団体、一個人年間150万円までとする、4、政治資金収支報告書の違反行為に関しては政治家にも連帯責任を負わせ、被選挙権のはく奪などの罰則を設ける」など、自民党の政治資金規正法改正案よりも厳しいものとなっていた（毎日 1989.6.18）。

　野党4党は公職選挙法改正案と政治倫理法案の共同要綱をまとめたが、政治資金規正法改正案も発表されたことで、政治改革関連法案要綱が全てそろった。この時点で4党はまず、政治資金規正について、法案化作業に入り次期国

会に提出する方針を明らかにした（毎日 1989.6.18）。

おわりに

　以上が、竹下内閣及び宇野内閣期における政治改革についての動きである。時期的にいえば、1989年の1月から8月上旬までの、わずか7ヶ月強である。この時期は政治改革が動き出したばかりなので、次の海部内閣期ほどには、多くのキーパーソンがいたわけではない。この時期に登場したのは竹下、安倍、宇野、伊東、後藤田だけである。

　野党の側では党首は社会党が土井で、公明党は矢野から石田へ、民社党は塚本から永末へと党首が変わった。社民連の代表は江田であった。だが、この時期にはまだ、彼らは政治改革について、大きな役割を果たしたり、何か歴史的な提言をしたりしたわけでもない。

　そして、この時期が、次の海部内閣期とは異なるのは、まだ政界再編が始まってはいないということである。人物でいえば、本章で対象とした時期には、小沢、羽田孜はまだ登場していない。さらには、細川、武村もまだ表に出ていない。武村はユートピア政治研究会で動き出しており、政治改革委員会の事務局次長になっていたので、後世の目から見れば既に動き出していたともいえる。だが、それでも後の政界再編を予想される動きはしてはいなかった。政治改革を宣言した竹下自身、政界再編までは視野に入れてはいなかった。そして、野党もまだ再編の渦に巻き込まれる前であった。

　このように、本章の対象時期で中心的な何らかの役割を果たしたのは竹下と後藤田の2人だけである。短期の首相であった宇野は実質上、何もしていない。宇野内閣期に第8次選挙制度審議会が立ち上がったのだが、これは竹下内閣期から人選も進められ、設置が決まっていたものであった。したがって、これは竹下内閣の実績の中に入れた方が良いものであろう。

　この時期の主要人物は竹下と後藤田の2人であった。首相ではあったが宇野は主要人物ではなかった。安倍は与党首脳として小選挙区制の導入を公に口にした最初の人物であったが、病に倒れたので、この後の歴史では大きな役割を果たすことはなかった。仮に安倍がもう少し生きていれば、事態はどのように

動いたかは興味深いところである。

　だが、先に言及したが、竹下自身も、退陣後は選挙制度改革で主導的な役割は果たしていない。そう考えると、この時期の主要人物は竹下と後藤田の2人と述べたものの、実質的には、この後の政治に与えた影響まで考えて議論するに値するのは、後藤田だけであったということになる。

　退陣後の竹下は、宇野、海部俊樹、宮沢喜一のこの後の3代の内閣ではキングメーカーとしての影響力を行使する。しかし、退陣までに力を入れていた程には、選挙制度改革には熱心に取り組むことはなかった。同じ派閥から、海部内閣時に幹事長になった小沢に全てを任せたということでもなかった。

　小沢は後に回顧録の中で、竹下は選挙制度を変えることに対しては腹の中では反対だった（五百旗頭・伊藤・薬師寺編、2006年 a、66頁）と述べている。おそらくは、この小沢の回顧の方が正しいと思われる。事実、海部内閣期には竹下も経世会（竹下派）の最高実力者であった金丸信も選挙制度改革については、全く熱心に取り組まなかったからである。

　だとすれば、なぜ、竹下は自分が首相であったこの1月から退陣した4月までは本気と取れるような発言をして有識者会議を作り、第8次選挙制度審議会の設置まで決め、党の政治改革委員会で後藤田に政治改革の案を作ることを命じたのだろうか。

　竹下が政治改革を主張し始めた背景について、元衆議院事務局職員であった平野貞夫は竹下からの要望に対して、「税制改革後の政治展開について」と称する提言書を届け、政治改革の実行を進言したと証言している。この間の事情は『平野貞夫衆議院事務局日記（第2巻）』（信山社、2013年）に詳しく記されている。この中で平野は社会党の現状や公明党、民社党のこれからについても詳細に言及している。

　本章で見たように、竹下は89年の1月から4月まではかなり本気で動いた。だが、竹下の退陣後、後藤田が積極的に動き出した。この時に、自民党政治改革委員会が『政治改革大綱』を作らず、さらに第8次選挙制度審議会の設置が決定されなければ、選挙制度改革は実現しなかっただろう。

　『証言　保守政権』（読売新聞社、1991年）には、竹下の選挙制度に対する考え方や政党制に関する考え方は一切、述べられていない。竹下は選挙制度や選挙

実務には非常に通じており、それは回顧録で自負しているくらいである。だが、自身の考え方は回顧録に述べられてはいない。

竹下は退陣する時の気持ちとして、「辞任に際して私が最も訴えたかったのは、その経緯からしても国民の信頼を回復するための政治改革であった」と述べ、そして、後藤田の主導した委員会の『政治改革大綱』に言及し、「私も政治改革が一日も早く実現するよう粘りづよく微力をつくす決意である」と述べてはいる（竹下、1991年、239頁）。だが、次の海部内閣期の竹下の行動と言動を見る限り、小沢の回顧録での証言の方が、竹下の実際の姿に近かったのだろうと考えざるを得ない。退陣後の竹下は、全く小選挙区制導入を推進する側の一員として発言していないからである。

元々、小選挙区制論者ではなかった竹下が政治改革を課題として掲げたのは、平野の助言によるものであった。だが、竹下は4月末に退陣することとなった。長期政権を目指すために政治改革を実行する必要のなくなった竹下はその後、積極的に選挙制度改革について発言していくことはなくなった。

選挙制度改革につながる一連の動きは、平野の助言を受けた竹下が自身の長期政権を視野に入れて決断したところから始まった。そして、竹下が後藤田と話し合った後は、後藤田が中心となって、自民党内での議論をリードしていくこととなった。この後、改革論議は海部内閣時には、自民党の改革から政界再編も視野に入れる小沢の登場で、複雑な流れに展開していく。

1) リクルート事件は、1988年に発覚した疑獄事件。発端は、88年6月に『朝日新聞』が当時の川崎市助役への1億円の利益供与疑惑を報じたことであった。その後、リクルートによって関連会社のリクルートコスモス社の値上がり確実と見られていた未公開株が、中曽根康弘、竹下登、安倍晋太郎、渡辺美智雄などの実力者に譲渡されていたことが発覚した。89年になると、当時の政治家や高級官僚たちが次々に逮捕され、金権腐敗に対する国民の政治不信が増大し「政治改革」のきっかけとなった。
2) 89年12月、地中海のマルタでアメリカ合衆国のジョージ・ブッシュ大統領（初代）とソビエト連邦のミハイル・ゴルバチョフ大統領が会談。44年間続いた東西冷戦が終結した。日本では海部政権になっていた。
3) 例えば田中角栄の退陣後、クリーンといわれた三木武夫を首相にするなど、自民党は不祥事が起こった時に、タイプの違う指導者を選び出し、疑似政権交代を起こし国民多数に対して、自民党全体としての支持をつなぎとめることには成功してきていた。リクルート事件の後、派閥の領袖でもなく将来の総裁候補とも見なされていなかった海部俊

樹を総裁に選び出したのも、国民の批判をかわすためであった。
4) 改革論議を自民党内で最初に主導した中心的な人物は本章で見る後藤田正晴であり、最初に首相として選挙制度改革に取り組んだのは海部俊樹であった。
5) 現在ではこのような言葉は使われない。現在では「有識者会議」などといわれるが、当時はまだこのような言葉が生きていた。賢人会議と竹下がいった言葉を当人たちが「賢人」と呼ばれることを嫌い、発足時には「政治改革に関する有識者会議」という呼称になっていた。この時期から「有識者会議」という言葉が一般的になった。なお、「有識者会議」はそもそも、設置のための法的根拠のない私的懇談会に過ぎないものである。
6) 民社党委員長の塚本三郎は自身の秘書がリクルートコスモス社の未公開株を譲渡されていた。塚本は同党の佐々木良作常任顧問から委員長辞任勧告を受け、89年2月に委員長を辞任した。
7) この時期は後の「連合」発足の前である。「総評」は官公労働者を中心とする労働組合のナショナルセンターで有力な社会党の支持団体であり、社会党の政策にも多大な影響を与えた。民間大労組中心の民社党系の「同盟」とは激しく対立した。
8) リクルート前会長の江副浩正とNTTの元取締役式場英らが89年2月13日に逮捕され、その後文部省前事務次官の高石邦夫、NTT前会長の真藤恒、労働省元事務次官加藤孝なども逮捕された。その後、捜査は官界から政界へと拡大した。
9) アンケートは、自民党所属国会議員、47都道府県知事・議員、市長村長・議員、商工会議所関係者、学者、文化人、党支部長ら17,756人で、9,820人から回収(回収率55.3%)とのことであった。
10) 小林与三次は、戦前の1935年に旧内務省に入省。戦後、自治事務次官を務めた後、65年に読売新聞社に入社する。70年には日本テレビ社長に就任。この時期は日本テレビ会長、読売新聞社社長であり、旧内務官僚の顔とともに、日本のマスコミを代表する人物であった。
11) 都議会議員選挙は、89年7月3日に投開票。定数は128。自民党は63議席から43議席に転落。これに対しほぼ全選挙区に候補者を立てた社会党は前回より100万票上乗せし、12議席の3倍の議席を獲得した。各党の獲得議席は、自民党43議席、社会党36議席(推薦を含む)、公明党26議席、共産党14議席、民社党3議席、諸派3議席、無所属10議席だった。
12) 第15回参議院議員選挙は、89年7月23日に投開票。自民党は選挙区選挙(改選定数76)で社会党、連合、革新系無所属に軒並み大敗した。これによって参議院の与野党逆転が確定した。当選者は自民党36人、社会党45人、公明党10人、共産党5人、民社党3人、連合11人、諸派4人、無所属10人だった。自民党にとっては、結党以来の大敗であった。
13) 選挙制度審議会は、この時までに第1次から第7次まで設置されてきた。第1次は池田勇人内閣時で、期間は昭和36年6月15日~昭和37年6月14日。昭和36年12月26日に答申を出した。主な答申内容は、個人演説会などをめぐり、選挙運動の自由化、買収など悪質犯への連座制強化、高級公務員の参議院全国区への立候補制限、会社・労働組合などの献金を禁止し、個人献金化の方向を打ち出したことなどだった。第2次も池田内閣

時で、期間は昭和37年11月27日～昭和38年11月6日。昭和38年10月15日に答申を出した。主な答申内容は、衆議院定数是正で、19増1減、ポスター掲示場増設などだった。第3次は池田内閣時から佐藤栄作内閣時にかけてで、期間は昭和39年8月29日～昭和40年8月28日。昭和40年8月26日に報告を出した。第4次は佐藤内閣時で、期間は昭和40年8月30日～昭和41年8月29日。昭和41年8月16日に報告を出した。3案のうち小選挙区比例代表制を支持する委員が多数だった。第5次も佐藤内閣時で、期間は昭和41年11月11日～昭和42年11月10日。昭和42年4月7日に答申を出した。第6次も佐藤内閣時で、期間は昭和44年5月20日～昭和45年5月19日。昭和45年5月19日に答申を出した。第7次は佐藤内閣時から田中内閣時にかけてで、期間は昭和45年12月22日～昭和47年12月21日。昭和47年12月20日に報告を出した。報告内容は、小選挙区比例代表への支持多数だった。並立型と併用型の2案を併記。定数520人前後の2票制。比例制は都道府県単位の拘束名簿式というものだった（朝日 1989.3.9 夕刊）。

14) 「連合」からの委員は後に山岸章に交代している。

15) メンバーの肩書きは89年6月19日『読売新聞』朝刊による。

16) 筆者が元衆議院事務局職員で元参議院議員平野貞夫氏から得た証言によると、後藤田の背後には、旧内務官僚の良識派がいて、彼らは何としても「自社55年体制」を壊そうとの強い意思を持っており、自治省現職が並立制に「積極的というより、火付け役だった」とのことであった。

17) 社公民路線とは、1960年代から90年代の日本政治で、社会党、公明党、民社党が自民党に対して共闘を組む戦術のことを指す。55年体制下での野党共闘のことである。公明・民社両党は常に同じ対応をした。これに対して、公明、民社党が自民党の政権運営に協力することもあり、この路線は自公民路線と呼ばれた。70年代後半から、公明、民社両党は自公民路線の選ぶことの方が多くなっていたので、この時期の社公民路線の盛り上がりは久しぶりのことであった。

18) 民社党には、結党以来、2つの路線が存在した。自民党に近い自公民路線と、社会党に近い社公民路線である。別のいい方をすれば、より強く反共思想を持つグループと、民主社会主義を標榜するグループの違いであった。この時期に現存していた歴代委員長でいえば自民党に近い路線のものが春日一幸、塚本、社会党との共闘を優先するものが佐々木、永末英一であった。この時期に委員長が塚本から永末に交代したことも、民社党が社公民路線に久しぶりに転換した原因の1つであった。

19) リクルート疑惑（事件）については、野党は自民党を攻める側だったが、リクルート事件から一応、反省の姿勢を示した自民党の竹下が89（平成元）年1月に大胆な制度改革をともなう「政治改革」を提唱し始めたことにより、野党も何も制度改革を検討しないというわけにはいかないという奇妙な状況が生まれてきていた。

20) そもそも民社党は、1959（昭和34）年に社会党右派西尾末広派が、60年安保闘争への運動方針をめぐって社会党から脱党、その後、同じ右派の河上丈太郎派の一部も同調して離党したことから、60（昭和35）年に結成された。社会党と民社党との間では何度も和解の試みがなされてはきたものの、原発、日米安保をめぐってどうしても溝が埋まらなかった。さらに、70年代後半からは、民社党は公明党とともに、自公民路線をとることが多くなったために、この時期、社会党とは疎遠になっていた。

21) 西独方式とは小選挙区比例代表「併用制」を指す。自民党から小選挙区中心の「並立制」が出てきた中、野党は小選挙区制を前提とする制度には絶対反対という勢力と、比例代表に軸足を置いた「併用制」なら検討してもよいとするという勢力に分かれていく。

第2章　海部内閣期
　　　―1989年8月～1991年11月―

はじめに

　本章では海部俊樹内閣期における政治改革に関する議論を複数の角度から論じる。海部内閣はいわゆる「海部3案」と呼ばれる、政治改革関連法案を国会に提出したが、審議未了で廃案になり、海部は退陣に追い込まれた。この時期は、冷戦が終結した時期であり、国内政治も冷戦終結の影響を受け、イデオロギーの終焉が政界再編につながり、政界再編論議と政治改革論議が密接に絡み合ってくる。
　今でも1993年の総選挙と、それに至るまでの過程は、「政治改革をめぐる改革派と守旧派との戦い」との捉えられ方がなされている。だが、詳細に当時の議論を見れば、それは完全に正確とはいえない。「改革派」は小選挙区制が二大政党制を生むということまでは主張したが、当時、二大政党制が良いのか、さらには、二大政党制になれば、本当に政策による選挙になるのかなど、真に詰められた議論は、全くなされていなかった。
　さらにいえば、本当に小選挙区比例代表並立制の導入を、海部内閣の時点で本気で積極的に推進した政治家は非常に少なかった。海部内閣期に小選挙区比例代表並立制を推進しようとしたのは、海部（首相）、小沢一郎（自民党幹事長）、羽田孜（選挙制度調査会長）、伊東正義（政治改革本部長）、後藤田正晴（政治改革本部長代理）の5人だけだったといって良い。
　海部が自身の回顧録に協力者として挙げている中には小渕恵三もいるが、小渕は竹下登の意を汲んでいたのでそこまで、選挙制度改革に対して積極的だったということはなかった。野田毅まで入れても極めて少人数である。
　海部内閣は89年8月10日に発足し、91年11月まで続いた。この政権は2年3ヶ月存続した。この間、海部は内政においては殆ど政治改革に専念した。こ

の時期は湾岸危機から湾岸戦争が起こり、国際政治が激動した時期にもあたり、海部は外交課題においては、PKO法案成立を目指した。

海部は党内最小派閥である河本敏夫派（元の三木武夫派）の代表世話人という立場であった。当然、党内基盤は弱かった。派閥の領袖ではない首相は前任の宇野宗佑に続いて2人目であったが、海部はそれまでに閣僚経験は文部大臣（2回）だけしかなく、リクルート事件で党内の実力者が謹慎になったことによる登板だった。経世会（竹下派）には当時、竹下（元首相）、金丸信（元副総理）、小沢（幹事長）という3人の実力者がいたが、海部は常に経世会の意向に配慮しながら政権運営を行った。

海部首相（総裁）は90年2月の総選挙で自民党を勝利に導いた。この裏では当時の小沢幹事長が経済界から多額の選挙資金を調達した「剛腕ぶり」も話題になった。この選挙で自民党が勝利したことは、国民に広く海部の政治姿勢の誠実さ、清潔感が受け入れられたことの証左であった。

90年には、第8次選挙制度審議会が、4月に「選挙制度及び政治資金制度の改革について」、7月には「参議院議員の選挙制度の改革及び政党に対する公的助成についての答申」を出した。政府に対して答申が出されると、自民党は政治改革本部と選挙制度調査会の合同総会で議論を行った。「政治改革本部」は、89年6月に「政治改革推進本部」として発足していたが、90年3月には「政治改革本部」と改称された。本部長は伊東が務めた。

1　海部首相のリーダーシップ

本節では、まず、海部首相個人のリーダーシップについて検討したい。一言でいえば、海部首相には、初めから終わりまで全くリーダーシップはなかった。部分的に、意地を見せ、粘りを見せたものの、海部のリーダーシップで政局が動いたことは、組閣から退陣まで殆どなかったといってよい。

海部は自らの政権の性格上、最初から最後まで政治改革の旗を降ろすわけにはいかず、小選挙区比例代表並立制の導入を進めた。だが、海部は本当のところ小選挙区制導入後の日本政治に大きな構想を持っていたわけではなかった。これは、海部の各種の会合での挨拶や国会での演説、さらには反対派への説得

の言葉が、抽象的で現にその時期に自民党にいた政治家たちへ説得力を欠くものであったことからもうかがえる[6]。

海部は自身の回顧録『政治とカネ―海部俊樹回顧録―』（新潮社、2010年）で後に、この時期のことを以下のように振り返っている。2期目の無投票当選した総裁選挙に海部が出馬した時、海部は政治改革について「選挙区制度の改定―選挙の度に党内で醜い争いが起きる。選挙制度を見直す」との公約[7]を掲げた。この時のことを海部は、

> マニフェストという言葉はまだなかったが、私が以上を表明すると、後藤田正晴と伊東正義の両氏が飛んで来て、「大いにやれ。表紙を変えるだけではいかんよ。中味をきちんと変えるんだ」と応援してくれた。一方、当時活動を始めたばかりのYKK（小泉純一郎、加藤紘一、山崎拓）は、「あなたは、竹下派の援助で総理になった。あんな人々と一緒に行動しながら、改革とは噴飯ものだ」と抗議にやってきた。私は、「心配するな。竹下派が一番嫌う政治改革法案を提出し、必ず通す。そうなれば、目端の利く彼らは必ずこっちにつくから」と、戦法を説いて聞かせた（海部、2010年、136頁）。

と回想している。そして、竹下との関係については、「私の所信表明演説が評判を取ると、案の定、竹下氏は政治改革路線にちょこんと乗ってきた。私は、利用されてもいい、竹下氏に乗せられた格好で、志を成し遂げようと心を新たにした」（海部、2010年、136頁-137頁）と回顧している[8]。

表向き海部の主張に賛同した伊東、後藤田が応援してくれたように、海部自身は回顧している。しかし、実際には、海部は何度も伊東、後藤田、小沢、羽田からもっと積極的に取り組むように発破をかけられていた。

また、海部はこの時期、竹下（及び竹下派）に完全にコントロールされていたにもかかわらず、自分の中では、何とか主導権を取って、政治改革を嫌がる竹下派に踏み絵を踏ませ、自分は「利用されてもいい、竹下氏に乗せられた格好で、志を遂げよう」（海部、2010年、137頁）と考えていたようだ。

最も重要な点は、選挙制度改革の推進者の小沢、羽田が選挙制度改革を機に自民党の改革、さらには場合によっては政界再編も視野に入れ始めていたのに対し、海部にこの考えは全くなかったことである。再編までを視野に入れ始

ていた小沢に担がれながら、自身は政界再編を起こすことまでは考えていなかった海部が、自民党の選挙制度改革反対派を説得することなどできなかったというのが実際のところであった。

　『回顧録』には、海部の甘い状況への認識が表されている。海部は自分の権力で、政治改革法案を出せば、現実主義で目鼻の利く竹下派は協力してくれるようになると読んでいた。だが、この目算は狂う。実際には、「竹下派の嫌がる政治改革法案」を推進しようとしていたのは、竹下派の中の小沢と羽田の2人だけであったからである。もう少し広く見ても奥田敬和くらいまでだった。海部がいくら総理大臣の権力で、最後は竹下派を自分の側につかせようと考えていても、竹下派の実力者は小沢以外に、当時は竹下、金丸の2人がおり、この2人が反対すれば、海部が竹下派を自分の側につかせるどころか、竹下派によって総裁の首を切られるということになる状況は、終始一貫して変わりがなかった。

　というよりも、実際には小沢に逆らうことのできなかった海部は、小沢のいう通りにすることによって、最後は竹下派も自分の政治改革案に乗ってくることを期待していた。海部は自身が推進する政治改革が何を意味するか自分で充分に深く考えることもなく、後藤田と伊東、小沢、羽田が敷いたレールの上でしか政治ができなかったのであった。

　レールが敷かれていたというのは、2つの意味からである。小沢によって就任直後に海部内閣の課題のレールが敷かれたという意味と、就任前に後藤田の主導によって自民党の『政治改革大綱』ができていたという意味である。小沢の回顧によれば、後藤田、伊東をその気にさせたのは、小沢自身であるから、小沢がもし後藤田、伊東に強く迫らなければ、海部の目指した「政治改革」は小選挙区制比例代表並立制まで含むものとはならなかったかもしれない。

　元々、海部は政界浄化が信条の三木武夫元首相の弟子であった。そして、三木は政界浄化には熱心に取り組んだが、小選挙区制導入を試みたことはない。むしろかつて、小選挙区制導入を試みて失敗したのは三木のライバルで小沢の師匠であった田中角栄元首相である。三木の思想を受け継ぐ海部からすれば政治改革の第一義的な意味合いは政界浄化（金権政治撲滅）であって、「金権政治を止めるために、小選挙区制導入が必要」という理屈は簡単に納得のできる理

屈ではなかった。

 だが、後藤田が先に（実施時期の定まらない）『政治改革大綱』[9]を政治改革委員会で作っていたところに、海部は首相に就任した。そして、急速なスピードで実際に小選挙区制を導入するという考え方の小沢によって担がれたところに海部の悲劇があった。

 海部は最後の最後、解散も辞さずとの決意を示したものの、仮に解散ができれば、「小選挙区制導入」を掲げて自民党で選挙をするつもりだったのだろうかという大きな疑問が残る。90年の選挙とは違い、この時に選挙をすれば抽象的な「政治改革」を掲げるということでは済まされなかった。90年の総選挙で自民党は「（選挙制度調査会の）答申を尊重」といったが[10]、この時は法案が提出されて廃案になったのだから、解散して選挙をするなら法案への賛否を問うしかなかった。その際、敵は野党のみならず、自民党内の宮沢喜一、三塚博、渡辺美智雄の3派と竹下派の最低でも半分以上になることが想定された。

 海部の2年数ヶ月は、実際は自分を支持する人々に周囲を取り囲まれ、逃げられない状況を作られていったというのが実情だった。海部はその後の政界再編期にも何度も小沢に担がれ（新進党の時期と新進党崩壊後の自由党）自民党を離党して野党側で活動するものの、海部自身が首相時代に自ら推進する理由として話した「政権交代可能な二大政党」の一翼を担う側（つまり最後に第3次民主党に集結することになる流れ）には一度も身を寄せてはいない。海部は羽田とは違って第2次民主党にも参加していない[11]。新進党解党後は弱小勢力を経て、最後は自民党に復党した。二大政党制の実現など海部が一度も本気では考えていなかった証拠であろう。

 海部は最後は自身の回顧録で、

> さて、私自身はといえば、正直言ってこの頃はもう混乱して支離滅裂だった。保守党を立ち上げたものの、選挙の度に仲間が減り、最後には、代表の野田毅氏さえ、自民党に復党してしまった。（中略）…この場および、誠に慙愧に堪えないことだが、保守新党は自民党に合流し、私自身も、敗北を認めた上で自民党に帰ることを決意した。つまりは、離党以来一〇年間でグルッとひと回りしたことになるが、どうにもならない現実を受け止めようと、必死につとめた末の結論だった」（海部、2010年、176

頁-177頁)

と述べているように、非自民で10年活動し、どうにもならなくなって自民党に戻った。海部自身は自分が推進した小選挙区制については、

> 結局、自分が心血を注いだ小選挙区制で敗れたわけだが、この制度については、大きな方向としては正しいと確信する。小選挙区制には、ムードに流される側面もあるし、比例代表制は、一度落ちた人が復活当選するのが不自然だが（だから、私自身は一度も比例区との重複立候補はしていない）、選挙そのものは確実に、資金合戦から政策論争に変貌を遂げつつある（海部、2010年、180頁）。

と述べている。自分を否定することになるので、自分が推進した制度を否定することはできないだろう。だが、その後、「どんな党にあっても『俺は海部党』と、己の信ずる政治を貫いてきた」(海部、2010年、180頁)とも述べている。

実はこの「俺は海部党」という考え方こそ、政策本位、政党本位の政治と選挙を目指す考え方からいえば、間違った考え方なのである。「自分党」ということをなくしていくことが、そもそも海部が推進した「政治改革」であったはずである。「海部党」を生み出して、その存在を許すこと自体が、この時の改革の趣旨からいえばおかしいのである。

海部は「政権交代可能な政党制」を理想とするといいながらも、実際には個人対個人の選挙を連想させる、「海部党」で再編期を生き抜き、そして、海部が首相の時に否定した日本の保守党の個人後援会選挙の枠を最後まで守った。小選挙区制を導入しても政策をめぐる二大政党間の選挙にならなかったことは、この海部自身が、いみじくも、（おそらく無意識に）回顧録で認めているという何とも皮肉な事実を指摘しておきたい。

最初から最後まで、海部は二大政党制の実現などというものを本気で考えてはいなかった。保守党たる自民党を離党したものが、その逆の側でもう一つの大きな政党を作ろうとすれば、労働組合の連合が支持する広義の労働者政党勢力と手を組まざるを得ない。小沢、羽田はこれをこの後、平気でやっていくことになるのだが、自身を保守政治家と規定する政治家からすれば、これはなか

なか無理があることであった。

　海部は人間的には誠実で、裏表のない立派な人物であったことには違いない。しかし、残念ながら海部は政治家としての大局観に最初から最後まで欠けていたというべきだろう。

2　「政治改革推進派」と「政界再編推進派」──後藤田正晴と小沢一郎──

　この時期、選挙制度改革と政治資金規正の改革を合わせて「政治改革」といっていたのだが、実際に小選挙区（主体の比例代表並立制）の導入に関して強い信念を持っていたのは、伊東、後藤田、小沢、羽田の4人だけであった。

　海部はこの4人によって常に発破をかけられていた。勿論、海部も政権延命を望み、本気で小選挙区比例代表並立制を導入しようとはしていた。だが、海部はこの選挙制度改革によって次の何か大がかりな再編を起こそうという考えは持っていなかった。

　それに対して、選挙制度改革を政界再編の引き金にしようと考えていた人物が2人いた。これが小沢と羽田である。厳密にいえば、最初から本気で意図していたのは小沢だけであった。だが、比較的近い時期から羽田も小沢と同じ認識を持つ。90年11月末、羽田は『政治改革基本要綱』を政治改革本部と選挙制度調査会の合同総会で無理やり決定した日の記者会見で、政界再編が起こりうることを匂わせる発言を既にしている[12]。

　伊東、後藤田、小沢、羽田の4人の政治家もまた2つの立場に分かれていた。一般的に「改革派」と大きく括られるグループが存在したようであるが、少なくとも海部内閣期まではそのようなグループは自民党内には、実態としては存在しなかった。『政治改革大綱』を積極的に支持するグループがあったのではなく、伊東、後藤田、小沢、羽田の4人が執行部（小沢幹事長）、政治改革本部（伊東、後藤田）、選挙制度調査会（羽田）の要職を押さえ、それぞれを舞台にして、一方的に議論を進めていたのが実際の姿であった。武村正義はこの時期はまだ後藤田のもとにいたので、本章では、大きく扱わない。

　勿論、後藤田の主導した「政治改革委員会」、伊東、後藤田の主導した「政治改革推進本部」、改称した後の「政治改革本部」のメンバーであった議員た

ちは、熱く議論したであろう。これらの委員会、推進本部、本部に集った議員たちまでは、大筋で同じ方向を向いていたので彼らを便宜上「大綱支持派」ということはできる。後に武村とともに離党する面々である。しかし、89年5月に『政治改革大綱』が決定された時点で「大綱支持派」などという勢力が実際に、委員会の外にまでいたわけではなかった。

『政治改革大綱』が出された翌年90年には、小沢が海部に何度も発破をかけて海部に「不退転」から「命運をかける」といわせている。[13] これは現実には「大綱支持派」などという勢力が存在せず、全ては4人によって進められていたに過ぎなかったことの証拠でもある。これらの4人によって主導された議論がいかに一方的で、党内の過半数どころか半分以下の賛同も得ていなかったかは、90年11月と12月の党内手続きがどのように進められたのかを見ても理解できよう。[14]

4人は中身の議論はしたが、自民党内（派閥の領袖から若手議員に至るまで）で、「決まったこと」を「決まったこと」こととして、推進する側が提案し、反対派のガス抜きをした後に決定するということが、90年だけでも3回も行われている。多数決すら採らずに進めていったのである。11月の政治改革本部と選挙制度調査会の合同総会、12月の政調審議会、そして最後の12月の総務会である。

改革は徐々に進んでいたように見えながら、その実、海部内閣期の前半から、極めて強権的な手法で、選挙制度改革論者が「政治改革」の錦の御旗のもと、自民党内の議論を封殺していたのが実際の姿であった。

この無理がたたって、翌年91年の廃案につながるのだが、90年の動きを見ただけでも、廃案になる要素は既にあった。4人の政治家も2つの立場に分かれており、それは伊東、後藤田と小沢、羽田の違いであったが、このことは、後藤田の後のインタビューからも明らかである。その前に、なぜ、後藤田が『政治改革大綱』で並立制の導入を提言したのか、また政治改革本部で本部長代理を務めたのかについて本人の回顧を見てみたい。

　——先生が委員長をなさっていた政治改革委員会で、どのようにして並立制というアイデアがでてきたのですか。
　後藤田：はじめ、参議院の選挙制度も見直すということだったんです。でも比例区の

議員が全員反対で、衆議院を先にやろうということになった。僕はもともと小選挙区論者ですが、昭和四六年の第七次選挙制度審議会の記憶があったものだから、比例制を加味しないと野党がうんといわんよと言うたら、同じ内務省出身の奥野（誠亮）君が「後藤田君、並立制だろうな」と、すぐ言ったね。
——政治改革大綱ができた後、政治改革推進本部長代理になられました。
後藤田：橋本（龍太郎）幹事長が、伊東（正義）さんへ本部長就任を頼みにいったのだけれども、彼はうんて言わないの。総理大臣を断ってるぐらいですからね。そこで、僕が伊東さんの部屋へ行って「ピエロの役だっていいではないか」と言ったんです。そしたら彼が「ピエロなあ」なんて言いましてね。じゃあやろうかとなって、僕が代理になったんです。
——政治改革本部と、党執行部の関係はどうでしたか。
後藤田：あれは、党則八四条機関なんですよ。総務会、政調会を通さずに決めちゃって、総裁に答申する。それを議決機関に下げて党議にするというやり方になります。ところが、橋本君が党三役を推進本部に入れちゃったんです。強い意志のあらわれだったんでしょうけれども、それはおかしいということで、あとで抜いたんです。（中略）
——細川内閣の最終局面で、もし細川・河野会談が決裂して、衆議院で政府案を再議決する場合には腹を括っているという発言を先生がなさって、それが河野さんへのプレッシャーになったという見方がありますが……。
後藤田：それは記憶がない。言ったかもしれませんけどね、本心ではそんなことは（笑）。僕は党内改革派なんですよ。歳が歳ですしね。だから僕はずいぶんとめたのよ、外へ出るっていうような人を（佐々木編、1999年、93頁-95頁）。

　このインタビューで後藤田は『政治改革大綱』で「並立制」を提案したのは、そもそも小選挙区制論者であった自分であるが、かつての昭和46年の第7次選挙制度審議会の記憶から、単純小選挙区制は野党に受け入れられないということを意識していたからだと述べている。この発言から、後藤田は野党も最終的には受け入れ可能な案を初めから考えていたことがうかがえる。
　後藤田は、自分は党内改革派であって、自民党を出て行こうとした人を「ずいぶんとめた」と述べている。おそらく「ずいぶん、止められた」のは自分の下にいた武村らの政治改革委員会に参加していた若手議員であろう。後藤田の回想からも、はっきり後藤田が、結果として起こるかもしれない政界再編まで

は予想しても、政界再編を推進し、自民党と政権を争うもう1つの政治勢力を作ろうというような考えは、毛頭、持っていなかったことが明らかに分かる。

　政治改革のための政界再編ではなく、政界再編の導火線に火をつけることを考え始めていた小沢・羽田と、そういうことは考えていなかったが小選挙区制導入には信念を持っていた伊東・後藤田の微妙なバランスの上に海部は乗っていた。よく「政治改革を推進するために政界再編が起こった」といわれているが、それは逆で「政界再編を引き起こすために、政治改革という錦の御旗のもとで、小選挙区制導入が最初に図られた」ということが実際であった。

　ここで、「政治改革を推進するために政界再編が起こった」という論の代表的論者の佐々木毅の文章を引用する。

>　……政治改革問題は自民党「改革派」のエネルギーをテコにして政界再編を促すことになった。八〇年代末期以降、政界再編論にはいくつかの要素があった。その発端は自民党の参議院での過半数割れに端を発する議論であり、九〇年代初頭からパーシャル連合論が早くから実施に移された。しかし、政治改革問題の深刻化のなかで自民党の分裂を含んだ形での、与野党入り乱れての政界再編論が話題になっていく。これは政治改革実現のための政界再編とでもいうべきものであり、宮沢内閣不信任決議案の可決と羽田派（新生党）の離党、新党さきがけの誕生、細川連立政権の成立はこの流れのなかにあった（佐々木編、1999年、22頁-23頁）。

　ここでは「政治改革実現のための政界再編とでもいうべきもの」がキーワードであるが、事実はこれとは逆であった。現象面から見れば、当時の人にはそう見えたであろうが、事実は違っていた。ここで引用した言説は、極めて一般的な言説である。社会党議員にもこのような認識を持って当時の政界で動いたものも多かった。だが、事実は小沢によって引き金を引かれた「政界再編を巻き起こすための政治改革という名前を冠した選挙制度改革」が先に画策されたのであった。

　なぜなら、このまだ「政治改革問題の深刻化」が起きる前の時期である90年5月という海部内閣の前期—自民党によって、小沢の案が成就する可能性も考えられた時期—に、小沢はインタビューで「自民党が分かれるのかわからんが、政界再編が行われるんじゃないか」と述べているのである（朝日　1990.5.12）。

政治改革への意見の違いから、「改革派」と「守旧派」に政界が分かれて、「政治改革実現のための政界再編が行われた」という定説—表向きそう見えたことは確かだが—は訂正されなければならない。実際、小沢はこの３年後、メディアの後押しもあって、そう見せかけることに成功し、今日でもこれが定説となっている。だが、よく検証すればこれはおかしい。そもそも、この佐々木自身が、第８次選挙制度審議会の委員であったから、このような「歴史認識」に立つことは充分に理解できるのであるが、ここでは、この言説を批判的に検討しておきたい。
　このことは、既に90年の５月—海部内閣発足後、１年足らずの時期—の段階で小選挙区制の最初の推進者であった小沢自身の口から語られているインタビューで明らかである。[15] 政界再編を起こすことも視野に入れつつあった小沢が、自民党時代からそれを誘発する仕組みを導入しようとしていたのであった。しかし、これは奇妙な話でもあった。小沢が実際に行おうとした政治内容が、改革的なものであっても、それは小選挙区制を導入しなければできないものではなかったはずであるし、小沢が自身の政策を実行しようと思えば自民党の総裁になって自民党の政策にすれば良かったのである。
　「政治改革を推進するために政界再編が起こった」という説は、宮沢内閣期末期と細川内閣の成立の過程のみを見ると、確かにそのように見えなくもない。メディアに影響された人々は今もそのような印象を持っているであろう。だが、90年の夏から秋に小沢と羽田は自身が自身の考えた改革を推進させている海部首相の思惑を超えて再編に動き出していた。もしくは再編の火ぶたを切るために、自民党（経世会）内にいながら、小選挙区制導入を図っていたというのが歴史的な事実であった。
　これは、自民党の幹事長が自民党一党支配を終わらせるためのクーデターを密かに起こし始めていたといっても良いことであった。これを「改革派」というのが今日までの通説であるし、大方の歴史書にはそう書かれている。しかし、これには多少の無理がある。小沢は政治の内容そのもので、自民党の政策、体質が悪いと考えるのであれば、小選挙区制への賛否を踏み絵にしなくても、自身が離党して中選挙区制下で新党を結成すれば良かったからである。
　この時期には、自民党内には「小選挙区制は自民党の永久政権に有利」と考

えるものもいたため、その考えを信じることのできる議員は、この案に賛成をした。考え方からいえば、この「永久政権のための小選挙区制」という考え方の方が本当の「守旧派」なのであるが、不可思議なことに、その立場に立っていたとしても、小選挙区制に賛成した議員が「守旧派」といわれることは、この時期もこの後もなかった。

もっとも、宮沢内閣期には、自民党内で「永久政権有利論」から小選挙区制に賛成するものはいなかった。制度改革に賛成すれば「改革派」、逆は「守旧派」とのマスコミによるレッテルはこの91年から徐々に出てくることとなる。伊東に関しては回顧録の類が出版されていないので、正確なことは分からないが、小沢が回顧の中で、小沢が伊東と後藤田の2人ともを「お経のような法律を作ろうとしていた」（五百旗頭・伊藤・薬師寺編、2006年a、66頁）と評していたことから、伊東にも後藤田同様に、政界再編を仕掛ける意図まではなかったと見て良いだろう。

この時期の二大キーパーソンである後藤田と小沢の違いは以上の通りであった。この両者は同じことを推進しようとしていたわけではなかったのである。当時の新聞記事を詳細に見ても発見できないが、実は後藤田と小沢も裏ではつながっていた。元参議院議員でこの頃、衆議院事務局に勤務していた平野貞夫が後に出版した『平成政治20年史』（幻冬舎、2008年）に以下のような記述がある。政治改革が始まった時期のことである。

　　平成二年四月二〇日午後八時、小沢幹事長に呼び出されホテルニューオータニに行くと「二三日に海部首相と会って、政治改革、まず選挙制度改革について腹を聞く。総理本人が『政治生命を懸ける』と言ってくれれば、僕が責任をもってやる」
　　と、いままで見たこともないほど真剣な顔つきで言いだした。衆院の選挙制度は西独方式の「小選挙区・比例代表制」を参考としたい、参院の選挙制度に間接選挙か候補者推薦制を導入できないか、憲法の限界を研究してくれと、私に宿題を出した。
　　同月二二日、海部首相の安藤光男秘書から電話がある。
　　「明日、海部・小沢会談がある。首相に選挙制度改革の意義について勉強させたいので、わかりやすいメモをつくってほしい」
　　翌二三日朝、私は『政治改革問題の展望について』を届けた。衆院中選挙区制による自民党の派閥政治が政治腐敗の原因であること、ロッキード事件以来の政治の劣化

を続けていては、日本の存立はないこと、健全な政党間での政権交代が可能な改革を断行することなどを記しておいた。

その四月二三日夕刻、海部首相と小沢幹事長の会談が行われた。午後六時頃、安藤首相秘書から「小沢幹事長は機嫌が良かった」との電話があった。かくして、政権政党である自民党側からの政治改革が始まることになる。

連休明け、小沢幹事長に呼ばれ、

「第八次選挙制度審議会の答申はまとまるらしい。後藤田さん（自民党選挙制度調査会長）の意見で、これからまとめる審議会答申の下敷きを極秘につくるように、ということだ。至急、準備してほしい」

極秘プロジェクトは、小沢幹事長、自治省選挙部長、衆院法制局第一部長、私の四人で、精力的に協議を行い、その状況を私から審議会委員の内田健三氏（政治評論家）に伝え、答申に反映させることにした。その中身は、衆院選挙制度改革だけでなく参院選挙の候補者推薦制も検討した。

五月一〇日、海部首相は選挙制度審議会の衆院小選挙区・比例代表並立制の答申を受けて、特別記者会見を行い、「政治改革に内閣の命運を懸ける」と発言した。答申の趣旨は、竹下首相が退陣の際、公約した『政治改革大綱』を生かしたものであった（平野、2008年、38頁-40頁）。

平野は同じ時期のことを刊行した衆議院事務局時代の日記の中でも、詳細に明らかにしている（平野、2013年、92頁-95頁）。

ちなみに平野は衆議院事務局を辞して参議院議員になって以降、一貫して小沢と政治行動をともにし、最後まで小沢の側近であり続けた。92年に参議院議員に当選し、04年に政界を引退した。

この回顧録では、平野は後藤田を自民党「選挙制度調査会長」と書いているが、これは「政治改革本部長代理」の間違いだろう。この時期、選挙制度調査会長は羽田であった。やはり、第8次選挙制度審議会は独立した政府の審議会ではなく、自民党の後藤田と密接な連絡を取っていたのであった。

そして、後藤田は、選挙制度審議会からの情報を得ていただけではなく、『答申』の下書きを自分が引き受け、これを書くことを小沢に命じている。後藤田もこれは表に出てはまずいと思ったのだろう。このようなことが表に出れば、野党のいう「第8次選挙制度審議会は自民党の下請け機関」との批判が正しいことが証明されたことになるからだ。自民党内でも反対派からの反発が起

こり、審議会の正統性が問われることとなっただろう。

　そして「下敷き」を頼まれた小沢は衆議院事務局の職員だった平野に内々に相談した。平野の回想に「精力的に協議を行い、その状況を私から審議会委員の内田健三氏（政治評論家）に伝え、答申に反映させることにした」とあるように、小沢、自治省選挙部長、衆院法制局第一部長、平野の4人が考えた案は実際に答申内容に反映された。当初、内田健三（東海大学教授。元共同通信記者、政治評論家）は個人的に併用制を主張していたが、審議会の大勢が並立制だと判明してからは、審議会内で抵抗せず、むしろ自民党側（後藤田や小沢）の意向を審議会に取り次いでいたということだと考えられる。

　90年4月21日には第8次選挙制度審議会は答申案をほぼ固めたとの報道があり、この日、決まった答申案の骨格では、比例代表選の各党への議席配分の計算方式についてはドント式の採用を提言することまで盛り込まれたとの報道がある（読売 1990.4.22）。ちょうどその頃に海部は、平野が書いた『政治改革問題の展望について』を読んでいたことになる。

　平野の回想では4月22日朝に平野が書いた『政治改革問題の展望について』が海部に届けられ、その日の夕方、海部と小沢の会談があった。小沢との会談に間に合わせるように、先に小沢は海部に自分の考えを理解させておいた。そして、小沢との会談の前に平野の『政治改革問題の展望について』を読んでいた海部は、小沢の主張に全面的に賛同する。

　ちなみに、平野は海部に送った『政治改革問題の展望について』の最後の部分で、海部に対し、海部は政治改革のために生まれたという運命を背負っており、それを陰で支えるのが自分（平野）の宿命だと思っており、故人となった三木元首相や前尾繁三郎元衆議院議長も守護霊になって政治改革の成功に協力してくれている、目に見えない力が海部に協力しているので自信を持って欲しいとまで書いて海部を激励している（平野、2013年、95頁）。

　23日に海部・小沢会談があって、その3日後の26日に『答申』が出るが、選挙制度審議会は選挙制度審議会として自ら『答申』の起草をしているところに、後藤田の命を受けた小沢、平野らの極秘プロジェクトの出してきた案も組み込んだというのが真相であろう。

　骨子は10日に第1、第2の委員長報告がなされていたので、ほぼ決まってお

り、そのことは新聞で報じられている。また、12日に2回目の起草委員会も開かれている。だが、最終的な『答申』には後藤田、そして秘密裏にその意を受けた小沢、そして、そのまた意を受けた平野らによって協議され内田に伝えられた内容も大きな影響を与えていたのだった。

5月10日、海部が記者会見で「政治改革に内閣の命運を懸ける」との発言をしたのは、平野の回想で明らかなように小沢からの強い影響を受けたからであった。だが、海部は90年4月23日の夕刻の小沢との会談で、本当に心底から、政治改革推進のためには小選挙区制の導入が不可欠であるとの考えを納得したのだろうか。

平野の回想で明らかなように、海部は完全に後藤田、小沢によって「政治改革」の眼目は「選挙制度改革」であり、そして、その正しい方策は「小選挙区制の導入」であるという考えを持つように誘導されていった。だが、この時期になっても海部は率先して選挙制度改革をすると発言せず、小沢、伊東、後藤田から何度も発破をかけられて、本気度を確認されていた。

仮の話であるが―それは初めからあり得ないことだったのだが―、第8次選挙制度審議会が、中選挙区制下での定数是正を勧告したら、海部はそれを実行したであろうし、「併用制」を勧告したら、それを実行しただろう。海部自身に一つの信念があったわけではないのである。小選挙区制（がメイン）で比例代表制を加味しても並立制は譲れないという選挙制度改革でなければならないと考えていたのは伊東、後藤田、小沢（羽田）だけであった。

また、この平野の回想では、答申の骨子が決まった日（4月10日）よりも後に、後藤田が小沢に極秘に「下書き」を命じた部分を回想しているが、最初に後藤田が選挙制度審議会側と接触したのが、この年の4月10日以降とは考えられない。答申内容に影響を与えたくらいであるから後藤田は第8次選挙制度審議会が発足した時から、常時、もしくは節目で、審議会の委員と連絡を取って情報を得ていたと考える方が自然である。

3 第8次選挙制度審議会と自民党政治改革本部―小林与三次と後藤田正晴―

前節では、同じ方向性で選挙制度改革を推進した小沢と後藤田は異なった意

図から同じ方向の制度改革を推進したということを確認した。後藤田には政界再編を引き起こす気はなかったし、自民党を飛び出して「二大政党」の片方の政党を自分で作ろうという意図も全くなかった。

では後藤田は、何故に小選挙区制を推進しようとしたのか。「元々、小選挙区制論者だった」ことは確認したが、理由までは明確に本人は述べていない。後藤田が、自身の著書で初めて小選挙区制に触れたのは、88年に遡る。

88年3月に刊行された『政治とは何か』（講談社）の中で、後藤田は「現在の中選挙区制では、政権（過半数）をとるためには、同じ党から同一選挙区に複数の候補者を出さざるをえず、このため、政策よりも地盤、看板、鞄がものをいう個人選挙になってしまう。そこから派閥も生まれるし、有能な人材が政治家になりづらいという弊害もでてくる」（後藤田、1988年、179頁）、「私は日本では、選挙制度の改革が政治の最重要課題になっている、とかねてから考えてきた。もちろん、制度というものには一利一害がつきもので、絶対的なものはありえない。しかし、"小選挙区・比例代表制"が改めて考えられてもよいのではあるまいか」（後藤田、1988年、180頁）、「与野党で政権交代ができないのは不幸なこと」（後藤田、1988年、193頁）と持論を展開している。

そして、後藤田は「小選挙区制を基本にすれば自由民主党が有利になる、と反対するだろうし、確かに、最初の二、三回の選挙は自由民主党が有利になる可能性が強い。しかし、回数を重ねれば自民党有利は消え去るだろう。このことを野党の諸君は見落としているのだが、小選挙区制は諸外国の例を見るまでもなく、与野党の政権交代を現実的にするものである。（中略）議会制民主主義の建前からすれば、与野党が政権を交代するのがノーマルな姿であって、自由民主党がこれほど長期に政権を担当するのは、その建前からして好ましい姿とはいえない」（後藤田、1988年、193頁）と述べ、やがて政権交代が行われる状態がくることに期待をつないでいる。

後藤田は戦前の内務官僚としての立場から、選挙制度と政党制に自分なりの理想を持っていたのではないかと考えられる。一言でいえば、後藤田はどの政党に与するかという政治家の立場を超えて、超越的な視点で「政権交代可能な二大政党制」を生み出すことを理想と考えたのであろう。後藤田の思考の特徴は一貫して「政党政治家」のものではなく「保守政治家」のものでもなく「内

務官僚」としてのものだったと思われる。

　佐々木は後藤田の主導した政治改革委員会の『政治改革大綱』を非常に高く評価しているが、その理由は、端的にいえば、自民党から出てきたものであるにもかかわらず、自民党の永久政権を揺るがせるかもしれない内容だったからということである。確かにそれはその通りで、後藤田にこの視点があったのは、党人としての強烈な意識がなかったからに他ならない。

　後藤田は官界から政界入りしてからは、田中元首相の懐刀として活躍し、党人派の多かった「田中派」に身を寄せる。海部内閣期には後藤田は無派閥であったが元は田中派―竹下派の系列である。だが、後藤田は田中派―竹下派の中では毛色の変わった存在であり、後藤田の思考は個別利益を代表したり利害の調整をしたりすることを得意とする「党人政治家」とは異なっていた。また、勿論、広義の「保守政治家」であったことは間違いない―社会主義陣営でないという最も広義の定義―にしても、日本的な利害調整を得意とする保守政治家―金丸や竹下がその典型であるような―でもなかった。

　後藤田の思考とスタイルは戦後、一貫して権力中枢にあり、統治者としての視点でものを見てきた―したがって、国家がゆきすぎた権力を行使することにも慎重な面も持っている―内務官僚のものであった。そのように考えると、第8次選挙制度審議会の第1次『答申』と後藤田が89年5月にまとめていた自民党『政治改革大綱』が全く似通った方向であったことの理由が理解できるのではないだろうか。後藤田と第8次選挙制度審議会の会長の小林与三次とは同じ戦前の内務官僚である。後藤田は後に政界へ転出し、小林は実業界（新聞社）に転出した。

　小林と後藤田は、年齢は小林が1年年上で、内務省入省も小林が3年早い。後藤田が戦争に行って復員後、戦後は主に警察官僚として歩んだのに対して、小林は内務官僚から戦後は一貫して自治官僚として歩む。小林と後藤田が同じ組織で仕事をするのは、58年に小林が自治庁事務次官になった時である。

　後藤田は、59年に自治庁長官官房長などを歴任する。一方、小林は自治事務次官の後、65年に読売新聞社に入社する。この頃、後藤田は62年に警察庁に戻り、69年に警察庁長官となる。その1年後の70年には小林は日本テレビ社長になっている。後藤田が政界入りを目指したのが、74年の参議院選挙だったが、

この頃、小林は75年に日本民放連の会長になっている[17]。

　小林と後藤田が重なっているのは、後藤田が小林に誘われて自治庁長官官房長、税務局長になった59年から警察に戻る62年までである。しかし、年齢の近さや入省年度の近さなどから考えても、後藤田と小林は一貫して連絡を取り合っていたことは、容易に想像される。

　小林は自治庁事務次官の後、読売新聞に入社し、その後は日本テレビ社長、日本民間放送連盟会長、日本テレビ会長、読売新聞社社長、会長を歴任していくことから、旧内務官僚の顔のみならず、マスコミのトップとしての顔も持つことになっていく。途中まで似た経歴を持つ小林と後藤田が政府の審議会と自民党に分かれて同じような構想を進めたと考えるのはごく自然なことであろう。

　勿論、実際に第8次選挙制度審議会が開かれていた期間に後藤田と小林が綿密に連絡を取り合っていたかどうかまでは分からない。現在確認できる新聞記事などで、後藤田が既に前年に自民党内で決定していた『政治改革大綱』と大筋同じ方向性の『答申』を出してくれるように小林に頼んだかどうかまでも分からない。だが、これは推測の域を出ないのだが、この2人の間で同じ考え方が当初（審議会発足時）から共有されていたことくらいまでは確かであろう。全く偶然に似たものが出てきたと考える方が不自然である。

　それは、例えば、89年11月の段階で自民党が衆議院選挙の公約を作る段階で、小選挙区比例代表並立制導入を目指すという文言を直接的に盛り込まず、第8次選挙制度審議会から出される答申を尊重するというような文言を盛り込んだという状況証拠から推測できる。これなどは、事前に伊東や後藤田が第8次選挙制度審議会の答申が自分たちの『政治改革大綱』に近いものになることを予想していたと考えることができる根拠である。

　しかも「政治改革本部」の前身「政治改革推進本部」（伊東本部長、後藤田本部長代理）は89年6月22日に発足した。第8次選挙制度審議会が発足したのは89年6月28日である。全く同じ時期に準備が進み発足時期も同時であった。

　先に見たように平野の回想から、後藤田は第8次選挙制度審議会の答申の内容の方向性を事前に知っていた。知っていたというよりも、「下書き」を小沢に命じて事実上書かせたのである。起草委員会は下書きの内容に沿って、『答申』を書いたのであろう。伊東までが事前に大枠の方向性を知っていたかは分

からないのだが、伊東と後藤田は同じ考え方で、伊東が会長、後藤田が代理であったから、伊東も事前に答申の方向性を知っていたとの推測はできる。

　伊東、後藤田の主導した自民党の政治改革推進本部と第8次選挙制度審議会は、審議会発足時点から車の両輪であったことは間違いないだろう。当時の新聞記事を読むと、丹念に見ても、別々の出来事のように書かれてはいるものの、この2つの組織はお互いに発足時から車の両輪であった。だが、なぜ、このような手の込んだことをしたのだろうか。

　このようなことをしなくても、小選挙区制導入が自民党の総意になるならば、自民党が自民党内で党議決定した『政治改革大綱』を自民党が選挙の公約にして総選挙に勝利した後、自民党内閣で実行すれば良かったとも考えられる。だが、わざわざ、政府に首相の諮問機関としての選挙制度審議会を設置したのは「政府の審議会」の出した『答申』であれば、野党にも自民党の反対派にも「錦の御旗」に見せかけることができるからという考えが竹下首相本人か竹下に設置を進言した人物にあったからではないだろうか。

　後の小沢の回顧録などから、竹下本人は本気で改革など考えていなかったとのことであるから、推測の域を出ないが、本気で改革を考えていた後藤田が竹下に第8次選挙制度審議会の設置を進言したのかもしれない。しかし、その後藤田すらも小沢から見れば「お経のような法律」を作ろうとしていたに過ぎないとするならば、最初の時期の後藤田の動きは分からない。

　第8次選挙制度審議会は竹下内閣の時に設置が決まり、宇野内閣期に設置された。89年3月にこの設置を決めたのは竹下自身であるが、竹下自身が本当にどのタイミングで選挙制度審議会の発足を最初に着想し設置を決断したのか、全て自身の考えだったのか、設置を決断するまでに影響力のあった人物がいたのは定かではない。竹下は『証言保守政権』（読売新聞社、1991年）という回顧録を残しているが、リクルート事件から自身の退陣のあたりは殆ど、何も回想してない。[18]

　新聞記事から事実を確認できるのは、第8次選挙制度審議会を設置する意向を固めていた竹下が89年2月10日に当時の坂野重信自治相に委員の人選を進めるように指示したということである（読売 1989.2.10）。2月10日、竹下は実際に坂野自治相に会って、委員の構成について「先に10人程度といったが、必ず

しも固めているわけでもない」などとして、審議会の構成には与野党の意向も踏まえて検討していく姿勢を示している（朝日 1989.2.11）。表に出た記事からは断定できないが、第８次選挙制度審議会を設置するには、自民党内の議論だけでは不十分なので、政府にも選挙制度審議会を設置すべきだということを、あるいは後藤田が竹下に進言したという背景があったのかもしれない。

　後藤田はインタビューの中で、政治改革委員会を任されて、最初に小選挙区比例代表並立制を着想した時のことを、自分自身が元々、小選挙区論者であったことと、第７次選挙制度審議会の記憶から野党も受け入れ可能な案ということで、単純小選挙区制ではなく「並立制」だと思ったと回想している。回想で同じ旧内務官僚だった奥野誠亮も同じ認識だったと述べている。

　先に小沢と後藤田を比較したが、この２人はこの時期、首相の海部に同じように圧力をかけて小選挙区比例代表並立制を導入するように動いた。だが、そもそも選挙制度改革によって政界再編の引き金を引きたがっていた小沢と内務官僚の視点から中選挙区制の存続に問題意識を感じていた後藤田、小林とは似て非なる改革派だったことがこれでもはっきりするだろう。この違いは重要である。この時期の政治改革期全体を極めて肯定的に評価する人の中に、後藤田は尊敬（評価）するが小沢は嫌い（または批判的に評価する）という人がいる。序章の中で見た歴史評価にもそのようなものがあった。

　これは本来、不可解な話であって、後藤田を評価するなら小沢も同時に評価しなければならないし、小沢を批判するなら同時に後藤田も批判しなければならない。導入しようとした制度は同じだったからである。だが、政治学者の中に少なからずあるこの感覚の違いの原因は、この辺りにあるのかもしれない。つまり、「私心なく国家のことを考えて自民党永久政権を捨てることも覚悟」した後藤田と自分の権力闘争に制度改革を利用した小沢との違いが、そのような評価に結び付いているのであろう。

　佐々木などは、ここははっきり分けてはいない。後藤田の主導した政治改革委員会の『政治改革大綱』を評価し、問題意識を持って、権力の中枢から自己批判をして立ち上がった政治家として小沢・羽田らも評価するという立場のようである。[19] だが、この制度が生み出した政治全体について批判的に検討するならば―全く、現在でもこの制度を考えられる限り最高の制度として評価する人

は別として—小沢のみならず、この時期の後藤田、小林に共通してあった内務省的な視点による小選挙区比例代表並立制の推進も批判的に再検討しなければならない。この違いすらもこの時期の首相海部には理解できていなかったのではないかと推測できる。これが海部のリーダーシップのなさにもつながった。

　第8次選挙制度審議会では、小選挙区比例代表併用制を支持する意見もあったとはいえ（代表的な論者は連合の山岸章会長）、最終的に最後まで抵抗する委員は存在せずに、結局は「並立制」が答申された。これは、最初から根本的なレベルでは会長の小林に逆らうものはいなかったからだと見て良いだろう。自民党という政党内部の議論と、首相によって『答申』を出すことを依頼された政府の審議会の議論が、ほぼ同時に軌を一にして、同じ方向に進んでいったことの原因として、後藤田と小林という戦前の内務官僚の果たした役割がとてつもなく大きかったということがいえるであろう。

　後藤田と同様に小林といえども、実際に自民党の分裂や野党再編を自分たちの答申によって巻き起こそうという意図まではなかったであろう。また、そもそも小林にとって、野党再編などは関心のない事柄であっただろうし、社会党が今後、どうなろうが関心はなかっただろう。ましてや、連合が91年頃から目指し始める「社民勢力の結集」などにも小林は何の興味もなかったであろう。小林の経歴から予想される思想からすると、小選挙区制になって共産党が消滅してくれれば良いというくらいが本心だったかもしれない。

　本心は忖度するしかないものの、はっきりと、内務官僚的な視点—つまり良くいえば、現実政治の利害対立を超えたより高い理想主義的な視点、悪くいえば庶民の個別利益の代表である政党の上に君臨する内務官僚の超越性ともいうべき傲慢な視点—が後藤田と小林の2人には一貫してあったということまでは、間違いなくいえるであろう。

　小林は新聞のインタビューで、自分が会長に選ばれた理由として、「僕がもともと自治省のOBだったからでしょう。自治省にしてみれば僕をはずすことはできない。奥野（誠亮）さんにしても金丸（三郎）さんにしても国会議員か前議員。非議員で（選挙を）知っている者といえば私しかいない。僕が一番使いやすいと思って頼んだんでしょう」と答えている（毎日 1990.4.29）。

　小林は実務的に選挙制度に詳しいという理由から自分が選ばれたという認識

を示している。しかし、考えてみれば首相の諮問機関である選挙制度審議会の委員に選ばれるのに「自治省にしてみれば僕をはずすことはできない」という認識は少し奇妙な感じもする。[20]

　後藤田については、小沢の後藤田に対する見方とは別の有力な評価もある。後藤田が実際に政界再編までを視野に入れてはいなかったことは確かであったとしても、「後藤田によって始められた政治改革は、後藤田によって完結された」という見方である。これは細川内閣で首相主席秘書官を務めた成田憲彦が述べている見方である（成田、1997年）。成田によれば、後藤田は93年の総選挙で自民党が敗北した時、自身が後継総裁に推された時に、自分に代わって河野洋平を推したという。その後藤田からの河野への後押しが決定的だったというのである。

　まだ先の話であるが、河野が細川護熙と合意したことによって、俗にいう「政治改革」は成る。このことをもって、政治改革が「後藤田によって始められ、後藤田によって完結された」とするならば、確かにそれも一つの有力な見方であるだろう。だが、後藤田は最初に自民党内で『政治改革大綱』を作成し、最後に河野に細川との合意を進めたという、最初と最後に大きな役割を果たしたことは確かであっても、この間の小沢や羽田の動きがなければ、「政治改革」が与野党全体を巻き込む課題というところまではいかなかったであろう。したがって、この成田の後藤田への評価はやや高すぎるという気がしなくもない。

4　第8次選挙制度審議会と『答申』

　さて、ここまでも既に論じてきたが、ここで政府の第8次選挙制度審議会についてもう少し詳細に分析してみよう。

　羽原清雅は第8次選挙制度審議会について、この審議会のことを「（前略）この第8次選挙制度審議会にはいくつかの特徴がある。（中略）第2は、委員にマスコミ関係者を大量に起用したこと。それまでも、審議会会長には第1次で野村秀雄（朝日）、第2次は阿部真之介（毎日）、第3次から第7次では高橋雄豺（読売）と、マスコミ出身者を起用してきた。しかし、鳩山、田中の両内

閣での選挙制度改革はマスコミの猛反対にあい、世論形成に失敗していた。こうした苦い経験から政府は、第8次審では会長に小林与三次読売新聞社長（日本新聞協会会長）を据えたほか、委員26人のうち9人をマスコミ関係者から選んだ。（中略）しかし、一方でマスメディアは本来権力の監視役という役割を果たさなければならないという原則論からすると、明らかに小選挙区型に向けての制度改革に傾いていた政府・自民党主導の審議会に加担することが正しかったのか、大きな疑問を残した」と指摘している（羽原、2007年）。

ただ、この指摘を読んでも、誰がこの人選に主導権を発揮したのかまでは分からない。この「政府・自民党」というのは極めて曖昧ないい方であり、これでは政府（内閣の閣僚）に主導権があったのか、自民党の実力者に主導権があったのかは分からない。

先ほども見たように、この第8次選挙制度審議会の設置が決まったのは竹下内閣時であるから、竹下首相の指示の下、意を受けた坂野自治相が自治省の官僚に命じて人選を進めたと見るのが筋であろう。この時点では自民党の幹事長でさえなかった小沢に選挙制度審議会の人選に口出しするだけの影響力はなかっただろう。漠然とした制度改革を考えていた竹下の意を受けて坂野自治相が自治省の官僚に命じてメンバーを選び、そこで官僚がメンバーを選ぶ時にマスコミの代表を多く取り込んだのであろうか。

長期政権のための次のテーマに政治改革を選んだ竹下が審議会の設置を決め、4月末に退陣。メンバーは自治官僚が選び、発足が決定。その後、何もしなかった宇野内閣時に審議会が発足。そして海部内閣時には、伊東・後藤田率いる自民党の政治改革推進委員会と同時並行的に議論を重ねていくこととなっていったということだったのであろうか。主に人選をした人物は分からないが、自治省に影響を与えた人物については、後藤田の影を感じることはできる。

さて、ここで第8次選挙制度審議会の『答申』の内容の中で重要な部分を確認しておく。当初、審議会の中には小選挙区比例代表併用制を推す意見もあった。しかし、結果的には審議会は「並立制」を提言する。90年4月3日に第8次選挙制度審議会の第一委員会（堀江湛委員長）が自治省で開かれた。この中で、衆議院に小選挙区比例代表制を導入する際の方式として、「並立型」とすることが確認された（読売、朝日、毎日 1990.4.4）。

4月3日の選挙制度審議会第1委員会で、「並立型」か「併用型」かの議論をした部分の主な発言には、以下のようなものがあった。

　佐藤功東海大法学部長：基本的には併用型が良いと思う。今後多党制に進むか、二大政党制の方向に進むか議論があるが、社会が多元化する中、二大政党制への志向を考えるのは適当ではない。

　山岸章日本労働組合総連合会（連合）会長：並立型と併用型は一長一短があるが、併用型がベターだ。せっかく答申しても国会でずたずたにされると意味がない。第三党や第四党などから見ると、併用型を選択しやすいのではないか。

　内田健三法政大教授：理論的には併用型がすっきりする。小選挙制は政局の安定につながりやすく、比例代表制は社会の多様化に対応しやすいといわれるが、人為的に（選挙制度で）安定を作ることはよいことだろうか。

　堀江湛委員長（慶応大学法学部長）：併用型という有力な議論もあったが、大勢は並立型の考え方だと思う。並立型を委員会としての結論としたい（朝日　1990.4.4）。

　この議論を見てみると、この審議会のメンバーの全てが最初から小選挙区制導入ありきの論者ばかりだったということはいえない。結果としてか、あるいは充分な議論をしたことを世間にアピールするためだったのかは不明だが、小選挙区制導入によって二大政党制を導き出すことを是とする論者ばかりが入っていたというわけではなかったようである。

　よく知られているように「並立制」の本質が小選挙区制であるのに対して「併用制」の本質は比例代表制である。「併用制」の場合、先に比例配分によって各党の議席を確定し、そこに当選者をあてはめていくからである。

　ここで紹介したやり取りから、第8次選挙制度審議会の中で佐藤東海大学教授、内田法政大学教授、連合の山岸会長などは、小選挙区中心の選挙制度を導入することによって人為的に二大政党制を作り出すことへの懸念を示してはいるものの、結果的には堀江委員長が「併用型という有力な議論もあったが、大勢は並立型の考え方だと思う。並立型を委員会としての結論としたい」と最後

に議論をまとめたように委員会の大勢は「並立制」を支持したのであった。そして、以下のような内容が90年4月26日に海部首相に答申された。

「1　基本的考え方

　衆議院議員選挙は、政権の獲得、政策の実現を目指して、政党間の政策の争いを中心として行われるべきものである（中略）。

　中選挙区制の下で生じているこれらの問題は、制度の運用のみではもはや改善し得ないものであり、政策本位、政党本位の選挙を実現するためには、現行選挙制度を根本的に改革する必要がある。

　今日求められている選挙制度改革の具体的な内容としては、政策本位、政党本位の選挙とすること、政権交代の可能性を高め、かつ、それが円滑に行われるようにすること、責任ある政治が行われるために政権が安定するようにすること、政権が選挙の結果に端的に示される国民の意志によって直接に選択されるようにすること、多様な民意を選挙において国政に適正に反映させることなどが必要である。本審議会は、このような選挙制度の改革を目指して、現行中選挙区制に代わる選挙制度として、小選挙区制、比例代表及び小選挙区制と比例代表制と組み合せる方式について検討を行った」（毎日　1990.4.27）。

『答申』は「小選挙区比例代表並立制」を答申する理由について基本的な考え方を以下のように述べていた。

「小選挙区制には、政権の選択についての国民の意志が明確なかたちで示される、政権交代の可能性が高い、政権が安定するなどの特性があるが、その反面、少数意見が選挙に反映されにくいという問題がある。

　一方、比例代表制には、多数の民意をそのまま選挙に反映し、少数勢力も議席を確保しうるという特性があるが、その反面、小党分立となり連立政権となる可能性が大きいため、政権が不安定になりやすいなどの問題がある。

　現在の我が国内外の情勢の中で、時代の変化に即応する政治が行われるためには、民意の正確な反映と同時に、民意の集約、政治における意志決定と責任の帰属の明確化が必要である。また、活力ある健全な議会制民主政治のためには、政権交代により政治に緊張感が保たれることが必要である。このような要請を満たすうえで、小選挙区制と比例代表制と比較するとき、小選挙区制がこれらの要請によりよく適合するも

のと認められる。
　しかしながら、小選挙区制、比例代表制それぞれのみでは、先に述べたような問題もあるので、小選挙区制と比例代表制を組み合せる方式によることが適当であると考えられる（中略）。
　本審議会としては、民意の集約、政治における意志決定と責任の帰属の明確化及び政権交代の可能性を重視すべきであること、少数意見の国政への反映にも配慮する必要があること、制度としてできるだけわかりやすいものが望ましいことなどを考慮して、小選挙区比例代表制をとることが適当であると考える」（朝日　1990.4.27）。

　以上に引用した『答申』の文章を見て、1つのことに気付く。全くといって良いほど、自民党『政治改革大綱』と同じ考え方が全体に貫かれているということである。そして、これは後藤田が『政治とは何か』（講談社、1988年）の中で述べていた選挙制度観及びあるべき政党政治観と全く同じものである。選挙制度を変更することによって政権交代を起こすことが理想だという思想で貫かれていたものであった。これは、後藤田という個人の考え方から始まった構想が、自民党『政治改革大綱』を経て、与野党に影響を与える政府に設置された選挙制度審議会の『答申』という形式にまで成長してきたということであった。
　先に確認したように、第8次選挙制度審議会のメンバーの中では少数派が「併用制」を主張したものの、90年4月に出された『答申』はまさに89年の5月の自民党『政治改革大綱』と殆ど同じものであった。自民党が『政治改革大綱』をまとめた89年5月の約1年後、政府の審議会が自民党の『政治改革大綱』とほぼ同じ内容の『答申』を出したのである。

5　社会党の「政治改革推進派」――ニューウェーブの会の登場――

　一方、この時期、野党側からも後の政界再編推進派が登場しつつあった。90年2月の総選挙は海部の率いる自民党の勝利に終わったが、野党で唯一、躍進したのが社会党であった。この社会党の中に、これまでと違った流れが起こりつつあった。新しい流れを起こしつつあったのは「ニューウェーブの会」の面々である。ニューウェーブの会は90年4月に結成された。2月の総選挙が終

わって2ヶ月目であった。ちょうど、第8次選挙制度審議会から第1次答申が出された月の出来事であった。

ここでは90年2月の選挙で当選した堀込征雄が後に出版した『90年代の政治改革と政界再編の深層―こうして政権交代の素地は作られた―』(ほおずき書籍、2010年) を参考に、この時期の社会党の若手改革派の空気について見てみたい。

堀込自身も当選した90年の総選挙では、自民党が286議席を獲得し安定多数を得た。一方の社会党も選挙前から51議席伸ばして136議席を獲得した。そのうち、この選挙の初当選組は58人で実に4割を超えたという。堀込によると「……それまでの社会党議員の人材供給源は、地方議員や労組が主であったが、この年の初当選組の出身経歴は、弁護士や市民運動家などバラエティに富んでいた。私を含めて初当選を果たした一年生議員は、血気盛んで進取の気性に富み、過去や現状へのこだわりもなかった。党の体制や政策に、遠慮のない率直な発言や行動を展開していく。古参議員からは睨まれたり、先輩議員から冷たい目で見られたりするが、そんなことはお構いなしであった。近年のチルドレンなどと呼ばれる議員の従順さとは相当違っていた」(堀込、2010年、24頁) のであった。

90年4月に1年生議員のうち27人が「ニューウェーブの会」を結成した。ニューウェーブの会の所属議員と出身経歴は以下の通りだった (堀込、2010年、25頁-26頁)。

【弁護士】伊東秀子、宇都宮真由美、佐々木秀典、鈴木喜久子、仙谷由人、筒井信隆、細川律夫、松原脩雄、山中邦紀【マスコミ】池田元久、岡崎トミ子【大学教授】秋葉忠利【医師】五島正規【看護士】外口玉子【団体役員】渋谷修、吉田和子【農協職員】小川信、鉢呂吉雄、堀込征雄【党地方役員】加藤繁秋、川島實、小松定男、須永徹【労組役員】岩田順介、吉岡賢治【国鉄職員】細谷治通【スナック経営】長谷百合子

このように見ても、ニューウェーブの会の議員の出身分野がこれまでの社会党の議員の代表的な経歴と異なっていることは一目瞭然である。これらの出身母体からの候補者が擁立された背景には、土井ブームによる前年の参議院選挙

での勝利があった。土井たか子が積極的に、これまで社会党そのものと縁のなかった外部の人材を発掘して擁立したからである。60年代以降、社会党の人材はほぼ労組（総評）に依存しており、資金、人材、選挙で活動の全てを労組に依存していたのはもはや常識といって良いくらいに有名なことである。[21]

　ニューウェーブの会は頻繁に勉強会を開き、安全保障や社会福祉問題などの政策課題、党組織や国対のあり方なども議論し、提言を発表していく。90年6月には、選挙制度について西ドイツ型併用制を執行部に提言し、8月には政務型への党の機構改革を要求した。91年になってからは原発・PKO参加容認などを盛り込んだ「新々宣言」の策定を土井委員長に申し入れるなど活発な活動を展開した。だが、メンバー全員が確かな理念や考え方を共有しているわけではなく、この中には左派も右派も中間派も混在していた。したがって、マスコミに注目されている時は良かったが中身が問われるようになってくるとバラバラになり、1年有余（つまり91年4月頃）でニューウェーブの会は事実上消滅した。

　しかし、堀込を含む何人かの主要メンバーは、場所を変えながら「その後の社会党改革を中心として担っていくことに」なった（堀込、2010年、25頁）。堀込自身はその後、92年には社民連の江田五月、菅直人らと、この時のニューウェーブの会の中心メンバーだった仙谷由人などと一緒に政策研究会「シリウス」[22]を結成して活動していくこととなる。

　当時の社会党の若手議員（90年2月当選組）に共通していた認識は、このままでは社会党はダメだというものだった。この時期の社会党は、野党第1党であるにもかかわらず、西欧の国と違って政権を取れる可能性は全くゼロだった。そもそも衆議院選挙時に過半数の候補者を立てないのだから、選挙をする前から政権を取れないことは、誰にも分かっていた。単独政権が無理なら連立政権——当時は「連立政権」ではなく「連合政権」という言葉がよく使われていた。「野党連合」の意味を強調していたからだろう——の努力が、真剣に重ねられていたかというと、これも何度も頓挫していた。

　何度も試みられた野党共闘、非自民連立政権がうまくいかなかった理由はいくつか考えられる。中道政党であった公明、民社両党が「社公民」路線をとる時もあるが、「自公民」路線をとることも多く、常に共産党を除く野党で共闘できていたわけではなかったことが大きな理由である。特に民社党とは近親憎

悪から仲が悪く、社会党を左派が主導すると民社党とは必ず対立した。そもそも民社党は60年の岸内閣時の安保改定への賛否をめぐって社会党から当時の西尾末広派が党を割って結成したので、社会党（特に左派）とは安保・防衛問題とエネルギー問題ではことごとく正反対の立場であった。

公明党は民社党と一緒に行動することが多く、「自公民」か「社公民」という選択肢がこの両党には常にあったが、「自・公」と「社・民」の対立という構図は60年代以降一度もなかったし、「自・民」（自民・民社）と「社・公」（社会・公明）で対決した国会もなかった。公明党と民社党は基本的に一体として行動した。そして公明・民社は常に社会党よりは自民党に近い立場で行動した。公明党も「言論出版妨害事件」[23]で当時の竹入義勝委員長が田中幹事長に事態の収拾を頼んで以降自民党とは、親しい間柄となり、社会党と組んで本気で自民党を倒すというところまではいったことがなかった。

このように公明・民社がどちらかといえば自民党と近かったことから、何度も野党共闘が試みられたものの、社会党には単独政権の可能性は皆無であり、「連合政権」の可能性も殆ど現実味はないという状況が長く続いていた。ちなみに、リクルート事件が起きて自民党への政治不信が高まった時期には、久しぶりに4党の「連合政権」構想が盛り上がったのだが、90年2月の社会党一人勝ちでこれは消えてしまった。

ニューウェーブの会自体には左派も中間派も参加していたことから、この会自体が全体として大きな核になっていくことはなかった。だが、ニューウェーブの会の中の議員には、今の社会党はどうしようもないと共通認識があったことまでは間違いがなかった。

自民・社会が全体として、固定された体制を存続させることだけを自己目的化していた55年体制の後期に、このような日本政治の現状を「改革」したいと思っても、個人レベルでなかなかできなかったことは、自民・社会両党に共通したことであっただろう。

堀込のこの本には佐々木の「発刊によせて」という推薦文が掲載されている。学者である佐々木が当時、野党議員であった堀込の回顧録に心のこもった推薦文を寄せているのは、この2人に真の信頼関係があるからだろう。佐々木が堀込に好意的なのは当然であろう。だが、佐々木が堀込に親しみを感じ評価

するのは、何よりも堀込は、佐々木が第8次選挙制度審議会の『答申』で期待したことを野党側から起こした人物だったからであろう。

　第8次選挙制度審議会の第1次『答申』が出されたのは、90年4月であった。総選挙はそれより早い2月であったが、この選挙で社会党内からも後の「改革派」が当選してきた。4月、つまり『答申』が出された月にニューウェーブの会が動き出した。堀込に代表されるようなタイプの政治家が社会党内からも出てきたことは、「結論ありきの、自民党の永久政権に有利な小選挙区制を審議会が答申した」という旧来の野党側からの批判をかわし、「政治改革の必要性が野党にも伝播した」ことの証明にもなることであった。

　堀込のようなタイプの政治家が出てきたことによって、第8次選挙制度審議会の面々は、自民党の「守旧派」のみならず、社会党の「守旧派」も同時に批判でき、「野党でもやる気のある人は、改革に熱心になってきた」との立場をとれるようになっていく。与野党両陣営とも、やる気のない人が反対し、やる気のある人は動き出したと考えることで、取りあえず、第8次選挙制度審議会は「政府・自民党の手先」論は回避できるようになっていく。

　これは、第8次選挙制度審議会が自己を正当化することもできるようにつながっていく。だが、堀込らの立場で動いた社会党の議員の動きは、結局、その後の日本政界に何をもたらしただろうか。それは堀込の誇る──そして、小沢や羽田が政権交代時に誇った──「2009年の歴史的な政権交代」につながったという認識でとどまり、それを高く評価すれば事足りるのであろうか。

　ここで、歴史的な視点からの評価を下したい。堀込などを中心とする社会党の「改革派」は率先して小選挙区制を中心とする選挙制度改革を受け入れることになる。はっきり転換したのは細川内閣の発足の少し前の時期である。だが、後世の目をもって冷静にいえば、彼らはただ改革熱にうなされた人々に過ぎなかったのではないだろうか。この勢力は羽田・小沢と接近していく。しかし、この後に起こる動乱の中で、一度もこの勢力が主体となって動きを作ることはできなかった。端的にいえば、社会党の「改革派」は小沢（羽田）の勢力に上手に使われる役割を果たしていくことになったのである。

　本来、小選挙区制（中心の制度）になれば、自民党一党優位体制こそ崩壊しても、徐々に保守二党制に傾斜していくことは、これまでの戦後の日本政治に

おける日本人の政党支持態度から考えて容易に理解できたはずであった。にもかかわらず、自身を保守勢力とまでは規定していなかった——明確に左派ではないという認識は共有していたとしても——この勢力の議員たちが小選挙区制を中心とする制度（並立制）を率先して容認していったことは——仮に旧態依然とした左派を含む社会党を滅亡させたことを肯定的に捉えること立場に自身をおくとしても——この勢力の見通しがいかに甘かったかということは指摘しないわけにいかない。

　このような制度になれば社会民主主義者は、選挙に出るには、できるだけ本当の立場を隠して、非自民の保守勢力と一緒になった「第2党」の中に潜り込むしかなくなるが、やがてその党内で保守勢力に駆逐されてしまう。事実、江田のその後の政党遍歴などを見れば、小沢と組んで新進党に合流したりする。どう考えても新進党結党時もそれまでも、小沢と江田は異なった理念と政策を持っていたが、「自民党（竹下派）」が憎かった小沢と「社会党（特に左派）」が憎かった江田は奇妙に合致していった。

　小沢と江田の2人は紆余曲折を経て、また後年、第3次民主党でも一緒になるのだが、小選挙区制度を導入した時点で、「鵺のような政党」、俗語でいえば「選挙互助会」が第2党になるということは、考えてみれば、早くから予想できたことであった。

　だが、本節で紹介した議員たちが後に小選挙区制推進側にまわったことは、自分で自分の首を絞めて、戦後政治の一方の主役だった自分たちの歴史に幕を引き、その後、次世代にその政治的遺産を継承させることもできない状況をつくった。後の民主党政権の主役は、この時点でまだ永田町に登場さえしていない93年総選挙での日本新党初当選組なのである[24]。本書でいえば、まだ本章では政界に登場しておらず、宮沢内閣期の最後に行われた93年総選挙の初当選組が、この後の20年の日本政界の主役となっていくのであった。

　なぜ、そのようなことになっていったのか。それは、彼らが、広義の日本社会の保守勢力の潜在的支持者の力を甘く見て、制度改革が起これば、自分も半分の国民の支持を受ける政党の中心に座れるかもしれないと安易に考えたからである。

　連合幹部と同じくこの人々も自己過信をしたのであろう。実際には、自民党

の一党支配崩壊後に永田町で華々しく活躍し、20年後、民主党政権の中心に位置する議員たちは、自民党的金権保守、談合政治を批判しつつも、広義の保守陣営に位置する若手であって、一後に民主党内の彼らのボスにうまくなっていった仙谷だけは除いて—社会党の出身者ではなかった。

　一時的な「改革派」対「守旧派」の軸ではなく、日本国民の有権者の3分の2は広義の保守系の支持者であるという「変わらない政治風土」を充分認識し、ここを警戒していれば、彼らも羽田・小沢に近付きすぎることはなかっただろう。そうすれば、小さくても一定の勢力を維持できたかもしれない。だが、彼らにとっては、敵は自民党出身の羽田・小沢よりも、社会党の先輩の持つ古い体質であったのだろうから、後に羽田・小沢に近付いたことまでは、仕方がなかったのかもしれない。

6　冷戦終結と国内における政界再編の始まりの時期

　日本国内の政界再編（社会党左派の衰退、滅亡と勝利した保守陣営内部の分裂）と冷戦の終結は切っても切れない問題なので、この節では海部内閣期に世界で何が起こったのかを簡単に記しておく。

　海部内閣が成立したのは89年8月だが、2ヶ月前の6月4日には中国で天安門事件が起こっている。民主化運動をする学生、知識人らを中国の人民解放軍が戦車で弾圧した事件である。この年の11月にはベルリンの壁が崩壊している。ベルリンの壁の崩壊は、冷戦構造の終結を象徴する出来事だった。

　そしてこの年、89年12月3日、米ソ首脳会談で冷戦が終結した。いわゆるマルタ島会談である。当時はよく「ヤルタからマルタへ」などといわれた。アメリカのジョージ・ブッシュ大統領（初代）とソ連のミハイル・ゴルバチョフ大統領の2人による冷戦終結の宣言は世界を驚かせた。ベルリンの壁の崩壊から1ヶ月足らずであった。

　さて、世界的な冷戦の終結が、国内においても55年体制を崩し政界再編がなされたのであるが、実際に政界再編はいつから始まったのだろうか。実際、何をもって「始まった」と見なすかも難しいところではある。政党の離合集散をもって「始まった」というならば、それはこの先の93年の自民党分裂からであ

る。正確にいえば、宮沢政権末期の羽田・小沢グループ「改革フォーラム21」が自民党を離党した時をもって政界再編が「始まった」というべきだろう。したがって、この時期はまだ表面上はまだ「始まって」はいない。だが、ここでは、政界再編が模索され始めた時期をもって「始まった」と考えることにする。新聞記事に「政界再編」が噂として出始めるのが90年7月頃だからである。だが、平野の回想によると、実際にはもっと早く始まっていたようだ。

平野は以下のように回想している。これは90年1月のことである。

> この時期、政局の動きをもっとも心配していたのは、公明党の支援団体「創価学会」であった。前年の参院選挙で自民党が惨敗したとき、秋谷栄之助・会長の代理がしばしば、衆院解散の政局の展望について情報を求めてきた。年が明けて、創価学会がもっとも神経を使っていたのは、政界再編が行われるかどうかということであった。(90年)1月9日、依頼されていたレポート『政界再編はどう展開するか』を、秋谷会長の代理に渡す。そこには「政界再編はすでに始まっている」こと、さらに「公明党が傍観していると、自民と社会の提携が始まる」と指摘しておいた。このレポートが、その後の公明党の動きを変えていく(平野、2008年、35頁-36頁)。

この回想が正しいとすれば、90年1月に政界再編は始まっていたことにある。勿論、そのことに気付いていたもの、意識をしていたものは極少数ではあったのであろう。この時期に小沢は明確に政界再編を意識していた。90年1月といえば、国内では総選挙の前だったが、世界では、前年にブッシュ・ゴルバチョフ会談によって冷戦が終結した時期である。既にこの時期に、日本でも政界再編が始まりつつあったのである。総選挙で自民党が勝利した後、90年2月小沢は『朝日新聞』のインタビューで以下のように答えている。

——安定多数確保で、党内の政治改革への熱意は薄れていくのでは。
小沢：そんなことはない。自民党が何となくやあやあで行くのなら、今の中選挙区制のままでいい。しかし、僕の決意は全然変わっていない。定数是正を含め、選挙制度の抜本改革はやりたいと思っています (朝日 1990.2.24)。

つまり、小沢は幹事長として選挙を取り仕切り自民党を勝利に導き、自民党

議員の殆どが勝利に酔いしれて—リクルート事件で国民の不信を買ったが—これで一先ずは大丈夫だと思っていたこの時期、政界再編を意識し始めていたということである。平野と小沢は既に近しい関係にあった。小沢と平野は全く同じ認識を持っていた。

この時点では、小選挙区制を警戒するものは、これは、もっぱら「自民党の永久政権」のための改悪だと批判した。野党は皆、そうであった。また小沢の「剛腕」がマスコミによって批判されていた。だが、平野の回想とこの時期の小沢の発言を組み合わせて判断すると、小沢は90年1月頃から、自民党永久政権のためではなく、再編のため動き始めていたと見ることができる。

平野の回顧録には以下のような小沢と公明党の権藤恒夫とのやり取りも記されている。90年1月よりももう少し前で、海部政権発足直後の89年8月24日のことである。その時の会合の様子である。

> 小沢：私が幹事長になったのは、ポストを求めたのではない。竹下さんは反対したが金丸さんから強く言われたからだ。国際情勢も変化し、自社五五年体制で政治をやれなくなった。大変化の時期だから引き受けた。これからもよろしく頼む。
> 権藤：わかった。
> 平野：これまでのように個人的意見を言うわけにはいかない。与党の幹事長だ。
> 小沢：自民党には、僕の考えをわかる人は少ない。なんとしても自民党を改革したい。言いたいことがあれば、いま言ってくれ。
> 平野：政治改革が大事だといって『政治改革大綱』をつくっても放りっぱなし。解党的改革をしないと、国民から見捨てられますよ。
> 小沢：このままなら、二年に一度、派閥のボスは捕まるだろう。僕は総理になるためのカネ集めをする能力はない。総理になるつもりもない。自民党の解党的出直しをしたいのだ。もしそれができないなら、自民党を潰す。国家国民のために必要なのだ。ぜひこれからも相談にのってくれ。

> 小沢幹事長の真剣な話しに、私も事務局の立場を超えざるを得なくなった。田中角栄、金丸信、竹下登らが肥大化させた自民党を潰そうという話だ。後に引けない、小沢一郎との付き合いは天命だと腹を固めた。私にとっては人生の岐路となる夜であった（平野、2008年、31頁-32頁）。

平野の回想の通りなら、小沢は海部政権が誕生して幹事長になった時に、自民党を改革するか、それができなければ自民党を壊すという構想を既に持って周囲に打ち明けていたのである。海部はこの小沢の本心を聞かされていなかったであろう。海部は小沢のいう前半部分「自民党の解党的出直しをしたい」まではいえても、後半の「もしそれができないなら、自民党を潰す」の部分までは共有していなかった。

　何より、海部は自民党への信頼回復のために、金丸、竹下によって総理総裁となった。その海部を動かして、小沢は場合によっては政界再編までやろうと考えていたのだ。海部が最後まで自分が進めることを、自民党内に説得力を持って説けなかったのは、海部には「もし、解党的出直しができないなら、自民党を潰す」という考えはなく、したがって当然ながら「自民党を潰す」ための政治改革に協力せよとまでは所属議員にいえなかったからであった。

　小沢は事実、新聞紙上でまでも、90年2月には「自民党が何となくやあやあで行くのなら、今の中選挙区制のままでいい」(朝日 1990.2.24) と述べている。まだメディアも明確に小沢の意図をとらえていなかったが、小沢はこの時期、自民党が「何となく」政治を続けていくことを明確に否定している。

　一般的には、米ソ冷戦の終結が、じわじわと日本にも影響を与え、冷戦構造を国内に凝縮した形であった55年体制が、93年の総選挙で崩れたというのが通説である。これはこれで、表面的には確かにその通りで間違いではない。だが、実は、89年12月に冷戦が終結したすぐその直後、90年1月に政界再編は、自然現象ではなく小沢という個人の明確な意思によって開始されていたのであった。

　また平野の回顧録であるが、小沢は金丸にも竹下にも絶望していたようである。これは小沢本人の回顧録でも読みとれることであり、特に竹下との不仲はよく知られているが、平野の回顧録には以下の記述がある。

　小沢幹事長は、「米ソ冷戦の終結は、パンドラの箱が開いたのと同じだ。各地で紛争が発生し、市場原理優先の経済によって国際的混乱が始まる」と考えた。小沢幹事長の発案で、日本が明治時代に議会政治を導入して以降、世界政治の大変動によって日本国内の政治構造がどのような影響を受けたのか、調査することになった。結論は、「世界で政治が大変動したとき、日本では政党再編が起こる」というものであっ

た。それをレポートにまとめた。竹下元首相と金丸経世会会長に説明しようということになり、「米ソ冷戦の終結という激動のなかで、わが国も政界再編により、政権交代ができる仕組みへ変わらざるを得ない」と伝えたところ、竹下元首相は、「公明・民社とパーシャル連合でしのげる。政権交代で自民党が政権から下りるような改革は必要ない」、金丸会長は「自民党が社会党と連携すればよい」と、両者ともまったく理解しなかった（平野、2008年、33頁-34頁）。

90年1月から2月は、実際には、まだ創価学会の幹部すら、政界再編が「始まった」との認識を持ってはいなかった。したがって、小沢も誰に対して、具体的にどのような働きかけをしていたかは、分からない。平野の「公明党が傍観していると、自民と社会の提携が始まる」（平野、2008年、36頁）との指摘は、金丸と田辺誠の連携などの「自社新党」論が出ることを予測したものであったのだろう。事実、金丸は海部政権末期には、そのような再編論をぶち上げる。小沢が野党に政界再編を働きかけているらしい、ということが報道されるのは、この年の7月である。したがって、「政界再編」の言葉が表に出てくるのは90年7月である。だが、実際には「政界再編」の始まりは90年7月ではなく、1月頃だったという見解を本書では示しておきたい。

おわりに

本章で扱った時期のことをまとめると、おおよそ、以下のようにまとめることが可能であろう。海部首相には明確なビジョン——進め方と自身の進める政策が実行された後の政界へのビジョンの両方——は最初から終わりまで何もなかった。そして、当然、リーダーシップも全くなかった。そして海部は異なる意図を持つ複数の人々によって「改革」を推進させられた。

この時期、自民党内に「改革派」という勢力としての実態はなく、伊東、後藤田、小沢、羽田のみが「改革派」であった。つまり、これは「体制派の竹下派から、自己犠牲を伴った改革が始まった」という評価は大袈裟で、実際にはそうではなかったということである。その「改革派」も政界再編推進派と、再編には直接の関心のない立場に分かれていた。

後藤田と第8次選挙制度調査会会長の小林は同じような問題意識を共有していたと思われる。それはいわば、良くも悪くも旧内務官僚の視点からの問題意識だった。伊東、後藤田は、政界再編（後の政局）には無関心であった。この時期から小沢は明確に政界再編を意識しており、選挙制度改革をそのための導火線にしようと意識していた。羽田もその意味で小沢と同じ志向であった。
　第8次選挙制度審議会のメンバーは巷間いわれる通りマスコミ代表を網羅して、世論対策を意図したものであった。この審議会は、議論はしたものの、大枠での方向性が一致した委員同士による議論しか行われなかった。内部の違いは「並立制」派か「併用制」派かであったが「併用制」派も『答申』をまとめる際には粘らなかった。
　社会党にも90年2月の総選挙における初当選組から「改革派」が出てきた。このことは、第8次選挙制度審議会の『答申』に反対するものは「守旧派」という雰囲気を醸成することに、この後、つながっていく兆しであった。また、この動きは連合とも連動しているものであった。
　事実上、政治改革関連3法案が審議されたのは91年8月に召集された第121回国会（臨時国会）だけだった。しかも、委員会審議は実際には2日間行われただけだった。海部が政権を担当した2年数ヶ月の間に、国会は海部が首班指名を受けた第115回（臨時会）から第121回国会（臨時会）まで7回開かれているが、実際に国会で提出された法案が審議されたのは最後の国会の数日間だけだったのである。
　竹下派（の中の一部分である羽田・小沢支持派）に引き続き支持された海部が小選挙区比例代表並立制の導入まで進んだかもしれないと全く考えられないわけでもない。最後は、総裁選と一緒になってしまったことも海部にとっては不幸だった。91年の夏から後は—ということは法案提出が固まった辺りからだが—政治改革関連3法案への賛否が秋の総裁選とリンクしてきて、反海部3派連合は政治改革法案にも反対することとなっていく。[25]
　海部にとっての不幸は小沢が途中で91年4月に都知事選の責任を取るという理由で幹事長を辞任したことや、病気になって入院したこともある。そもそも海部を焚きつけたのは小沢だったのだが、91年の4月以降は、小沢は表舞台から去ってしまった。交代した幹事長の小渕は竹下直系であったから、竹下の意

向に逆らうはずはなかった。海部からすれば、小沢にいわれて選挙制度改革を始めたのに、小沢は途中で自分を裏切ったと映ったのだろう。

　91年春以降も小沢が引き続き幹事長として「剛腕」を振るえば、海部内閣期に政治改革3法案が成立した可能性もなくはない。だが、その時は、自民党が分裂したかも知れない。自民党全体が政治改革3法案を満場一致で支持したとは考えられず、何ともいえないところである。

　海部が失敗した理由としては、全く野党が話に乗ってこなかったことも挙げられるだろう。社会党、公明党は「併用制」を検討し始める。その意味では、選挙制度改革はしなくてはならないという認識が共産党を除く野党にまでは広がった。だが、共通の土俵まではできなかった。

　そもそもは、後藤田が一段高い見地からまとめ上げた『政治改革大綱』を自民党の改革、場合によっては政界再編を視野に入れ始めていた小沢が、海部に「政治改革とは選挙制度改革」、「選挙制度改革は（中選挙区制の手直しではなく）小選挙区制の導入」という考えを吹き込んで「改革」の実行を迫った。小沢の理屈を吹き込まれた海部は一生懸命、一度「信じた」考えを疑わずに実行に移した。だが、自分にその考えを吹き込んだ小沢自身が、政権の後半部分では協力しなかったということから海部は行き詰まったのであった。[26]

　俗に「改革派」と呼ばれている小沢・羽田派に肩入れする立場から見れば、「時期尚早で、守旧派に敗れた」との主張も成り立つであろう。その意味で海部は「早過ぎた男」であり、時代の犠牲者だったという位置付けもできないこともない。現に海部は『回顧録』では、自分の政治人生をそう総括している。海部は小選挙区制に反対した議員を「小選挙区制でうごめく守旧派」と切り捨てている（海部、2010年、144頁-147頁）。だが、小選挙区制よりも中選挙区制の利点を説くことが「守旧派」というのはあまりに飛躍した論理である。

　「時期尚早で、守旧派に敗れた」論は、「改革派」を名乗った人々としてはそのようにまとめたいことまでは理解できる。だが、それは作られた論に過ぎない。結局、自民党（の一部）から出たこの案は、野党を巻き込み、最後は93年の細川内閣時に与野党の誰もがくたくたになり、とにかく制度改革をしなければならないと思うようになるまで、実際のところ、論理的に最後まで人々を納得させられる論ではなかったのである。

1) 公職選挙法改正案、政治資金規正法改正案、政党助成法案の3案を指す。
2) 代表的な論者としては序章で見た佐々木毅などがいる。
3) 海部俊樹はポスト中曽根康弘のニューリーダー（竹下登・安倍晋太郎・宮沢喜一）にも入っていないのは勿論のこと、少数派閥の領袖ですらなく、総裁選出馬時点でも、将来の総裁候補と見なされる実力者ではなかった。
4) 海部の初入閣は福田赳夫内閣時の1976年12月。45歳の若さで文部大臣に就任した。2回目の入閣は85年12月。第2次中曽根内閣第2次改造内閣で同じく文相に就任。海部は、総裁選に出馬するまで、実力政治家の歴任するポストである外務、大蔵、通産などの主要閣僚や自民党三役を務めることなどはなかった。
5) 自民党がリクルート事件の反省を示すために、竹下が「政治改革」を89年1月に初めて口に出してから、政治改革の断行が自民党の世間の約束となり、その文脈の中で、海部は宇野宗佑の退陣後、総裁に就任したため。そのために、「政治改革」は海部にとって自分から選んだテーマというよりは、時代の要請によって先に与えられたテーマであった。
6) 海部の総理大臣在任中の全ての所信表明演説や国会答弁をつぶさに読んでも、なぜ、小選挙区制を導入しなければならないのかについて、積極的に言及した部分は殆どない。
7) 海部は89年8月に総裁になったが最初の任期は前任者の竹下、宇野の残った期間で10月に形式的に2期目に再選されている。
8) 平野貞夫氏の証言によれば、この時期、竹下は正月に宣言した政治改革の熱は冷めていたという。困った小沢一郎はしばしば、平野氏に相談にきたとのことであった。
9) 自民党『政治改革大綱』は、89年5月23日に自民党の政治改革本部（本部長伊藤正義、本部長代理後藤田正晴）によって決定された。
10) 90年（平成2年）の総選挙で自民党は公約には「小選挙区制（を中心とした制度）導入」を盛り込まず、第8次選挙制度審議会が審議中であったことから、「答申を最大限尊重」とした。
11) 小沢とともに93年に自民党を離党した羽田孜は一貫して、非自民の勢力結集に動いた。羽田は終生、自民党に戻らなかったのに対し、海部は新進党の解党後、第2党作りにはかかわらず、中小政党の党首を歴任後、自民党に戻った。海部には最初から「非自民」、「反自民」勢力が結集する必要があるとの考えはなかったと思われる。
12) 90年11月28日『毎日新聞』朝刊。羽田は記者会見で「新しい制度になれば自民党だけでなく他の政党も脱党し、責任ある政治が再生されるだろうが、それを乗り越えてやっていかなければならない」と政界再編を匂わせる発言をしている。
13) 90年5月、海部はこれまでの「不退転の決意」から「内閣の命運をかける」と一層、政治改革に対する決意を強く表明した。
14) 90年11月自民党の合同総会での「政治改革基本要綱」の決定、12月の自民党執行部での「政治改革基本要綱」の決定。91年6月の総務会は、議論を強引に途中で打ち切って決定した。多くの議員の反発を招き、後日、その決定の効力が再確認された。
15) 90年5月12日『朝日新聞』朝刊のインタビューで小沢は明確に「従来の得票数をあてはめて考えれば、最初は勝つでしょうな。自民党が。しかし、その中から必然的に、これでいいのかという議論が起こる。…早晩、今の野党が中心になった新しい政党ができ

るのか、自民党が分かれるのかわからんが、政界再編が行われるんじゃないか。野党は政権を担おうとする意欲があるなら、積極的にこの話に乗るべきだ」と述べている。

16) 佐々木毅は「平たくいえば、政治改革大綱は与野党がお互い遠くから矢を放って事態を取りつくろう―結局のところ何も変わらないままにしておく―ことから一歩踏み出すよう、一連の問題との体系的、抜本的な取り組みを宣言した点に意味があった。政治資金制度問題と選挙制度問題とを切り離すそれまでの議論、何となくそれを支持するような世間の風潮に対して、問題への体系的な対処の必要性を力説し、新たな問題設定を行ったのである」(佐々木、1999年、14頁) と高く評価している。

17) 小林与三次の思想、経歴などについては、征矢野仁『読売グループ新総帥 《小林与三次》研究』(鷹書房、1982年) に詳しい。

18) 『証言 保守政権』(読売新聞社、1991年) の中で竹下は、佐藤栄作との出会いから、昭和から平成に元号が変わる頃までの自身の政治生活を回想している。総理大臣を務めていた時期の部分は第6章の「逆風下の竹下内閣」で回想しているが、リクルート事件とその後の政治改革論議については全く回想していない。したがって、竹下の証言から第8次選挙制度審議会の人選が具体的にどのように行われたのかを確認することはできなかった。

19) 佐々木は「すべては自民党政治改革大綱の基本原則を支持する自民党『改革派』のスタミナとエネルギーにかかっていた。彼らは大なり小なり自らがかかわってきた金権政治、派閥政治、利益誘導政治などとの闘いを宣言し、自民党内で自民党政治のある側面を否定する困難な作業に取り組んだ。そこには長い間政権を担当してきた政党に見られる、良い意味での強い使命感、自民党を超えた日本の大情況に対する使命感があった」(佐々木編、1999年、22頁) と『政治改革大綱』を支持したものを、高く評価している。

20) 自治省の官僚が選挙制度審議会の委員長人事にそこまで深くかかわっていたというのは奇妙な感じもする。平野氏の証言によれば、「自治省現職が並立制に積極的というより、火付け役だった」とのことなので、その説明を受ければ、小林の発言も納得のいくところである。

21) 社会党と労働組合の関係の歴史については、例えば、山口二郎・石川真澄編『日本社会党―戦後革新の思想と行動―』(日本経済評論社、2003年) の中の第4章 (新川敏光)「政党―労組関係の変容と日本社会党の転落」に詳しい。

22) シリウスは当時、社民連の江田五月を中心とする政策集団。社会党の若手議員も多数参加。小沢・羽田ら自民党中枢の側からの「改革派」に対して、社会党、社民連などの野党からの改革派集団として注目を集めた。

23) 言論出版妨害事件とは、60年代末から70年代、創価学会・公明党が自らに批判的な書籍の出版や流通を阻止するために著者、出版社などに圧力をかけて妨害した事件。その全貌をここでは説明できないが、69年の政治評論家の藤原弘達の『創価学会を斬る』への妨害が特に有名。創価学会・公明党は著者の藤原に様々な圧力をかけるが、自民党幹事長だった田中角栄が、藤原に電話をし、公明党竹入義勝委員長の要請だとして、出版中止の要請をした。田中はこの後、藤原の説得を諦めるが、これ以降、創価学会・公明党と田中 (派) には大きなパイプができた。

24) 93年の総選挙で日本新党から初当選した前原誠司、枝野幸男、小沢鋭人、海江田万

里、野田佳彦、藤村修、無所属当選者であった玄葉光一郎などが民主党政権の中枢に入る。社会党出身者は民主党政権の成立時に議員であった者の中でも政権中枢には入れる政治家はいなかった。あえていえば、社会党出身者で民主党政権の中枢で活躍したのは、前原の後見人的存在であった仙谷由人くらいのものである。

25) 当時、総裁選に出馬を予定していた宮沢喜一、渡辺美智雄、三塚博の3者が連携を深め、反海部包囲網が作られていったが、同時にこの三派は、海部の提出した政治改革三案にも反発するようになっていた。また、3人以外にも、小選挙区制の導入に積極的に賛成していた派閥の領袖はいなかった。

26) 平野氏の筆者への証言によれば、この時、小沢は心臓病で入院したが、幹事長を辞めても衆議院の政治改革特別委員長になることを海部と約束していたという。

第3章　宮沢内閣期
―1991年11月～1993年8月―

はじめに

　本章は宮沢喜一内閣期における政治改革に関する議論をめぐる政治過程と当時の多様な改革議論を追う。海部俊樹内閣は、結局、政治改革には失敗した。この「失敗」とは海部内閣期においては、政治改革関連3法案の不成立、廃案を指す。海部退陣後、その後を継いだのが宮沢内閣であった。

　本章では以下の問いを設定したい。まず第1に、宮沢首相自身が自らの手で「政治改革」を行うことに失敗した原因を考えたい。宮沢は自らの手では「政治改革」を行えず、その結果、総選挙で自民党は敗北し政権を明け渡すこととなった。なぜ、戦後最大のインテリ宰相であり国際派・リベラル派のエースだった宮沢は自民党政権最後の首相の汚名を着るという、当初、予想もできなかった末路をたどったのだろうか。

　第2に、何故に百家争鳴の改革論議がこの時期に出てきたのかを考えたい。この時期は、単に選挙制度改革の論議ではなく、様々な問題について論じられ始めた。この時代的な背景について考えたい。次にこの時期の改革論の特徴を確認しておきたい。改革論も互いに似て非なる部分もあるが、共通点もあった。相違点と共通点は何だったのか。そして、最後にこの時代の改革論全体への評価を歴史的な視点から行いたい。

　最初に全体的な宮沢内閣期の特徴について説明しておきたい。宮沢内閣期になると、政界再編の動きは、もはや「水面下」ではなく、はっきりと表に出てくることになった。その主役となるのは、自民党の小沢一郎・羽田孜らであったが、この両者とて、宮沢内閣の発足時から自民党離党への動きを見せていたとまではいえない。その証拠に今となればいささか不可思議な気がしないでもないが―海部内閣期の動きも分かった今となればという意味であるが―、羽田

は宮沢内閣の蔵相として入閣している。だが、小沢（羽田）と宮沢の亀裂は徐々に明らかになってくる。

　また、政界再編への動きは宮沢内閣期には、与野党全体にはっきりと見える形で広がり始めた。自民党のみならず社会党やその他の野党からも再編への動きが出てくることになる。このように、「政治改革」という海部前政権（竹下―宇野政権）からの重要課題を抱えつつ、政界再編の荒波の中で多くの内政外交問題に対処しなければならなかったのが宮沢政権である。

　宮沢内閣時と海部内閣時の決定的な違いは、政界再編論議が、自民党の外から野党に広がっただけではなく、野党の外にまで広がり、在野から新しい勢力（日本新党など）が登場してきたことである。この結果選挙制度改革への賛否を問う狭義の「政治改革」論議は、広義の政治改革論議に広がっていった。

　厳密にいえばこの時期の「政治改革」は３つのレベルがあったといえよう。最も上のレベルのものは、広義の「政治改革」である。これは、国際社会で日本はどうするかなどを考えた上で、１つの答えを出す営みだった。当然、日本国内の統治機構の改革もテーマに含まれた。小沢は明らかにこのレベルにおいての「改革者」であったことは間違いないし、政治そのものを視野に入れた「政治改革」論議は細川護熙や武村正義からも出てくる。

　そして、次のレベルは、海部内閣期に提出された「政治改革関連３法案」そのもののことである。この背景にあった考え方は後藤田正晴の『政治改革大綱』であり、第８次選挙制度審議会『答申』である。メディアが後押しし、全ての責任を中選挙区制になすり付けたものが、この議論であった。議論が複雑なのは、海部内閣期においては、この１つ目のカテゴリーに入る小沢が、２つ目のものを推進しようとしたことである。そして、２つ目のものの有力な推進者の伊東正義、後藤田は決して、１つ目のレベルの事柄については発言していなかったし、構想もなかった。この２つ目のレベルのものを進めたのが海部と羽田である。[1]

　そして、もう一段低いレベルの「政治改革」は「関連３法案」から「選挙制度改革」を引いたものである。この３つ目のカテゴリーに属した人々が「守旧派」とされていった人々である。このカテゴリーに属した人は、政治倫理、定数是正、腐敗防止、政党助成という程度のことをやっておけば良いと考えた

人々だった。これでも実はかなりの意味での「改革」は「改革」であったが、このカテゴリーの人々は、メディアから猛攻撃を受けた。

　だが、複雑なのは、必ずしも小選挙区制導入に疑念を持った人々が、冷戦終結後の日本と世界のあり方を全く考えていなかったわけではないし、逆に小選挙区制推進論者が必ずしも、国際的な視野の持ち主だったわけでも、地方分権や規制緩和、環境問題、消費者主権というような、この後の1990年代のテーマを意識していたわけでもなかったということである。

　象徴的にいえば、本章の時期の主役の１人、宮沢は小選挙区制推進論者ではなかったが、豊富な政治経験、国際経験から21世紀の世界の中の日本について、一定の見識を有していただろうし、決して55年体制のままの思考で良いと考えていたわけではなかった。また、逆に『政治改革大綱』と第８次選挙制度審議会『答申』を錦の御旗とする「選挙制度改革推進派」だった海部や羽田に冷戦構造崩壊後の日本と世界のあり方に対する見識、プランがあっただろうか。小沢には明確なプランがあったが、海部と羽田には実際のところ、殆ど（全くといって良いだろう）その様なプランはなかった。

　そして、現実の歴史を見るなら、その後、行政改革を行った橋本龍太郎も、その後、「構造改革」と称する一連の新自由主義的な改革を行った小泉純一郎も、この時期、小選挙区論者ではなかった。それどころか、小泉は自民党内で反対派の急先鋒だったし、橋本（小渕恵三）の路線は小沢と対立して竹下派を引き継いだのだから、いわば─小沢的論理からすれば─「守旧派の中の守旧派」であった。このことからもいかに、小選挙区制に賛成したか反対したかをもってして、「改革派」だったか「守旧派」だったかという評価をすることが奇妙なことだということが分かるだろう。

　しかし、宮沢内閣期の現実の政治は、当初、小選挙区制への賛否こそが、「改革派」か「守旧派」かを分けるものとして進んでいった。単純な二元論は、この時期に一層進んだ。これは極めて奇妙なことであったが、事実はそのように推移していった。この時期には、もはや、政界再編と政治改革とは混然一体となり、誰もが「守旧派」と見られたくないという恐怖感から何らかの意味で「改革派」を名乗るようになっていった。それが、92年から特に93年の日本の政治状況であった。

宮沢政権は1年10ヶ月存続したが、約2年弱、宮沢は内政においては政治改革、外交問題としてはPKO法案の成立を期すことを初め国際貢献の問題に取り組む。この2つは、海部内閣期からの宿題であった。宮沢は前政権を率いた海部とは違って、戦後一貫して、保守本流といわれる系譜を歩んできたエースであった。[2]

1　宮沢政権下の出来事と宮沢首相のリーダーシップ

　本節では、宮沢内閣期の出来事について、概略を簡単にまとめておきたい。宮沢内閣は91年11月5日に発足し、93年8月9日まで続いた。実際には93年の7月22日に宮沢は退陣を表明したので、事実上、宮沢政権は93年7月までであった。93年6月18日には宮沢内閣に対する野党提出の内閣不信任案が自民党の羽田・小沢グループの造反で可決され、衆議院が解散されたので、宮沢政権が機能したのは、93年6月中旬までであった。
　簡単に宮沢の経歴を見ておこう。[3]宮沢は1942年、大蔵省へ入省。49年には大蔵大臣秘書官になっている。その後、51年8月には、全権随員としてサンフランシスコ講和会議に出席。52年には大蔵省を退官し、53年4月の参議院議員選挙に立候補し当選した。62年、第2次池田内閣第2次改造内閣で経済企画庁長官に就任。
　67年1月の衆議院選挙で参議院から鞍替えし、その後は衆議院議員として活躍する。67年には佐藤栄作内閣でも、経済企画庁長官に就任している。70年1月には第3次佐藤内閣で通商産業大臣に就任。74年12月には三木武夫内閣で外務大臣に就任した。77年11月には福田赳夫内閣の改造でまた経済企画庁長官に就任している。
　80年7月には鈴木善幸内閣で内閣官房長官に就任。82年12月には宏池会（当時は鈴木派）会長代行に就任し徐々に総裁候補として認知されていく。84年10月には第2次中曽根康弘内閣の発足時には党三役の一角、自民党総務会長になった。86年7月には第3次中曽根内閣で大蔵大臣になり、9月に宏池会会長に就任した。
　87年11月には竹下登内閣で副総理兼大蔵大臣に就任した。派閥会長であり、

既に蔵相、外相を歴任していた宮沢は、ポスト中曽根をめぐる総裁選では竹下、安倍晋太郎と争ったが、この時は中曽根が竹下を指名した。竹下政権発足後も安倍と並んで、次期総裁最有力であったが、リクルート事件に連座したことから、蔵相辞任に追い込まれ、宇野・海部内閣期は謹慎を余儀なくされた。

経歴や当選回数の割には首相になるのが遅かったのは、田中角栄に嫌われていたこと、プライドが高すぎて人望がなかったことなどが理由とされている。宮沢は91年11月、満を持して首相になった。この時の総裁選は、本人も宮沢派の議員もラストチャンスと考えていた。ライバルであった安倍が亡くなったことや、海部が行き詰まったこと、竹下派が宮沢の支持にまわったことが宮沢に有利に働き、宮沢は何とか首相の座に就くことができた。[4]

91年11月5日、112回（臨時）国会で宮沢は首班指名を受ける。しかし直後に、自民党4役は政治改革法案の棚上げ、党内論議のやり直しを決定した。宮沢が首相になった次の月である91年12月にはソビエト連邦が解体した。海部内閣期に冷戦は終結していたが、ソ連崩壊という決定的かつ象徴的な出来事は宮沢政権が発足した後に起こった。

明くる年、92年は内外ともに大きな出来事に見舞われる。1月に阿部文男元北海道開発庁長官が汚職事件で逮捕された（共和事件）。阿部は宮沢派の元事務総長であった。さらに、この月、東京佐川急便事件が起こる。2月になると宮沢も政治改革はやれるものからだけでも早くやらなければならないという考えから「政治改革合宿」を開く。4月に民間側の動きとして民間政治臨調（政治改革推進協議会）が発足する。

そして、この年の5月には細川前熊本県知事（当時）が日本新党を結成する。日本新党は当初、「自由社会連合」と名乗っていた。この時期、細川の新党を、そこまで脅威に感じた政治家は少なかったのであるが、この日本新党こそが、その1年後、大きな動きを起こすこととなった。その細川が表舞台に登場したのが、92年5月だった。

6月にはPKO法案への賛否をめぐって、国会が荒れる。PKO法案をめぐって社会・共産両党が牛歩戦術を行い、PKO法案は結局、成立したが社会党と社民連の141人の全議員が辞職願を提出するという事態に発展した（実際には、議長斡旋によって、議員は全員、辞職しなかった）。

そして7月には第16回参議院選挙が行われた。この選挙では日本新党は4議席獲得したが、当時はまだそこまでの存在感はなかった。8月になり、第142回国会（臨時会）が召集された。この月、自民党の金丸信副総裁が東京佐川急便事件をめぐって辞任に追い込まれた。

さらに9月、金丸は略式起訴された。ここから竹下派（経世会）の後継争いが起こる。ついに、10月、竹下派は分裂した。竹下派の後継者は小渕恵三に決まった。小渕（橋本）らの勢力が正式な後継者になったことによって、小沢、羽田らは「改革フォーラム21」を結成した。同じ10月には別の動きとして、連合が中選挙区制の廃止を正式決定するということもあった。

11月には、江田五月社民連代表ら27名が「シリウス」を結成した。また、社会党の衆議院議員ら1年生23名が「リーダーシップ21」を結成し、在野では平成維新の会（大前研一代表）が結成された。社会党側からも再編への動きが加速する中で、また、自民党側では政治不信につながる事件が起きていた。11月竹下元首相が佐川急便事件で証人喚問を受けた。このような状況の中で、12月に改正公職選挙法、改正政治資金規正法が成立した。

93年になっても政界の激動は続く。1月には社会党新委員長に山花貞夫が選出された。田辺誠が前年の12月に辞意を表明していたからであった。1月22日、第126回国会（常会）が召集された。2月には竹下元首相が再び証人喚問を受けた。そして、3月には、金丸元副総理が、受託収賄で逮捕されるという衝撃的な事件が起こった。

93年4月、自民党は単純小選挙区制を柱とする政治改革関連4法案を提出した。これが宮沢内閣期の「抜本改革」であった。海部内閣期には、第8次選挙制度審議会の「小選挙区比例代表並立制」が提案されたが、この時、自民党はさらに野党から拒否感の強い「単純小選挙区制」を提出した。これに対し、社会党・公明党は、「併用制」を柱とする政治改革関連6法案を提出して対抗した。社会党、公明党にとっては「併用制」までには海部内閣期に舵を切っていたもので、両党は一致して自民党への対抗案として提出した。

5月、社会党、公明党、民社党、社民連、民主改革連合、日本新党が党首会談で民間政治臨調案の連用制を軸に妥協案をつくることで合意した。社会党、公明党はそれまでは「併用制」を主張していたが、自民党に対抗するために

は、全野党で対案を出すべきだという考えから方針を転換した。ここで「並立制」、「併用制」でもなく「連用制」というものが初めて登場する。膠着状態が続く中で、宮沢はテレビで政治改革について「どうしてもこの国会でやるんです」と発言した。これはジャーナリスト田原総一朗との対談で出てきた発言だったが、結果としてこの宮沢の発言は宮沢自身の首を絞めるものとなっていった。

　6月、社会、公明、民社3党、連用制を骨格とする法案修正に乗り出した。社会、公明両党も連用制修正を党議決定し、法制化を衆議院法制局に要請した。民間政治臨調は自民党と野党の間を取り持とうとした。

　自民党では総務会で議論したものの、混乱に陥った。その結果、与野党合意に向けた調整作業を打ち切り、会期延長を行わず、与野党原案を採決することを決定した[5]。宮沢派はこの自民党総務会決定を了承した。与野党の原案同士を採決すれば両案とも否決されることが確実で、宮沢はこの総務会の決定を了承したことによって、この国会での法案成立を断念することとなった[6]。

　6月18日、この宮沢の断念の決断に対して、社会党、公明党、民社党が内閣不信任案を提出した。そして、宮沢内閣不信任案は可決された。宮沢は総辞職せず、衆議院を解散した。この日の夜、武村他10人が自民党を離党し、21日に新党さきがけを結成した。その2日後の23日、羽田・小沢派44名が自民党を離党、新生党を結成した。これまで水面下で動いていた政界再編は、この時からはっきりと表に見える形で動き出したのであった。この月末に行われた東京都議会議員選挙では、日本新党が躍進した。

　7月18日、第40回衆議院議員選挙が行われた。この選挙では日本新党（細川）、新生党（羽田・小沢）、新党さきがけ（武村）の保守3新党が躍進した。自民党は敗北した。結果は解散時の現有議席は守ったので、その議席を比較すると「敗北」というほどのものでもなかったのだが、分裂前の議席と比較すると激減し、過半数割れした。22日に宮沢は退陣を表明した。

　この選挙では社会党も大敗し、議席を半減させた。自民、社会両党が敗北したことをもって、今日では55年体制が崩壊した選挙と位置付けられている。7月29日には、非自民8党会派の代表者が、連立政権を樹立し細川日本新党代表を首相候補とすることで合意した。これをまとめたのは新生党代表幹事になっていた小沢であった。そして、8月6日、衆参両議院の首班指名で細川日本新

党代表が内閣総理大臣に選出された。ここに38年に及ぶ自民党政権は幕を閉じた。政治改革問題は細川連立内閣に持ちこされた。

宮沢内閣期は、海部内閣期の頃以上に、「改革派」と「守旧派」いう呼称がメディアを通じて、国民に広がっていった。宮沢政権の後半になると、政治家は野党（社会党）も含めて、メディアによって「改革派」か「守旧派」かという選別をなされていった。

小選挙区制を中心とする選挙制度改革こそが「政治改革」の本丸であり、そして、その錦の御旗である「政治改革」に反対するものは、「守旧派」であるということが喧伝された。宮沢は実直に政権を運営していたが、この動きには抵抗しきれなかった。

党内最小派閥である河本敏夫派（元の三木武夫派）のナンバー２から党内の実力者によって、いわば「弾よけ」に首相の座に座らされた海部とは違い、宮沢は誰がどう見ても、本格的な保守政権の切り札として登場した。だが、宮沢もリーダーシップは最初から最後まで殆ど発揮できなかった。部分的には、自民党が当初、単純小選挙区制を提案していたものを、自らのリーダーシップで野党と交渉しやすいように「並立制」への妥協を決めるなどの決断はした。しかし、全体を通して見れば、殆どリーダーシップを発揮したとはいえなかった。

宮沢は海部とは違って、自身の見識で政治を行う宰相であり、他派閥の実力者も安易にコントロールはできないはずの首相ではあった。だが、党内基盤の弱さという意味においては、海部ほどではないものの、宮沢にも絶対的な力があったわけではなかった。宮沢は派閥の領袖ではあったが、当選した総裁選挙でも、ライバルの渡辺美智雄（中曽根派を継承）、三塚博（亡くなった安倍の派閥を継承していた）に勝つために竹下派の支援を必要とした。

海部政権の末期に海部を追い込むために、宮沢派は渡辺派・三塚派と連携したが、宮沢自身が政権を安定して運営するには、何といっても竹下派の支持は絶対的な条件だった。竹下派が支持を表明した時点で宮沢の総裁当選が決まったように、竹下派の絶対的な力は、海部政権同様に宮沢政権においても変わっていなかった。だが、宮沢が政権を運営している間に後継者をめぐって竹下派が分裂してしまったのであった。

宮沢も党内基盤は盤石とまではいえなかったが、海部よりは強かった。それ

は宮沢派の勢力が一定程度はあったからである。そして、宮沢個人も閣僚経験にしても、党の役職にしても充分すぎる経歴を有しており、実力者の党内の議員から甘く見られるということはなかった。

　だが、一方、宮沢は、国民的な人気はそれほどでもなかった。宮沢は政治・行政のプロではあったものの、カリスマ性があったわけではなく、国民大衆へのアピール力には、終始一貫して欠けた。この点では、海部に劣っていた。またプロゆえに、海部と違ってさわやかな印象、一生懸命やっている印象というようなものを理由に国民の幅広い層から支持を受けるタイプでもなかった。

　また、宮沢は激情型の性格ではなく、極めて理知的な人物であったことから、大衆の喜ぶ「分かりやすい言葉」を使い、善悪二元論で国民に自分への支持を訴える演説をするようなこともなかった。宮沢はポピュリズム型の政治家ではなかったのである。

　このような宮沢の個人としての性格と政治家としての性格に必要以上に言及することは政治の本質の議論―検討された政治改革の中身の是非―からずれるようであるが、これは非常に重要なことである。宮沢が実直に手堅い政治・行政を進めながらも、国民からは「守旧派」と受け取られ、「改革派」対「守旧派」の闘いの中で宮沢は倒すべき旧体制の象徴のように扱われていったのは、やはり宮沢自身が国民に与えるイメージと無縁ではなかったからである。

2　自民党内の動き―「改革派」と「非改革派」―

　本節では自民党内の動きをまとめておく。全体的な宮沢内閣期の流れは前節で見たが、本節では自民党内の動きに焦点を当てる。

　自民党内では宮沢内閣期にも引き続き、小選挙区制をめぐっての賛否が議論されていた。宮沢が首相に就任したのは91年11月5日であったが、官房長官の加藤紘一は、就任後すぐに海部内閣時代の3法案にはこだわらないとの姿勢を示した（読売 1991.11.6）。

　宮沢政権になってからすぐのこの時期、自民党内では政治改革論議の熱は冷め、政治改革本部長のなり手がいなくなり、当面、森喜朗政調会長が兼務することになった（読売 1991.11.18）。そして、すぐに自民党執行部は政治改革につ

いて、海部時代の3法案を議論のたたき台にすることを断念し、1年以内に結論を出すとの方針転換をした（読売 1991.11.19）。また宮沢は12月に入ると小選挙区比例代表並立制の導入断念を表明した（読売 1991.12.19）。新しい政治改革本部長には長谷川峻（元法相）が就任したが、小選挙区制にこだわらないとの立場の議員の発言力が増してくることとなり、これに若手議員が反発するという構図が生まれ始めていた（読売 1991.12.25）。

92年に入り宮沢派の事務総長経験者であった阿部元北海道・沖縄開発庁長官が受託収賄容疑で逮捕されたことを受け（共和事件）、宮沢は「政治とカネ」の問題を緊急課題として、政治資金問題に先に取り組むことになった（読売 1992.1.7）。この宮沢の方針に対して、政治改革本部では、政治資金問題を優先すべきという立場と選挙制度改革の議論は不可避だとするグループで意見が二分することとなった（読売 1992.1.24）。

その結果、政治改革本部では、定数是正と政治資金問題を優先し、選挙制度改革を後回しにする二段階論が決定されることとなった（読売 1992.1.28）。この二段階論に対して、後藤田らは宮沢に政治改革の将来像を明確に示すように注文をつけた（読売 1992.2.23）。

宮沢はこの状況の中で、まずは衆議院の定数削減に着手することを決断した（読売 1992.3.8）。3月になると自民党政治改革本部は宮沢に対して、政治改革について「緊急改革案」を提出した。これは定数是正と政治資金問題を優先する内容であった（読売 1992.3.14）。宮沢は4月になっても、政治改革について具体策を明示できない状況が続いた（読売 1992.4.14）。それでも宮沢は衆議院の定数是正にだけは着手することとなり、5月になってから9増10減案を提示した（読売 1992.5.22）。6月になり国会が閉幕し、政治改革は先送りされた（読売 1992.6.21）。

7月には参議院通常選挙が行われたが、この選挙では自民党が圧勝し、自公民で過半数という結果が出た。主要政党の当選者数は自民68、社会22、公明14、連合0、共産6、民社3、日本新4であった（読売 1992.7.27）。日本新党にとって初の国政進出となった選挙の結果はまずまずであった。前回、ブームを起こした連合は惨敗した。この結果は宮沢に政権運営に対する自信を与えるものであった。しかし、8月には自民党に激震が走る。金丸副総裁が佐川急便

からの5億円の授受を認め副総裁辞任に追い込まれたのである（読売 1992.8.28）。

　このような情勢の変化を受けて宮沢は政治改革について実現の意欲を強調した（読売 1992.9.2）。この時期から自民党内ではやはり「緊急改革」だけではなく「抜本改革」を行うべきであるとの議論が再燃し始めた。その結果、自民党政治改革本部（長谷川峻・本部長）は、選挙制度改革については、単純小選挙区制を軸に検討するとの方針を固めた（読売 1992.9.14）。しかし、党内には単純小選挙区制への異論は多く、宮沢自身は自分の立場を一切明らかにはしなかった（読売 1992.9.17）。宮沢自身が沈黙を守る中、自民党の政治改革本部は小選挙区制を全面に出して議論を進めることとなった（読売 1992.9.30）。

　ちなみにこの時点で、朝日新聞の世論調査によると、政治改革が「進まない」と考えている人が81％であった（朝日 1992.9.19）。また金丸の責任の取り方として副総裁の辞任では「不十分」と考える人が75％であった（朝日 1992.9.19）。金丸は副総裁辞任後、10月1日に政治活動を再開した（読売 1992.10.1、毎日 1992.10.1 夕刊）。この直後、経世会（竹下派）内部で確執が表面化し始めた。一旦、辞意を表明していた小沢会長代行が、辞意を撤回し会長代行に復帰したことに対する批判が起きていたのである。また、金丸の5億円授受を認めたのが小沢であったことから、反小沢グループは、小沢への批判を強めていた。（読売 1992.10.8）。

　当時、経世会（竹下派）内には七奉行[7]と呼ばれる実力者がいたが、この時期には、七奉行の二極分化が進んでいた（読売、毎日 1992.9.7）。副総裁辞任後、公務に復帰していた金丸に対する批判も高まり、金丸はついに議員辞職に追い込まれることとなった（読売、毎日、朝日 1992.10.15）。金丸の議員辞職は竹下派分裂の決定的な引き金となった。

　独善的な小沢の政治手法に対する批判が高まる中、小沢、羽田、奥田敬和、渡部恒三らと橋本、小渕、梶山静六らの勢力が後継会長をめぐって激しい権力闘争を繰り返した。そして、その結果、橋本、小渕、梶山らの勢力が参議院の多数を制することによって、全体でも多数派となった。小渕が経世会（竹下派）の後継会長に選出され、経世会（竹下派）はついに分裂した（読売 1992.10.23）。

　これ以降、羽田・小沢グループは政策集団を結成することとなった。この羽

田・小沢はその後、自民党を離党し「新生党」を結成し、自分たちが「改革派」であることをアピールする。だが、金丸の議員辞職を機に起こった経世会（竹下派）の後継争いにおいては、多数派工作の従来の権力闘争が行われただけであり、政治改革に対する立場の違いが元で分裂したわけではなかった。この時期、自民党の政治改革本部長には粕谷茂（宮沢派）が就任した（読売 1992.10.27）。

　経世会（竹下派）の後継争いに敗れた羽田・小沢らは「改革フォーラム21」を結成したが、この頃から、羽田はしきりに「改革」を標榜し、政界再編や新党結成にも言及し始める（読売 1992.10.30）。また、小沢もしきりに「改革」を標榜し、政界再編やその後の新党を視野に入れているとの発言を始める（読売 1992.11.9）。

　一方、自民党政治改革本部は単純小選挙区制の導入を目指す方針を固めた（読売 1992.11.11）。12月、宮沢は内閣改造に踏み切る。この改造で宮沢は副総理兼外相に渡辺（留任）、法相に後藤田、官房長官に河野洋平を起用した（読売 1992.12.12）。この内閣改造と同時に行われた自民党役員人事において幹事長には国会対策委員長を務めており、竹下に近かった梶山が起用されることが決まった（毎日 1992.12.5）。そして、直後に自民党政治改革本部は、単純小選挙区制を打ち出した（読売 1992.12.11）。

　12月になると正式に羽田・小沢派が独立した（読売、朝日、毎日 1992.12.11）。羽田は政治改革を幅広く議論すると述べ、政権交代可能な選挙制度に切り替えていくことが必要との見解を示す（読売 1992.12.19）。これは羽田・小沢らの持論であったが、この時期からしきりに、2人はメディアを通じて自分たちこそが「改革派」であるということをアピールしていくこととなる。当時、新聞ではこの派閥は会長の羽田と実質的な最高実力者の小沢の名前を取り「羽田・小沢派」との名称で報道されることが多かったので本書でも、2人の名前を併記した「羽田・小沢派」と表記する。

　93年に入ると、宮沢は政治改革への決意を強調する（読売 1993.1.17）。一方において経世会（竹下派）から分裂して新たに旗揚げした羽田・小沢派も政治改革を国民に訴えるために羽田が全国行脚を始めるなどの行動を起こす（読売 1993.1.21）。これは奇妙な構図であった。自民党総裁たる宮沢首相自らが政治改革を訴え、この時点では自民党政治改革本部も単純小選挙区導入の方針を示

していたことから、いわば、宮沢も「改革派」だったのだが、メディアは羽田・小沢を改革の旗手という位置付けを始めた。

これは宮沢の指導力の欠如が大きな原因であった。羽田・小沢が政界再編や新党結成、また選挙制度改革による政権交代可能な政治制度の確立などを訴え始めていたのに対して、自民党総裁たる首相の宮沢がいくら政治改革への決意を強調し、小選挙区制導入を表明しても、宮沢こそが先頭に立って政治改革を推進しているというイメージは国民に全く浸透しなかった。2月25日、自民党では政治改革本部と選挙制度調査会の合同総会が開かれたが、小選挙区制への反対意見が根強いことが判明し、前途の多難さを印象付けるものとなった（毎日 1993.2.26）。

93年3月、自民党は政治改革関連4法案の要綱を固めた。それまでの並立制ではなく内容は単純小選挙区制の導入を柱とするものであった（読売 1993.3.3）。3月になると、再び激震が永田町に走る。議員辞職していた金丸元副総裁が逮捕されたのであった。所得税数億円の脱税容疑であった（読売 1993.3.7）。

金丸の逮捕を機に自民党内でもまた政治資金問題を先行して改革すべきだとする意見と、政治改革は選挙制度改革と一括で議論すべきだという意見の対立が生まれてくることとなった（読売 1993.3.17）。そして、衆議院の政治改革特別委員会では、選挙制度改革に対する意見の各党の対立が鮮明となった。自民党が単純小選挙区制の導入に意欲を示すのに対し、野党はこぞってこれに反対した（読売 1993.3.18）。

4月になり宮沢は記者会見において、政治改革について、不退転の決意で取り組むと表明した（読売 1993.4.2）。5月になると自民党『政治改革大綱』の生みの親であり、政治改革論議にこれまで最も積極的にかかわってきた後藤田（副総理兼法相）が宮沢と会談し、政治改革の断行を強く進言した（読売 1993.5.21）。後藤田は海部3案が廃案になった後は、政治改革本部の役職も辞していたのだが、宮沢改造内閣では法相に起用され、この時期には副総理も兼務していた。後藤田の強い進言によって宮沢は選挙制度改革を含む政治改革の断行に意欲を見せるようになっていく。

しかし、慎重な宮沢は自ら先頭に立って政治改革を断行するとまでは発言していなかった。また、党の4役の中でも選挙制度改革については距離があっ

た。5月に宮沢は幹事長の梶山と会談。この時期には選挙制度改革に対して消極的な議員は腐敗防止優先処理を唱え始めていた（読売 1993.5.26）。自民党内でも単純小選挙区制に対しては反対論者が巻き返し、妥協案作りが進んでいく。そんな中で自民党から浮上したのが、小選挙区比例代表並立制の変形案であった。これは比例部分で第2党以下にも配慮するという案であった（読売 1993.5.27）。

こうして宮沢は、その時点で提案されていた単純小選挙区制の案を取り下げて選挙制度改革については「並立制」で妥協を図るという決断を示すに至った（読売 1993.5.28）。これは自民党内の単純小選挙区制反対論に配慮するとともに、野党との折衝も視野に入れたものであった。宮沢は「並立制」での妥協を図ると決断した後は、にわかに積極的な発言を始めた（読売 1993.5.30）。そして、これが後に大きな問題になるのだが、ついに5月31日、テレビ朝日の報道番組『総理と語る』に出演し、ジャーナリストの田原に対して「この国会でやらなくてはならない。やるんです」と強い決意を語った（読売 1993.6.1）。

だが、この時期になると自民党内の慎重派（並立制反対派）も活動を積極的に行っていた。慎重派の議員が108人集まり「真の政治改革を推進する会」（代表世話人：石原慎太郎元運輸相、中尾栄一元通産相ら）を設立した。羽田・小沢派からの参加者はゼロだったが、他の派閥からは参加者が出た（読売 1993.6.2）。そして、自民党内の調整が膠着状態に陥っていく中、衆議院政治改革特別委員会において自民党は野党側に対して「小選挙区比例代表並立制」を提示した。

一方、野党側は「小選挙区比例代表連用制」を軸とする統一案を自民党側に提示した。宮沢は「並立制」で妥協することを決め、テレビでの発言後、選挙制度改革を最大の焦点とする政治改革の断行について積極的な発言を続けていたが、自民党内はまとまらなかった。宮沢自身のおひざ元である宮沢派においても選挙制度改革慎重派（反対派）が圧倒的多数派になっているという状況であった。

そして、6月10日になると、選挙制度改革については、臨時国会への先送りが濃厚となった。梶山幹事長を中心とする自民党の執行部は野党側に非公式に先送りを打診した（読売 1993.6.11）。6月11日、自民党は、政治改革法案の継続審議、臨時国会への先送りの方針を固めた（読売 1993.6.12）。

14日午前、自民党の梶山幹事長が、政治改革の断念を表明した。梶山は政治改革については臨時国会での継続審議どころか、2年後の参議院選挙に勝利した後、衆参両議院で自民党が多数を確保した上で行うとの見方を示した（読売 1993.6.14 夕刊）。前日、宮沢と梶山は宮沢の私邸で3時間弱会談したが、なお改革への意欲を見せた宮沢に対して、梶山は先送りを進言したのであった（読売 1993.6.14）。結局、梶山は宮沢との話が決着していないにもかかわらず、6月14日午前に決断し、断念を表明した（読売 1993.6.15）。

この後、宮沢内閣に対して野党から内閣不信任案が提出されることとなり、羽田・小沢派は宮沢内閣から船田元・経企庁長官と中島衛科技庁長官の2人の閣僚を引き揚げ、不信任案に同調することを決めた（読売 1993.6.17 夕刊）。宮沢は18日には衆議院の解散を決意（読売 1993.6.18 夕刊）。18日午後、衆議院で内閣不信任案が可決され、その後の本会議で衆議院は解散された。以上が宮沢内閣期の自民党内の動きであった。

宮沢内閣期の自民党内の動きは一見、海部内閣期と同じように、小選挙区制に対する賛否をめぐって「改革派」と「守旧派」が綱引きをしていたかに見えなくもない。しかし、この政治闘争には背景に竹下派の権力争いが深く関係していた。小沢と梶山（竹下）の対立がこの時期には先鋭化していた。そして宮沢の目にも「改革論議」の本質は竹下派の権力闘争だと映っていた。

宮沢と梶山は最終局面で息が合わず、宮沢の意向を無視する形で、梶山が政治改革断念の記者会見を行ったように見える。しかし、現実には事態はそのような単純なものではなかった。実際のところ、宮沢自身が小選挙区制導入に積極的であったわけでもなかった。自身が小選挙区論者ではない上に領袖を務める宮沢派内でも小選挙区制導入反対者の方が多かったことは、宮沢を終始、慎重に行動させることとなった。宮沢は最終局面になって、「並立制」での妥協を決断した後はにわかに積極的発言をし始めるが、政権担当時には一切選挙制度改革については積極的な発言をしていない。

つまり、宮沢も梶山も最終局面で対立があったものの、実際のところは小選挙区制導入に対しては2人とも反対であった。小選挙区制に対する賛否という意味では、党内の構図は海部内閣期と大きな変化はなかった。しかし、宮沢は野党から提出された内閣不信任案に、自民党の羽田・小沢派が賛成にまわった

ことにより、不信任案可決という不名誉な事態に追い込まれた。
　この事実は、既にこの時期、政界再編をともなう「政治改革」論議が羽田・小沢派によって始められており、党内での小選挙区制導入への賛否というレベルを超えた大きな渦が巻き起こり始めていたことを意味する。実際に自民党を割るかは別としても早く政界再編の引き金を引きたい羽田・小沢にとっては、宮沢の最後の梶山への妥協は、自らの行動を正当化するものとなっていったのであった。
　宮沢にしても、「並立制」と決めてからテレビでの発言をした後は「政治改革」を自ら断行する気であった。しかし、最後の局面では梶山に妥協した。この宮沢の梶山への妥協は―元々、宮沢も小選挙区制論者でなかったとはいえ、この時点では推進者になっていたことから考えると―、国民への裏切りと見られても仕方がないものであった。
　宮沢自身にはその自覚はなくとも、梶山への妥協は国民への裏切りだと映った。このことは、自らを「改革派」と位置付ける羽田・小沢派に内閣不信任案に賛成し、現実の政界再編を巻き起こしていくにあたって、格好の口実を与えてしまうこととなった。そして、誰もが予想できなかったが、この後の総選挙後に非自民政権が誕生することとなっていくのであった。

3　野党の動き―社会党を中心として―

　本節では野党の動きをまとめておく。特に社会党の動きを中心に追いつつ、宮沢政権の最後の段階で出てきた選挙制度改革案については他の野党の案も見ておきたい。宮沢政権の発足時の社会党の委員長は右派の田辺であった。この時期には、自民党と同様に社会党内でも様々な動きが表面化してきた。
　92年11月頃になると、社会党内にも新しい政策集団が登場し始めた。最初に結成され、この頃までに注目を集めていたのは、社民連代表の江田を中心に社会党、連合参議院の若手議員が集まった「シリウス」であった。これに触発される形で「リーダーシップ21」などのグループも誕生した。当初、田辺らはこれらの動きを党の活性化につながると歓迎していたが、羽田・小沢グループとの連携の可能性もあると見て一方で警戒していた（読売 1992.11.17）。

92年12月には田辺が委員長を辞任した。田辺の辞任の理由は直接的な失敗の責任を取ったものではなく、金丸前自民党副総裁——この時点で金丸は副総裁を辞任していた——と個人的に親しい関係などから、このままでは次の総選挙を戦えないという声が党内から上がり、任期を1年残しての辞任となった（読売1992.12.25）。田辺の後継の委員長には山花書記長が選ばれた。これは社会党内の4派閥が一致して山花を推したことによるものであった。山花は元々、左派系の出身であったが、「創憲論」を掲げ左派色を払しょくすることに努めた（読売 1993.1.5）。

　「創憲」という言葉は一般的にも聞きなれない言葉だったが、これまで「護憲」一辺倒だった社会党の中で、憲法の基本的な価値を擁護しながらも憲法論議をタブー視はしないというニュアンスが込められたものであった。その後、山花は積極的に自身が社会党の「改革派」であることを内外にアピールしていく。無投票で委員長に選ばれた山花は田辺路線（現実路線）を継承しつつ、憲法や自衛隊をタブー視せずに積極的に議論していく姿勢を示した（読売 1993.1.8）。自民党では前年の12月に羽田・小沢派が結成され、「政治改革」を前面に出し全国的な国民運動に乗り出した頃であった。一方の社会党にも、このままではいけないという危機感が徐々に現れてきてはいた。

　山花は『読売新聞』のインタビューにおいて「政界再編にはどう取り組むのか」との質問に対して「羽田・小沢派はまだ自民党の中の派閥。これからの動向を見極めなければならない。ただ自民党だけではなく社会党を含めた既成野党も、自民一党支配の腐敗構造の構成要素となっており、ここに国民の批判、不満がある。自民党に代わる政権担当能力をもった政治勢力を結集するため、社会党が捨て石になる決意で頑張りたい」と答え、この段階では羽田・小沢派との連携は否定した（読売 1993.1.8）[8]。

　山花体制が正式にスタートしたのは93年1月19日であり、書記長には当選1回の赤松広隆が起用された（読売 1993.1.20）。1年生議員が野党第1党の書記長に起用されたことは、それなりのインパクトを与えた。だが、前年（92年）の参議院選挙で注目を集めた日本新党が再び注目を集め、都議選、総選挙でかなりの議席を取るのではないかとの予測が出始める中で（読売 1993.1.31）、社会党を取り巻く客観情勢は極めて厳しいものとなってきていた。

2月になると社会党を中心にした野党も、選挙制度改革について、統一案作りを始めることで合意した。自民党が単純小選挙区制の導入を検討していた時期であったが、これに対し野党はまとまって「小選挙区比例代表併用制」を軸に検討していくこととなった（読売 1993.2.13）。「併用制」は海部内閣当時から、社会党が主張していた制度であり、小選挙区制を基軸としながらも議席配分は得票数に応じて比例で決める制度であり、性格としては実質的には小選挙区制よりも比例代表制に近いものであった。

　93年3月になると野党も政治改革案を急ピッチで作成し始めた（読売 1993.3.1）。これは曲がりなりにも宮沢が政治改革を掲げており、自民党の経世会（竹下派）から分裂した羽田・小沢派が全国で政治改革運動を展開する中で、野党がむしろ改革に遅れを取っていると国民に見られないようにするためのものであった。そして社会党と公明党は「小選挙区比例代表併用制」での統一案の作成で合意した（読売 1993.3.3）。

　この時期、書記長の赤松は新聞のインタビューで以下のように答えている（読売 1993.3.17）。

　　——社公民間では求心力よりも遠心力の方が強い。選挙協力を楽観視できるのか。
　　赤松：ぜひ、相談したい、と公明党の書記長に話している。きれいな政治をやろうということで、譲るべきところは譲り、できる限りのことをやっていきたい。
　　——国民の既成政党不信が強い。日本新党も選挙協力をいやがるのでは。
　　赤松：そんなことはない。日本新党だけ、社会党だけで自民党の議席を減らせるのか。社会党抜きの政界再編は現実問題としては成り立たない。政治の仕組みをまず変えよう、という意識はむしろ強まっているのではないか。

　93年3月下旬になると、社会党と公明党の統一案として国会に提出する政治改革関連5法案の要綱が明らかになった。衆議院の選挙制度については、定数を500とする小選挙区比例代表併用制であった。自民党が提案している単純小選挙区制とは大きな隔たりのある案であった（読売 1993.3.25）。ただ、自民党案と社公案は隔たりがあるとはいうものの、中選挙区制の廃止という意味では共通点があった。

4月になると宮沢は政治改革について不退転の決意で取り組む姿勢を強調した（読売 1993.4.2）。4月3日、社公案を出していた公明党の石田幸四郎委員長は選挙制度改革について、自民党とも妥協点を探るとの考え方を明らかにした（読売 1993.4.4）。そして4月13日から衆議院において、与野党での選挙制度改革についての論戦が始まった（読売 1993.4.14）。

　しかし、4月下旬になると社会党と公明党の間で軋轢が起こる。民間政治臨調（政治改革推進協議会）が小選挙区比例代表「連用制」[9]を与野党の妥協案として提示したのに対して、公明党がこれへの支持を固めたからであった。社会党は公明党と統一案を作ってきた経緯があるので、ともに提出した「併用制」ではなく「連用制」支持を公明党が固めたことに不快感を示した（読売 1993.4.22）。

　「連用制」を提案した民間政治臨調（政治改革推進協議会）の亀井正夫は次のように語っている。

　　――制度の仕組みとしては併用制ととらえていいんですか。
　　亀井：ある人は小選挙区主体、ある人は比例代表が主体と思えばいい。私の考えは、小選挙区が骨格になって比例代表が補正操作する仕組みであると思っている。
　　――連用制作成には自民党の羽田・小沢派や公明党などがかかわっているとの見方もありますね。
　　亀井：政権政党と野党がどういう具体案を出すのかを踏まえないと、どんな理想案を出しても飛んでしまう。
　　――選挙制度改革は首相の決断次第ですか。
　　亀井：期待するのはマジョリティー（多数）を持っている自民党の総裁であり、国政の最高責任者である首相がリーダーシップを発揮することだ（読売 1993.4.28）。

　自民党案と社公案の議論が平行線をたどる中で民間から出された連用制が議論の対象となり、選挙制度改革は混迷の度合いを深めていた。この時期、社会党の赤松は政治改革についてインタビューで次のように述べている。

　　――妥協案協議の場ができますか。
　　赤松：（前略）社公両党のトップ会談での意見交換も経て、今後の対処がでてくる。

――公明党は連用制に積極的ですが、調整はできますか。
赤松：社公間で一致できるよう努力する。
――社会党から新たな妥協案を出す可能性はありますか。
赤松：「一点たりとも触らせない」では議論にならない。
――自社両党の本音は「継続・廃案」という見方がありますが。
赤松：うがった見方です。もし継続や廃案にしたら、一番責めを負うのは自民党と社会党だ。
――しかし、社会党内には、現行中選挙区制のままがいいと思う人が多いようですが。
赤松：議員心理として分からなくもないが、それは許されない。
――公明党の市川書記長は選挙制度改革が政界再編につながると主張していますが？
赤松：当っている面もあるが、それがすべてではない。問題は政治改革に真剣に取り組むかどうかだ。
――社会党の政界再編への対応は？
赤松：昨年十二月に政界再編の核心となることを方針決定している。（中略）羽田・小沢派の、例えば三十五人と公明党が連携しても八十人ぐらい。仮に民社党が加わっても九十数人。それでは新しい政治勢力にはならない。やはり衆院百四十一人の社会党がどう動くかだ。
――社会党がカヤの外にならないという自信はありますか？
赤松：社会党抜きの政界再編はありえないし、本当の政界再編にはならない。都議選前に「93年宣言」を出して、党の理念、目指す方向を示し、正式決定後は党全体が改革派を目指す。そうなれば右も左もない。これを結集軸にしたい（読売 1993.4.30）。

赤松はこの時期、非常に自信を持った発言をしている。実際にこの時の状況を前提に政界再編を考えるなら、羽田・小沢派が自民党を割って出て公明党、民社党と合流してもこの時点での社会党よりも小さな勢力であることが予測された。この赤松の社会党が政界再編の中心になるべきとの認識はそこまでずれていたものではなかった。しかし、実際の歴史は赤松が当時、考えていた以上に社会党（出身者）には厳しい方向に進んでいくこととなった。

この時点で赤松が計算に入れていなかった日本新党が次の衆議院選挙で国政に進出し、40議席程度を獲得する。そして、この時点で141議席を持っていた社会党は―これは土井ブームの時に獲得した議席―次の衆議院選挙で議席を半減させる。そして、実際の社会党は、政界再編の主役になるどころか、消滅へ

の道をたどり、社会党出身者で生き残りを模索するものは、96年の民主党結成に踏み切る。赤松自身も最初の民主党の結党に参加することとなった。この民主党は社会党の発展した形というよりは、この後の93年総選挙で国政に進出した日本新党出身者から新党さきがけに参加した者や、新党さきがけ出身者を中心とする政党であった。

　赤松の読みは結果として外れる。それは、現実の日本社会の有権者が、この時点で赤松が持っていた認識以上に社会党には厳しい評価を、次の総選挙で下したことが原因であった。選挙制度改革については、社会党は「併用制」を主張しており、結果として自民党との間での妥協案はできなかった。自民党はこの後、宮沢が単純小選挙区制から「並立制」への妥協を図った。しかし、社会党、公明党は宮沢内閣期においては「並立制」に乗ることはなかった。

　また、この後、最後の局面においても、民間政治臨調（政治改革推進協議会）の提案した「連用制」で与野党がまとまることもなかった。結局は宮沢自身が自民党の慎重派の代表であった梶山に妥協し、政治改革の先送りを決めたことによって、自民党内で羽田・小沢派の怒りを買い、不信任案が可決されるということになっていった。

　宮沢内閣への不信任案を提出したのは社会党を中心とした野党であった。社会、公明、民社の3党は宮沢が政治改革を断念した後の6月17日に桜内義雄衆議院議長に宮沢内閣不信任決議案を提出した（読売 1993.6.17 夕刊）。衆議院本会議で不信任案の趣旨説明をしたのは社会党の山花であった。不信任案は可決された。形式上は野党が宮沢内閣を追い込んだこととなった。事実、この後の総選挙で自民党は過半数割れを起こし宮沢は退陣に追い込まれた。

　だが、社会党もこの後に実施された衆議院総選挙では議席を半減させて敗北した。山花自身は敗北の責任を取って社会党委員長を辞任することになるのだが、その前に発足した細川内閣には党首として入閣し、政治改革担当大臣に就任した。山花は細川内閣において、社会党が反対していた「並立制」導入を自ら推進するという、皮肉な役回りを演じることとなる。

　先に赤松のインタビューの部分で言及したように、社会党の幹部の時代認識が完全に的を外したものであったことは間違いない。先のことは正確には読めなくとも、社会党が置かれている状況の深刻さと――この深刻さは同様に自民党

総裁宮沢も正確には気付いていなかったのだが―小選挙区制主軸の選挙制度を導入すれば自らの政党は壊滅状態になっていくということにさえ、当時の社会党首脳が気付いていれば、その後の20年の日本政治において、現実に起こったほどのリベラル勢力の減退は避けられたかもしれない。

　このことを考える時、社会党の中の「改革派」を自任する人々―現状の社会党に危機感を持っていた人々―が、羽田・小沢派との連携を深めていったことは、それしか選択肢がなかったとはいえ、やはり間違った判断であったといわざるを得ないだろう。この後、社会党「改革派」の人々は、結果として自らの首を絞める選択肢を選ぶこととなるのであった。

4　小沢一郎と『日本改造計画』

　本節からは選挙制度改革をめぐる政治過程ではなく、この時期の代表的な政治改革に関する議論を見ていく。宮沢内閣期でも、政治改革とは第一義的には、小選挙区制導入を指し示してはいたものの、改革の意味するところが徐々に変わってきていた。つまり、ポスト55年体制の日本政治そのものに対する議論が表に出始めてきていたのであった。

　本節では、海部内閣時代以来、一貫して政局の中心におり、この93年の政変の最大の立役者になった小沢の主張について見ておきたい[10]。

　小沢は1942年、岩手県に生まれた。67年に慶應義塾大学経済学部を卒業。69年、衆議院議員に初当選した。その後、85年、自治大臣・国家公安委員長（第2次中曽根内閣第2次改造内閣）、内閣官房副長官（竹下内閣）などを歴任、89年8月に自民党幹事長に就任。91年までに3期務めていた。海部内閣期に幹事長を務めたものの、東京都知事選挙の敗北の責任を取って幹事長を辞職した。その後の小沢は宮沢内閣期には、表に出ることなく活動していた。

　小沢の主張は、93年5月に発行された『日本改造計画』（講談社）によって知ることができる。ここでは『日本改造計画』から小沢の主張を確認しておきたい。この書は、93年の5月に出されており、政権交代選挙となった7月の選挙よりも先に世に問われている。小沢のイメージはこの頃、大きく2つに分裂していた。1つは自民党の中枢である竹下派経世会をバックに絶大な権力を若く

して手に入れ傲慢な政治を行っているというイメージである。もう1つは自民党の金権体質を中心とする古い政治と改革しようとしている改革者のイメージであった。

確かに小沢自身にはこの2つの要素が間違いなくあったのだが、メディアを通じて伝えられていた小沢のイメージは圧倒的に前者の方であった。田中角栄の秘蔵っ子として政界入りしてから若くして田中派―竹下派の中枢を歩んできた小沢には、どうしても素直に国民から「改革者」とは受け取られにくい体質と払拭し難いイメージがあった。

また、経世会（竹下派）が分裂し（1992年10月）、小沢は羽田・小沢を頭とする「改革フォーラム21」を発足させたものの、その分裂のプロセスは首領であった金丸が政界を去った後の派閥の主導権をめぐってなされた後継争いの抗争劇であり、決して「改革派」対「守旧派」の闘争などといえるものではなかった。

小沢は海部内閣時代からソフトイメージの羽田を頭とすることで、辛うじて自民党の政敵―分裂した小渕派を中心とする勢力―と社会党に対して「改革者」のイメージを保ってはいたものの、誰一人として小沢の本心を測りかねていたのだった。

そのような中で、それまで全体像が国民に伝わっているとは言い難かった小沢が、自分自身の国家観や自分が目指す政治の方向性をトータルで世に示したのが『日本改造計画』であった。『日本改造計画』は発刊以来、大いに話題となった。それは、これまでどう評価して良いか分からない小沢という政治家が、政治手腕や政治手法とは別にどのような国家を目指そうとしているのかを、著書によってはっきり世に示したからであった。

小沢は「日本の社会は、多数決ではなく全会一致を尊ぶ社会である。全員が賛成して事が決まる。逆にいえば、一人でも反対があれば、事は決まらない。こういう社会であくまで自分の意見を主張するとどうなるか。事が決められず、社会が混乱してしまう。社会の混乱を防ぐには、個人の意見は差し控え、全体の空気に同調しなければならない」（小沢、1993年、3頁）として、日本の政治風土そのものを否定している。

そして、「個人は、集団への自己埋没の代償として、生活と安全を集団から

保証されてきたといえる。それが、いわば、日本型民主主義の社会なのである。そこには、自己責任の考え方は成立する余地がなかった」(小沢、1993年、3頁)と述べ、今後の日本社会のあり方を「自己責任」というキーワードに求め、日本型民主主義(談合政治)からの脱却を説く。これは、自民党内、竹下派経世会内部で権力闘争をしているようにしか見られていなかった小沢が、実は明確なプランを持った上で権力闘争をしているのだという風に、広く世間から見られ始めたという点で、大きなインパクトのある主張であった。

この日本型民主主義を脱却しなければならない理由としては、小沢は「いまや時代は変わった。日本型民主主義では内外の変化に対応できなくなった。いまさら鎖国はできない以上、政治、経済、社会のあり方や国民の意識を変革し、世界に通用するものにしなくてはならない」(小沢、1993年、4頁)として国際環境の変化を理由として挙げている。

そして、小沢は具体的な変革すべきものとして、1．政治のリーダーシップの確立、2．地方分権、3．規制の撤廃を挙げている(小沢、1993年、4頁-5頁)。小沢はまず、政治制度の改革の前に日本人の一人一人の自立の重要性を説いた。「個人の自立がなければ、真に自由な民主主義社会は生まれない。国家として自立することもできないのである。人々はいまだに『グランド・キャニオン』の周辺に柵をつくり、立入厳禁の立札を立てるように当局に要求する。自ら規制を求め自由を放棄する。そして、地方は国に依存し、国は、責任を持って政治をリードする者がいない」(小沢、1993年、5頁)として、政府に規制を求める日本人の気質を否定的に捉えている。

また「真に自由で民主的な社会を形成し、国家として自立するには、個人の自立をはからなければならない。その意味では国民の"意識改革"こそが、現在の日本にとって最も重要な課題といえる」(小沢、1993年、5頁)という部分に端的に見ることができるように、当時の小沢は政治と日本社会の問題を制度改革の側面と日本人の個人個人の意識改革との両方から必要と考えていた。

そして、小沢は日本が「普通の国」となることを主張しているが、これは、一言でいえば、規制緩和を中心とする後の新自由主義路線の先駆けであったといえる。その意味でいえば、後に小泉が実際に行った一連の新自由主義的な政策の方向性と、さらにはその後、安倍晋三によって進められる「戦後レジーム

からの脱却」路線を最初に提唱した人物が小沢だったともいえるだろう。当時、小沢は新保守主義という括りで見られ、80年代の中曽根と比較する論調もあったが、小沢の主張はどちらかというと、2000年代前半の新自由主義的改革を先取りしたものであったといえよう。

　実際の小沢自身はその後、小泉の諸政策の結果、生じたとされる、いわゆる「格差社会」を批判し民主党鳩山由紀夫政権の樹立の立役者になり、その後は、その民主党政権が増税路線に方針展開した時に、民主党を離党し、「国民の生活が第一」（後に生活の党から自由党と改称）を結成した。民主党合流後から生活の党時代の小沢は社会民主主義路線に転換する。小沢はこの後の20年間、常に政界の中心（野党時代も含め）に居場所を確保しつつも、予想もつかなかった政治人生を送ることになるのが、本章では、93年時点での小沢の主張を確認しておく。

　この時期の小沢の主張の中で最も重要なものは、小沢はこれらの自身が提唱する改革を行うには、日本の政治文化そのものの改革が必要であり、そのためには小選挙区制の導入が欠かせないと考えていたという部分である。この部分はこの後に見る細川・武村とは決定的に異なる部分である。

　小沢の主張の中で、この時期、最も中心的なものの１つであった選挙制度改革については、以下のように述べている。まず、小沢は「与野党のもたれ合いを制度面から支え、助長してきたのは、現行の中選挙区制」（小沢、1993年、66頁）と指摘する。そして、選挙制度改革の必要性については、「選挙制度の改革は政治を改革するための手段であり、決してそれ自体が目的ではない」（小沢、1993年、66頁）とし、あくまでも選挙制度改革は、政治を改革するための手段であるとしていた。

　そして、「私はかねてから小選挙区制の導入を主張してきた」（小沢、1993年、68頁）と海部内閣以降の自分の制度改革の主張は、より大きな日本の政治改革を行うためのものであったとの持論を述べる。現状の選挙については、「（前略）各党は当然、自党から複数の候補者が立候補しないように調整する。そのため選挙戦は、ぞれぞれの政党の代表者間で争われ、各党が政策を競うことになる」（小沢、1993年、69頁）とし、「さらに、選挙民が均質で、それほど思想的にかけ離れていなければ、競争原理からいって、選挙は具体的政策をめぐる二

大陣営の争いになるだろう。その結果、国の基本理念を同じくする二大政党制が確立しやすくなる」(小沢、1993年、69頁)と選挙制度を改革すれば二大政党制が成立するとの持論を述べている。

さらに小沢は「小選挙区制では、得票数の開き以上に議席数が開くので、支持率の変化が敏感に議席に反映され、政権交代が起きやすくなるという点も見逃せない。日本の政治が抱えているほとんどの問題は、小選挙区制の導入によって解決できそうだ」(小沢、1993年、69頁)と小選挙区制の導入によって日本政治の課題は殆ど解決されそうだとの持論まで展開している。

また、最も小沢の主張に対する是非が語られた時に人々が議論した「普通の国」について小沢自身は、2つの要件があり、1つは、「国際社会において当然とされていることを、当然のこととして自らの責任で行うことである」とし、安全保障については、「にわかに憲法や法制度を口実にしたひとりよがりの理屈がまかり通り、何とか国際協調の責任と役割を回避しようと」しているが、「安全保障の面でも自らの責任において自らにふさわしい貢献ができるよう、体制を整えなければならない」(小沢、1993年、104頁)と述べる。また「もう一つの要件は、豊かで安定した国民生活を築こうと努力している国々に対し、地球環境保護のような人類共通の課題について、自ら最大限の協力をすることである」(小沢、1993年、105頁)と述べている。

そして、小沢は「一国平和主義」から脱却した国連中心主義を唱える。そして、小沢は今後の日本の目指すべきものとして、「五つの自由」を掲げている(小沢、1993年、180頁-258頁)。「五つの自由」とは「東京からの自由」、「企業からの自由」、「長時間労働からの自由」、「年齢と性別からの自由」、「規制からの自由」を指している。

ここで確認しておきたいことは、小沢は海部時代からの一貫した小選挙区制論者であったが、この時期になると、制度改革への主張を超えて、曲がりなりにも国内政治、外交問題の双方について真に自身が考える「改革」の方向性を出したということであった。

この時点で小沢の提唱した改革路線は、55年体制を否定するとともに、それ以上に戦後的な価値観(戦後民主主義)と戦後自民党政治(戦後レジーム)の両方を否定するという意味で非常にインパクトの強いものであった。この戦後的

価値を否定する部分は、戦後の価値を擁護した上での改革や環境政策の充実を唱えた武村とは異なる部分であり、また分権と規制緩和を中心としながらも、生活者や地方に軸足を置いた細川とも似て非なる主張であった。

小沢の改革案は、自民党政治（談合政治、コンセンサス政治）の否定であるという部分以上に「国際貢献」や「普通の国」という言葉から想像できるように旧来の護憲陣営からの警戒感の強いものであった。

周知のように小沢はこの後、約20年間にわたって、日本政治の中心で活躍することになる。もちろん、それは常に小沢が権力の中枢を占めていたという意味ではない。小沢が権力の中枢から排除された政権はいくつもあったし、小沢はどちらかというと、この後の政治人生では権力の中枢に入れないことの方が多かった。だが、この後の日本政治を語る時、小沢は欠かすことができない。それは、この後の日本政治が、小沢か反小沢かという軸で、常に権力闘争を繰り返していったからである。

後の小沢の主張（民由合併後）のことを考えるなら、小沢は当初から連合と一緒にやってもおかしくなかったとも考えられる。だが、この時期においては、小沢は最初にして最大の「自己責任」を強調する新自由主義者であった。そして、このことが、93年の政権交代によって連立与党に参加した他の政党との軋轢を生み出していくこととなるのであった。

5　細川護熙と『日本新党・責任ある変革』

次に日本新党代表細川の主張について見ておきたい[11]。細川は戦国大名の細川忠興の子孫で、1938年、旧熊本藩主細川家17代の細川護貞の長男として東京で生まれた。母親は近衛文麿元総理の娘である温子。上智大学法学部を卒業後、朝日新聞の記者となった。

その後、71年に自民党から参議院議員となる（この時は田中派に所属）。大蔵政務次官などを歴任し、参議院議員を2期務め、83年より熊本県知事を2期8年務めた。知事就任中は、「日本一づくり運動」など斬新なアイデアと実行力で話題を呼んだ。しかし、「権不十年」—権力は10年すると腐敗する—との信念から3選出馬はせず、91年2月から臨時行政改革推進審議会の「豊かな暮ら

し部会長」として活躍していた。

　細川は92年5月には雑誌『文藝春秋』に「『自由社会連合』結党宣言」を発表し、「日本新党」を結党した。日本新党は党名を当初、自由社会連合としていたが、公募の結果、日本新党とすることが決まった。日本新党は92年5月22日に結党された。地方分権や規制緩和というこの後の日本政治のキーワードとなっていく政策を最初に公に唱えたのが細川であったが、細川の主張は、93年4月に刊行された『日本新党・責任ある変革』（東洋経済新報社）などの著作によって知ることができる。ここではまず『日本新党・責任ある変革』から細川の主張を見ておきたい。

　『日本新党・責任ある変革』のプロローグの中で細川は「政権交代を実現する政治に挑戦する『責任ある変革をめざして』」として、「ベルリンの壁の崩壊、ソ連邦の解体による冷戦構造の終結など、いま世界は大きく変わっている。さらに、ポスト冷戦で、イデオロギー対立に代わる民族、人種紛争など激動する国際社会の中において、日本をどう構築していくか、重要な問題に直面している。ところが、日本の政治だけは、PKO問題ひとつ取り上げてみても、与野党ともに激変する内外情勢に対処すべき政策作りの意思も能力も失っているのが現状である」（細川、1993年、2頁）と述べている。ここには、世界情勢の認識から改革の必要性を説くという細川らしさが出ている。

　そして、「そもそも、日本の戦後政治体制は、米ソ冷戦を国内に持ち込んで、①資本本主義か社会主義か、②保守か革新か、③改憲か護憲か、④日米安保か非武装中立か、などを争点に、激しいイデオロギー対立を繰り返してきたが、冷戦終結によってこれらの争点は大部分、その意味を失ってしまっている」（細川、1993年、2頁）と55年体制の保守―革新の対立軸はもはや、その殆どが意味を失ったとの認識を示している。

　さらに、「与野党すべての既成政党を頭越しにした日本新党の結成は、これまでの『政治の常識』からすれば、途方もない『書生論』だと言われた。だが、『日本の常識が世界の非常識』と言われる時代だからこそ、『政治の常識』には『書生論』が必要なのである」（細川、1993年、7頁）との持論を展開し、自身が結党した日本新党について言及しながら、政治の常識を打ち破る必要性を説いている。

一方、細川は国民の側にも変化が起きてきているとの認識を示し、「しかし、いまここに来て、政権交代がないということが日本の政治の致命的な問題であるということを、多くの国民が真剣に考えはじめている。それは、日本新党という既成政党の枠を超えた新しい政党に寄せられる多くの人たちの期待に現れている。我々は、はっきりとそれを肌で感じている」(細川、1993年、9頁)とも述べている。

　細川も政権交代論者であった。細川は「政権交代の可能性がない限り、いかに自民党主導で小手先だけの『政治改革』を叫んだところで、真の制度改革などは絵に描いた餅である。けれども、政権交代が可能な状況が出てくれば、すべてを変えていくチャンスが生まれる。『政治を変える』最大の力は、いろいろな政治改革論議とか、小さな政党がでてきたりすることではない。政権交代の状況ができるのかどうか、この一点である」(細川、1993年、10頁)と述べ、政権交代の可能性が作れるかどうかが、全てを変えていくことができるかどうかにとって決定的に重要なことだという認識を示している。

　一方で細川は「現在は、内外ともに変動の時期だから、『小異を残して大同に』ということも考えられる。だが、日本ではすぐ国対的な政治、つまり基本的なプリンシプルをあいまいにしたままに、談合に基づく『大同主義』の政治がまかり通る。価値観が多様化している時代には、コンセンサスがないのは当然といえるが、いまの日本の政治で最も大切なことは、コンセンサスではなく、『小異を語る』ことと、未来を先取りする『小異を生かす』こと、である。その『小異』というものを大事にしていきたい」(細川、1993年、11頁)とも述べ、政権交代は必要だが、政権交代の一点のみでの大同団結の危険性も指摘していた。

　そして、「いま、政局は一気に緊迫している。今後、どんな事態が生じても不思議ではない政治状況にある。だからこそ、今度の選挙は、自民党を過半数割れに追い込み、自民党一党支配に終止符を打ち、政界再編成を行い、政権交代を実現させる最大のチャンスなのだ。(中略)日本新党は『政権交代』という日本の政治の歴史的使命と役割を担い、『責任ある変革』を実現していきたい」(細川、1993年、11頁-12頁)と述べ、自民党の一党支配を終わらせ、政界再編の後に政権交代という順序でものを考えていることを明らかにしている。

細川はこの書の中で地方、日本、世界のレベルで変革すべきテーマについて言及しているが、特徴的であり、その後の日本政治の大きなテーマとして影響を与えたものは、地方分権（地方主権）と規制緩和についての部分だろう。その他にも細川は情報公開、生活者主権、第三の開国といった重要なテーマについて述べているが、本章では「地方分権（地方主権）」と「規制緩和」についての細川の主張に言及しておきたい。

　「地方分権」または「地方主権」については、細川は地方主権という言葉を既にこの時点で使っている。このテーマは90年代、2000年代、2010年代を通して日本政治の中心的なテーマの１つとなり、今の道州制論議にまでつながるものなので、93年４月に細川が「地方分権」から一歩進んだ「地方主権」という言葉を使っていたことは注目に値しよう。

　まずは、地方分権（主権）についての細川の提言を見よう。細川は「（第３次行政改革推進審議会の「豊かなくらし部会」が進言したものは）（中略）諸悪の根源、補助金の一般財源化を進める話と並行して、これまでの国と地方の関係についての固定観念を打破し、自主的、自立的な地方自治体を作る先導的な『パイロット自治体』制度の導入である。（中略）この制度は、まず意欲と能力のある市町村に手を挙げてもらって、パイロット自治体に指定する。そして、特例として、そのパイロット自治体は補助金や規制から解放され、分権化のためのイノベーターの役割を担ってもらう。付与される権限、財源の特例は、まちづくり、福祉、教育、地域振興など、かなりの数にのぼる」（細川、1993年、81頁）と述べ、行革と地方分権の重要性を説く。

　次に規制緩和についての細川の主張を見よう。細川は「『生活者主権を確立』する基本原則は、こうした規制の緩和、撤廃なのである。つまり、生活者の選択肢を広げ、豊かさを実感できる社会を実現していくためには、これまでのような生産者・供給者側優先の政治、経済、社会の仕組みを改革して、生活者・需要者側が優先する経済体制へと構造転換していかなければならない。そのために、規制緩和、規制撤廃は不可欠である」（細川、1993年、121頁）と述べ、生活者の立場からの規制緩和、規制撤廃の必要性を説いていた。

　また、生活者主権のために必要なこととして「一、経済的規制は原則撤廃の方向：経済的規制、特に需給調整の視点からの参入規制、設備規制は既存業者

の既得権擁護にすぎず、価格の高止まりや生活者の自由な選択を妨げる結果となっているので、全面廃止し、自由な価格競争を促進する」（細川、1993年、123頁）と述べていた。

　これらの主張から細川及び日本新党は、狭義の政治改革論議（小選挙区制導入）とは全く違った文脈で出てきたことが理解できよう。規制撤廃などの主張は小沢と近い部分なのだが、小沢の規制緩和、規制撤廃論が、どちらかといえば、「自己責任」――競争重視と創意工夫によって社会を発展させるとの思想――という考え方に軸足を置いたものであったのに対し、細川は「消費者重視」――官庁と業界が一般消費者の利益を歪めているとの現状認識――との考え方に軸足を置いた規制緩和、規制撤廃論であった。

　この書は93年４月に出されたが、93年７月の選挙で自民党の過半数割れは現実のものとなった。この点について細川は数ヶ月後に起こることを予測したかのように「今度の選挙によって、一気に大逆転とまではいかなくても、自民党が現在の議席よりも二〇議席減れば、過半数割れとなり、連立政権とならざるをえないのである。日本新党は、まず、そういう状況を作りだすことに全力を尽くすことを明確に伝えたい」（細川、1993年、236頁）と述べている。

　勿論、この過半数割れは自民党が分裂して羽田・小沢の新生党と武村の新党さきがけが誕生したからこそ起きたものであり、細川は93年４月の時点では、このことを想定していたのではないのだが、ここで細川が予言的に述べたことは結果として実現することとなった。

　細川の特徴は全く中央政界の外側から出てきたことである。小沢らの勢力が自民党内の権力闘争の末に「改革」を言い出し、社会党の「改革派」も、冷戦構造の終焉の中で、生き残りのために「改革」を言い始めていたこの時期の政界において、細川は全く既成勢力の外側から出てきた。事実、93年の総選挙で初当選した日本新党の新人議員たちは、55年体制を知らない新世代の政治家として、その後の20年間で成長していくこととなった。

　また、この時期に細川が提示した「地方分権」と「規制緩和」の２つの大きなテーマもその後の20年の日本政治において重要なテーマであり続けている。また、上述したように細川の規制緩和論は、競争激化を促す新自由主義的発想というよりは――結果としては、そうならざるを得ないのだが――、第一義的に

は、経済界の中心の「生産者の論理」から一般の消費者、生活者の利益を重視するという発想であったことも肯定的な評価を下しても良いであろう。

道州制論議が多少は現実の政治プログラムに上がりつつある現在、また規制緩和による経済成長路線がその賛否はともかく——この後の規制緩和路線は急激に生活者重視の視点というよりは、企業の競争重視の側面が強く出てくる——、基本的にどの政権でも継承されていることを考えると、細川がこの時期に提示した政治改革プログラムは、それなりにこの後の日本政治の方向性を先取りしていたものであったとの評価を与えても良いであろう。

だが、実際の細川はこの『日本新党・責任ある変革』で示したプランを実行できなかった。細川内閣が93年に成立した後、8ヶ月で崩壊したのはよく知られているところである。細川はこの書の中で、「小異を生かす」と述べていたが、実際には「ガラス細工」といわれた細川政権は、「小異」を乗り越えることもできず、逆に「小異」の良さを生かすこともできなかった。

そもそも、小沢と社会党は反自民のみが共通点で、他に共通点はなかったので、「小異」ではなく、むしろ「大異」だったのだが、実際の細川政権は、反自民以外に結節点がなかったことから、この書の中で細川が示した政治プログラムを実行する前に崩壊してしまったのであった。細川内閣時の政治改革論議は次章で見ていく。

6　武村正義と『小さくともキラリと光る国・日本』

次に、93年の総選挙の直前に新党さきがけを結党することになった武村の主張について見ておきたい[12]。

武村は1934年、滋賀県に生まれた。東京大学経済学部卒業後、自治省に入省する。埼玉県地方課長、自治省大臣官房調査官などを経て、71年、36歳の若さで滋賀県八日市市長になった。その3年後、滋賀県知事に初当選し、3期12年務めた。その後、自民党から衆議院議員となった。宮沢内閣の最末期、衆議院の解散が決まった直後、93年に自民党を離党し、新党さきがけを結成して、自ら代表となった。

武村の主張は、94年1月に発行された『小さくともキラリと光る国・日本』

（光文社）によって知ることができる。この書は細川の『日本新党・責任ある変革』とは違い実際に政権交代後、細川政権が誕生してから出ている。

　細川の書は政権交代の前に出されているので、ここは大きな違いである。武村の書は、自民党を割るという行動に出た武村が、その後、細川政権に参加し官房長官に就任し連立の一角を占める有力政治家となった段階で自身の目指す方向性を国民に提示することを目的としたものだった。

　この時期、武村は自民党内の「改革派」として次第に頭角を現してきていた。武村は元々、自民党内でユートピア政治研究会をつくって若手議員と一緒に活動していたのは既に確認した通りである。竹下内閣の時期、政治改革委員会では後藤田の下で事務局次長を務めた。宮沢内閣の時期は政治改革本部の事務局長を務めていた。

　武村と羽田・小沢の違いは羽田・小沢が竹下内閣退陣後の海部内閣発足直後から、小選挙区制の導入こそ政治改革の本丸として、一貫して小選挙区制導入を、経世会の守旧派とされた人たち（後の小渕派）との権力闘争の道具に使ったのに対して、武村も小選挙区論者ではあったものの、改革案を自民党での権力闘争には使っていなかったという部分である。

　武村は自治官僚から知事となり、その後に政界入りした人物として後藤田正晴に近い人物であった。後藤田と伊東（正義）、羽田（孜）と小沢（一郎）が海部内閣時代には同じ「改革派」としても、かなり異なった視点や立場から「政治改革」に取り組んでいたことは、既に明らかにしたが、その点でいえば、武村は思想的にも人脈的にも後藤田と近く、羽田・小沢と連携して自民党内で「政治改革」を推進してきたわけではなかった。

　つまり、自民党の「改革派」にも、当時、明確にはっきりと意識されていたか否かは別として、2派があったということである。これは小沢が目指していた「改革」の方向性とこの節で見ていく武村が目指した「改革」に違いがあり、そして、これがその後の細川内閣の短期間での崩壊につながるほどの違いであることを考えても、理解できることである。

　『小さくともキラリと光る国・日本』の中で武村は自身の基本的な政治への考え方について「日本の政治にいま求められているのは何だろう。私は『理想を語ること』ではないかと思っている。(中略)いつごろからだろう。政治家

が理想を語るのは『青くさい』、『きれいごと』と見られるようになったのは……」（武村、1994年、2頁-3頁）と述べ、現状の政治へのいら立ちを隠さず、現実政治への批判を行っている。

そして、「（前略）日本の政治が抱える課題はあまりにも多い。高齢化対策、不況対策、雇用問題、経済改革、行政改革、農業問題、さらに外交、防衛、教育、福祉、文化など……。（中略）その一つ一つを、この本で取り上げることはできなかった。私は世界に対する日本の貢献でもっとも有効な方法として、環境貢献を考えている。そして日本の国づくりは、国のすみずみからのまちづくりの総和によって実現すべきものと思っている」（武村、1994年、4頁）とし、課題は山積しているものの、自身は環境政策を今後の日本の政策の軸にするべきだとの考え方を明らかにしている。

武村の政治姿勢と主として提唱した政策の特徴としては環境政策を最も重視していたことと、大国主義に対して小国主義を提唱していたことが挙げられるので、本節ではその部分に絞って見ておこう。

まずは、環境政策についての部分から見ておく。武村は「さて地球環境の問題に日本がどうかかわっていったらよいのか。（中略）私は一つの例として、地球環境に日本のGNP（国民総生産）の〇・五パーセントを負担してはどうかと提案してきた。金額で表すと約二百億ドルである。つまり、年間約二兆円をやや超える額だ。防衛費の約半分であり、消費税にたとえると一パーセント分に相当する」（武村、1994年、196頁）との持論を述べる。

そして、「日本の地球環境への貢献には、さらに大事なことがある。環境の保全に関する科学を興し、技術開発を進め、それによって環境産業をさかんにする。環境立国への道である」（武村、1994年、200頁-201頁）として、国内での環境政策の重要性もさることながら、国際社会に対して、日本は環境立国として貢献すべきだと説く。また、「さらに環境の科学と教育の振興にも目を向けなければならない。日本に世界最大、最高レベルの地球環境大学を設置できないだろうか。（中略）世界から、この道の学問的英才を集める。高等教育機関でもあるが、同時に環境問題の人類の英知が結集できる秀れたシンクタンクでもなければならない。国連の各機関の全面的な協力も欠かせないだろうし、また各大陸にブランチを置くことも考えなくてはならない」（武村、1994年、203頁

−204頁)とも述べ、日本の国際貢献の中心に環境政策を据えるべきだと強い信念を明らかにしている。

　また武村は「たとえば、わが国の消費税三パーセントに、環境目的税として一パーセントを追加する。この一パーセントが、私の主張する約二兆円(約二百億ドル)という金額に相当する。たまたま地球の緑の復元に必要な二百億ドルという数字と合致するから、消費税一パーセントということを持ち出したのであるが、やはり炭素税的な問題提起が理解を得る常識的な道であるかもしれない」(武村、1994年、207頁)と環境税の導入まで提言している。

　武村はこの書の中で明確に「大国とはならない」と述べている。ここは見逃されがちであったが、この時期以降の保守派がこぞって大国主義的な発想に基づく「国際貢献論」を議論していった中で、特筆すべき国家観なので、少し確認しておきたい。

　武村は「小さくてもいいということは、とくに軍事的な意味においてである。軍事的規模を経済に合わせてどんどん大きくしていく必要はないということだ。どんな形にせよ国の権勢を広げていこうというような、一種の覇権主義を否定したい」(武村、1994年、183頁)と述べ、経済大国が必ずしも軍事大国になる必要はないとの認識を示している。

　そして、憲法については「ところが最近になって、世界の平和を維持するためには、日本もその国力に見合った軍事的貢献を果たすべきではないかという議論が起こっている。結論から言うと、私はこの考え方はとらない。(中略)時期が来れば、憲法改正も考えなければならないだろう。しかし、こと軍事的な貢献に関しては、私は経済力に見合う貢献を行う必要はないと考えている」(武村、1994年、184頁)とし、小沢の「普通の国」論を牽制している。

　武村は現実の腐敗した政治体制(自社の55年体制)には批判的であっても、戦後「これまで軍事的な貢献を日本国民は意識的に避けてきた。なぜか。憲法が国外における軍事的な活動を禁止し、国民世論もそれに納得して、支持してきたからだろう。(中略)第二次世界大戦の反省の上に立ち、新しい憲法を素直に受け入れた結果である。そうであるならば、この半世紀の国民世論が間違っている、あるいは変えなければならないものだとは、簡単に言い切れないであろう」(武村、1994年、186頁)との文章から理解できる。

つまり、小沢が日本型民主主義と戦後の政治体制の枠組み全体を改革しようとしていたのに対して、武村は戦後的価値を擁護した上で、これまであまり議論されていなかった環境政策などを国内外で中心的政策課題にしていくことを提唱していたのであった。

　この書の中で武村は名指しで小沢を批判しているわけではないが、「昨今の、世界の普通の国並みの軍事的貢献をすべきだと主張する人々の考えを聞いていると、それ以外に日本が世界に貢献する道はないかのように思える。私は非軍事的分野こそ、世界が日本の積極的な登場を切実に期待していると考える。この分野にこそ、何よりも鋭い眼を向け、真摯に可能性を探るべき時がきていると信ずる」（武村、1994年、187頁）の部分は明確に小沢の主張を意識したものであった。[13]

　海部内閣時代の湾岸戦争を機に小沢は国際貢献の必要性を声高に説き、小沢の「普通の国」論の主張は、社会党を中心としたリベラル勢力や戦後レジームを肯定的に評価する自民党内の勢力に衝撃を与えた。これに対し、武村はこの面においては戦後的価値観の擁護者であった。この時点では表面化していることであったが、この武村と小沢の思想的・政策的な違いは、後に細川政権での権力闘争に発展し、細川政権崩壊の原因の1つとなった。

　武村の提唱した政策について歴史的に評価を下しておきたい。武村の政策の特徴は確認したように、55年体制下ではどちらかというと中心的な政治課題には設定されていたとはいい難かった—佐藤政権時に環境庁が設置されたものの—環境政策を重視したことである。そして、確認したように、武村は国内での環境政策の充実のみならず、日本が「環境立国」として世界をリードするべきであるとの明確なビジョンを有していた。21世紀に今日の価値観から見ても、環境問題を政治の中心的テーマに据えるべきとの武村の主張は今でも評価されるべきものであろう。

　小沢があらゆる政策テーマに言及した『日本改造計画』を発表したことと比較すると、環境政策以外、特段、特徴的な政策を持ち合わせていなかったかに見える武村であるが、改めて評価されても良いのかもしれない。この後の現実の日本政治においては「小さな国」を志向するという議論は全く出てこなくなるのだが、武村が『小さくともキラリと光る国』と定義した、経済大国であっ

ても軍事大国になるべきではないとの主張は、本来は、今もって真剣に検討されても良い国家観であろう。

　戦前の石橋湛山の小日本主義を彷彿とさせる、この小国主義は、経済発展がいつまでも続くことを自明の理とし、そしてさらに、経済大国を維持した上で軍事大国にもなることを志向する政治思想とは対極のものである。この時点で小沢も決して軍事大国を志向していたとまではいえないが、「普通の国」論の中で、当時、戦後の世界政治の枠組みにおける日本の立ち位置を否定したのに対して、武村は明確に別の立場を提示していた。

　今日の目から見ても、武村が提示したいわば「小国主義」ともいうべき日本のあり方は、環境立国としての日本の行き方以上に再評価されても良いものである。だが、この武村の「小国主義」はこの後の連立政権でも、さらにその後の「自社さ」政権を経ての自民党政権でも、今日に続く小渕政権以来の「自公」政権でも、議論されることなく今日に至っている。

　日本のアイデンティティを復古的な価値に求めて、戦前回帰を志向するわけではなく、基本的には戦後の価値観を擁護しつつ、55年体制下で光が当たらなかった分野に光を当て、国際社会においては、慎ましやかな小国として独自の貢献を果たしていこうという武村の政治的な主張は、今日なお再評価されても良いのではないだろうか。

　その後、新党さきがけ出身者は第1次民主党に大半の議員が参加することとなる。中には環境問題に積極的に取り組んだ議員はいたが、「小国主義」を掲げ、独自の国家観を提唱したものは皆無であった。本節では、この時期の政治改革論議の1つにこのような国家観を提示したものもあったということを確認しておきたい。

7　山岸章の政界再編論

　この時期、政党ではないが政局に大きな影響を与え、後の政界再編でも大きな役割を果たした団体に労働組合の連合（日本労働組合連合会）がある。

　本節では連合及び連合結成の立役者となった山岸章が何を意図してこの時期に行動したのかについて見ておきたい。連合は政党ではなく労働組合の全国組

織である。また山岸は労働運動家であり、政治家ではない。だが後にも先にも政局の節目と政界再編期にここまで大きな影響力を持った労働運動家はいなかったという意味で山岸は特筆されるべき人物であった。まず、山岸の経歴を簡単に見ておきたい。[15]

山岸は1929年7月、大阪府に生まれる。48年に金沢通信講習所業務科を卒業後、通信省に入る。50年、全電通結成と同時に富山県支部の初代書記長に就任。以後、組合専従として活動し、全電通中央本部書記長、全電通中央執行委員長、情報労連中央執行委員長を歴任。労働4団体の統一に奔走し89年11月に「連合」発足とともに初代会長となった。著書には『連合　世直しへの挑戦』（東洋経済新報社、1992年）、『「連立」仕掛け人』（講談社、1995年）、『我かく闘えり』（朝日新聞社、1995年）、『「連立政権時代」を斬る』（読売新聞社、1995年）などがある。

労働運動家としての山岸が政治に大きな影響力を行使することが可能となったのは、それまで分裂していた労働戦線を統一することに成功したからである。労働戦線の統一自体は、70年の当時の全逓委員長の宝樹文彦によって提唱されたがこれはうまくいかなかった。だがいつまでも労働運動が社会党系の総評と民社党系の同盟に分裂したままでは、自民党に代わりうる強力な野党を育てることができないと考えた山岸は、労働戦線の統一のために動いた。山岸は労働戦線の統一のためには西側世界の世界的な労働組合の連合体国際自由労連に加盟しておく必要があると考え、78年に電電公社の労働組合、全電通を国際自由労連に加盟させている。

また、85年、中曽根内閣時の電電公社の民営化に際しては、全電通の組織を温存するために、「民営化賛成・分割反対」の姿勢で政府に臨んで、NTTの分割を阻止した。87年に民間労組が先行して、全日本民間労働組合連合会を結成すると、副会長・会長代理に選出された。そして、89年、官公労も含んだ日本労働組合総連合会（連合）発足とともに初代会長となった。山岸の指導力による労働戦線の統一によって連合は組合員800万人を擁する巨大な組織となる。そして山岸はその組織力を背景に政治改革に乗り出す。

89年の参議院選挙（宇野内閣時）では社会党、公明党、民社党の三党協力のための受け皿としての「連合の会」を発足させ、全国で11名を当選させ、その

後は社公民の連合を進めた。宮沢政権期は山岸の存在感が大きくなってきた時期であった。92年に自民党竹下派が分裂すると、羽田・小沢（改革フォーラム21から後に新生党結成へ）が山岸に接近し、野党結集による政権交代のための協力を要請し、山岸もこれ以降、羽田・小沢との連携を強化していった。これが細川政権の樹立につながったのである。

山岸は後に回顧録も多く刊行しており、連立政権時にも著書を刊行しているが、この時期（連立政権発足前）の山岸の主張は『連合 世直しへの挑戦』によって確認することができる。この中で山岸は以下のように述べている。

まず、なぜ自民党一党支配になったのかということについては、山岸は「戦後政治史のスタートは一九五五年（昭和三〇）年であった。この年の一〇月一三日に左・右社会党が合同して統一社会党を結成。そのあと同年一一月一五日に保守合同によって自民党が誕生。その結果二大政党体制ができあがり、健全な議会制民主主義の基盤である政権交代の可能性を有権者に期待させた」（山岸、1992年、96頁）と55年体制の発足時の政治状況に言及している。

その上で山岸は「しかし、社会党の対応は全くまずかった。保守は一本にまとまったのだから、もう一方の政権の担い手となるべき社会党の責任は重大だったのに、社会党はその受け皿づくりに失敗した。社会党の悲劇はここから始まったと言ってよい」（山岸、1992年、97頁-98頁）と社会党が国民の期待通りの存在に成長しなかったことが自民党一党支配を許した原因だとの認識を示している。

そして、「では、自民党のどこに魅力があったのか。自民党はなぜ過半数の得票率を確保できたのか。まず、はっきり言えることは、政権を託するに足る野党が存在しなかったということである」（山岸、1992年、99頁）と野党陣営の体たらくが自民党の人気につながっていったとの見解を示している。

そして、山岸は60年代以降の自民党については批判的ではなく、国民の期待に応えて先進的な政策を打ち出していったと肯定的な見方を示している。そして、「政権与党が大活躍しているのに、一方の社会党はモタモタするばかり。六一年三月の社会党第二〇回大会で、河上丈太郎委員長、江田三郎書記長コンビがまとめあげた構造改革論に基づく運動方針を発表。ところがすぐ翌年の大会では、構造改革論を軸とした江田ビジョンが反対決議された」（山岸、1992

年、101頁）と述べ、山岸は現実に政権を担っていた自民党が懸案事項を順次解決していく中で、自民党に対抗すべく現実的な政策を主張しつつ、自民党政治とは違ったビジョンを示す野党が存在できなかったことを指摘している。

「江田ビジョン」で有名な右派の指導者江田三郎は構造改革論を主張し右派の代表的論客として社会党を改革しようとした政治家であったが、山岸は現実論線の江田が社会党内で多数派になれなかったことに、社会党の長期低落の原因があったとの見解を持っていた。そして、この時期の社会党に対しては、「野党、とりわけ社会党は、このような五五年体制以降今日までの日本の政治史から、必要な教訓を積極的に学びとるべきである」（山岸、1992年、104頁）として、社会党がイデオロギー政党から現実的な政策を備えた上で自民党に対抗する勢力に脱皮することを期待していた。

この書の中で山岸は「私は『社民勢力結集』ではなく『新たな政治勢力の結集』とか、『健全野党勢力結集』という言い方を意識的にしているつもりだ。ところが、社会党など一部の人たちは、『社民勢力結集』を強調し過ぎるきらいがある。これが公明党などから『おれたちはら外なのか』といった誤解や反発を生む原因になっている。私は、社民結集を強調しすぎるあまり、逆に健全野党勢力の結集が遠のいていくことを恐れる」（山岸、1994年、111頁）とも述べ、社会党、社民連、民社党の元々の出自が同じ社会党を中心とする勢力が一本化するだけではなく、自民党に代わりうる政治勢力には公明党も加わるべきだとの見解を示している。

また山岸は「『二大政党的体制』でいい、それを当面めざすべきだと考えている。この二大政党的体制は、アメリカのように共和・民主両党による保守二党制ではなく、イギリスに典型的に見られるような『保守対社民プラス中道』の二大政党的体制が好ましいと、私は思っている」（山岸、1992年、111頁-112頁）と述べている。

山岸はこの後、実際には自民党経世会（竹下派）を割って、自民党を出てきた羽田・小沢と急接近することになっていくのだが、政変の起こった93年の前年である92年の段階では、「保守対社民プラス中道」を志向していた。中道というのは、55年体制下においては民社党と公明党を指していた。このことからも、山岸は当時の政党でいえば、社会党、民社党、公明党、社民連が大同団結

したグループを自民党政権に対抗する一方の軸に育てようとしていたことが分かる。

実際には山岸は田中派—竹下派（経世会）の中枢にいた羽田・小沢と組むことになるのが、この時点で山岸は自民党出身者で「国民連合政権」に入れるべき人物のイメージについては、「……イメージ的にあえて名前を出せば、宇都宮徳馬氏とか田川誠一氏とか方々が頭に浮かぶ。また、自民党の中にも、そういうリベラルな発想を持った人は結構いるのではないかと思う。（中略）派閥単位ではなく、個々人単位で考えるのが妥当である」（山岸、1992年、113頁）と述べている。宇都宮も田川も有名な自民党リベラル派議員であり、田川は特に反金権政治の主張でも有名であった。

ここでは、この時点の山岸は経世会（竹下派）を割るという前提をつけた上でも羽田・小沢をパートナーとは想定していなかった。この時点での山岸はいくらソフトムードの羽田が一緒でも、新自由主義的な規制撤廃と国際社会において「普通の国」になることを掲げる小沢のような人物は連立のパートナーとは考えていなかったのであった。

また、山岸は「国民連合政権」はこの時点での野党、つまり社会党、公明党、民社党、社民連それに「連合の会」が中心であり、自民党から出てくる人物が中心であることはあってはならないと釘をさしている。また山岸はこの書の中で「政治改革の処方箋」として、1つはカネのかからないクリーンな政治、2つは、国民から信頼される政策本位の政治、3つは厳しい倫理観に裏打ちされたガラス張りの政治、4つは、民主主義国家にふさわしい政権交代可能な政治システムの確立を挙げている（山岸、1992年、118頁-127頁）。

ここで、この後の山岸のたどった道筋を確認し、その歴史的な評価を下しておきたい。実際の山岸は自民党を離党した羽田・小沢と急速に接近し、細川連立内閣の樹立において、影の立役者となった。山岸はその後、「連立仕掛け人」との異名を取るなど、労働運動家としては、異例の権勢を誇ることとなった。連合800万の組織人員を背景に社会党と民社党及び社民連に影響力を行使しつつ―山岸本人は社会党員でもあった―連合の組織票に魅力を感じる小沢（羽田）と交渉することのできた山岸が類まれなる指導力の持ち主であったとは間違いないだろう。後にも先にも、山岸と同じレベルで現実政治において実際的

な影響力を行使した労働運動家はいないといって過言ではない。

だが、個人としての権勢を誇り、「連立仕掛け人」として政権の枠組みの構築と実際の政権の政策に影響を与えた山岸ではあったが、この当時、山岸が意図していたことは現実化しただろうか。答えは否である。当時の山岸が構想したのは自民党の総体に対抗できる勢力の結集であり、その中軸は社民勢力であり、それに公明党をプラスし、そこに場合によっては自民党リベラル派—憲法擁護勢力を指していたことは間違いないだろう—を加えたものだった。

山岸が意図していたパートナーは広義の「反自民」ではあったものの、この「反自民」の内容まで厳密に考えれば、社会民主主義者の山岸のパートナーは小沢流の新自由主義者ではなかったのである。しかし、現実の日本政治においては—山岸の立場から見て不幸なことに—、自民党を割って出たのは、三木派の流れを汲む反金権政治を掲げる勢力でも、憲法擁護のリベラル勢力でもなかった。自民党を割ったのは、内政においては規制緩和を中心とする新自由主義的な改革を掲げ、外交においては積極的国際貢献を掲げる小沢（羽田）グループであった。

経世会（竹下派）の分裂した一方の勢力が「反自民」になった以上、山岸としてもこの勢力と組むしか選択肢がなかったとはいうものの、山岸の「反自民」のパートナーが小沢（羽田）であったことは、連合と山岸にとっては不幸なことであった。後に山岸は著書の中で、小沢との蜜月関係が長くは続かなかったことも明らかにしている（山岸、1995年b、47頁）。

だが、元々、目指していた方向性が違ったということを考えれば、この時期から本当であれば、小沢（羽田）は、山岸が組むべき相手ではないということは分かっていたはずなのであった。山岸が急速に小沢と接近し、やがて細川政権で、連合が小選挙区制（並立制）導入に賛成することになっていったことは、日本の労働運動、リベラル勢力にとっては、決して最善の選択でなかったことだけは間違いないであろう。

当時、山岸が示した政治改革論はどのように評価すべきだろうか。山岸がこの時期に提唱していた政治改革論及び政党再編論そのものまでが、そこまで非現実的ものだったとはいえないであろう。自民党に対抗すべき健全な野党勢力を結集すべきとの主張は今も説得力があるし、55年体制下での野党が結集して自

民党に対抗すべきだという主張は誤ったものではなかったと考えられる。

だが、山岸が犯した致命的な誤りは、小選挙区制度になれば、当時の野党勢力を結集した勢力が自民党に対し半分程度の議席を獲得できると安易に期待したことであった。実際の日本政界は、55年体制下の野党——社会党、民社党、社民連——を中心に改革が進められていったのではなく、既成政党の枠組みの外側から出てきた日本新党、または自民党の枠の外に出た保守勢力である新生党や新党さきがけ出身者が主役の座を奪っていった。

この後、社会党の体質改善は確かに進んだ。しかし、それは、社会党の党名変更から、96年の第1次民主党結成への流れの中で、社会党の消滅を意味することとなる。山岸が期待した社会党の体質改善と政策の現実化は社会党の消滅という形で現実のものとなった。この辺りまでは、山岸にも読めなかったのだろうが、それは仕方がなかったことなのかもしれない。

8　政治学者・ジャーナリストの立場

この時期、改革論議が政界のみならず論壇や学界でも盛り上がってきていた。本節では政治学者・政治ジャーナリストが当時、どのような言動をしていたのかについて見ておきたい。ここでは、政治改革が話題になっていた当時、積極的な発言をしていた政治学者の山口二郎、岡野加穂留、堀江湛、朝日新聞社の石川真澄の当時の改革論議を確認しておきたい。96年に刊行した書物で小選挙区制に反対していた小林良彰もいるが、小林については第6章で論じることとする。

8-1　山口二郎

山口は後に民主党のブレーンとして知られることになるが、この当時は、社会党（右派）のブレーンだった。山口は89年11月に『一党支配体制の崩壊』（岩波書店）を刊行しているが、この中で下記のように述べている。

まず、現状認識として山口は「八九年の参議院選挙における惨敗によっていっそう深まった自民党の混迷は、一党支配体制の破綻が近づいていることを物語る。八〇年代に展開された改革政治は、一党支配体制に内在する矛盾を収

拾するための試みであったが、この矛盾は弥縫策によっては解決できないほど深刻化している」（山口、1989年、270頁）と自民党一党支配が崩れ始めているとの認識を示す。

さらに、「では政治がこのような使命を果たすためには、どのような条件が必要であろうか。それを一言でいえば、対抗勢力を政治システムの中に根づかせるということになる」（山口、1989年、274頁）と自民党に対抗する勢力が日本の政治システムに根付かせることの必要性を説く。これは55年体制下での社会党は本当の意味での自民党の対抗勢力ではなかったという認識が根底にあったからであろう。

そして、「政治を再生し、理念や価値を追求するためには、政治を身内や仲間の中の閉じた営みから解き放つ必要がある。社会には様々な主張や利害を持つ人・集団が存在し、政治とはそれが対立しあうことによって営まれているという常識をこれから作ることが必要である」（山口、1989年、275頁）と述べ、保守の一元支配ともいうべき政治状況から、社会に存在する様々な主張や利害がそれぞれに対立しあって政治が営まれるという新しい常識を作っていくことの必要性を説いている。

また、「自民党が一党支配体制という多数派が決して負けないシステムを完成させたとたんに、自民党がかつてないほど脆弱になったというのはよくできた逆説である。（中略）我々は、日本の政治にいかにして権力と対抗勢力の競争的共存という習慣を打ち立てるか、という難問に直面している」（山口、1989年、278頁）と述べ、一党支配が崩れつつある中で、自民党に対抗できる政治勢力の構築こそが日本政治の最大の課題だという認識を示している。

山口の主張は一言でいえば、自民党の一党支配は自ら崩れたものの、その自民党に対抗すべき政治勢力は出現していないので、これを生み出し、日本の政治風土の中に根付かせていかなくてはならないというものであった。山口はこの観点から小選挙区制度の導入には賛成していくこととなる。

8-2 岡野加穂留

岡野は政治学者。特に比較政治学が専門。当時は明治大学法学部教授。この時期の岡野の主張を90年に刊行された『政治改革』（東洋経済新報社）から見て

おきたい。岡野も政治改革の必要性を説いていたが「(前略)民主政治の'三種の神器'は、選挙・政党・議会で、この三つが有機的に動かない限り、一つだけ改革してもダメであるが、なかでも一番大事なのは選挙制度である。選挙制度と政党制は関数関係にあるから、選挙制度を変えると政党制が変わるわけである」(岡野、1990年、116頁)として、選挙制度改革によって政党制を改革すべきとの指摘を行っていた。

当時、まだ続いていた55年体制と小選挙区制導入論議については、「日本は約三〇年間、自民・社会・民社・公明・共産という五つの政党によって、多元社会における思想の多元性と政党の多党化が定着しているが、小選挙区制を採用すると、大政党が有利となって小型の政党の存在が'行方不明'になってしまう危険性がある」(岡野、1990年、118頁)と述べ、基本的に多党制を支持する立場を表明している。

二大政党制待望論について岡野は「小選挙区になれば二大政党になり、そうなればイギリス方式で、労働党→保守党→労働党といった具合の与野党入れ替わりの政権交代が生まれるような議論は、現在の日本では、まさに、まゆつばものである」(岡野、1990年、122頁)と述べ、小選挙区制導入によって日本もイギリスのように定期的な政権交代の起きる状況が生まれるという言説には疑問を呈している。

そして、岡野は比例代表制に軸足を置いた選挙制度を理想と考えており、「比例代表制の特徴は、多元社会における思想の多元性を反映して、多党制(五党から七党くらい)が定着し、他の制度に比べて死票が少なくなるため、世論が反映して合理的であるといえる。さらに第一党は、制度の仕組みからいって絶対多数党とか、過半数政党にはならず、比較多数党であるがゆえに、政権交代も可能になるし、また安定した少数内閣か連立内閣になるケースが多い」(岡野、1990年、122頁)と述べている。

岡野は当時の中選挙区制による多党制、55年体制の制度疲労を指摘しつつも、小選挙区制によって二大政党制を人為的に作り出すという議論には与していない。岡野は多党制を理想と考えており、その意味においては、政権交代可能な二大政党制を模索する動きが多方面から出始めていた時期に、その立場に立っていなかったことは特徴的ではある。

だが、現実の日本は当時、多党制であったのだから、なぜ、中選挙区制を続けることは否定して、比例中心の選挙制度に移行することを理想と考えていたのかは不明である。岡野には結果として多党制を生み出す制度でも中選挙区制はカネがかかるが、比例代表制を中心にすると、多党制を維持しながら、政策中心の選択を有権者ができるようになるとの考え方があったのだろう。

8-3　堀江　湛

　堀江は政治学者で、特に選挙の分析でも知られる。日本選挙学会、日本法政学界、日本政治学会で理事長を歴任。後に地方分権推進委員会委員長代理なども務める。民社党のブレーンとしても活動した。当時、慶應義塾大学法学部教授。民間政治臨調の委員も務め、小選挙区制導入を推進した人物の一人である。また第8次選挙制度審議会の委員でもあり、選挙制度改革を論じる部会の委員長でもあったことから、政治学者としては、最も小選挙区制導入を推進した人物といっても過言ではない。

　堀江が最も活躍したのは、海部内閣期の第8次選挙制度審議会だが、海部内閣でこの改革案が廃案になった後も、民間政治臨調で小選挙区制導入について推進の立場から論陣を張った。堀江の主張は、細川政権になってからの93年9月に刊行された『政治改革と選挙制度』（芦書房）に見ることができる。

　まず、堀江も政権交代可能なシステムを作り出すべきという考え方を持っていたことが、「……政治腐敗の横行の原因として派閥政治と並んであげなければならないのが政権交代のないことである。（中略）もし政権交代があれば、新たに内閣を組織した政党は、前政権の腐敗や癒着、公私混同を厳しく洗い出すであろう」（堀江編、1993年、18頁-19頁）との主張から確認できる。

　そして、「政権交代の可能性があるということは、常に与党政治家に緊張感と自己規制をもたらす。政権交代は政治腐敗に対する最大の抑止力である」（堀江編、1993年、19頁）と述べ、政治腐敗の問題についても、政権交代可能な政治状況を作り出すことで抑止することができるはずだとの見解を示している。さらに、「政権交代が生じやすく、なおかつ安定政権が成立しやすい選挙制度としては、小選挙区制を挙げることができる」（堀江編、1993年、34頁）として持論を展開する。

先に述べたように堀江は第8次選挙制度審議会の中心メンバーであったから、堀江の主張は選挙制度審議会の考え方と全く同じものであった。厳密にいえば、堀江の主張が第8次選挙制度審議会の答申に全部、反映されたといった方が正確なのかもしれない。

「小選挙区制のもとでは、選挙は候補者の選択であると同時に、その候補者の所属する政党とその掲げる政策の選択でもある。いいかえれば、選挙区の候補者の中から代表を選択すると同時に、政党と政策を選択することを通じて、有権者は議会での多数党の党首が内閣を組閣するという意味で総理の選択をその手中にしている」(堀江編、1993年、35頁)との主張に見られるように、小選挙区制は政権選択の選挙になるので、この制度が最も理想的だとの立場である。

自分自身が海部内閣時代に主導権を発揮した第8次選挙制度審議会については、「審議会の意見が小選挙区制を主とし、比例区を従とする小選挙区比例代表制にまとまったのは小選挙区が政権交代の可能性があるばかりか安定政権が成立しやすい選挙制度であり、比例選挙において小選挙区選挙にはなじみ難い少数派の代表選出を保障し、少数派の利害を国政の審議に反映させようとしてのことであった」(堀江編、1993年、41頁-42頁)と述べている。

ここで、堀江は第8次選挙制度審議会については中立的な記述をしているが、第8次選挙制度審議会の選挙制度を設計する委員会の長は堀江自身であった。むしろ堀江の主張は審議会の多数派であり、堀江は自身の主張の線で審議会をまとめたと書いた方が分かりやすい感じがする。

8-4 石川真澄

石川は『朝日ジャーナル』編集部副編集長などを務めた。当時は朝日新聞の政治担当の編集委員だった。石川はこの時期、「政治改革＝選挙制度改革＝小選挙区制の導入」という認識が、マスコミにも広範に広まりつつある中で、明確に小選挙区制に反対していた。石川は海部内閣時代から羽田・小沢または後藤田・伊東らによって小選挙区制導入が提唱され、メディアが小選挙区制導入への賛否をめぐって改革派か守旧派かという分け方をし始めた直後から、強く小選挙区制に反対していた。ここでは『小選挙区制と政治改革—問題点は何か

―』(岩波書店、1993年) から石川の主張を確認しておきたい。

　石川はまず、小選挙区制導入論者によって拡散された俗説を「『一九八九年の参院選挙で、これまで自民党が圧倒的に強かった改選数一の選挙区 (一人区) 二六のうち、二三を野党が奪った。これこそが、小選挙区制にすれば政権交代の可能性が高くなることの何よりの証拠である』というものである」(石川、1993年、11頁) と指摘する。これは堀江や第8次選挙制度審議会の立場に対する批判である。

　そして、「小選挙区制論者の主張は、ほとんど例外なく選挙制度を『政権』をつくる都合という観点からのものとなっている。一言でいえば、『小選挙区制なら単独過半数政権ができ、比例代表制では連立政権になる。連立政権は困る』という文脈からの発想である」(石川、1993年、18頁) として第8次選挙制度審議会や後藤田や小沢らによって主張されてきた、選挙制度を改革することによって人為的に政権交代を起こそうという発想自体がおかしいということを指摘している。

　石川は「しかし、それは選挙区制を考えるうえでの第一義であろうかというのが、答申をはじめとする小選挙区制推進論に対する私の根本的疑念である。(中略) 国会の第一院をどのように組織するかということこそ第一に考えられねばならないと思うのである。答申では、そうした『代表』に関するどのような見解を基礎に置くかという問題が軽視されている」(石川、1993年、18頁) と述べている。

　石川は政権交代がないことが日本政治の根本的な問題だと考える論者たちが、安易に政権交代を起こすために選挙制度改革の必要性を説いていること自体に対して根本的な批判を行っている。そして、これは、「『政権』を第一義とするか、『代表』を第一義とするかは、単なる見解あるいは立場の相違としかいいようのない問題であろうか。そうではない」(石川、1993年、19頁) と述べ、立場の違いによって意見が割れるというレベルの問題ではなく、立法府というものをどう考えるかという議論こそが重要だと主張する。事実、この議論は、実際に自民党の「改革派」(羽田・小沢) や社会党の「改革派」(ニューウェーブの会やシリウス)、第8次選挙制度審議会において全く欠落していた議論であったといって良いであろう。

石川は「国政選挙は国権の最高機関である国会を組織するために行われるものである。結果的に内閣総理大臣の間接選挙のような機能を果たすとしても、直接には国会に国民の代表者を送り出すことが第一義である。(中略) 選挙制度に関して『代表』の性格を議論する以前に『政権』を論ずることは、はなはだしく本末を転倒するものであって、単なる見解の相違とするわけにはいかない問題である」(石川、1993年、19頁-20頁) として、政権交代を可能にするために選挙制度を変更すべきだとする考え方を根本から批判している。

そして、第2党以下の政党支持者の意見が議会に反映されなくなることへの懸念については、「小選挙区制の大きな欠陥の一つが、少数派の代表を議会に送りにくいことであるのは間違いない。小選挙区制で『二大政党』の得票率比と議席率比との間には『三乗の法則』が成り立つことも、少数意見が反映されないことの一つのあらわれであるが、事態は『二大政党』の外側にある第三党以下の弱小勢力において深刻である」(石川、1993年、23頁) と述べている。

8-5 小　括

本節では代表的な4人の人物(政治学者3人、新聞記者1人)の当時の政治改革に対する意見を見たのだが、明確な論拠を示して小選挙区制度導入に反対していたのは石川だけであった。

堀江は第8次選挙制度審議会、民間政治臨調で小選挙区制導入を推進した人物だから、当然であるが、小選挙区制に賛成している。岡野は比例代表に軸足をおいた選挙制度によって、結果として多党制になり、その中で組み合わせごとの政権交代が起こることを想定していた。

4人を小選挙区制に対する賛否だけで分けると、石川・岡野と山口・堀江という分け方になるが、堀江と山口は同じ賛成派であっても、スタンスは違ったといえよう。堀江も山口も政権交代可能な二大政党制志向という意味では共通点があった。だが、堀江が革新政党の成長によって自民党と社民勢力による政権交代というよりは、保守二党による政権交代可能な体制に近い考え方だったと思われるのに対して、山口は政権交代可能な二大政党制の一方の主役には改革に成功した社会党(西欧型社民党)を想定していたからである。

まさにこの堀江と山口の同じ小選挙区制への賛成者でありながらも微妙に違

うスタンスこそは、ここまでの節で見た小沢（羽田）らの立場と社会党（改革派）や山岸らの違いでもある。小沢（羽田）らの志向した政治改革とは自民党政治の否定であったが、それは談合や金権体質に見られる自民党的なるものへの批判とともに、日本型民主主義（単純な多数決主義ではなくプロセス重視の全会一致主義）への批判でもあった。

　一方、山岸（や立場の近かった江田）が目指したのは、自民党政治を否定して、その後、小沢の主張する新自由主義、自己責任の政治に舵を切ることではなく、自由民主党の対抗軸には社会民主党—後の社民党ではなくこの時点で想定されていた、社会党、社民連、民社党の合併プラス保守勢力の中から個人的にリベラル派を加えたイメージを想定した勢力—であった。

　いわば、「異なった二大政党へのイメージ」が混在一体となって、既存の自民党と社会党を否定しさえすれば「改革派」と呼ばれていったのであった。これが海部内閣期から宮沢内閣期の日本政治の状況であった。

　だが、この議論—政権交代可能な制度ということは乗れても、自民党に対抗する政党はどのようなイメージなのかという議論—を社会党改革派（及び連合の山岸）がおろそかにして、安易にこの後、小沢（羽田）と手を組んだことは、自らの勢力を減退させ、やがて日本政界から社民勢力が実際の勢力程度の議席すら取れない状況に自らを追い込んでいく引き金となった。

　この時期に石川以外に、新聞等のメディアで明確に小選挙区制に反対した人物が見当たらないことは、制度改革によって自分たちが理想とする政治体制が生まれると考えた人物が社会党（右派）支持者や社会党の変革に期待するリベラル陣営の側もいかに多くいたかということの証左であろう。

おわりに

　前章では自民党の「改革派」の中にすら小沢（羽田）と後藤田（伊東）の異なった流れがあり、小沢・羽田と後藤田・伊東という４人だけが、選挙制度改革に熱心であり、この４人が海部に発破をかけていたということを指摘した。しかし、宮沢内閣期になると、そもそも自民党の党内改革から発し、旧内務官僚の発想が根底にあった後藤田型の改革論は影をひそめ、『日本改造計画』の

実行のために必要な選挙制度改革を唱える小沢が優勢となっていった。

あえて、自民党内にこの時期、後藤田型の流れを見つけるとそれが、「小さくともキラリと光る国」路線を提唱した武村であったともいえる。だが、武村も93年の総選挙の前に突如、自民党を離党して新党さきがけを結党するまでは、自民党内で路線闘争を行っていたわけではない。この時期の改革論議は「小選挙区制の賛否」から小沢の『日本改造計画』で示されたような国家観や国際関係での日本の立ち位置に賛同するか否かという部分に対立軸ができつつあった。だが、それは明確に顕在化してはいなかった。

この後、連合の山岸や山岸が期待した江田は「反自民」という共通点のみで、小沢や武村と手を組むことになっていく。この両者が手を組んだ政権が細川政権だが、そもそもの無理がたたり、細川・羽田内閣は足しても10ヶ月で終焉した。その後、社会党は小沢の政治手法への反発から55年体制の仇敵だった自民党と手を組む（村山内閣・橋本内閣）ことになるのだが、これは次章以降の話である。

以上、ここまで宮沢内閣期における代表的な政治改革論議について見てきた。まず第1に、宮沢首相自身が自らの手で「政治改革」を行うことに失敗した原因を考えたい。この理由を一言で述べれば、この時期には「政治改革」の意味するものが、前政権の海部内閣期とは明確に異なってきた中で、宮沢首相自身は明確にはこのことに気が付いていなかったということである。

そもそも政治改革論議自体は、後藤田によって提唱された『政治改革大綱』への賛否、つまりは小選挙区制へ賛否が議論の中心であった。海部内閣期にはこの改革案（海部3案）は廃案になるのだが、しかし、この論議自体は宮沢政権にも宿題として持ち越された。

そして、宮沢自身も紆余曲折を経ながらも、政治改革を断行するとの基本路線を維持し、何度かの挫折を経て、小選挙区制の導入を決意した。だが、宮沢自身のリーダーシップの欠如も大きな問題であったものの、この時期には「政治改革」の意味する内容が広範になってきていた。宮沢自身も選挙制度の改革には挑戦していたことには間違いがないのだから、「改革派」ではあった。

海部内閣期には後藤田・伊東と羽田・小沢しか選挙制度改革に熱心なものはいなかった。だが、この時期になると、選挙制度改革論議は厳然と議論の中心

に存在しながらも改革論議は、選挙制度改革の枠を超えて広がっていった。首相であった宮沢がこのことに明確には気付かなかったことが、宮沢が55年体制下で最後の自民党首相という不名誉な役割を担うことになった原因である。

　第2になぜ、百家争鳴の改革論議がこの時期に出てきたのかを考えたい。これは宮沢内閣期に実は既に55年体制が崩壊していたからである。一般的には55年体制の崩壊は、93年の総選挙によって起きたとされる。確かに自民党が政権を失い、社会党が壊滅的敗北を喫したという意味においては、それは間違いないことである。だが、事実上の崩壊は宮沢内閣期に起きていたということがいえるであろう。

　その主要因は、東西冷戦が終焉したことによって、冷戦構造を凝縮した形で日本の国内政治に持ち込まれていた保守と革新の対立が事実上、意味をなさなくなってきていたことにある。したがって、この時期にはポスト冷戦期の政治のあり方をめぐって、百家争鳴の政治改革論議が起こり始めたのであった。

　しかし、首相であった宮沢自身が戦後を代表する国際派の自民党政治家でありながら、このことを明確に意識できていなかった可能性がある。仮に宮沢が自身の政権の時代に起きている事象をもっと正確に把握していれば、前政権の宿題である選挙制度改革だけではなく、もっと広範な問題に対する処方箋を示すことが必要であると気付いたはずである。

　次にこの時期の改革論の特徴を見ておきたい。まず1つ目は政権交代の必要性を説くものである。全ての改革論議にこれは共通だった。細川、小沢、山岸、学者の山口、堀江などにも共通している。つまりこの時期の改革論議はほぼ全てが、日本政治の腐敗や沈滞の原因を自民党一党支配に求め、政権交代可能な政治体制を日本に構築することの必要性を説くという共通点があった。

　しかし、この中にも様々なタイプの議論があった。政権交代可能な政治を構築することそのものを第一義的な目的とする議論から小沢のように、改革の中身を示した上で、その改革を行うには選挙制度改革が必要だとするものまであった。この時期の議論は明らかに海部前政権時代とは変化していた。

　勿論、海部時代にも小沢は宮沢時代と同じような主張を始めていたのだが、海部前政権時代の後藤田や伊東は、選挙制度改革を行った後の日本政界の姿にまで言及していたわけではなかった。海部内閣期は選挙制度改革に賛同するか

否かだけが「改革派」と「守旧派」を分けるものであったが、宮沢内閣期になると、制度改革と制度改革後の日本政治、国際社会での立ち位置についての議論まで含めて「政治改革論議」となってきた。

政権交代可能な政治の必要性を説くものがほぼ全てだった。これが、この時期の改革論議の特徴ではあった。だが、その方向性にも幅があった。しかし、この時期は単純に「改革派」か「守旧派」かという議論がなされただけで、その「改革派」の幅についての議論はあまり存在しなかった。

「環境立国」と「小国主義」を説いた武村なども特徴的であったのだが、最もインパクトがあったのは小沢が示した「普通の国」論であったことは間違いない。なぜならこの「普通の国」論は戦後日本のあり方を全面的に改革するものであったからである。自衛隊を国連の常備軍の傘下に入れるという小沢のアイデアは当時、多方面から賛否両論を巻き起こした。

武村の「小さな国」論は小沢の国家観には対抗するものであったが、武村はあらゆる政策分野について全面的に改革案を示したということはなかった。細川と小沢も、目指すべき方向性としては、似て非なる改革論議を行っていたが、規制緩和や地方分権の部分は重なっていた。

これに対し連合の山岸が示した改革案は、政権交代可能な政治の必要性を説きながらも、自民党の保守的体質（日本型民主主義）に対して、自己責任という言葉に代表される新自由主義的価値観を説いた小沢とは逆に、自民党の保守的政策（経済的自由主義）に対して社会民主主義的な勢力の結集を念頭に置いたものであった。

小沢の敵が自民党内の日本型民主主義（談合政治）であったのに対して、山岸の批判する先は社会党内の社会民主主義に脱皮し切れない左派勢力であった。山岸は反自民であると同時に反共主義者でもあり、社会党内で左派に対して、対立的な立場を一貫して取ってきた。

こう考えるとある意味、社会民主主義的であった当時の自民党（田中派-竹下派）を批判した小沢（新自由主義）とまだ残っていたイデオロギー左翼を批判し現実路線（つまりは、これが社会民主主義路線）への社会党全体の脱皮を標榜していた山岸は、全く関係のない別々の敵とそれぞれ闘っていたのであった。しかし、羽田・小沢は自民党離党後、山岸とは奇妙に共闘し、山岸も「連立仕掛け

人」などといわれ、細川政権樹立の主役の1人となった。

　このような奇妙なことが起きたのは、この2人には1つだけ共通点があったからだと考えられる。それは、小沢と山岸は、55年体制下の自民党と社会党に対してはそれぞれ批判的であったということである。自民党を批判し離党することになる小沢、社会党左派を批判し社会党の政策転換を求める山岸。この2人は目指すべき方向性には距離があったもののアンチ55年体制という共通項だけで結ばれていくこととなったのである。

　最後にこの時代の改革論議全体への評価を行って本章をまとめたい。この時期の改革論議は全体としては評価に値するものであろう。それは必然的に起こったものであったとしても、ポスト冷戦期の日本のあり方について、国内においてはポスト55年体制の日本政治について、様々な角度からの議論が起きて、それらの議論は後の日本政治に大きな問題提起を行ったからである。

　だが、本書では、その中味についての類似点と相違点までの議論が充分になされることなく、結果としては選挙制度改革を行えば、全てがうまくいくという議論に収斂していったことについては、厳しく批判しておきたい。

　この時期の改革論議はほぼ全てが、日本政治の沈滞と腐敗の原因を政権交代が起きないという点に求め、そして、政権交代可能な政治体制の構築こそが改革を可能にするもの、または改革を加速するものとして論じられた。それは40年近く政権交代が起きていなかった日本政治の現状から考えてみれば、当然のことであったのかもしれない。このことも当時の「時代の道徳性」というべきものに配慮すれば充分に理解はできよう。

　だが、この時期に決定的に欠けていた議論は、政治の中味の改革論議と、国内にある多様な政治的立場、政治的な意思を議会に反映させるべきかという議論であった。全てが政権交代必要性とどの選挙制度が政権交代を可能にするかという観点のみで議論され、小選挙区制導入が推進されていった。

　魅力的な政治改革論議がなされていた90年代初頭の日本政治だったが、結局は小選挙区制の導入による、政権交代可能な政治システムの構築という議論が大勢を制してしまった。この乱暴な議論はこの後の日本政治に大きな禍根を残し、その災いは今日の日本政治にも続いているといわざるを得ない。

　細川内閣時に、現在の選挙制度が決定されることとなる。この時期には選挙

制度改革によって政権交代を生み出す必要があるという議論が全てを制した。改革の中身は議論されず、選挙制度改革に踏み込まないものは改革論議ではないとの流れが誰しも抗することのできない勢いとなっていったのであった。

1) 後藤田正晴は様々な発言を後（1998年『情と理』（上・下）や1999年『後藤田正晴―二十世紀の総括―』（社会経済生産性本部21世紀へのメッセージ刊行委員会編、生産出版））にも、この頃までにも（1988年の『政治とは何か』）している。だが、この頃、小沢一郎が構想しつつあったことと、後藤田の意見はかなり異なっていた。後藤田は自衛隊について「…いかに苦しい立場に立たされても、武装部隊は海外には派遣しないという原則は守り通してもらわなければならないと思う」（後藤田、1988年、101頁）と述べている。小沢が「普通の国」論を唱える部分と違った見解である。
2) この流れの源流は吉田茂元首相にある。この系譜は池田勇人（元首相）-前尾繁三郎（元衆議院議長）-大平正芳（元首相）-鈴木善幸（元首相）と続いた流れであり、宮沢喜一はこの流れに位置する最後の継承者であった。
3) 本稿における宮沢の経歴は、御厨貴・中村隆英編『聞き書　宮澤喜一回顧録』（岩波書店、2005年）の「宮沢喜一関係年譜」の356頁-359頁を参照した。
4) 平野貞夫氏の筆者への証言によれば、宮沢と小沢は親しく、宮沢の推薦は小沢の意向であったという。平野氏によれば、前尾元衆議院議長の弟分が宮沢であり、末弟が平野氏であったという。また、平野氏と小沢が親しかったことから、宮沢と小沢も親しかったという。また小沢は宮沢を尊敬していたという。
5) 平野氏の筆者への証言によれば、この時、小沢は宮沢を助けるため、平野氏と一緒にウルトラCの収拾案を作り、平野氏が宮沢に持ち込んだが、宮沢は逃げたとのことであった。
6) 平野氏の筆者への証言によれば、この時、自民党国会対策委員長の梶山静六と社会党の国会対策委員長の村山富市の間で政治改革法案を廃案にする密約があったという。
7) 小沢、羽田孜、橋本龍太郎、小渕恵三、梶山、奥田敬和、渡部恒三の7人を指す。田中角栄によって育てられた政治家たちであったが、この7人が竹下系と金丸系に別れていった。羽田は中立的な立場だったが小沢と行動をともにするようになる。
8) 山花貞夫はこの後、1993年の総選挙で社会党が大敗を喫した後に連立政権に入り政治改革担当相となるなど数奇な運命をたどる。これは小沢によって据えられたポストであったが、この時点では山花と羽田・小沢の間には共通の目的はなく交流もなかった。
9) 民間政治臨調の提案した連用制の中身は、総定数が500、小選挙区定数が300、比例代表定数を200とするものであった。連用制の特徴は当選人の決定の仕方であった。小選挙区制の方は単純に第1票により、相対多数者1名が当選人になるというものであった。比例代表の当選者の決定方法が複雑であった。まず、第2票を政党別に集計し、比例定数の議席をドント式で各党に配分するというものであったが、ドント式の除数は、各政党ごとにその政党の小選挙区での獲得議席＋1から始めるというものであった。
10) 小沢の経歴については小沢『日本改造計画』（講談社、1993年）などを参照して記述

した。

11) 細川護熙の経歴については細川編『日本新党・責任ある変革』(東洋経済新報社、1993年)などを参考にして記述した。
12) 武村正義の経歴については武村『小さくともキラリと光る国・日本』(光文社、1994年)や御厨貴・牧原出編『聞き書　武村正義回顧録』(岩波書店、2011年)を参照した。
13) 武村は後に回顧録で「あの頃、『日本改造計画』が出たんですね。(中略)「普通の国」という主張にわりあい支持も広がりつつあって、アメリカも強くそれを要請していた。私どもはそれには賛成できないという気持ちが鮮明だったから、あえて「ハト派」と自称したのも、「普通の国」は目指すべきではないと考えたからです」(御厨・牧原編、2011年、98頁)と述べている。
14) 後の首相鳩山由紀夫は新党さきがけの創設メンバーであり、同じく後の首相菅直人も社民連から新党さきがけに参加した。菅は自社さ政権で厚相を務める。日本新党から新党さきがけへ参加したもので、民主党政権時に主要閣僚を歴任したものには、前原誠司、枝野幸男などがいる。
15) 山岸章の経歴については山岸『「連立」仕掛人』(講談社、1995年)などを参照して記述した。

第4章　細川内閣期
―1993年8月〜1994年1月―

はじめに

　本章では細川護熙内閣期における政治改革に関する政治過程と当時の議論を追う。宮沢喜一内閣は政治改革に対する失敗の責任を追及され、1993年6月18日、野党によって不信任案を提出された。野党の提出した内閣不信任案は自民党の羽田・小沢派が賛成したことにより可決され、宮沢は衆議院解散に踏み切った。[1] この結果、93年7月18日、第40回衆議院議員総選挙が行われたが、この選挙で自民党は過半数を割り込んだ。[2] この総選挙の主要政党の獲得議席は、自民党223、社会党70、新生党55、公明党51、日本新党35、民社党15、新党さきがけ13、社民連4、共産党15議席であった。

　自民党は223議席を獲得したものの、宮沢内閣への不信任案が可決された直後に羽田孜・小沢一郎の新生党と武村正義を代表とする新党さきがけが結成され、議席が大幅に減った状況で総選挙を戦った。この結果、自民党は過半数を失った。選挙後、しばらくの間は次期政権をめぐって水面下での与野党の交渉が行われた。しかし、自民党との連立に可能性を残していた新党さきがけが（当時の）野党による連立政権への参加に舵を切ったことによって、7党8会派による細川連立政権の誕生が93年7月25日に確実となった。

　この7党8会派による連立政権樹立の中心的な人物は新生党代表幹事になっていた小沢であった。小沢は首相（候補）に連立政権を組む政党では第4勢力に過ぎない日本新党代表細川を担ぎ出した。[3] この連立政権に参加を決めた政党及び会派は議席順に日本社会党、新生党、公明党、日本新党、民社党、新党さきがけ、社会民主連合、連合参議院であった。連合参議院だけは政党ではなく参議院の院内会派であった。

　小沢が第4勢力の代表に過ぎなかった細川を首相として担いだのは、細川の

171

イメージの良さもあったが、他の3政党の党首はそれぞれに首相にするには難があったという面もあった。連立政権を構成する政党の中では社会党が最大勢力ではあったものの、社会党は選挙前に比較して議席を66議席も減らし、山花貞夫委員長は責任を問われていた。事実、この後、山花は社会党委員長を辞任することになる。[4] 連立政権を構成する政党では最大勢力であるといっても、歴史的大敗北を喫した山花には首相になる資格はなかった。

第2党は新生党であり、選挙では55議席を獲得したが、[5] 羽田のバックには最高実力者の小沢がいるということが広く知られている状況で、羽田の首相就任は権力の二重構造をあからさまに意識させられるものであり、羽田も首相になるには違和感があった。第3党の公明党は創価学会が母体の宗教政党であったから、党首の石田幸四郎委員長が首相になることにも違和感が強かった。

その点、細川は第4党の党首ではあったものの、さわやかなイメージと時代の変わり目を象徴する人物として首相には最も相応しい人物と目された。議会内の最大勢力の党首(連立政権なら与党第1党)が首相に就任するというこれまでの慣習から考えれば多少の違和感はあったものの、細川の登場は広く国民に新しい政治の幕開けを印象付けた。[6]

細川率いる日本新党はこの選挙で35議席を獲得したが、当選者は全て新人議員であった。これも国民に大きなインパクトを与えた。当選3回程度の若手議員が主体であった新党さきがけにしても、経世会の内部分裂によって誕生した新生党にしても、既存の政治家が自民党を割ったことに違いがなかった。これに対して日本新党の特徴は、これまで自民党にも社会党にも属したことのなかった、手垢の付いていない若者を大量に擁立し当選させたことであった。[7]

細川内閣は過去5年間にわたって日本政治の懸案であった政治改革を一応は成就させた。リクルート事件をきっかけに竹下登元首相が宣言して始まった政治改革は竹下、宇野宗佑、海部俊樹、宮沢という4代の自民党政権ではことごとく失敗に終わってきていた。だが、この政治改革を推進していた小沢・羽田が自民党を離党し、93年7月の総選挙後に55年体制時の野党勢力(共産党を除く)と連立を組んだ細川連立内閣において選挙制度改革と政治資金規正法の改正を中心とする政治改革は、一応、成就することとなった。

本章では2つの問いを設定したい。まず第1に、細川内閣期に「政治改革」

第4章　細川内閣期

がついに成就した理由は何かを考えたい。細川は元々、小沢と同じ小選挙区論者でもなかったし、二大政党論者でもなかった。[8]しかし、結局、細川は小選挙区制を中心とする選挙制度改革を成し遂げることになった。なぜ、このようなことになったのだろうか。

次に細川連立政権の与党は、新生党、新党さきがけを除くと自民党政権下の野党であった社会党、公明党、民社党、社民連であったが、自民党政権下の野党、細川政権下での与党に選挙制度に対する考え方の変化がなぜ起こったのかを考えたい。

小選挙区を中心とする選挙制度に終始一貫して反対したのは共産党だけであり、その他の野党（当時）は自民党の出してきた小選挙区比例代表並立制（海部3案も並立制であったし、宮沢も最後は単純小選挙区制を撤回して並立制を提出した）には反対でも「併用制」までは受け入れていた。その意味においては「並立制」も「併用制」も小選挙区制であり、野党も広義の小選挙区制を受け入れる手前まではきていた。

しかし、「並立制」の本質は小選挙区制であり、最初に比例の得票数によって議席を決める「併用制」の主張から「並立制」容認への転換は非常に大きなことであった。なぜ、細川政権になって（自民党政権時の）野党、細川政権時の与党となった各党は「並立制」を容認するに至ったのであろうか。

なお、細川連立政権は93年8月9日から94年4月28日まで存続したが、本章では、政治改革関連法案について細川首相と河野洋平自民党総裁が合意した94年1月末までを記述の対象とする。

細川連立政権はまさに政界再編によって誕生した。だが、政界再編は細川内閣期に始まったばかりであり、この政権によってその後の政治勢力のあり方が固定化したわけではない。

海部内閣期に水面下で動き始めていた政界再編の動きは、宮沢内閣期に経世会の分裂や社会党内の変化などによって表に出る形となってきていた。また、92年7月26日第16回参議院議員通常選挙で日本新党が4議席獲得するなど、目に見える形で55年体制は揺らぎつつあった。

宮沢内閣期には当初は羽田が宮沢内閣の蔵相として入閣していたが、羽田・小沢と宮沢の間の亀裂は徐々に明らかになった。92年6月に経世会（竹下派）

の後継をめぐって羽田・小沢が敗北して以降、羽田・小沢派は積極的に「政治改革」の旗を掲げて野党勢力との接触を重ねる。そして、羽田・小沢派は宮沢内閣不信任案に同調する。そして、不信任案可決の日に武村らが小沢らに先行して離党し、93年6月18日、自民党は分裂した[9]。

　細川政権とそれまでの海部・宮沢政権との決定的な違いは、政権の担い手、つまり与党が変わったということであった。政治改革論議という部分に着目すれば、それまで自民党内にいた小沢が自民党を飛び出し、自民党政権時の野党と組み、政権の中枢に復帰したということが特徴であった。

　小沢は海部内閣期には積極的に小選挙区制の導入を試みたが、91年4月の都知事選敗北の責任を取って幹事長を辞任してからは一線を退いていた。そして宮沢政権下でも羽田が積極的に政治改革を唱えてはいたが、小沢自身が宮沢政権の要職について小選挙区制を推進したということはなかった。この視点から見ると、細川政権は海部内閣期の前半以来、小沢が政権運営の中心に座った政権だったということがいえる[10]。

　細川政権は自民党から55年体制下の野党と自民党離党組などに権力が移った政権だが、小選挙区制導入に最も強い意欲を示していた小沢が海部政権以来、政権運営の中心に収まった。そして、細川連立政権の各与党は結局、従来の政敵であった小沢の持論をそのまま実行するということになったのであった。

　宮沢内閣期の「政治改革」には3つのレベルがあった。最も上のレベルのものは、広義の「政治改革」である。次のレベルは海部内閣期に提出された「政治改革関連3法案」そのもので、第8次選挙制度審議会『答申』の内容である。そして、もう一段低いレベルの「政治改革」は「関連3法案」から「選挙制度改革」を引いたものであった。

　「政治改革」の意味するものは細川内閣期になるとかなり変化していた。細川自身が政治改革を唱えて政界に新風を巻き起こしたように、この時期の「改革」とは、選挙制度改革を超えた、大きな構造的な改革を意味するものであると国民も意識をし始めていた。細川内閣には首相になった細川、最高実力者小沢の他に武村も参加していたが[11]、この3人はそれぞれ、ポスト55年体制の日本の国際社会での立ち位置や内政の改革についての持論を示していた。

　このために、制度疲労を起こしていた自民党と社会党[12]による55年体制に対し

て新しい政治が始まったとのイメージは国民にかなり浸透しており、細川内閣は高支持率でスタートすることとなった[13]。しかし、改革の内実ははっきりしておらず、目に見える「政治改革」とは、結局のところ、細川内閣でも選挙制度改革の問題に矮小化された。

1　1993年総選挙前の動き―連立協議の開始―

　細川連立政権が93年7月の総選挙の結果を受けて発足したことは、よく知られていることであるが、実は非自民連立政権を模索する動きは、既に選挙前に始まっていた。社会党を中心とする野党が宮沢内閣に対して提出した不信任案に同調し、自民党を割った当時の羽田・小沢が新生党を結成したのは、93年6月23日であった[14]。

　また、武村を代表とする新党さきがけは、羽田・小沢の新生党より2日早い93年6月21日に結成された。自民党を割って結成された保守2新党は、総選挙前に野党との交渉を始めた。しかし、新生党（羽田・小沢）と新党さきがけ（武村）には既存野党との距離の取り方において、少し差異が見られた。

　まず、総選挙後、「連立政権」を樹立することが新生党と社会党、公明党、民社党の4党間で合意された。これに対して、日本新党と新党さきがけは、距離をおいてこの動きを見守るという態度をとった（朝日 1993.6.25）。

　また、選挙後の連立政権が現実味を増してくる中で、社会党内では小沢を中心とする新生党と組むことへの反発も起こり始めた（朝日 1993.6.25）。これはいくら羽田・小沢の新生党が「非自民改革派」を標榜しようとも、元は田中派・竹下派の中枢にいた勢力を単純に「非自民」とは見なせないという考え方が社会党内には、特に左派を中心として根強くあったからである。この頃、野党党首からは、選挙後の政界再編についての発言も積極的になされていた。社民連の江田五月は選挙後に野党再編が必要との見解を示し（朝日 1993.6.25）、武村は将来的には二大勢力の誕生が理想だとの見解を示していた（朝日 1993.6.26）。

　江田は、選挙後の見通しについて、新聞紙上のインタビューで以下のように発言している（朝日 1993.6.25）。

(前略)
——社民連の役割は終わったのですか。
江田：選挙後に野党も再編成し、新党的脱皮を図る。これは不可避だ。
——社会党は解体ですか。
江田：一番問われるのは社会主義からの脱却だ。連立政権を運営していく過程で、いろんな意見が出て、協力するわけにはいかないという争いが出てくるかと思う。そういう人はどうぞ政権から退いて下さい、というしかない。
——政権はかなり間近にありますか。
江田：まだ楽観していない。自民党はしたたかだし、陰謀もたくらむだろう。
——連立を目指す側に一番大切なことは。
江田：政権を取るためには、すべてのことを乗越えようという意欲だ。
——野合になりませんか。
江田：違いがあるのに一緒に一つの仕事をするのが野合というなら、野合でいいじゃないかと思う（朝日 1993.6.25）。

　この時期、最も勢いがあったのは、日本新党であった。6月27日執行の東京都議会議員選挙では大躍進をとげることとなった。6月末になると新生、社会、公明、民社、社民連の5党は、総選挙協力で合意した（朝日 1993.6.28）。[15)]
　この5野党党首の合意が総選挙後の連立政権の樹立につながっていく。5党の合意の特徴は小沢の主導する新生党と55年体制下の野党が先に連立政権樹立の合意をしたという部分であった。日本新党と新党さきがけは、自民党に対しては批判的だったが、新生党とも微妙な距離を保っており、この時点で7党が選挙後の連立政権樹立の合意をしていたわけではなかった。
　総選挙前の動きを見ると、野党連立による非自民政権の枠組みはまず、小沢の主導する新生党の側から作られ始めた。社会党は先の都議選において敗北したが、それでも総選挙後の連立政権路線は維持された（朝日 1993.6.28）。社会党の凋落ぶりは目を覆うものであり、都議選では改選前の35議席から21議席を減らし14議席にとどまり、勢力の減退は著しかった。
　しかし、社会党は、党内に様々な意見を内包しながらも、自民党に代わりうる政権を目指してきた建前から、野党連立政権を否定する論拠を見つけることまではできなかった。55年体制下での野党（社会、公明、民社、社民連）に新生

党を加えた5党は選挙後の連立政権樹立に合意をした。野党5党が総選挙での協力と、選挙後の連立政権樹立の方向を目指すという流れの中で、社会党委員長の山花は連立政権の首相に意欲を示し始めた（朝日 1993.6.29）。ただし、山花も新生党との連立を無条件に歓迎していたわけではなかった。

　山花は野党第1党の党首の立場から、選挙後の非自民連立政権樹立には合意したが、同時に小沢に「けじめ」も要求した（朝日 1993.6.29）。小沢が求められていた「けじめ」とは、竹下政権誕生前の皇民党事件に対する疑惑や、巨額脱税事件で逮捕された金丸信前自民党副総裁との関係などについてであった。[16]

　歴史的な政権交代をもたらすこととなった93年の総選挙であったが、選挙直前の時期の野党にも大きくは3つの立場があった。大きく見れば、連立政権樹立に合意した社会、新生、公明、民社、社民連の5党と自民党とも非自民勢力とも距離を置いていた日本新党と新党さきがけの2つに分けることもできる。この構図は、選挙中にはっきりしてくることとなった。だが、連立に合意した5党の中の社会党と新生党を含む4党との距離にも微妙なものがあった。

　また社会党も新生党もそれぞれに問題を抱えていた。このことは、選挙中にははっきりしなかったが、細川連立内閣が発足した後に顕在化してくる問題でもあった。性格の全く異なるこの2つの政党が内在的に抱えていた問題は次のようなものであった。

　社会党の抱えていた問題は、党内にいまだに最左派を含む一定数の左派勢力を抱えていたこと、そして、都議会議員選挙の結果に明確にあらわれたように、もはや、社会党が自民党に批判的な有権者の投票先とはならない状況が明確になってきていたことであった。この傾向は土井ブームが去った後、顕著になっていた。

　この後の総選挙でも社会党は敗北し、連立政権に入閣した山花は自党の党首を辞任するということにつながっていくのだが、この時点でも自民党への批判が高まっても、社会党がそれに代わる政権樹立を有権者に期待されてはいないという状況は決定的なところまできていたのであった。

　一方、新生党の抱えていた問題は、いかに小沢が羽田を党首に立て、自民党批判を行い「改革派」を標榜しても、小沢自身に付きまとう暗い影があったということである。小沢については、ストレートに「改革派」というイメージが

有権者に浸透しなかった。自民党政権下―竹下、宇野、海部、宮沢政権―で権力の中枢にいた小沢への強権的なイメージは、短期間では払拭されなかった。

そして、この社会党が抱える問題と小沢の抱える体質に起因する問題は、次の細川政権が短命に終わった理由にもつながっていく。だが、55年体制を終わらせようとするという点でのみ一致していた野党各党は、この時点で、各々の政党の抱えるこの問題を表には出さないように努めた。メディアの中にも敢えてそこはあまり批判的に報道しない動きもあった[17]。

細川政権では、左派を抱えていることから、他の連立与党に馴染みきれなかった社会党だけが意思決定のプロセスから外された。また、一方、強引な小沢の政権運営への批判が新党さきがけの武村との間に確執を生むことになった。その芽は既にこの時期にあったといえるだろう。

2 「並立制」推進での野党7党合意と細川連立政権の誕生

戦後政治史に残ることとなる政権交代の引き金となった第40回衆議院議員総選挙が、93年7月に執行された。選挙前に日本新党代表の細川は、新党さきがけとの合流を表明した（朝日 1993.7.1）。7月4日、衆議院議員総選挙が公示された。だが、選挙前には選挙後の政権がどのような枠組みになるのかは、有権者にとっては、全く不透明であった[18]。

既に野党5党は選挙後の連立政権樹立を目指すことで合意はしていたが、細川は自民党との連立にも含みを残したからであった（朝日 1993.7.4）。この選挙は具体的な政策争点についての賛否が問われた選挙ではなかった。

宮沢内閣は政治改革の失敗の責任を問われて、内閣不信任案が自民党の造反議員の賛成によって可決されたが、自民党も、政治改革の旗を降ろしたわけではなかった。そして、この選挙では政界再編自体が争点となっていた。その意味においては、過去の衆議院総選挙とは性格を異にする選挙であった。

社会党委員長の山花は選挙後連立政権の主軸を目指すと主張した（毎日 1993.7.6）。自民党の梶山静六は腐敗防止を最優先すべきだとの宮沢政権末期の主張を繰り返した（毎日 1993.7.6）。自民党内でも宮沢が政治改革に失敗した後、今後の党内での論議をどの方向でまとめるかについては、充分に議論され

てはいなかった。

　選挙戦は新生党、日本新党、新党さきがけの保守3新党が有利に進めていった。選挙中にも選挙後の政権の枠組みをめぐっての発言がなされた。新党さきがけと日本新党は、選挙結果の如何にかかわらず、連立政権には参加しないとの考え方を表明した（読売 1993.7.11）。日本新党の細川と新党さきがけの武村は共同歩調をとっていた。これは、自民党と距離をとりつつも、竹下派の中枢から分裂した新生党とは性格を異にする政党だということを有権者にアピールするためであった。

　また、特に日本新党は既存の政党全体から成る55年体制を批判していたことから、社会、公明、民社などの野党とも距離を置いていた。選挙中も政治改革論議―その実際は選挙制度改革が中心であった―は続いており、自民党内では「並立制」を軸に調整する機運が盛り上がってきた（読売 1993.7.13）。「並立制」は海部内閣期に提出された自民党案であった。その後、自民党は宮沢内閣期に一度、単純小選挙区制に舵を切り、その後、また宮沢が政権末期になって「並立制」に戻すという経緯があった[19]。

　この時期、自民党内には単純小選挙区制論者から、中選挙区制を維持するべきとの考え方まで、まだ幅があり党の考え方が統一されていたわけではなかったが、再び現実的な妥協案として「並立制」が前面に出てきた。自民党にとっては、「並立制」は比較的党内の合意を得やすい制度となってきていた。

　歴史的には戦後の日本政治を規定してきていた55年体制は、93年総選挙の結果によって崩壊したとされている。だが、この選挙の時点で既に55年体制の終焉は始まっていた。国民世論も政界再編に6割以上が期待し始めていた（毎日 1993.7.15）。選挙後も自民党、社会党中心の政治が続くことを望む有権者は少数派になっていたのであった。

　政治家にとっても国民、有権者にとっても、この選挙は政治改革―具体的には選挙制度改革―についての是非を問うものではなく、政界再編後の日本政治のありようをどう考えるかというものになってきていた。

　そのような中、選挙後の政権構想は三極化してきた（毎日 1993.7.15）。当初は自民党政権の存続か非自民連立政権の誕生かという対立構図で見られていた。しかし、日本新党と新党さきがけが中立宣言したことで、選挙の結果、野

党勢力の合計が自民党の議席を上回ったとしても、日本新党と新党さきがけが非自民陣営の連立政権に不参加を決めた場合には、自民党少数政権の可能性も出てきた。

　この構図がはっきりしてきたのは、選挙戦に入ってからの細川と武村の中立の合意によるが、先に見たように、日本新党と新党さきがけは、選挙前から新生党と社会党及び他の3党の5党とのグループとは距離を置いていた。これは、細川と武村が非自民でありながらも、小沢との距離を保っていたということが理由であった。

　7月18日、衆議院選挙の投開票が行われ、翌日に結果が判明した。この選挙の結果、ついに55年体制は崩壊した。新生党、日本新党、新党さきがけの保守3新党が躍進し、自民党は現状維持、社会党が惨敗という結果であった[20]。

　自民党は選挙前と比較すると現状維持ではあった。しかし、これは、解散直後、自民党を割り新生党、新党さきがけを結成した議員を入れず、自民党公認として選挙を戦った候補者に限定した議席数であった。現状維持ではあったが、宮沢内閣期の与党であった時点での自民党の議席と比較すれば、自民党は大幅に議席を減らしたという印象を与えるものであった。

　選挙の結果は、社会党の一人負けともいうべきものであり、社会党内では党内対立が激化し、山花路線への責任追及が始まった（読売 1993.7.19）。選挙の翌日から連立への模索が始まった。世論調査では非自民連立政権を望む声が大勢となった（毎日 1993.7.20）。有権者の55年体制への不信感は選挙後もはっきりとしており、自民党中心の政権の存続を望む世論は少数派となった。

　このような状況の中、主導権をとって積極的に動き始めたのは、日本新党と新党さきがけであった。この両党は選挙中、自民にも非自民にも与しないと宣言していた。だが、選挙後、両党は選挙制度改革について「並立制」を軸に政策案を出す方向を固めた（朝日 1993.7.20）。

　そして、20日、新党さきがけの武村はNHKの政治討論番組で、司会者からの選挙制度改革についてどう考えているかという質問に対して、並立制で小選挙区と比例代表の配分は250：250だと答えた（御厨・牧原編、2011年、123頁）[21]。社会党委員長山花は連立政権に参加する意思を表明し、失敗した時は責任を取って辞任する意向を明らかにした（読売 1993.7.21）。この時点では社会党内

では選挙制度改革についての議論は詰められていなかったが、山花は党内論議の前に選挙後の連立政権への参加を決めたのであった。

　自民党内でも日本新党、新党さきがけと連立を模索する動きはあったが、日本新党と新党さきがけは、非自民グループとの協議を先行させることとなった（読売 1993.7.22）。これは世論調査の結果、非自民連立政権の誕生を望む有権者が多数であることが判明したからゆえの行動であった。そして、日本新党代表の細川は首班指名では「非自民」勢力に投票することを表明した（毎日 1993.7.23）。この結果、非自民連立政権の誕生が現実味を帯びてきた。

　日本新党と新党さきがけは、「政治改革政権」を提唱することとなった（毎日 1993.7.24）。この結果、選挙中から選挙結果判明後も、自民党と野党（社会、新生、公明、民社、社民連）の両方の勢力と等距離をとってきた日本新党と新党さきがけが次期政権作りにおいて主導権を握る状況となってきた。日本新党と新党さきがけの呼びかけに対して、野党5党は選挙制度改革において、「並立制」の導入を目指すことで一致した。

　この結果、日本新党と新党さきがけを含め、非自民の野党7党が並立制の導入で一致することとなった（朝日 1993.7.24）。つまり、この時点で、細川連立政権の与党となる政党—この時点での野党—は全て「並立制」導入で一致をした。しかし、社会党だけは、党内世論は実際には一本化してはいなかった。社会党内で連立政権への参加を進めるグループは、党内の並立制反対派（左派）への説得を急ぎ始めた（朝日 1993.7.24）。説得が不調に終われば、社会党の連立政権入りも困難となるからであった。

　社会党内には並立制であっても、小選挙区制を軸とする選挙制度改革には、反対する勢力（特に左派）が一定の勢力を保っていた。だが、一方においては山花執行部は見切り発車する形で、連立参加への協議も進めていた。そして、連立協議が進む中、社会党も非自民政権参加への最終調整を本格的に始めることとなった。

　一方、野党側で連立協議と並行して、並立制への合意がなされる中で、自民党内にも並立制容認論が出始めた（毎日 1993.7.26）。野党間で連立協議が行われる中、日本新党と新党さきがけの改革案をまず新生党が受け入れることとなった。だが、社会党内にはこの時点でも慎重論が続出した（毎日 1993.7.26）。

社会党内には連立政権の参加への反対というより、政権参加の条件が「並立制」への合意という部分に大きな抵抗感があった。小選挙区制中心の選挙制度の導入は、社会党の存続を困難にさせるのではないかという危機感が左派を中心に根強く存在したからである。

　しかし、反対派を内部に抱えつつも社会党山花執行部は、選挙前から連立政権への参加を決めており、党内の並立制反対の声を押し切る形で、並立制容認へと舵を切った。その結果、野党5党がほぼ並立制容認で足並みが揃ったことによって、日本新党と新党さきがけは、非自民政権への参加を固めた（読売1993.7.26）。自民党が政権を失うことが、この時点でついに決定的となったのだった。

　非自民野党5党が「連立」参加を固める中で、社会党も「並立制」を受け入れることとなった（毎日 1993.7.27）。社会党は結果として、小選挙区制に反対し続けることよりも政権への参加を優先した。だが、この時点で非自民政権の首相候補がはっきりと決まっているわけではなかった。野党第1党の党首は社会党の山花であったが、山花は選挙に敗れ自身の党の勢力を大幅に後退させた責任を社会党内で問われていたので、首相候補とは見なされなかった。

　当初は新生党党首の羽田が最も有力と見なされていたのだが、日本新党代表の細川の名前が浮上し、細川が首相候補になることが固まった（毎日 1993.7.29）。統一首相候補となった細川は、9月に政治改革国会を開き、10月に政治改革法案の成立を目指すと表明した。野党になることが確定的になった自民党は、新総裁に河野を選出した（毎日 1993.7.31）。自民党の総裁選挙は元副総理の渡辺美智雄と河野の間で争われたが、河野が圧勝した[22]。

3　政党制をめぐる考え方の相違—二大政党制か多党制か—

　自民党新総裁に選出された河野は、選挙制度改革について、並立制の導入に強い決意を示した（毎日 1993.8.1）。連立政権への陣容についての議論が進む中で、新しい衆議院議長には、元社会党委員長の土井たか子の就任が決まった（毎日 1993.8.1）。そして、93年8月6日夜、日本新党代表細川が第79代内閣総理大臣に指名された。

第127回特別国会は8月5日に召集されたが、非自民非共産の5会派と自民党の折衝に時間がかかり、議長選出から時間がかかり、細川の首相指名は国会召集の翌日に持ち越された。細川政権の与党は7党であったが、参議院の会派「連合参議院」を加えた7党1会派（8会派）が与党勢力となった。

　細川内閣の陣容が固まったのは、細川の首相指名から2日後の8月8日であった。細川は政治改革の担当には特命の担当相を設け、新設の政治改革担当相には社会党委員長の山花が就任することが決まった。

　また政治改革を所管する自治相にも同じく社会党の佐藤観樹が就任することとなった。細川内閣においては、政治改革は、最も並立制に慎重派の多かった社会党のコンビが担当することとなった（読売 1993.8.10）。新内閣の組閣は、社会党を除く与党で議席の多かった新生党が中心となった。細川連立内閣は93年8月9日午後に皇居で認証式を受け正式にスタートした。

　新首相に就任した細川は初閣議で政治改革に総力を挙げることを宣言した（読売 1993.8.10）。細川内閣の最重要課題はいうまでもなく選挙制度改革を中心とする政治改革であった。93年8月10日、新生党、日本新党、新党さきがけの3党は小選挙区250、比例250の並立制で合意し、細川は政治改革について、年内に法案が不成立なら責任を取ると初会見で明言した（読売、毎日 1993.8.11）。これは、細川としても選挙直後に自らが「政治改革政権」と呼びかけた経緯からしても当然の発言ではあった。

　細川の決意表明を受けて、連立政権は政治改革法案の骨子作りに着手した（読売 1993.8.11）。山花政治改革担当相は、区割りに関しては第三者機関に任せるとの見解を示す（毎日 1993.8.12）。だが、選挙制度改革に関して、与党内部での違いが表面化してきた。公明党の書記長市川雄一は、小選挙区300、比例代表200の1票制を主張し始めた。これに対して社会党などは小選挙区250、比例代表250の2票制を主張する方針を固めた（毎日 1993.8.12夕刊）。与党内で微妙な差が出たのは、連立合意の時点では、詰めた議論が行われていなかったからであった。

　このように連立与党内で並立制の中での小選挙区と比例代表の割り振りについての意見が異なる状況となる中、社会党の山花は党委員長の辞意を表明した（読売 1993.8.12夕刊）。これは先の総選挙での敗北の責任を取るためのもので

あった。当初、山花は委員長を続けるつもりで、辞任後、委員長選に再出馬する予定であった（毎日 1993. 8. 12 夕刊）。だが、山花は辞任直後、再選断念へと追い込まれていくこととなる。総選挙の敗北後の山花の路線—並立制を受け入れることによっての連立政権への参加という一連の流れ—は社会党の大勢から支持を得ているとは言い切れなかったからであった。

並立制導入では合意したものの、連立与党内で1票制か2票制かで意見に相違が見られる中、細川自身が1票制に否定的な見解を示した（読売 1993. 8. 14）。細川が2票制への理解を示したことで、連立与党は2票制で合意する方向となっていく。1票制は候補者への投票がそのまま、候補者の所属する政党の得票になるのに対し、2票制は小選挙区と比例代表で有権者はそれぞれ投票するという制度である。

このような状況で社会党は選挙制度改革に関連し、並立制で2票制とすることを主張することを決定した（読売 1993. 8. 19）。社会党が2票制を決定したことによって、連立与党内でも2票制で合意する流れができてきた。1票制を主張していた公明党の石田幸四郎委員長も柔軟姿勢に転換したことによって大きな流れができた（毎日 1993. 8. 20 夕刊）。

与党内が並立制2票制の流れになってくる中で、自民党内でも2票制が大勢となってきた。総裁の河野も自民党案は2票制を基本とするとの考えを示した（朝日 1993. 8. 20）。連立与党内でも当初、1票制を主張していた公明党が2票制を受け入れたのは、社会党の事情に配慮したからであった（毎日 1993. 8. 21）。並立制そのものにも異論を唱える議員を抱えていた社会党の譲れる線は2票制までであったからである。

93年8月下旬は、選挙制度改革案の与野党の調整がヤマ場を迎えた。8月23日、細川は首相就任後、初の所信表明演説を行った。「質実剛健国家」を目指すべき国家とした細川であったが、政治改革に関しては、年内に断行することを表明した（読売 1993. 8. 23 夕刊）。連立政権の政策は見えないとの批判も受けていたが、細川は最重要課題として政治改革の断行を強調した。

この時期、連立与党内で早速、いくつかの問題が表面化した。官房長官に就任していた武村と与党の最高実力者になっていた小沢の間に確執が起こりつつあったのである。発端は選挙制度改革に対する違いであったが、これは、政界

第4章 細川内閣期

再編への戦略の違いに端を発するものであった（毎日 1993.8.23）。この後、小沢と武村の確執は細川政権の屋台骨を揺るがすところまでいくのだが、この時期に最初の綻びが顕在化した。

一方、社会党内も火種を抱えたままだった。連立政権への参加を決めた時点で並立制は党内で合意されていたが、まだ反対派が多く、代議士会で並立制が是認される方向となったのは8月末であった（朝日 1993.8.23）。細川政権の発足後も社会党内には、左派を中心として並立制導入への反対者がかなりの割合で残っていたのであった。

そして、政権発足からまだ1ヶ月も経っていない、8月下旬、連立政権内でも、政界再編とその後の日本政治の政党制をめぐる議論について、明確な2つの考え方が存在することが明らかになってきた。細川が二大政党路線には異論を唱え、小沢との差が明確になった（毎日 1993.8.26）。そして、与党内最高実力者の小沢と細川首相、武村官房長官（新党さきがけ代表）との間に思惑の違いが次第に明らかになっていく。

連立政権内では、衆議院の選挙制度改革については、並立制の2票制で決着することとなった。小選挙区の定数が250、比例代表の定数は250ということが決定された（読売 1993.8.26）。政界再編をめぐる議論は細川政権の発足前後は表面化していなかったが、穏健な多党制を理想とする細川と二大政党制論者である小沢との考え方の違いがはっきりしてきた。

相変わらず、社会党は火種を抱えていた。2票制には社会党の事情に配慮して公明党などが歩み寄ったのだが、社会党内には並立制導入自体への異論が強かったのである。社会党の代議士会では、並立制への反対意見が続出した（毎日 1993.8.29）。この時期、社会党内部には二大政党制か多党制かという議論は存在しなかった。

当時の社会党は勢力を減退させていたので、自分たちが二大政党の一角になれるという妄想はなくなっていた。当然、議論をすれば多党制を支持する声が多かったであろう。だが、この時期の社会党では党内で政権への距離をめぐって左右の対立が起こっていた。山花路線への批判者は多く、再編議論においても、社会党全体としての戦略が固まっているわけではなかった。

一方、連立与党内での合意がなされたことによって、—社会党内は決してま

とまってはいなかったものの、連立与党代表者会議では合意された─、自民党内も2票制で合意する方向となった（読売 1993.8.31）。そもそも、自民党では小沢・羽田らが離党する以前から、竹下及び宇野内閣期、海部内閣期から宮沢内閣期までに、相当な時間をかけて議論を続けていた。このため、並立制への反対者は減ってきていた。

　細川連立政権が発足した93年8月は、選挙制度改革について、連立与党内、または野党となった自民党も含めて大枠での合意が進んだ。最も大きな合意は、小選挙区比例代表並立制で連立与党が合意したことだった。そして、自民党も並立制でまとまった。そして、次の段階で並立制の中での1票制と2票制の意見の違いが連立与党内にあったが、これは連立与党内でも自民党内でも2票制でまとまった。

　この部分だけに着目すると、細川政権の発足の月に既に連立与党も自民党も殆ど全ての部分において合意したようにも見える。事実、この大枠での与党内の合意と自民党をも含む合意が、この月に進んだのは大きな出来事であった。これがこの後の細川・河野会談へともつながっていくこととなる。この時期に共産党以外の政党は全て、並立制で合意をしたのであった。

　だが、一方において、選挙制度改革後の政界再編についての思惑の違いがこの時期には次第にはっきりしてきた。これは二大政党制を理想とするか、穏健な多党制を理想とするかの考え方の違いであった。二大政党制論者の代表は小沢であり、小沢の盟友である羽田であった。

　一方、小沢によって首相の座に就くこととなった細川は小沢とは考え方を異にしていた。細川は穏健な多党制を主張し、小沢の二大政党制を理想とする考え方とは距離を置いていた。さらに新党さきがけの代表で官房長官として入閣していた武村も小沢の二大政党制には距離を置く発言をしていた。

　また、野党再編を進める立場から社会党、民社党、社民連などの一本化を目指していた連合会長の山岸章も、再編は3大政党が望ましいとの考え方を示した（朝日 1993.8.31）。政界再編をめぐる考え方の違い─つまりは、あるべき政党制への考え方の違い─は非常に大きな論点を含む問題であった。

　だが、実際には政党制をめぐる議論は、この後、連立与党内でも自民党を含めた与野党間でも真剣には行われず、並立制の枠内で小選挙区と比例代表部分

の定数の配分をどうするのかという議論に矮小化されていくこととなる。[26]

4　社会党内の路線闘争—並立制への是非をめぐって—

　連立与党が選挙制度改革案について合意する中で、自民党案も明らかになった。自民党案も並立制で、総定数は471、小選挙区300、比例代表部分を171とするものであった。また、自民党政治改革本部では大勢は2票制を支持するものであったが、完全な意見集約まではできなかった（毎日 1993.9.1）。自民党内では並立制の導入までは大筋で合意が得られていたが、細部では依然として意見が分かれていた。

　だが、間もなく政治改革案について各党の案が出そろった。選挙制度改革案については、連立与党案は、小選挙区比例代表並立制で総定数が500、小選挙区が250、比例代表が250で、投票方式は2票制とするものであった。比例代表の単位は全国とするものであった。自民党案は制度としては小選挙区比例代表並立制で連立与党案と同じであったが、総定数は471、小選挙区が300、比例代表を171とするものだった。投票方式は1票制で、比例代表の単位を都道府県とするものであった（毎日 1993.9.3）。

　この時点で連立与党も自民党も、多少の違いはあるものの、並立制導入という意味では合意を見たといっても良い。連立与党案と自民党案は小選挙区比例代表並立制という制度の骨格部分では同じものとなっていたが、総定数や投票方式、比例代表の単位に違いがあった。

　山花の辞任による、社会党の委員長選挙が始まった。この社会党委員長選挙は、路線闘争の様相を呈した。元々、山花は辞任後、再出馬することを考えていたが、不出馬の意向を示した（毎日 1993.9.3）。これは社会党内に山花の主導した路線と選挙敗北への根強い批判があったからである。

　山花が再出馬しようとした時、対立候補を模索する動きが出てきたことによって、山花は出馬断念に追い込まれた。9月8日になって、国会対策委員長の村山富市が出馬の意向を示した（朝日 1993.9.9）。その前には参議院議員の久保亘が後継委員長として大勢となりつつあったので、村山と久保の間での調整が行われることとなった。

村山と久保の調整は難航した。さらに、立候補の受け付け直前まで様々な動きがあった。当初、9月9日が立候補の受け付け締め切りと決まっていたが、調整の遅れから、立候補締め切りを1日延期するという異例の事態となった（毎日 1993.9.10）。社会党の委員長選挙は常に右派と左派の路線闘争がなされてきたが、この選挙も路線闘争が背景にあった。

　委員長選挙の混乱の背景には、並立制へ導入を決めて連立政権に参加した山花執行部への根強い不満があった。山花の再出馬辞退にともない、後継候補として有力と見られた久保と村山の間で調整がつかないという異例の事態が続く中、左派の翫（いとう）正敏参議院議員が立候補を届け出た（毎日 1993.9.10）。結局、久保と村山の調整の結果、久保は出馬を辞退し、社会党委員長選挙は村山と翫との争いとなった。

　村山は元々、党内左派の出身ではあったが、[27]山花の路線を継承する候補として出馬した。村山は連立政権への参加と並立制導入を決めた山花執行部の路線を継承する人々によって擁立されたのであった。一方の翫は小選挙区比例代表並立制の導入に明確に反対した。この委員長選挙は、社会党の連立政権参加と並立制導入の是非をめぐって争われることとなった。

　立候補した村山は山花執行部が他の連立与党と合意している並立制の導入までは賛成していたが、定数配分は譲れないとの立場を明確にした。また、今後の政党制については、二党論は無理があるとの立場を示した。村山は委員長選挙の途中、以下のように述べている（毎日 1993.9.13）。

　　――並立制下での選挙の戦い方で、他党には新党の動きもありますが。
　　村山：（党内に）並立制を積極的に進める派と慎重派とあり、僕は慎重派ではなかったかという取り方をされる。しかし僕が慎重にと言っている意味は、今後の政局に対する展望に意見の違いがあるからだ。これだけ価値観が多様化している中で、大きく二つの枠にはめ込もうというのは無理がある。有権者の気持ちを素直に反映するためには、ある程度の多党化はやむを得ない。僕は保守二党論にはくみしない。
　　――並立制が成立した場合、小選挙区の選挙協力は連立与党間でもかなり難しいのではないですか。
　　村山：大変難しいと思うが、工夫して二百五十ある選挙区でどれだけ選挙協力ができるのか、できないところはどういうふうに調整して競合するのかを話し合う必要が

ある（略）。
――社会党は小選挙区二百五十、比例代表二百五十の定数配分と二票制は譲れないですか。
村山：一番譲れないところだ。
――自民党が分裂しましたが、社会党も主張の違う人は分かれても仕方がないのではないですか。
村山：連立政権を作っていろいろな試練に耐えていこうという時期に、そんなことをする必要はない。十分党内論争ができる時に大いにやればいい。社会党という政党は幅が広い。だからいろいろな考え方の人が集まっている。排除とか分裂はよくない。
――多党制の中で社会党はどのような機能を果たす政党になるのですか。
村山：冷戦構造が崩壊して、五五年体制の任務が終わって、これから新しい世界情勢に対応する社会党の役割を考えるべきだ。もう少し、サラリーマンや婦人、老人に期待される政策中心の政党になる必要がある。ただ保守と革新という意味の政治における役割はあると思う。（毎日　1993.9.13）

　社会党の委員長選挙が進む中、政治改革法案が閣議決定された。内容は並立制で小選挙区、比例代表を各250とするものであった（読売、毎日　1993.9. 17）。連立政権で政治改革法案は閣議決定され、選挙制度改革において、並立制の導入が決定される中で、政権内の第1党である社会党では、並立制の是非と連立政権参加の是非をめぐっての委員長選挙が行われていた。社会党内では特に地方の党員に並立制への不満が多かった。
　社会党の委員長選挙は大差で村山が当選した（毎日　1993.9.20 夕刊）[28]。社会党は並立制を党議決定し、村山体制が正式に発足した（朝日、毎日　1993.9.26）。社会党は党大会で村山委員長―久保書記長を選出し[29]、前委員長の山花は引続き政治改革担当相として、閣内にとどまり政治改革を担当することとなった。
　この社会党委員長選挙は後から考えても非常に大きな意味を持つものとなった。委員長は山花から村山に交代したものの、村山が圧倒的な大差で当選した。このことは、選挙前から山花の推進してきた路線が多数派であることが確認され、いわば、山花の路線が信任されたという意味であった。
　山花自身は選挙敗北をめぐって辞任し、再選することへの批判から出馬断念に追い込まれたが、村山が当選したということは、山花の進めてきた路線が否

定されたわけではなかったのである。村山の当選は山花路線を継承していくことを確認するものであり、社会党は村山の当選によって、正式に並立制導入に大きく舵を切ることとなった。村山は党内左派に属する政治家であったが、この選挙では右派、中間派、左派の一部分が村山を支持した。

並立制に反対する勢力は、翫参議院議員を擁立したものの、圧倒的な差で敗れた。このことは、社会党は内部には、並立制の導入に対する反対者を抱えながらも、現実路線を選ばざるを得なかったという意味でもあった。現実路線には、いくつかの意味があった。1つは非自民政権が誕生した中で、この時点で非自民の枠組みを否定するということはできなかったということである。

実際の現実政治は、この非自民政権の崩壊後、社会党は55年体制のライバルであった自民党と連立政権を組むことになるのだが、この時点で、非自民政権の与党の第1党であった社会党は、非自民政権を誕生させる結節点になった並立制導入には反対できない状況になっていた。もし、社会党に並立制導入反対を主張する委員長が当選すれば、社会党は細川連立政権を離脱しなければならなくなったであろう[30]。

また、社会党には非自民連立政権の枠内に与党として参加するしか現実的な選択肢がなかったということ以上に、自民党も含めた全ての政党が並立制導入を決定する中で、社会党のみが、この時点になって、並立制を全党の意思として否定することは、できなくなっていた。事実上、社会党にはいかに反対派がいても現実路線を選択する以外の選択肢はなくなっていたのであった。

村山は委員長選挙の過程で、並立制には賛成するが、小選挙区と比例代表の配分は譲れないということを表明した。これについては、連立与党の選挙制度改革案は、小選挙区比例代表並立制で総定数500、小選挙区250、比例代表250で2票制とするものであったから、村山の主張と与党案は矛盾しなかった。

連立与党が自民党に妥協さえしなければ、社会党の主張がこの時点での連立与党案でもあり、この案で連立政権は閣議決定をしていたことから、社会党と細川政権の意思決定には矛盾は見られないという状況になっていくはずであった。だが、実際に、これで連立政権の運営もうまく進み、社会党内の路線闘争にも決着がつき、全てが順調に動き始めたわけではなかった。

先に村山のインタビューを確認したが、社会党内には引き続き多くの意見が

存在し、特に現実路線への抵抗感を示す左派勢力が厳然と存在した。また連立政権内にも、選挙制度改革後の政党制についての考え方には、2つの考え方が並存したままであった。

5 連立与党と自民党の攻防

　10月になると、連立与党と自民党との攻防が本格化することとなった。既にこの時期までに、連立与党内部も自民党も選挙制度改革については、並立制の導入という点では一致していた。連立与党の中で最も並立制導入に対しての抵抗感のあった社会党でも並立制導入を進める村山が委員長に当選したことによって、共産党を除く与野党全てが並立制導入を推進するという形になった。
　しかし、小選挙区制の導入によって二大政党制を実現することを理想とする人々と、選挙制度改革後も、三極構造が望ましいとする人々の意識の違いは、引き続き連立政権内部にも並存していた。細川は10月4日から審議の始まった衆議院予算委員会で、政治改革関連法案について、今国会で成立させたいとの意思を表明した（朝日　1993.10.4　夕刊）。
　一方の自民党も政治改革5法案を党議決定した。党議決定された5法案は、公職選挙法改正案、政治資金規正法改正案、政党助成法案、衆議院議員小選挙区画定等委員会設置法案と「政治腐敗を防止するための公選法及び政治資金規正法改正案」であった。
　骨格部分の選挙制度改革については、小選挙区300、比例代表171の1票制であった（読売　1993.10.5　夕刊）。政府案（連立与党案）との違いは総定数や定数配分などで、根幹部分にも違いがあった。投票方式が政府案は2票制であるのに対し、自民党案は1票制である部分も違いであった。政府案と自民党案が出揃ったことによって、国会では審議が始まった。選挙制度改革は政界再編に結び付くものであった。
　見てきたように、この時点で、連立を組む各与党も自民党も衆議院の選挙制度改革については、小選挙区比例代表並立制という部分までは歩みよってきていたものの、選挙制度改革後の政界のあり方には、様々な考え方があった。
　そもそも論というところからいえば、小選挙区制論者には圧倒的に二大政党

論者が多かった。これは、後藤田正晴が中心となってまとめた自民党『政治改革大綱』に最初に見られる考え方であり、海部政権時代に小選挙区制導入を主導し、その後、自民党を割った小沢（羽田）の考え方でもあった。そして、89年の参議院議員選挙で社会党が1人区で大勝したことから、社会党内にも若手を中心として、小選挙区制への抵抗感は一時的に薄らいだ。

しかし、この93年の総選挙で社会党は壊滅的な敗北をしたことによって、また社会党内では、並立制への反対者が増えていた。だが、大筋で連立政権の枠組みでの他の与党との足並みを乱すわけにはいかないとの考え方が多数を占め、並立制を推進する村山が委員長に当選した。このように、この時期、並立制までは与野党の合意となっていたのが、その先の政界再編後の政党制については、政界全体で合意があったわけではない。

連立政権の仕掛け人といわれており、連合の第3回定期大会で会長3選の決まった山岸は、この時期、政界再編後の政党制については、保守A、Bと非保守の三極が望ましいとの見解を示している（毎日 1993.10.8）。

――理想の政権とは。
山岸：保守二党論ではなく、保守と社民、リベラル、中道勢力が結集した非保守の二大政党的体制に収れんされていくのが好ましい。しかし、過渡期の姿としては細川首相の言う穏健な多党制が現実的ではないか。踏み込んでいうなら保守Aと保守B、それに非保守の三極構造が当面はいい。
――政界再編における社会党の役割は。
山岸：非保守グループのけん引車的な役割を果たすべきだ。最近、党内に護憲新党を作る動きがあり、政治的イデオロギーの違いがはっきりしてきた。どうしてもイデオロギーや基本政策が合わないということになれば、政党は政治結社なんだから、協議離婚があってもいいんじゃないか。
――小沢一郎新生党代表幹事との関係は。
山岸：僕は国共合作だと言っている。中国共産党と国民党が統一したわけではない。あの人は自民党の中枢におられ、過去の蓄積を前提に理論を構築されている。僕なんかは長年の社会党員だから社会民主主義者として培った発想がある。テレビに例えればチャンネルが違うんだ。

山岸は将来は自民党と非保守の二大政党的な体制を理想としながらも、現状

では三極構造が望ましいとの見解を示した。これは連立政権の中にいる小沢の新生党勢力が「非自民」ではあったとしても、広くは保守勢力であって、小沢の勢力とは非自民政権では組めても、1つの政党になることには無理があると、山岸が認識し始めたからであった。[31]

そもそも、山岸は自民党を割った羽田・小沢と組んで細川政権を誕生させた立役者の1人であった。だが、この時期、非自民勢力がそのまま社会民主主義勢力の拡大ではないことが、明らかになっていた。このことから、山岸は小沢との連携を「国共合作」に例えたのであろう。

細川は政治改革関連法案を今国会で成立させるため全力を尽くすと表明し、政府案と自民党案が同時に審議されることとなった（朝日 1993.10.14）。細川は関連法案の年内成立に内閣の命運をかけると明言した（朝日 1993.10.16）。政府案（連立与党案）と自民党案に開きがある中、社会党書記長の久保は、定数配分は譲れないとの従来の社会党の主張を改めて強調した（毎日 1993.10.16）。これは社会党が譲れない最後の一線であった。

一方、自民党内も一枚岩ではなかった。選挙制度改革への慎重派が巻き返しており、並立制への批判も出てきていた（毎日 1993.10.18）。自民党も既に並立制で党議決定をしたにもかかわらず、並立制への批判が出てきたのは、総選挙後に並立制を受け入れれば、日本新党、新党さきがけとの連立を組めるから賛成したに過ぎず、本心からの賛成ではない議員もいたからであった。

自民党内の慎重派と推進派の攻防は、海部内閣、宮沢内閣期に続いて3回目であった。自民党内の慎重派は、並立制に反対だからといって、単純小選挙区制に賛成という考えではなかった。並立制といえども、小選挙区制が主体となることへの反対者が当時の慎重派であり、立場としては社会党左派と極めて近いものであった。

連立与党側も自民党側も内部に批判者を抱えながらも、国会審議は政府案と自民党案で進んでいった。このような状況の中、首相の細川の答弁も揺れ始めた（毎日 1993.10.19）。細川が揺れ始めたのは、連立政権の一角である社会党に配慮して、結束して政権を維持しながらも、関連法案の成立には自民党の協力も必要だというジレンマに陥っていたからである。

細川は政府与党首脳会談では、自民党案との修正には否定的な発言をした

が、10月18日の衆議院政治改革調査特別委員会では、自民党案との修正に柔軟な姿勢を見せた。細川はあくまでも政府案（小選挙区250、比例代表250）の堅持を求める社会党に軸足を置きながらも、年内成立のためなら、自民党との修正協議に応じても良いとの柔軟な姿勢をとり始めた（毎日 1993.10.19）。

　これは、そもそも与党案を作る時の経過にも関係があった。与党案を作る時に、定数を500として、新生党と公明党、民社党は小選挙区300を主張した。これに対して社会党が小選挙区と比例代表をそれぞれ250とすることを主張し、与党の合意を形成するために新生党などが社会党に譲った経緯があった。

　社会党からすれば、並立制に合意するだけで大きな決断だったので、定数配分は絶対に譲れない一線であり、ここは新生党などが譲った。この時に日本新党と新党さきがけも、小選挙区250を主張したが、この両党は300にすることには抵抗はなかったのであった。

　この経緯から細川自身は、連立の結束維持のために社会党の主張する小選挙区、比例代表250を譲らないという姿勢を見せてきた。だが、細川は自民党が賛成しなければ、法案成立が困難なことから、自民、社会の出方を両睨みするという態度に変化してきた（毎日 1993.10.19）。

　10月19日、2日にわたる衆院政治改革調査特別委員会の総括質疑が終わった。政府案と自民党案の対立点は、法案提出段階で明らかになっていたが、質疑を通じて明らかになったのは、むしろ社会党以外の連立与党と自民党との間には妥協の余地が出てきたということであった。与党対自民党の対立構図は、社会党対他の連立与党プラス自民党に変化してきた。社会党は定数配分は譲れないとの主張であったが、そもそも、新生、公明、民社は小選挙区300を主張しており、日本新党と新党さきがけも小選挙区300には反対ではないという経緯から、社会党以外の与党は修正協議に柔軟であることが明らかになってきた（毎日 1993.10.20）。

　だが、与党内部でも結束が乱れてきた。新生党の小沢が自民党との修正には応じず、無修正採決を主張し、定数配分で自民党との妥協をしても良いとする新党さきがけの武村官房長官との間で意見の違いが鮮明になった。小沢は小選挙区300を主張していたにもかかわらず、この局面では自民党との修正に応じることに反対の意を示した。これに公明党も追随した（毎日 1993.10.23）。

新生、公明両党はそもそも、当初、小選挙区300を主張していたにもかかわらず、ここに来て、無修正を主張し始めたことは、定数配分では譲れない社会党には追い風となった。小沢が無修正を主張したのは、自民党に歩み寄ることで、骨格部分で譲歩すれば、社会党の反発を招き、連立政権の枠組みが壊れる恐れがあると危惧したからであった。

　連立与党内で意見が割れる中、与党は自民党と修正折衝をすることになった（読売 1993.10.24）。与党側と自民党が修正協議を行うとの機運の高まる中、与党首脳会談は細川首相と自民党の河野総裁とのトップ会談の可能性を含め、交渉の窓口を設ける必要があるとの認識で一致した（朝日 1993.10.2 夕刊）。連立与党、自民党双方ともに、妥協してでも政治改革法案を成立させなければならないという考えで一致していたことにより、トップ会談が浮上した。

　だが、連立与党内で社会党とそれ以外の政党との根本的な違いが解消されたわけではなかった。また、自民党内にも完全に慎重派（小選挙区制反対派）がいなくなったわけではなかった。

　この時期、連立与党内では社会党とそれ以外の政党の違いという構図は残っていたものの、新生党の小沢は政府案（連立与党案）の無修正での採決を主張した。背景には小沢と武村の主導権争いも存在していた。この２人の対立は、選挙制度改革後にはっきりと顕在化することとなる。

6　政治改革法案の修正と与野党合意

　93年の11月から12月は連立与党と自民党側の修正協議が行われ、一定の合意に達することとなった。しかし、この間の動きも複雑であった。細川首相は、連立政権の原案にこだわらず自民党側と修正をする表明することとなり、修正協議入りで与野党が合意した（読売、朝日 1993.11.2）。最大の修正協議のポイントは定数の配分にかかわる部分であった。

　細川は修正協議について、衆議院の特別委員会で早期の決着を訴えた。小選挙区と比例代表の定数配分が最も大きな争点であったことから、修正協議は社会党次第であった（読売 1993.11.6）。この時点で、連立与党の中の社会党を除く他の与党は修正に柔軟な態度を示すようになっていた。

この背景にはそもそも、この時点で社会党以外の連立与党のうち、公明党と民社党は選挙制度改革後に新党に移行することを視野に入れていたという事情があった。新生党も政界再編の過渡期にできた政党という認識があった。羽田も元々、選挙制度改革から政界再編、そして二大政党制へという小沢と同じ考え方を持っていた。選挙制度の変更によって、自党の存続を気にしなければならないのは連立与党の中で社会党だけになったという事情があった。[32]
　日本新党と新党さきがけは、新生党、公明党、民社党とも社会党も違った立ち位置だった。実際の日本政治はこの後、社会党と新党さきがけが連立政権の枠内から抜け、自民党と「自社さ」政権を組み、細川連立政権の与党の中の社会党と新党さきがけ以外の政党が新進党を結成するという流れになる。[33]
　この時点では、細川政権を構成する与党全体での新党論議はそこまで進んでいたわけではなかったのだが、少なくとも公明党、民社党は新党への移行を議論していた。新生党も自民党に対抗するために、自党だけで自民党と同じ規模の政党になることを想定していたわけではなかった。このことが理由で小選挙区制への恐れというものはなかったのである。社会党以外の各政党は、小選挙区制主体の選挙制度が導入された後は、二大政党の１つの政党の中に自党の勢力を潜り込ませて生き残りを図れば良いと考え始めていたのであった。
　しかし、社会党はこの時点でも、新選挙制度の下でも、自党の存続を前提としていたので、定数配分の問題は極めて重要だった。この時点での連立与党案（政府案）であれば、250：250であることから、比例部分での生き残りにまだ希望を見出せた。だが、小選挙区の定数配分を増やせば増やすほど、社会党には不利になるものであったから、ここは譲れないところであった。つまり、連立政権を構成する７党のうち、日本新党、新党さきがけの２党も含む６党までは、最早、小選挙区制下では、非自民の政党に結集すれば良いというところまでの割り切りが生まれていたのだった。
　政治改革の修正協議は７項目で行われることになった。７項目とは「総定数と定数配分」、「比例代表の選挙単位」、「投票方式」、「戸別訪問禁止問題」、「選挙区画画定機関」、「企業・団体献金問題」、「政党への公費助成」であった（毎日 1993.11.9）。最大の争点は総定数と定数配分であった。
　与党（細川首相）と自民党総裁河野の会談の前に、与党内での調整が行われ

ることとなった。細川は社会党との協議にあたって、小選挙区定数を275とし、比例はブロック制を提案することとなった（毎日 1993.11.10）。社会党の村山は細川との会談で、骨格部分での修正には慎重姿勢を崩さなかった。社会党にとってここで譲ることは、自党の滅亡を早めることを意味したからである。

　この結果、政治改革関連法案の成否は、社会党内の調整にかかってきた（読売 1993.11.11）。しかし、社会党にも政府原案（社会党の主張によってできた連立与党案）のままでは、与野党間の修正協議が進まないとの問題意識から、現実的な妥協を探る動きも出てきた。これまでにも連立の枠組みを守るために妥協してきた社会党は、またもや柔軟姿勢に転じざるを得なかった。

　社会党内でも調整が開始され、小選挙区275、比例代表225への修正が現実的な選択肢として議論され始めた（毎日 1993.11.12）。社会党が定数配分での修正に応じる態度に変わったのは、連立の枠組みを守ることを優先したからであった。新生党、公明党、民社党、日本新党、新党さきがけが大筋で同じ方向で合意する中、社会党だけが孤立を続けることができなくなっていた。

　いわば、社会党はここで、2回目の妥協をしたことになる。一度目は、連立政権への参加のために、並立制を容認したことであった。社会党には並立制といえども、小選挙区制を導入することへの抵抗感が強かったが、この時は、定数配分を250：250とすることで、執行部が党内左派を押さえ込んだ。

　山花に代わって委員長に選出された村山は左派の出身だったが、村山執行部は並立制の導入までは党議決定した。だが、社会党はさらに妥協をしいられることとなった。11月11日になり、社会党は定数配分での修正にも応じることを決定した。定数配分での妥協は社会党にとっては辛い選択であった。

　社会党が定数配分部分での修正も受け入れることになったことを受けて、細川・河野会談で決着を図るべきだとの意見が、政府・与党内で強まった（毎日 1993.11.12）。社会党が柔軟姿勢に転じたことで、法案の修正協議は新しい局面に入った。

　一方の自民党も党内調整を進めた結果、2票制を受け入れることとなった（読売 1993.11.12 夕刊）。ここの部分はいわば、自民党が与党側に譲歩したと見ることができる。自民党はこれまでに並立制の議論を海部内閣期、宮沢内閣期と続けてきているために、基本部分で並立制に賛同する議員が多数を占める状

況になっており、骨格部分での修正についても柔軟になっていた。

そして、いよいよ11月15日の夜から16日の未明、細川首相と河野自民党総裁のトップ会談が開かれた（読売 1993.11.16）。しかし、このトップ会談は決裂した。骨格部分で細川と河野は合意に至らなかった。この会談で細川は衆議院の選挙制度改革について、総定数500、小選挙区274、比例代表226を提案した。当初の与党案250：250に比べると小選挙区部分が増えた妥協案だった。

これは与党の一角の社会党が譲ったことによって出てきた案だったが、河野は拒否した（読売 1993.11.16 夕刊）。その結果、連立与党は元の与党案を11月16日午後の衆議院特別委員会で可決した（読売 1993.11.17）。そして、8日午後、衆議院本会議で政治改革法案は可決された。賛成270人、反対226人だった。

だが、この本会議での採決では自民、社会両党から党議決定に反した造反議員が出た。自民党からは13人が、社会党からは5人が造反した（毎日 1993.11.19）。自民党から与党案に賛成する議員が出た半面、社会党から反対者が出たのであった。社会党からは並立制そのものに反対する左派議員が反対し、自民党からは、選挙制度改革を支持する議員が賛成票を投じた。[34]

また、自民党の海部元首相、後藤田元副総理らが棄権した。海部、後藤田は選挙制度改革に熱心なことで知られていた。そもそも、最初に小選挙区制導入を声高に出張したのが後藤田であった。また、海部の時代には小沢が積極的に小選挙区制の導入を推進した。後藤田、海部は自民党内に残っていたが、細川連立政権発足以前に最も熱心に小選挙区制導入を主導しただけに、連立与党から出された法案にも反対の態度はとらなかったのであった。

衆議院を通過した政治改革関連法案は参議院に送付された。だが、参議院での審議は順調に進まず、細川は1993年内の成立を断念した（朝日 1993.12.2）。そして、政府与党は国会を45日延期することとした。（毎日 1993.12.16）。細川は内閣記者会との懇談で、年内に政治改革法案を成立できなかったことを陳謝するとともに、今国会内で政治改革法案が不成立の場合、政治責任を取ると述べた（朝日 1993.12.25）。

この時期、連立与党の中で足並みが揃わなかった社会党が、自民党の修正協議に応じることを受け入れ、その際、政府原案の250：250を修正することを受け入れた。このことによって、与野党の合意がなるかと思われた。連立与党内

の調整に腐心していた細川としては、連立与党がまとまったことは、大きな前進であった。

しかし、結局、細川と河野の間での合意が得られなかったことによって、連立与党は自民党との修正を断念し、与党案を採決して可決した。細川にとっては連立与党内の社会党からの造反は頭が痛かったが、自民党からの造反は、歓迎すべきものだった。だが、参議院での審議をして本会議での可決までは、この年内（1993年内）にできなかった。細川は今国会中に成立できなければ、政治責任を取るとの発言をするところまで追い込まれた。

7　参議院での法案否決から細川・河野合意へ

年が明けて94年、政治改革関連法案は参議院での審議が本格化した。細川首相は、今国会での政治改革法案の成立に全力を尽くすと述べた（読売 1994.1.5）。衆議院の審議中での細川・河野会談は物別れに終わったが、自民党内にも妥協を模索する動きが出てきた。自民党の森喜朗幹事長は、与党側との共同修正を視野に入れるとの意向を表明した（毎日 1994.1.8）。

一方、与党側は骨格部分では譲らない方針を確認した（朝日 1994.1.9）。1月11日から始まった社会党の定期大会で村山は、政治改革関連法案について、成立へ結束を訴えた（毎日 1994.1.11）。社会党大会は、連立維持の方針を確認して幕を閉じた。だが、分裂への火種を残すものとなった。社会党の一般党員の中には、並立制を容認して、連立政権に入ったことへの批判が強くくすぶっていたからであった。

1月中旬になると、自民党側から、トップ会談を要求する声が出てきた（朝日 1994.1.17）。自民党の河野総裁は、小選挙区定数については、280とすることを提案してきた（読売 1994.1.18）。この結果、連立与党案と自民党案は徐々に定数配分で近付いてきたことにより、連立与党と自民党の妥協による法案成立の公算が高まった。

自民党内でも、この辺りで妥協してまとめようという考え方が出てきていた。だが、与党と自民党の修正協議は不調に終わり、トップ会談は実現しないまま、参議院の委員会での採決が行われることとなった。その結果、参議院の

特別委員会では与党案が修正されないまま可決された（朝日 1994.1.20）。そして、このまま、与党案が本会議で成立するかに思われた。

だが、委員会で可決された法案が本会議では否決されるという異例の事態が起こった。1月21日の参議院本会議において、政治改革法案は否決された。社会党議員が17人造反し、賛成118、反対130の12票差での否決であった（毎日 1994.1.22）。このことによって社会党の亀裂は決定的なものとなった。

社会党内には一貫して、並立制導入を容認した執行部への不満がくすぶっていたが、参議院本会議でその不満が一気に噴出した。結果、衆議院と参議院の議決が異なったことにより、両院協議会が設置されることとなった（朝日 1994.1.26）。両院協議会には与党が妥協案を提示することとなった。だが、社会党の抵抗で妥協案の作成は難航した。そして、両院協議会は与党が打ち切りを決めた（毎日 1994.1.28）。

そして、再び政治改革法案の行方は細川・河野のトップ会談に委ねられることとなった（毎日 1994.1.28）。その結果、1月28日に開かれた細川・河野会談で与党と自民党の妥協案が成立した。内容は小選挙区300、比例代表200とするものであった。比例代表は11ブロックとするものであった。

これは、当初の与党案（小選挙区250、比例代表250）と比べても、衆議院で可決され、参議院の委員会で可決された与党案（小選挙区274、比例代表226）と比べてもかなり自民党に譲ったものとなった。与党案は徐々に自民党案に近付いてきたことによって、自民党との妥協が成立したということであった。

社会党からすれば、当初の政府案は250：250であったので、300：200になったことは、大幅に譲歩を強いられることであった。だが、社会党執行部は造反議員に悩まされており、ここまでの妥協をせざるを得なかった。社会党内には大幅な譲歩をすることへの警戒感があり、連立政権の離脱も含めての論議もあったが、最終的には与野党妥協案を容認することとなった。ここについに、政治改革法案は成立した。

この時期の議論と最終的な妥協に至った時のことを複数の当事者は、後にどのように述懐しているのだろうか。ここで、首相であり当時の政権のトップのあった細川、連立政権の実質的な最高実力者であった新生党代表幹事の小沢、自民党の幹事長で河野総裁の名代として与党との折衝に当たってきた森の回顧

を見ておきたい。細川は以下のように述懐している（佐々木編、1999年、208頁-209頁）。

——細川内閣が発足して、政府案のとりまとめに入るわけですが、成田憲彦秘書官の回想によると、小選挙区三〇〇というのが先生の本心だったとされています。

細川：要は小選挙区というものが実現できればいいのであって、第一段階として二五〇：二五〇という政府当初案のボールを投げたわけです。

——こうして政府案と自民党案が対峙して、第一次細川・河野会談にいたり、そこで先生は二七四：二二六という修正案を提示されました。河野氏は、小選挙区二八〇ならば妥協するつもりだったとも言われていますが、なぜあと六議席譲らなかったのですか。

細川：最初から譲っていくと、どんどん譲っていくことになりますのでね。そこは決裂しても突っ張る構えでないと、ものにならない。

——それで第一次会談は決裂となり、政府修正案は参議院で否決されました。これを察知されたのはいつですか。

細川：何票か読み違いはあったかもしれないが、採決前から負けとわかっていました。

——この前後から、成田秘書官と河野氏周辺で水面下の調整が始まったといわれていますが、この河野氏周辺というのは……。

細川：鈴木恒夫さんです。

——なるほど。その鈴木さんと成田秘書官が一月二七日に会談されて、そこで成田さんが三〇〇：二〇〇という妥協案を提示されたそうですが、これは先生のご指示ですか。

細川：当然打ち合わせしていました。

——衆議院再議決よりも、与野党妥協を望まれていたわけですね。

細川：実質的にはね。形式上ではもちろん再議決する構えだが……。

——再議決も視野に入れつつ最大限譲歩して、あとは自民党が乗ってくるか乗ってこないかで方針を決めると。

細川：ええ。そういう環境整備をすることによって、後藤田さんみたいな方（再議決時、政府案に賛成しそうな自民党議員）が増えてくる可能性もありますから。河野さんが（三〇〇：二〇〇の妥協案を）呑むという話は、もちろんありました。ただ、河野さんが呑んでも、それで、自民党内が本当にまとまるのかという不安は、ずっとあったわけです。

細川はこの述懐で自民党の河野総裁の代理人は鈴木恒夫衆議院議員だったと述べ、成田憲彦秘書官との間で、調整が行われたと証言している。そして、小選挙区と比例代表の定数配分については、細川自身が指示をしたという内容の回顧をしている。だが、実質的に与野党間での合意に至る交渉をしたのは、連立与党が新生党代表幹事の小沢、自民党側が幹事長の森だった。
　細川・河野会談は2人だけで行われたのではなく、与党側から小沢、自民党側から森が同席していた。しかし、細川と河野は会談中に、土井衆議院議長と原文兵衛参議院議長から呼ばれ、衆議院議長公邸へ行った。そこで、土井衆議院議長が斡旋案を示そうとした場面があった。この間に残された小沢と森の話し合いが実際の細川と河野の合意につながったようである。自民党の責任者で当時幹事長だった森は以下のように述べている（五百旗頭・伊藤・薬師寺編、2007年、152頁-157頁）。

　──（前略）関連法案は93年末に衆院で可決された後、94年1月21日、参議院本会議で否決され、その後、さまざまな動きを経て28日夜、細川首相と河野総裁のトップ会談で合意し、成立にいたりました。その裏で森さんが小沢さんと実務的に詰めていたようですが、どういう経緯があったのでしょうか。
　森：政治改革法案は参議院で否決されたため、憲法の規定に従って26日から両院協議会が何度か開かれたが、もちろん折り合いがつくわけがない。それで28日になって、午後7時から細川首相と河野総裁のトップ会談が始まった。それには私も小沢さんも加わっていた。すると細川さんと河野さんに「衆議院議長公邸に来てください」というメモが届いた。土井たか子衆院議長と原文兵衛参院議長の2人が両党首を衆院議長公邸に呼んだんです。（中略）
　──森さんと小沢さんは2人だけ残されたわけですか。
　森：そうです。あの日、東京はめずらしく夜になってしんしんと雪が降っていた。（中略）小沢さんが「森さん、もうまとめようよ。このままだと大変なことになる」と言うから、「僕もそう思う」と応じた。すると小沢君は「自民党の言うことを何でも聞くよ」と言った。
　──自民党の要求を何でも呑むということは、小沢さんも切羽詰まっていたということでしょうね。
　森：そうかもしれませんね。そこで私が最後に言ったのは「比例区の選挙単位を全国ひとつではなく、ブロック制にする」ということだった。（中略）そこがいちばん

のハイライトでしたね。もちろん、ほかにもあった。小選挙区と比例代表の定数配分をどうするかとかね。最終的には小選挙区300、比例区200ということになった。あれもなかなか詰まらなくてね。というのも小沢さんはほんとは比例区をやりたくなかったためだ。われわれが合意したこともあって、土井議長が2人の党首に示した斡旋案は消えた。また、自民党がこれ以上分裂することも避けることができたわけです。（中略）
――同時に自民党内には「河野総裁は何をやっているのか」という声もありました。河野さんの姿勢はどうだったのですか。
森：河野さんは、「慎重にやらなければ大変だな」ということでしたね。「基本的には幹事長に任せるけれども、よく相談してくださいよ」という姿勢でしたね。
――政治改革に人一倍関心がありそうな河野さんが、小選挙区比例代表制にはっきりとした態度を見せなかったのですか。
森：いや、基本的にはやらざるを得ないという姿勢でしたよ。そうでなきゃ総裁になれなかった。（中略）もともと自民党内には「河野アレルギー」みたいなものがあったから、余計に慎重に動いていました。しかし、基本的には河野さんも改革をしなきゃならんという考えでした。

細川と河野は会談の途中で、土井衆議院議長と原参議院議長に呼ばれた。そして、この場で土井衆議院議長は、いわゆる「幻の斡旋案」を提示したが、その斡旋案は議論されなかった。事実上、小沢と森によって合意された内容が、そのまま細川・河野の合意につながったのであった。連立与党を代表して、自民党の森と合意した小沢は以下のように述懐している（五百旗頭・伊藤・薬師寺編、2006年 a、122頁-125頁）。

――細川政権は、なんといっても政治改革が最大の課題でした。小選挙区比例代表並立制の導入を柱とする4法案は、衆議院ではなんとか可決されましたが、94年1月21日の参議院本会議の採決では社会党を中心に与野党から大量の造反が出て、いったんは否決されました。
小沢：そう。社会党の反乱でね。やはり改革に反対していた自民党と地下茎でつながっていたからね（笑）。彼らにとっても中選挙区制がいちばんいいんです。
――最後は、細川首相、小沢さんと自民党総裁だった河野洋平さん、幹事長の森喜朗さんとの会談で合意し、なんとか成立にこぎ着けました。2人が記者会見したのは1月29日の未明でした。

小沢：そうです。参院の否決を受けて両院協議会をやったけれどもだめで、それから党首会談をやった。与野党合意は政府案に比べると、比例区の定数を200に減らして、逆に小選挙区は300に増やし、それでケリがついた。

――党首会談で政治改革がともかく実現したわけですね。

小沢：そう、政治改革の第一歩がね。だけど、やらなければいけないことは、行政改革や統治機構の改革まで含めると、まだまだ山とあります。

――選挙制度について、小沢さんは現在の小選挙区比例代表並立制よりも、単純小選挙区制の方がいいと考えていますか。

小沢：そうそう。といっても、現在も小選挙区が300あるから、ほぼいいようなもんですけどね。とにかく、万年野党体質が染み付いた人たちがダメだった。社会党は「小選挙区だと負ける」と言う。僕は「いや、そうじゃない。中選挙区よりも小選挙区の方が政権交代を実現しやすい。そういうことが、なぜわからないんだ」と言ったんだけれども。社会党は少しでも自分たちの議席を確保するために比例代表の定数にこだわっていました。

――だから、二つの選挙制度の組み合わせしか、手がなかったのですね。とはいえ、現実に導入された小選挙区制の効果はあったと思いますか。

小沢：ありました。何の効果もないようなことを言う人がいるけど、とんでもないです。「失われた10年」という意見もあるが、間違っている。細川政権で政治改革が実現してから、自民党の退潮傾向が一気に強まった。もう元に戻ることはないでしょう。

　この３人が回顧する通り、最後はギリギリの局面で細川と河野の合意が成立した。この結果、自民党は再分裂を避けることができた。当時、自民党内には、政治改革法案が成立しなければ、離党するといっていた若手の離党予備軍が40人ほどいたのであった（五百旗頭・伊藤・薬師寺編、2007年、154頁）。

　また、連立与党を率いる細川も公約を果たすことができた。とりあえず、細川は政権最大の課題を曲がりなりにも成し遂げたという形になった。細川は最後の局面では、小選挙区と比例代表の定数配分には特にこだわりを持っていなかったようであった。

　細川は最初の河野との交渉では、政府案の定数配分から譲歩しなかったが、参議院本会議での否決後は、「要は小選挙区というものが実現できればいい」という考え方に軟化していた。最後は与党（小沢）、自民党（森）の双方ともが

ここでまとめるしかないという認識で一致して、妥協案が成立したのであった。

おわりに

これまで見てきたように、紆余曲折を経て細川内閣の時に政治改革が成就した。この時期に「政治改革」といわれて議論されたのは、選挙制度改革と政治資金の規正が二本柱であった。これは、竹下内閣が政治改革に取り組み始めた時から一貫していた。政党助成金が導入されたのも、この時の改革による。だが、政治資金の規正よりも圧倒的に大きな意味を持つのは、選挙制度改革であった。

最初に本章の問題意識として、2つの問いを設定した。1つ目は細川内閣で「政治改革」がついに成就した理由とは何かである。2つ目は細川連立政権を構成した与党になる、新生党、新党さきがけを除く自民党政権下の野党が、なぜ、小選挙区制が主体の並立制容認に舵を切ったのかである。

まず、1つ目の問いから考察したい。結論からいえば、この時期は、与野党双方ともにもう、竹下内閣（実質的には短期の宇野内閣を経て成立した海部内閣からであったが）から延々と議論を続けてきた選挙制度改革に決着をつけるという選択肢しかなかったからである。

実際には、細川政権の成立段階においても、自民党内には一定の慎重派は存在していたし、連立政権の与党第1党となった社会党にも左派を中心に根強い小選挙区制導入への反対意見は存在していた。だが、宮沢内閣の解散時点で、「改革派」か「守旧派」かという単純な色分けがメディアによってなされていたこともあり、93年の総選挙は改革派一色に染まった。実際のところは、その改革という言葉の意味するところは、重層的であり、また簡単に定義できるものでもなかったにもかかわらず、目に見える「改革派」とは、選挙制度改革に賛成する立場の議員を指すようになっていた。

この時期の改革議論は実に百家争鳴であった。また、政治改革後の政党制についても、二大政党制を是とする後藤田、小沢（羽田）らが元々、「改革派」と見なされてはいたものの、同じく改革派を標榜する細川が穏健な多党制を主

張するなど、同じ「改革派」同士でも、選挙制度改革後の理想とする政党制については意見が割れていた。

また連合会長の山岸のように「二大政党的体制」を将来的には標榜しつつも、細川内閣期には、非自民勢力が即、「改革派」ではないとの考えから、過渡期は三極体制が良いと主張するものも出てきた。全ての政党や政治家が選挙時に改革を叫び、55年体制は役割を終えたという部分では共通認識が得られていたが、改革の先までの考え方が一致していたわけではなかったのであった。

にもかかわらず、細川内閣は政治改革政権を標榜し、選挙制度改革を行った。これは、本質的な改革論議は後回しにしても、兎にも角にも選挙制度を変えなければ話にならず、当面、選挙制度を変更することが、政治改革であるという認識が、この時期には共産党と社会党左派勢力を除く全ての政治勢力に浸透していたからであった。

２つ目の問いの回答も基本的に同じである。自民党政権下の野党までもが、雪崩を打って並立制導入に賛成していくこととなったのは、政界全体の空気が並立制には抗えないものとなっていたからである。

総選挙の後に日本新党と新党さきがけが政局の主導権を握り、政治改革政権の旗を掲げ、日本新党と新党さきがけが自民か非自民のどちらと組むかが注目された過程で、自民党を含む各政党は全て並立制を推進することとなった。この時、当時の野党も全てが並立制の導入を推進する立場となったのだが、社会党以外の政党ではさほど深刻な議論はなされなかった。

確認したように、連立政権を組んだ与党の中で社会党だけが、最後まで並立制に慎重であった。正確にいえば、並立制に反対する左派は、政権参加自体にも懐疑的であった。並立制を推進したのは社会党でも左派の主張と異なった選択をした執行部であった。

社会党の委員長は山花から村山に代わったが、基本路線は維持された。この基本路線は、非自民政権に参加するために、並立制を容認するというものであった。この時期には、選挙制度改革を行うしかないというムードが誰にも止められないくらいの勢いで政界を席巻していたからである。

自民党時代の野党でも社会党と公明党、民社党、社民連の各党には違いが見られた。比例部分を多くしても本来は小政党ほど、小選挙区制に抵抗があるの

が普通であった。だが、細川連立政権の与党となった政党で最後まで並立制で党内がまとまらなかったのは、社会党だけだった。

　実際には小政党ほど、並立制を率先して受け入れていった。一見、自らの政党の存続を脅かす選挙制度改革を小政党ほど率先して受け入れたのは不可解な気がする。だが、これは当時、公明党、民社党、社民連は政界再編後、もはや自党の存続を前提とはしていなかったからであった。

　社会党だけが最後まで抵抗したが、社会党には党全体の意思として選挙制度が変更された後、自らの党を解党して、細川連立政権を構成する与党で自民党に対抗する政党を結成する考えはなかったからである。この時点で選挙制度改革後も自党の存続を前提にものを考えていたのは、共産党を除けば「改革派」から批判された55年体制時の二大政党である自民党と社会党だけであった。

　自民党は河野が総裁になった時点で、大勢は並立制支持となった。自民党の場合は、海部内閣期、宮沢内閣期と一貫して選挙制度改革の議論をしてきたので、離党して新生党を結成した小沢（羽田）グループと武村らのグループ以外にもある程度、並立制を受け入れる素地はできていた。また、自民党を離党して出てきた新生党は過渡的な政党であった。過渡的という意味では、日本新党も新党さきがけも同じであった。

　細川政権の与党の中で、近い将来の解党を党の意思として想定し始めているわけでもなく、過渡的な組織でもない政党は社会党だけだった。このように考えれば、社会党のみが並立制でまとまりきらずに、他の与党（自民党政権下での野党）にそれほど、並立制への抵抗感がなかったことの理由が理解できよう。社会党はこの頃から、既に統一した意思は持てず、右派や中間派の中には再編の中で新党への脱皮を構想するものも出てきていた。この動きはこの後の政局で顕在化してくることとなる。

　細川内閣期では、これまでの政権の時期とは論議の内容が全く異っていたことが分かる。細川内閣期における議論は、内容的には実質的には何もなかったのである。つまり、細川政権下の政治改革論議とは、最初から最後まで並立制を導入するという与野党の共通認識の下での紆余曲折があったに過ぎない。

　勿論、最終局面まで、政府（連立与党）と自民党との定数配分の違いでも差異はあった。だが、並立制そのものの是非について議論されたのは、社会党内

部だけであり─自民党内でもあったが、河野が並立制を掲げて総裁に当選後、表立った反対論は姿を消した─、社会党においても、この時期になると、小選挙区制を主体とする選挙制度を導入することそのものの是非についての議論は姿を消していった。村山が大差で委員長に当選したことは「並立制」追認を確認することとなった。

最後に5年にわたる政治改革論議に決着がついた時、いずれも自身の内閣で政治改革に失敗した元首相は以下のように語った。竹下元首相は「いろんな経過がありましたが、皆さんの最大公約数ができたのは立派なこと」と語った。海部元首相は「海部内閣では廃案の憂き目にあったが、ぐるっと回り道して基本理念が戻ってきた感じ」と語り、宮沢前首相は「長いことかかったけど、成立してよかったじゃないか。数年間の積み上げの結果ですよ」と語った（読売1994.1.30）。

リクルート事件に端を発した「政治改革」は自民党が、93年に野党に転落するという予想外の政変を経て、曲がりなりに成就した。だが、5年の歳月を費やして導入された小選挙区比例代表並立制は、その後の日本政治に混乱と不毛な対立を生み出し、政策本位の競い合いとは程遠い、擬似二大政党制を人為的に生み出すことになる。この後の20年以上にも及ぶ混乱の芽は、細川内閣期に二大政党制か穏健な多党制かという議論の中で既に現れていたのであった。

1) この解散は宮沢喜一首相がテレビで評論家の田原総一朗に自分の手で政治改革をなし遂げると明言したにもかかわらず、できなかったことから「嘘つき解散」と呼ばれることとなった。
2) この時の衆議院議員の定数は511。自民党は223議席にとどまり過半数を割り込んだ。
3) 小沢一郎が細川護煕を担いだことは小沢自身の証言（五百旗頭・伊藤・薬師寺編、2006年a、115頁）にも細川の証言（佐々木編、1999年、208頁）にもある。
4) 山花貞夫の後は、村山富市が委員長となる。皮肉なことに社会党は総選挙で大敗を喫した後に、政権に参加し与党になり、山花は政治改革担当相として入閣する。だが、選挙で議席を約半減（66議席減の70議席）させた山花には指導力は全く残ってなかった。
5) 新生党の55議席は選挙前から19議席も上積みした議席数。
6) 平野貞夫氏の筆者への証言によれば、この時、細川を首相にすることには武村正義の強い抵抗があったという。細川の首相就任には平野氏の策略があったとのことであるが、このことが、武村が細川倒閣に向けて動くことにつながったという。この間の経緯

第4章　細川内閣期

は極秘情報なのでまだ明かせないとのことであった。
7) 1993年の第40回総選挙の日本新党からの初当選組には、前原誠司、枝野幸男、海江田万里ら後の民主党政権の中枢を担うことになる議員が多数含まれていた。
8) 細川は著書の中でも小選挙区制の導入を唱えていたわけでもなく、首相在任中も、政党制については、「穏健な多党制」が望ましいとの考え方を明らかにする。細川は『日本新党・責任ある変革』(1993年) の中で選挙制度改革には具体的には言及していない。また政界再編には言及していたが、二大政党制を目指すべきとの主張はしていなかった。
9) 76年に河野洋平らが、自民党の体質を批判して新自由クラブを結成したように自民党も分裂したことはあったが、ここまで大規模なものはなかった。羽田孜・小沢らは武村らの離党を直前まで知らず、小沢らの離党と新生党の結成は武村らが先に離党してしまったことに触発されたものであった (御厨・牧原編、2011年、103頁)。
10) 小沢は海部俊樹内閣期に自民党幹事長を務め、積極的に小選挙区制を導入するために海部に発破をかけた。しかし、91年4月に自民党幹事長辞任後は動きが鈍くなる。宮沢政権時期も、小選挙区制導入には熱心であったが、海部内閣期のように、宮沢に圧力をかけることはなかった。宮沢内閣期には、金丸信失脚による経世会の分裂騒動が起こり、派閥闘争が激化した。細川政権下での小沢は、海部政権下での自民党幹事長という立場とは異なった立場で、政権の実質的な最高実力者となった。
11) 武村も自民党時代から「ユートピア政治研究会」というグループを結成するなど「改革派」ではあった。だが、武村と小沢には自民党時代には接点がなく、またこの2人は政治的にも肌合いが合わなかった。
12) 社会党は92年の都議選、93年の総選挙で、これまでになかった大敗北を喫し、党勢の建て直しどころではないくらいに深刻な状況にあった。93年総選挙の結果、社会党は、自らは大敗したにもかかわらず与党になり政権の一角を担うという状況になったが、この矛盾した状況を受け入れたことが、また社会党を苦しめていくこととなる。
13) 例えば93年9月8日付『朝日新聞』の世論調査結果では細川内閣の支持率は71％に上り、これは、これまで最高だった田中角栄内閣の発足時を大きく上回るものであった。
14) 平野氏の筆者への証言によれば、この時、武村らが不信任案には反対して、自民党を出たのは最初から計画的なものであったという。一方、不信任案に賛成した「羽田・小沢」は離党するつもりはなかったが、武村らが離党して新党さきがけを結党したことでやむなく離党したとのことであった。この間の経緯は未発表で、詳細についてはまだ明かせないとのことであった。やがて明らかにされる日を待ちたい。
15) 日本新党の改選前議席は2議席だったが、公認候補だけで20人が当選。推薦候補も入れると27人が当選した。
16) 香川県の右翼団体「皇民党」が、竹下登が自民党総裁選挙に名乗りを上げた時期、ほめ殺しといわれる街宣活動をした。これを中止させるために、竹下は暴力団稲川会の力を借りたといわれる疑惑事件。当時、小沢も関与していたのではないかとの疑惑が持たれていた。
17) 細川政権の発足後、いわゆる「椿発言事件」が問題となった。椿発言事件は、テレビ

朝日報道局長の椿貞良の発言に端を発する政治的偏向報道が疑われた事件。椿が選挙中、自民党に不利な報道をすることを社内に指示したとされた。椿はこれを選挙後、否定したが、55年体制を崩壊させる方向での報道がなされたとの疑惑は残った。

18) 改革派か守旧派かという漠然とした対立軸はあったものの、明確な政策的な争点はなかった。宮沢の政治改革への失敗が自民党分裂につながったという面から、分裂して結党された新生党、新党さきがけと先に結党されていた日本新党は追い風を受けていた。この時の選挙は、55年体制の主役であった自民党と社会党の全体が「守旧派」であり、新党が「改革派」であるというイメージが先行した選挙であった。

19) 海部政権を引き継いだ宮沢政権は、海部政権で廃案となった並立制を軸に議論を始めた。だが、宮沢時代、自民党は途中で単純小選挙区制へと方針転換した。しかし、宮沢首相自身が積極的な小選挙区論者ではなかった。結局、宮沢はまた並立制を提案することになった。だが、これも党内の多数派の賛同を得られなかった。

20) 主要政党の獲得議席は、自民党223、社会党70、新生党55、公明党51、日本新党35、民社党15、新党さきがけ13、社民連4、共産党15議席であった。

21) 武村は2018年6月に『産経新聞』のインタビューを受け、「小選挙区制度については見直し論もある」がとの問いに「率直に言ってちょっぴり後悔しています」と答えている。そして、その理由について、「日本人の政治体質に合っていないのではないかということです。満場一致で決めるのが日本人のやり方で、多数決で決めるのは例外的です。フワッとした雰囲気で当落を決めていた中選挙区制が日本人の体質にあっていたという見方もあります。当時を反省して振り返ってみても、他になかなかいい制度が見つからなかった。もう一度、選挙制度について大議論をする価値はありますね」と述べている。

22) 両議院議員総会で、衆参両院議員と都道府県代表47人によって投票が行われ、河野が208票、渡辺が159票という結果であった。

23) 議長指名選挙や会期問題で非自民非共産の5会派と自民党との協議が難航。8月5日中に首相指名ができないという異例の事態になった。

24) 細川内閣の与党会派は、社会党、新生党、公明党、日本新党、民社党、新党さきがけ、社民連の7党に参議院の会派「連合参議院」を加えた勢力となった。7党からはいずれも党首が入閣し閣僚となったが、連合参議院からの入閣者はいなかった。

25) 主要閣僚は、羽田外相（新生党党首）、藤井裕久蔵相（新生党）、武村官房長官（新党さきがけ代表）、山花政治改革担当相（社会党委員長）、大内啓伍厚相（民社党委員長）、石田幸四郎総務庁長官（公明党委員長）、江田五月科技庁長官（社民連代表）らであった。民間から三ヶ月章法相、赤松良子文相などが入閣した。特徴は連立各党の党首が全員入閣したことと、主要閣僚には新生党議員が就いたことだった。

26) 定数配分の問題は、小選挙区の比率を高めるかどうかという問題であり、本質的には二大政党制を導き出す方向へ行くか、多党制を前提とするかという大きな論点があった。だが、この時期、積極的な議論が交わされたわけではなかった。この議論をすれば、自民党内よりもむしろ連立与党内での意見の違いが際立つという可能性があったからである。二大政党論者が小沢で多党制論者が細川であった。社会党は当然、二大政党論には与していなかったが、穏健な多党制を主張して、その立場から比例部分の比率を

高めるという主張まではしなかった。細川政権時代、与野党で政党制についての本質的な議論には発展せず、この後の過程では定数配分をどうするかという点のみでの駆け引きが与党の間で行われた。

27) 村山は社会党内最左派の社会主義協会の所属ではなかったが、中道左派の「新しい流れの会」に属していた。しかし、大分市議を振り出しに政界に入った村山は現実主義の政治家であり、イデオロギー色の弱い政治家であった。この後に村山を首班とする自社さ政権を推進したのも、野坂浩賢ら村山側近の左派に属する議員であった。

28) 『読売新聞』（1993.9.21）による党本部発表の確定得票数は、村山が65,446票（78.3％）、瓫正敏が18,075（21.6％）。有権者は社会党の一般党員。村山は党員の約8割の支持を得て委員長に当選した。

29) 村山執行部では、書記長に久保亘、副委員長に大出俊、山口鶴男、井上一成、国会対策委員長に野坂が就任した。

30) この委員長選挙で村山は圧勝したが、村山の当選は投票前から確実視されていた。しかし、得票差が6：4くらいに縮まれば村山の指導力は限定されるとの見方が有力だった。そのような社会党の党内情勢の中、並立制に反対する委員長が当選していれば、細川政権に参加した山花執行部の決定が認められなかったということになり、当然、社会党が連立政権にとどまることは困難になったであろう。これは連立を組む他の与党から排除された可能性があったということ以上に、社会党内で連立政権参加反対の党内世論が盛り上がったことが考えられるからである。

31) 労働運動家であり、「連合」の生みの親である山岸章は、社会党員でもあり、長年、左派と闘ってきた経歴を有している。海部内閣期や宮沢内閣期には、自民党を割ろうとしていた小沢・羽田と密接な関係を持つようになり、細川政権樹立の裏でも山岸は小沢と綿密に連絡を取り合った。小沢は自民党離党後、山岸の指導する連合への接近を図ったが、山岸はこの時期の後、著書で小沢との蜜月は長くは続かなかったと述懐している（山岸、1995年 b、45頁-47頁）。

32) 公明党、民社党の中道政党は、選挙制度改革後、新党へ移行する議論を始めていた。実際に公明党、民社党と新生党、そしてこの時期は小沢と距離をとっていた細川の日本新党も、やがて新進党に結集することとなる。

33) 日本新党の細川と新党さきがけの武村もやがて袂を分かつ。細川政権ができるまでは、細川・武村と小沢の間に多少の軸があったが、細川が武村を切ることを進言した小沢に近くなり、武村が細川政権内で孤立したことから、羽田政権の発足時には社会党と共に武村の新党さきがけが連立与党の枠組みから離脱することとなった。

34) 自民党から13人が政府案に賛成し、社会党からは5人が反対した。自民党の賛成者は自民党案でなくとも並立制に賛成すべきだという積極的な選挙改革論者であった。より深刻なのは社会党で、この流れは参議院本会議での反乱につながっていくこととなる。

35) 山岸は理想の政党制には直接、言及していないが「二大政党"的"体制」という言葉を著書で使っている。これは、山岸が二大政党制でも保守党に対抗する非保守党が、日本にもできることに期待をかけていたからである。だが、小沢主導の細川政権を見てそれは無理だと考え、当面は三極体制が望ましいとの発言になったものと思われる。

36) 細川自身は、後に最初から非自民勢力と組むしか選択の余地はなかったと述べている

（佐々木編、1999年、207頁-208頁）。自民党と非自民は綱引きをしているように見えたが、細川は自民党と組むことは最初から想定はしてはいなかったのだった。

第5章 「政治改革」後の日本政治をめぐる評価

はじめに

　本章では前章までで見てきた1990年代前半の「政治改革」期を経て、その後の日本政治がどのように展開したのかを論じる。「政治改革」期以降の日本政治全体を対象とした通史的な書物は既に多く刊行されているので、大きな流れの確認はそれらの書物に譲りたい。

　本章では選挙制度改革以降の20年以上に及ぶ日本政治全体の検証ではなく、政治改革期に目的とされたことが、実際に実現されたのかという視点から、主として野党再編がどのような論理で進められていったのかをまず確認する。そして、その結果、2009年の政権交代により第3次民主党は政権を担当することとなったのだが、民主党政権の崩壊後、主要な政治家と政治学者たちは、いかなる総括を行っているのかを確認し、内容の妥当性を検討する。

　第1節では第3次民主党の形成過程をめぐる論点を振り返る。第2節では、民主党政権を担った主要な政治家自身が、3年3ヶ月で政権を失うこととなった民主党政権について、どのような総括をしているのかを確認する。

　第3節では、同じく民主党政権について政治学者たちはどのような総括をしているのかを確認する。ここでは、立場の異なる7人の政治学者（一部、ジャーナリストを含む）の言説を取り上げる。最後に本章での議論を整理しながら、「政治改革」後の20年以上に及んだ「改革」政治の総括を行う。本章のタイトルを「政治改革」後としながらも、民主党についての記述に絞るのは、紙幅の関係である。93年以降に存在した多くの野党と成立した内閣についての記述は省略する。

1 第3次民主党の形成過程をめぐる論点

1-1 民主党衆議院議員の質の変化―人材面での自民党との同質化―

　長い再編期を経て、第3次民主党が結党されたが、第1次民主党（96年10月結党）、第2次民主党（98年4月に結党）、第3次民主党（03年9月に「民由合併」によって結党）の3つの政党は同じ名称であったが事実上は、別の政党だったといって良い。有権者に対する選挙戦略上、合併時に党名変更がなされなかっただけのことである。

　この3つの政党を別の政党とする理由は、単一の政党が選挙を経るごとに自力で、他党から議席を奪うという形で当選者を増やしていったからではないかからである。その実情について詳細に理解していない人々からは、「民主党」という政党名が96年以来続いてきたものであることから、政権獲得時に存在していた第3次民主党も最初に結成された第1次民主党もあたかも同一の政党のように論じられることがあった。

　96年に結党された第1次民主党は、98年の第2次民主党（当時のメディアが使った呼称でいえば「新民主党」）、03年の「民由合併」による第3次民主党と勢力を拡大させてはきた。だが、中小政党（当時は議会内第3勢力）が数度の選挙を経て、同じ政策を掲げ、基本的に同じ指導者の下で徐々に勢力を拡大させてきたわけではなかった。

　2回の合併により支持基盤も変化したし、合併を繰り返すごとに、既存の議員の質のみならず、新人議員の質も変化した。政策も継続しているものと変化したものがある。この事実を正確に理解することなく、09年の鳩山政権誕生から12年の野田政権の退陣に至るまでの「民主党政権」の評価を議論し、政権交代の「失敗」や「成果」の検証をしても、そのことは積極的な意味をなさないということを指摘したい。

　第1次民主党が結成されてから第3次民主党に至るまでの過程を丹念に追った研究としては上神貴佳・堤英敬編『民主党の組織と政策―結党から政権交代まで―』（東洋経済新報社、2011年）がある。この研究の中で濱本真輔は民主党が合併を経て党勢を拡大する過程での議員の経歴の変化について、96年の選挙

第 5 章　「政治改革」後の日本政治をめぐる評価

から09年の選挙までの 5 回の選挙に立候補した新人候補者と当選した新人議員の経歴から分析している。

この研究で濱本は新人議員と新人候補の経歴を「官僚」、「地方政治家」、「議員秘書」、「会社員」、「実業家」、「マスコミ」、「専門職」、「公務員」、「団体・政党職員」、「松下政経塾」に分けており、「地方政治家」の下位カテゴリーに「首長」、「都道府県議会議員」、「市区町村議会議員」を入れ「団体・政党役員」の下位カテゴリーに「労組」を入れている。この論考では96年から09年までの議員と議員候補者の実数と割合の変化が示されている。

この論考で明らかにされている実際に当選した新人議員のカテゴリー別の割合に注目して見ると、96年から09年で伸びの目立つのが「官僚」の3.8％から11.0％や「松下政経塾」の3.8％から8.1％である。また「地方政治家」は全体として96年の25.0％から09年の28.2％と高水準を示していることが見て取れる。逆に低下したのが「団体・政党職員」である。96年から09年で40.4％から18.2％と下がり、下位カテゴリーの「労組」に限定すれば19.2％から5.2％と減っている。

そして、濱本は実数と割合を分析した上で「社会党と比較すれば、民主党は徐々にリクルートメントの面では自民党に近い形になっており、候補者のリクルートメントにおける二大政党の同質化が進んでいる」（濱本、2011年）と結んでいる。同質化とは、民主党（当時）の議員志望者と当選者の出身母体が自民党に似てきたということである。端的にいえば、後になればなるほど民主党から立候補する候補者の質は自民党に近付いていったということである。

この研究は09年の選挙（政権交代選挙）で当選した議員の分析までで終わっているので、その後の 2 回の選挙で当選した民主党新人議員の経歴と、さらに第 3 次民主党と維新の党の合併によって誕生した民進党の議員の経歴がどのように変化したのかまでは分からない。

だが、民主党（当時）が合併を繰り返しながら勢力を拡大していく過程において、新人議員及びその予備軍である新人立候補者の経歴が自民党の議員（及び候補者）と同質化していったことを明らかにしていることは、この研究の重要な成果であろう。そして、このことは民主党（当時）が政策的に55年体制時の社会党と比較して保守化（自民党と同質化）していったこととも密接に関係が

あったと考えられるのである。

1-2　第2次民主党の結党―「社民合同」と反小沢の結集―

　さて、次に第2次民主党結党時に起こったことのうち、これまであまり関心を払われてこなかったことに言及しておきたい。98年4月に結党された第2次民主党はそれまでの社民党出身者と新党さきがけ出身者によって構成されていた民主党の性格を大きく変えた。これは、新進党の解党後、元々は自民党に所属していた保守勢力が大量に合流したことによるものであった。

　しかし、この合同にはもう1つ特筆しておくべきことがあった。それは、第2次民主党（新民主党）の結党時に旧同盟系労組の支持を受ける旧民社党系（当時は新党友愛と名乗っていた）議員と第1次民主党の結党時に最大勢力だった旧総評系労組の支持を受ける社民党出身議員が同じ政党に結集したことである。この合併によって、一口に労組といっても2つの異なった思潮を持つ流れが、第2次民主党の支持勢力として同居することになった。そして、このことによって、党内に所属する議員の思想的な幅も広がったのであった。

　当時、このことはそれほど大きな関心も払われず、話題にもならなかった。理由は、既に90年代に政界再編に先んじて総評と同盟が統一し、労働界の一本化がなされており、巨大なナショナルセンターである「連合」が誕生していたためである。当時は連合の支持する政党が新進党（旧民社党が参加したため）と民主党に別れていたことで、「股裂き状態」が生じていたが、「股裂き状態」が解消されたことは望ましいことだという受け止め方が一般的であった。

　第2次民主党の誕生は連合（全体）にも好意的に受け止められた。[4] 地方における連合系のメーデーの集会にはそれまで新進党の代表と民主党の代表が来ていたが、集会に「民主党」と称する政党の代表だけが来るようになったことにより、幹部はどの単産に所属する組合員に対しても、選挙での民主党支持をストレートに呼びかけることができるようになった。このことは、連合全体としても歓迎すべきことであった。[5] 第2次民主党の誕生は、ある意味において、連合初代会長の山岸章の宿願が実現したともいえる出来事であった。

　また、究極の寄り合い所帯政党ともいうべき新進党が実際に結党されて、解党された直後であったので、新進党に比較すれば、新進党から小沢勢力と公明

党（創価学会）勢力を除いた残りの勢力が第1次民主党に合流し、「非自民非共産」及び「反小沢」でまとまったことは、それほどまでには不自然な合併だとは見なされなかったのであった[6]。

したがって、旧社会党と旧民社党が合同したことなど、一部の人々を除き、誰も気にかけていなかった。だが、第2次民主党（新民主党）で旧社会党（社民党）と旧民社党の勢力が1つの政党に結集したということは、民主党（当時）の安保政策やエネルギー政策が一本化できないという要因をこの時点で抱えたこととなり、後から考えてみても大きな意味を持つこととなった。

旧民社党（同盟）勢力は社会党右派から分裂して以来、強固な反共主義を掲げ、民間大企業の労使協調路線の立場に立ち、エネルギー政策においては原発推進、安保・防衛政策においては日米安保堅持の立場に立ち、特に安保政策においては自民党清和会（岸信介派の流れ）以上の右寄りといわれてきた。この勢力が「民主党」と称する政党の枠内に入ってきたことは、その後の民主党の安保・防衛、エネルギー政策や憲法論議を中途半端なものにしていくこととなったのであった。

1-3 第3次民主党の結党―「民由合併」による路線の変化―

次に「民由合併」の意味について考察する。03年7月に当時の民主党（菅直人代表）と自由党（小沢一郎代表）による合併の合意が成立し、9月に民主党が自由党を吸収合併する形で両党は合流した。これは「民由合併」と呼ばれた。この合併によって拡大した民主党はさらなる「保守化」をしたと考えられがちであるが、結論からいえば、「民由合併」で誕生した第3次民主党の政策は、イデオロギー的に「保守化」したわけではなかった。

最初の3年間、小沢は大きな動きを見せなかった。小沢は代表となってからは政権獲得に目標を絞り、小泉政権以降の新自由主義的な政策で疲弊した日本社会を立て直すために、農業の戸別所得保障や義務教育の無償化など、社会民主主義的な政策を前面に打ち出すことになった。だが、このことが後に民主党にまた複雑な亀裂を生むこととなった。この対立は最後、民主党の分裂にまで発展した。

民主党は第1次から第2次（新民主党）までは、合併をして非自民非共産勢

力を議会内で徐々に拡大するとともに、自民党に対しては何らかの意味で「改革政党」であるという色合いを強く打ち出していた。改革の意味するところは多義的ではあったが、大きくは2つの方向性があった。

1つ目は市民派の標榜した改革路線であった。これは、民主党は広く薄い市民の利益を体現する改革政党であるという考え方である。新党さきがけから参加した環境政策や福祉政策に熱心に取り組んだ議員などもこの流れに入るといって良いだろう。この路線は第1次民主党が「市民が主役の民主党」というキャッチフレーズを掲げていたことに象徴される。

もう1つの流れは第2次民主党に合流した保守系議員（改革保守）によって担われた路線であった。第2次民主党は、自民党出身者と旧民社党出身者を抱え、政策（イデオロギー）面では保守色を強めたものの、自民党を利権政党であると位置付け、民主党を利権構造に切り込む「改革政党」であるということを大きな売り物としていた。

こちらの路線は、93年の政変での自民党離党組や日本新党出身者が標榜していた意味合いでの「改革」路線であった。今後はこの勢力を本書では「改革保守」と呼ぶこととする。17年10月の民進党分裂時に希望の党に参加した人々も、基本的には「改革保守」路線の流れにある人々であった[7]。

こちらの「改革派」の特徴は規制緩和による民間での競争を重視するもので新自由主義に親和的な流れでもあった。この部分の担い手は保守系からの合流した議員たちであったが、途中から参加者が増えてきた官僚出身の議員たちも「自民党ではできない改革」を目指し、政界に進出してきた[8]。標榜された「改革」の質や方向性も詳細に検討すれば、さらにいくつかの流れが存在したのだが、第2次民主党も広義の「改革の党」であったことは確かであった。

しかし、民主党はこの改革路線を選挙で全面に打ち出して政権を獲得したわけではなかった。「民由合併」の後から政権交代に至る最終的なプロセスにおいて、小沢によって主導された民主党は、自民党に対して、利権構造に風穴をあける政党として対峙し続けたわけではなかったからである。

小沢の路線は医師会や特定郵便局、農家の期待する政策を打ち出して投票を依頼するという路線であり、小沢に批判的な政治家や論者からは、利益誘導型政治に戻ったと評された。いわゆる「国民の生活が第一」路線であり、政策的

第5章 「政治改革」後の日本政治をめぐる評価

には農村部でも支持を得られるものであった。

　本来は小沢こそが90年代の初頭における「改革保守」の走りであったのだが、「民由合併」後、状況は大きく変化した。小沢はかつて、93年に世に問うた『日本改造計画』を捨てたと宣言したことは一度もなかったが、06年の民主党代表就任から09年の政権獲得時までは別の政策路線に転換した。

　小沢が主導権を握って作成した09年総選挙時のマニフェストへの当時の民主党幹部の反応は次の節で見るが、小沢が合流したことで、民主党は一層、複雑な様相を呈することとなった。そして、09年に政権を獲得した時点での第3次民主党は、鳩山由紀夫を代表としながらも、政策面においてはその3年前から小沢によって主導された政党となっていた。

　03年から09年の間に第3次民主党は政党としての性格を大きく変えた。厳密に時期を絞れば、05年9月に代表に就任し、06年3月末に辞任表明に追い込まれた前原誠司の後に小沢が代表に就任した06年4月から09年の3年間に民主党は大きく姿を変えた。最初の3年間、小沢は政策面でも人事面でも影響力を行使しなかった。

　小沢の路線はそれまでの「改革路線」から「社民路線」、あるいは元の田中派に象徴される補助金路線に戻ったと評される。そして、政策面の転換以外にも大きな問題を引き起こした。「民由合併」時には、そこまで強く意識されてはいなかったことであったが、新進党解党時に小沢と袂を分かった保守系議員と小沢がまた同じ党に結集したことによって、民主党内部に再び親小沢か反小沢かという対立が引き起こされたからであった。

2　民主党政権についての評価(1)—政治家自身による評価—

　本節では民主党政権の評価を当の政治家たちがどのように総括しているのかを確認した後、その妥当性を検討していきたい。本節の目的は民主党政権の検証それ自体ではなく、民主党政権についてなされている検証をさらに「検証」することである。最初に、民主党政権を担った主要な政治家の立場の違いを確認したい。

　本節で取り上げるのは代表的な政治家9人とした。政権の最高責任者であっ

た鳩山、菅直人、野田佳彦の3人の首相は全て取り上げる。そして、政権交代の立役者でありながら、絶えず党内での主導権争いの中心に位置し、最後は民主党を離党することとなった小沢も取り上げることとした。

次にどの政権でも重要な役割を果たした岡田克也、前原、枝野幸男を取り上げる。さらに、野田内閣で官房長官を務めた藤村修も取り上げることとした。藤村は民主党が政権を取るまでの過程では、決して主要な政治家ではなかったが、民主党内の保守系政治家を代表して取り上げる。そして、最後に松井孝治を取り上げる。松井は参議院議員であり、官僚出身である。旧党派の出身でないが、途中から増えてきた民主党へ参加した官僚出身政治家を代表させて取り上げることにした。

2-1 鳩山由紀夫

鳩山は09年9月から10年6月まで最初の民主党政権(国民新党・社民党との連立内閣)の首相を務めた。鳩山は民主党政権全体については「民主党政権はやろうとしたことの大きさに比して、その覚悟が足りなかったのではないかという指摘がありましたが、私もそのとおりだと思います」(鳩山・白井・木村、2016年、86頁)と率直に反省している。

小沢との関係については「小沢幹事長は『政府の運営についてはおまえに任せる。その代わり、党の運営については俺に任せろ』ということで、かなり明確に役割分担を行いました」(山口・中北編、2014年、69頁)と述べており、政策決定については「最終的に意思決定するのは政府ですから、党の議論はあくまでも要望として聞き、政府が最終判断をするということです。(中略)政策決定について小沢幹事長に権力が集中していたということはありません」(山口・中北編、2014年、70頁)と小沢が突出して力を持っていたわけではなかったと回顧している。

また、鳩山は「癒着したグローバル資本主義を打破するのは、逆説的に申せば、癒着先進国の日本だからこそ可能かもしれません。アメリカをトップに据えた日本の癒着構造を打破する政治勢力をいま一度、今度はしっかりとした覚悟を持ってつくり上げることです」(鳩山・白井・木村、2016年、8頁)と述べている。鳩山は政権運営には失敗したものの、本来的に目指した対米自立の方向

第5章 「政治改革」後の日本政治をめぐる評価

性は正しかったという認識を、退陣後も明確に持っているようである。[9]

　小沢や菅が政権交代可能な二大政党制という制度面の改革に一貫してこだわっていたのに対し、鳩山は政権交代の重要性や二大政党による政権交代の重要性を、そこまで熱心に説いてきたわけではなかった。むしろ鳩山は、96年の最初の民主党の結党以来、「友愛」を説くなど理念的な主張の多い政治家であった。

　鳩山は現在も保守論壇などからは、アメリカとの関係を損なったとして、極めて強い批判を受け続けている。だが、鳩山は東アジア共同体構想や対米自立という方向性を明確に持っていた政治家という意味では、他のどの政治家やどの民主党内の政治グループとも似ていない独自路線の政治家であった。この鳩山自身の独自的過ぎる路線が、鳩山を早々に孤立させてしまうこととなった。

　また、鳩山自身の政策の一部分には社会民主党的な側面もあった。これは沖縄の基地の負担軽減から長期的には対米自立を目指すという面であった。また鳩山の政策の一部分には国民新党的な側面もあった。これは、郵政民営化で日本の富をアメリカに流すことへ抵抗するなどの面である。いずれにせよ、対米自立を目指すというのが鳩山の基本的理念であった。

　「癒着したグローバル資本主義」への批判という表現から、鳩山がかなり大きな問題を見据えていたことは間違いのないところである。対米自立路線こそが、鳩山が明確に目指していた政治・外交路線であったが、民主党内でこの立場に立つものは、側近の川内博史らを除き殆ど他にいなかった。[10]民主党内部に鳩山を支える議員が極めて少なかったことが、鳩山政権が1年足らずで崩壊した最も大きな原因であった。

2-2　小沢一郎

　小沢は民主党政権樹立の第1の功労者であるとともに、多くの政治学者やジャーナリストから民主党政権瓦解の原因を作った人物と見なされている。事実、「民由合併」以降、政権獲得前から民主党が政権を担っていた3つの政権の時期、そして、小沢が民主党を離党し、12年に国民の生活が第一を結成するまで、親小沢派と反小沢派の闘争が一貫して繰り広げられた。

　民主党政権下での小沢自身の主たるポストは、鳩山政権時の党幹事長だけで

あった。菅政権の途中の10年9月に菅が再選された代表選挙に菅の対抗馬として出馬したが、この時は国会議員票ではほぼ対等の票を獲得する善戦をしたが敗れている[11]。

　菅の退陣後、野田が選出された代表選挙が行われた時は、小沢は党員資格停止中であり、積極的には動けなかった。この11年8月の代表選挙で小沢は海江田万里を支持したが、野田が当選したことにより、小沢の復権はならなかった[12]。そして、小沢は野田政権時の12年7月、民主党を離党し国民の生活が第一を結党した[13]。政権交代までを主導した小沢であったが、首相にはなれず、最終的には、消費税率のアップなどマニフェストの大幅な変更を批判し、民主党を離党せざるを得ないところに追い込まれた。

　小沢は06年4月には前原の退陣後、民主党代表に就任して、政権交代直前まで民主党を主導したが、政権交代の直前の09年5月、西松建設事件で代表辞任に追い込まれた[14]。だが、小沢はこの時、完全には失脚せず、鳩山代表の下で代表代行に就任し、政権交代を果たした09年9月には幹事長に就いた。影響力の温存に成功し、政権交代後は与党幹事長として辣腕を振るった。

　小沢は政権交代について「民主党政権は失敗に終わりましたけれども、私は政権交代が国民の選択次第ではいつでも可能なのだという意識を国民にかなり大きく与えたと思います。その意味で、民主主義の最も重要な機能である国民の意思による政権交代というある意味の国民の意識の中での土台作りはできたと思います」（御厨他編、2013年、52頁-53頁）と述べ、「民由合併」についても「やった方が良かったです。（中略）自由党は理念的な矛盾はないし筋道は通っていますし、一定の支持者はいますからいいのですが、それだけでは過半数にならないのです。（中略）そのためには民主党と一緒になる選択肢が一番いいだろうと判断したということです」（御厨他編、2013年、53頁）と述べている。

　小沢は90年代の前半に自らが掲げた政治改革について、一定程度は成功したという認識を持っている。93年に『日本改造計画』で示した自身の改革案については、「まだ緒に就いたばかりだ」という認識を示してはいるが、小選挙区制によって09年の政権交代ができたことの意味を高く評価し、「理想的な民主主義の形になってきたので良かった」（御厨他編、2013年、55頁）との認識を示している。

第5章 「政治改革」後の日本政治をめぐる評価

　民主党政権が失敗した後になっても、選挙による政権交代が必要だという小沢の主張の骨格部分は、93年に自民党を離党した時から一貫して変わっていないことが理解できる。しかし、小沢が第3次民主党を政権獲得に導いた時の理念と政策は『日本改造計画』で小沢が90年代の前半に示したものとは異質のものであった。小沢の路線への賛否をめぐって、民主党政権の内部で内紛が起こり、やがて民主党自体の分裂にまで発展することとなった。

2-3　菅　直人

　菅は10年6月から11年9月まで2人目の民主党政権（国民新党連立内閣）の首相を務めた。途中で第1次改造内閣、第2次改造内閣が発足している。菅は96年に鳩山とともに第1次民主党を結党して以来、民主党を代表する政治家であった。市民運動出身であることや55年体制下では弱小政党であった社民連（社会民主連合）に所属していたこと、自社さ連立政権であった橋本内閣では新党さきがけ枠で厚生相として入閣し、薬害エイズ事件の解決などで頭角を現したことなど、菅は極めて異色の経歴を誇る政治家であった。

　菅は鳩山が進めて一旦は挫折した「民由合併」を当時の自由党代表であった小沢との間で03年7月に合意した。だが、「民由合併」以降は、小沢とは終始対立することとなった。この部分は、新党さきがけ以来の盟友であり、96年に民主党を共に結党した鳩山との関係とは違った関係であった。それは鳩山と小沢の政治経歴に由来するのかもしれない。[15] 菅と鳩山は近く、鳩山と小沢も近かったが、菅と小沢は「民由合併」後、対立し続けることとなった。[16]

　菅が政権を担当した時期には未曾有の東日本大震災とそれにともなう福島原発事故が起きた。この震災への対応と原発事故への対応の不手際から菅は退陣に追い込まれたのだが、菅自身は民主党政権をどう評価しているのだろうか。

　まだ野田政権の続いていた12年10月の時点だが、まず菅は政権交代を目指して活動してきた自身について、「…国政レベルでは政権交代がないから大きな政策の転換もない。（中略）政権交代が国政をより民主化し国民主権の下で市民参加、国民参加の方向へ持っていく第一の関門だと考えました」（薬師寺編、2012年、151頁-152頁）と述べ、国政における政権交代の必要性を感じてきたことを強調している。そして、90年代の衆議院への小選挙区制の導入について

223

は、「私は政権交代の可能性を大きくする制度の方が望ましいという考えでした」（薬師寺編、2012年、152頁）と小選挙区制導入に賛成だったと述べている。

そして、民主党政権については「初めての本格的な政権交代をやったんだから、いろんなことに試行錯誤があるのは当たり前です。（中略）それも理想をいえば第一党と第二党が、つまり政権党と野党第一党が中長期的視点であるべき姿を議論し合意できればいいなとは思っています」（薬師寺編、2012年、159頁）と述べている。菅もこのインタビューを受けた時点で二大政党制にまだ肯定的であったことがうかがえる。

民主党が政権を獲得した時のマニフェストが反故にされ始めたのが、菅政権時であった。またTPP（環太平洋パートナーシップ協定）への参加を突如表明するなど、菅政権はあたかも自民党政権への先祖帰りともいうべき政策を打ち出した。だが、菅自身にはこのことに関しての反省はあまりないようである。

菅は小沢とは民主党内では敵対してはいたが、小選挙区制度を今も肯定している点やその理由を、政権交代が起こりやすい制度であるとしている点は、小沢との共通点である。この菅と小沢の相違点と類似点こそが、小選挙区制、二大政党、政権交代という問題について検討する際に大きな意味を持つこととなるのだが、このことについては本章の最後で検討したい。

2-4 野田佳彦

野田は11年9月から12年12月まで3人目の民主党政権（国民新党連立内閣）の首相を務めた。途中で第1次改造内閣、第2次改造内閣、第3次改造内閣が発足している。野田は松下政経塾（1期生）、千葉県議を経て衆議院議員となった。政界入りした時点から保守政治家としてスタートしたが、民主党内では代表的な反小沢に位置する政治家でもあった。

野田政権は鳩山、菅政権とはかなり性格を異にする政権であった。鳩山政権は09年の総選挙に勝利した後に発足した政権であったため、マニフェストを反映して分配政策を重視する社会民主主義色の強い政権であった。菅政権は実際に実行された政策は別としても菅自身の政治経歴や主要閣僚の政治経歴から左翼色の強い政権と見られていた[17]。これに対し、野田政権は民主党政権であるが、保守色の強い政権であった。

事実、野田の政治経歴は、鳩山とも菅とも異なっている。鳩山と菅は最初の民主党結党以降は行動をともにしてきた。これに対して、野田は日本新党から初出馬して政界入りした後、新進党を経て96年の選挙に落選後、当時の民主党に合流している。野田が民主党に参加したのは最初の結党時ではなかった。

野田政権は「税と社会保障の一体改革」を行った。一般に菅政権と野田政権には連続性はないように理解されている。イメージとしては鳩山政権と菅政権の方が、鳩山と菅の古くからの関係からも連続性があるようにすら感じられる。だが、実際には鳩山政権と菅政権のところにまず大きな転換点があり、野田政権は菅の退陣後、菅の引いた既存のレールを踏襲した側面が極めて強い。外交政策において、菅政権で対米従属路線に戻ったことを含め、菅政権と野田政権には多くの点で連続性が見られた。

野田政権は、税と社会保障についての改革を行ったが、消費税の増税は菅政権が決定していた。また、菅が突然、参加の意思を表明したTPPへの参加も野田は推進した。このように野田政権は菅政権の引いた路線を継承した面が非常に強い。小沢が民主党を離党したのは野田政権時の12年7月であった。

野田は「社会保障については、われわれの政権になってから『人生前半の社会保障』にスポットライトを当て、柱にしたのですね。『チルドレン・ファースト』という考え方は、これからも口酸っぱく言っていくべきではないかと思います。こうしたことは民主党政権以前には見られなかった風景なのです」（山口・中北編、2014年、265頁）と先の世代のために大きな仕事をしたという自負心を強く持っている。

また野田は「保守政治家」を自任しているためであろうか。野田は96年の民主党時代に見られた市民参加の必要性や、利権保守に対する市民主義からの挑戦という側面には、あまり興味を持っていないことがうかがえる。

2-5 岡田克也

岡田はいずれの民主党政権も要職に就いた。岡田は野党時代の民主党代表の経験者でもあったので、政権担当時には首相になっても不思議ではない人物であった。だが、岡田には代表時代の05年の小泉郵政選挙での大敗北という大きなマイナスイメージが付きまとっていた。また、小沢グループと対立していた

ことから、鳩山の退陣時も菅の退陣時も、自身は代表選挙には出馬しなかった。

岡田は鳩山政権では外相に就任した。鳩山退陣後の代表選挙では自らは出馬せずに菅の推薦人となった。そして、菅政権でも外相に留任した。10年9月、菅が代表に再選された時には、外相を辞任して党に戻って幹事長に就任した。11年の野田内閣の発足にあたり、財務相への就任を打診されて断ったが、12年1月の内閣改造で内閣府特命担当相として入閣した。[18]

岡田は自民党（経世会）の出身で、経世会の分裂後は羽田・小沢派を経て新生党（93年に自民党を離党）に参加した。その後、新進党（94年）、国民の声（97年）、短期間の民政党を経て、第2次民主党（98年）に参加した。経世会に属していた時、政治改革論議の盛り上がった90年代の前半には、羽田・小沢派の「若手改革派」として活動した。

岡田は自民党に所属していた若手時代、伊東正義や後藤田正晴の影響を受けて政治改革に自身も巻き込まれていった時のことを「むしろ政権交代が目的でした。ある意味では自民党の自己否定にもなりますが、自民党内でも改革派は政権交代が必要だとの開かれた議論をしていました」（御厨他編、2013年、102頁-103頁）と振り返っている。また、羽田派に参加した理由については、羽田孜は当時、「派閥を超えて若い改革派議員をひきつける存在」（御厨他編、2013年、103頁）だったからだと述べている。

民主党政権で重責を担った岡田だが、鳩山については「鳩山さんらしい良いところもありましたが、組織を指揮した経験がない。（中略）例えば普天間問題を取っても、こちらとしては議論を尽くし方針を決めたつもりが、知らないところで総理特使なるものがアメリカに行って失笑を買ってしまう。総理ご自身がアメリカと約束したことが守られないこともありました」（御厨他編、2013年、109頁）とかなり厳しい評価を下している。[19]

岡田は菅に対しては、「個性的な総理ではありましたが、よくやったと思います」（御厨他編、2013年、109頁）と肯定的な評価を下している。また菅の退陣後、自身は代表選挙に出馬せずに野田を推したことについて、当時の自身の状況について「小沢グループから目の敵にされていたので、党内の対立をこれ以上深めることは避けた方がいいと判断し」（御厨他編、2013年、111頁）たのだと

第 5 章 「政治改革」後の日本政治をめぐる評価

述べている。

そして、民主党政権については「今の野党陣営が、民主党を中心にもう一回しっかりと政権を担えるようになることです。もう一回政権交代して、次は一期ではなく二期やれるようになれば、日本の政治も安定してくるでしょう」（御厨他編、2013年、115頁）としている。

岡田はこれまで見た4人とは民主党政権で果たした役割は異なるものの、民主党政権の失敗の後も再び政権交代のある政治を理想としているという部分では、小沢とも菅とも共通する考え方を有していることが理解できる。

2-6　前原誠司

前原も野田と同じく93年、日本新党初当選組である。前原は松下政経塾（8期生）、京都府議を経て衆議院議員となった。日本新党を離党した後、新党さきがけを経て、96年に結党された最初の民主党に参加した。前原は安保・外交政策通の議員として、日本新党・新党さきがけ時代から頭角を現していた。

前原は鳩山内閣で09年9月から国土交通相、特命担当相（沖縄及び北方対策）、10年9月に発足した菅内閣では外相を務めた。11年3月には在日外国人から政治献金を受けていたことが明らかになり、外相を辞任。その後、同年8月、菅が退陣した後の民主党代表選挙に二度目の出馬をしたが、5人中3位で敗北。野田内閣の発足にあたっては入閣せず、民主党の政調会長に就任した。その後の12年には野田内閣で内閣府特命担当相（経済財政政策・科学技術政策・原子力行政・宇宙政策）に就任した。

前原は民主党政権がうまくいかなかった理由について、「政権運営を担ううちに『非自民』の集まりである政党としての一側面が、矛盾となって吹き出してきたことが大きな原因」（前原、2012年、15頁）だと述べている。そして、「与党になるとそれぞれのグループが持つ理念や政策、手法の違いが際立って」きたことが、「政治の混乱をもたらす一因」となったという認識を示した上で、「日本の二大政党制は今なお過渡期にあるというのが私の考え」だと述べている（前原、2012年、15頁）。

また、自身の将来については、「今とは違う政党の枠組みを模索することもあり得る」ことで、「それにより『政界の再編』、良い意味で、『保守の再編』

227

を実現したい」と述べている（前原、2012年、15頁）。前原は96年に結党された第1次民主党からの参加者であるが、前原本人は、保守の再編をしたいとの認識を12年の時点で示している。「保守の再編」という言葉から前原の志向する二大政党制は基本的には保守二党論であることが理解できよう。

　前原は経済については、人口減少社会、あるいは少子高齢化が進んでいるからという理由で、「そう簡単に成長を諦めてしまってはいけない」（前原、2012年、27頁）と述べている。前原はあくまでも経済成長を重視する考え方を持っているのだが、この部分は後述する枝野との間に明確な違いを読み取ることができる。

　そして、前原は小沢については、「正直言って納得できないことが多かったのも事実」であり、「政権獲得のためとはいえ、政策論争そっちのけで何にでも反対し、相手を徹底的に困らせて追い込んでいくという手法自体、いくらなんでもやり過ぎだと考えていました」（前原、2012年、237頁）と小沢の手法への違和感を述べている。

　また、前原は「それ以上に違和感を覚えたのはマニフェスト」だったと述べ、「政策の実現性より、とにかく相手と真逆の目に張って選挙公約とし、それで国民に期待を持たせる。そういう形のマニフェストが本当によかったのかどうか、大いに疑問」（前原、2012年、237頁）だったとも述べている。小沢に対して、「最後の田中派」と世間で評されることがあることについては、「それもあながち的外れではない」（前原、2012年、238頁）との考えを示している。

　前原は17年9月に民進党の代表に就任した後、総選挙の近付いた10月、民進党を分裂させ、後述する枝野と袂を分かつことになる。だが、12年の時点で既に前原は著書の中でその後の自身の行動を匂わせていたことになる。前原自身は、17年12月、自らの後援会員に送った会報『EVER』（VOL.37）の中で、「『初めから左を切るつもりではなかったのか？』という問いかけについては、明確に否定しておきます」（前原、2017年）と述べている。

　しかし、同じ文章の中で前原は「日本共産党が『日米安保は必要だ。消費税も必要だ』と考え方を変え、党名や綱領の変更まで行うのであれば別ですが、政権選択の総選挙で、外交安全保障政策と財政の基本を担う税の考え方が基本的に違う政党と協力することは、私には考えられませんでした」（前原、2017

年）とも述べている。

　前原は民進党を意図して分裂させたわけではなかったのだとしても、共産党とは選挙協力ですら無理だと考えていた。共産党を含む野党共闘の構想が、現実に進んでいる段階において、前原がこのような認識を持っていたということは、同じ民進党内でリベラル勢力との同居が限界に来ているとの認識を持っていた証左でもあろう。

2-7　枝野幸男

　枝野は鳩山政権の発足時には党役員、閣僚のどちらにも就いていなかったが、途中で行政刷新担当相に就任した（10年2月）。菅政権の発足時には民主党の幹事長に就任している（10年6月）。そして、菅第2次改造内閣では、官房長官として入閣し（11年1月）、途中からは再び行政刷新担当相も兼務した。

　菅政権の退陣と共に官房長官を退任し、野田政権の発足時には入閣しなかったが、鉢呂吉雄経産相が放射能をめぐる失言（とされる事件）で辞任した後[20]、後継の経産相に就任し、第3次野田改造内閣まで経産相を務めた。枝野が民主党政権時に国民の前に最も露出したのは、菅内閣で官房長官を務めていた時であった。枝野は官房長官として、11年3月11日に発生した東日本大震災とそれにともなって起きた福島原発事故の対応に当たった。

　枝野の政界入りも野田、前原と同じく93年である。当時の日本新党から初当選した。枝野は日本新党を解党前に離党しており、新党さきがけに参加している[21]。枝野は新党さきがけ時代から菅に近く、96年の第1次民主党の結党にも参加した。日本新党出身であり、55年体制を議員として経験していないという部分は野田と同じだが、新進党に参加せず、最初から鳩山や菅と行動して民主党の結党以来のメンバーだったという点は野田と異なる。

　枝野は日本新党出身ではあったが、保守系というよりは、政界入り直後から菅と近く、市民派に近いスタンスで活動してきた。薬害エイズ事件の時は菅厚相とともに被害者を救済するなど、自社さ連立政権の与党議員の立場からこの問題の解決にあたった[22]。この辺の政治的な立ち位置という点においては、同じく日本新党から新党さきがけに移動し、第1次民主党からのメンバーでもあった前原とはスタンスを異にする。

枝野は小沢については「田中さんと同じ手法で対応しようとしているところに小沢さんのご苦労がある。だから私は別に小沢さんを敵視していないです。そもそも土俵が違いますから。(中略) 同じ時代に同じ土俵で対立しているという意識はまったくないです」(薬師寺編、2012年、275頁) と述べている。

　また、よく比較されてきた前原については、「まったくライバルという意識はないですね。たぶん政治家としてのタイプがまったく違うからでしょう」(薬師寺編、2012年、280頁) と述べている。そして、自分が求められる時と前原が求められる時は「まったく違う局面」だと考えているということ、前原とは「競合しない」こと、「昔からそういう関係」であったとの認識を示している(薬師寺編、2012年、280頁)。

　枝野にオリジナリティがあるのは、近代化の限界ということを意識しているという部分である。枝野は「成長しない社会は経済のパイを大きくするのではなく、今あるパイを維持しながら回していくしかない。にもかかわらず、一部の人はこれからも日本経済は5％も10％も成長するかのごとき幻想を抱いている」(薬師寺編、2012年、272頁) と述べている。

　枝野は規制緩和などで競争を重視し、今後も経済成長を目指す新自由主義路線ではないことは間違いない。しかし、一方で小沢流の「再分配」についても田中政治の名残であるとして、「土俵が違う」としている。今後はいかに不公平のない「負の分配」をやっていけるかという問題意識を持っていることが枝野の特徴である。

　前原が持論であった「保守の再編」を行うべく17年10月に民進党を分裂させ、民進党の候補者を希望の党に公認申請させる中で、希望の党代表の小池百合子の発言から、俗に「リベラル切り」といわれる状況が起きた。この時、枝野は長年の盟友であった前原と袂を分かって、立憲民主党を結党した。

　枝野は自分と前原が求められる時は「違う局面」だと述べていたが、現実に2人は17年9月の民進党代表選挙で争った。この時、枝野は敗北したが、この後の政変で枝野は立憲民主党を結党した。枝野と前原は同時に時代から求められたということになるのかもしれないが、枝野は、前原の志向する「保守の再編」は、国民から求められているものではないと判断したのかもしれない。

　枝野は立憲民主党結党の決断をした時、「20年間気づかなかったけれど、国

民は政権交代のための合従連衡を望んでいない。より良い政治をしてほしいというのが国民の考えだ」と気付いたという（朝日 2017.11.21）。

今後の野党再編の行方は不明であるし、枝野の行動も予測はできない。だが、「非自民非共産」でさえあれば、政権交代のために全ての勢力が大同団結すべきであるという考え方には大きな無理があったことに、ようやく枝野は20年の時間をかけて気付いたということであろう。

2-8 藤村 修

藤村は民主党政権で主要閣僚を歴任したというわけではない。藤村の民主党政権における主要ポストは野田内閣における官房長官のみである。ここで藤村を取り上げるのは、野田の側近で民主党の保守系議員の典型である議員が民主党をどのように見ていたかを確認しておきたいからである。

民主党内で「保守系議員」という時には、最も広く考えれば旧社民党出身者や「市民派」以外が全て「保守系」に分類されていた[23]。だが、通常、民社党出身者は思想的に保守であっても、保守系とは括られずに、新聞記事などでは「旧民社党系」と書かれていた。したがって、民主党内では新生党（自民党経世会）、日本新党、新党さきがけ出身者が保守系に分類されてきた。第2次民主党以降に政界入りした議員にも漠然とした区分けはあったが、明確に何かの基準によって系統が区分けされているわけではなかった。

藤村も93年に日本新党で初当選した。鳩山や岡田とは違って自民党（経世会）は経験していない。日本新党解党後は新進党に参加。新進党の解党後は「国民の声」（鹿野道彦代表）、短期の民政党（羽田孜代表）を経て第2次民主党に参加した。藤村は日本新党で初当選以来の野田の側近であった。

藤村は最初に「民由合併」の話が出た鳩山代表時代のことについて、小沢との合流には違和感があったとの旨を述懐している（藤村、2014年、263頁）。そして、藤村は鳩山政権が社民党と国民新党との連立政権だったことにも当初から懸念を持っていた。藤村は「社民党については、沖縄の基地問題に対する政策で不安があり、国民新党には、郵政民営化についての考えが自分とは違うと感じていました」と述べている（藤村、2001年、297頁）。

また藤村は民主党について、「旧民主からもってきた『基本理念』はあるも

のの、寄り合いであったため、党が何を目指すのかということについて、それに賛同して、それが政党の綱領であるから付いてきたということでは」なかったということを指摘し、集まった理由は「『政権交代』の一言」だったと述べている（藤村、2014年、309頁）。

　藤村は典型的な民主党内の保守政治家であり、主要な政治家では野田と同じカテゴリーに属する。本来、鳩山政権の中でも鳩山自身は米軍基地の問題については社民党と近い考え方を持っていた。また、民主党への政権交代は、新自由主義的な政策の行き過ぎをただすという意味合いも持っていたので、国民新党に対しても一定の共感を持っている議員がいても全くおかしくなかった。だが、藤村は社民党と国民新党との連立については、「ここに一抹の不安というか、無理筋ではないかという思いがありました」（藤村、2014年、297頁）と述べている。

　沖縄基地問題で社民党と共鳴せず、郵政民営化問題で国民新党と共鳴しない議員は民主党に多かった。数でいえば圧倒的大多数の民主党議員は社民党とも国民新党とも距離を置いていたのであろう。これが、鳩山の普天間問題での孤立、社民党の連立政権離脱、国民新党の亀井静香代表が閣外へ去ることにもつながった。だが、彼ら民主党内の保守系議員が政権交代で何を目指していたかということの方が、実は全く判然としないのである。

2-9　松井孝治

　民主党が拡大してくる過程で官僚出身者の国会議員が増えてきたが、官僚出身議員の代表として松井を見ておく。松井が政界入りしたのは01年の参議院選挙であった。松井は通産省（現：経産省）の出身であり、当選後は前原グループに所属したが、民主党が結党されるまでの旧政党の出身者ではなかった。

　松井は55年体制時代の自民党、旧社会党出身ではないことはいうに及ばず、政界再編期に生まれた保守新党の出身者でもなく、ここまで見た政治家とはこの点で大きく経歴を異にする。松井が01年に民主党から参議院議員に当選した時は、まだ「民由合併」の前であった。松井は民主党政権では、鳩山内閣で内閣官房副長官を務めた。

　松井の回顧を読むと、小沢が入ってきてから作った09年の衆議院選挙のマニ

第5章 「政治改革」後の日本政治をめぐる評価

フェストとその元となった『マグナカルタ』と称された大きな基本方針について、違和感を覚えていたことが分かる（薬師寺編、2012年、228頁-231頁）。また、松井は官僚時代から、自民党政権と官僚の癒着に問題意識を持っており、「省庁代表制、官僚内閣制は何とかしないと大きな改革はできないと感じていました。(中略)細川連立内閣に、先送りされてきた問題を改革しなければという意気込みを見出して共感していました」（御厨他編、2013年、131頁）とも述べている。

松井が霞ヶ関の体質そのものへも問題意識を持っていたことは「役人生活を通じてずっと官僚組織のありかたを考えていたのですが、羽田・村山・橋本政権と官邸にいたときに、政治の中枢の強い意思とか改革への戦略的取り組みがないと、官僚内閣制しかも省庁連合体、行政各部が自分たちにとっての最適解を求めるというものの合成である限りは、本当の改革はできないと痛感しました」（御厨他編、2013年、134頁）との回顧からも理解できる。

松井は政権交代後、主として統治機構改革や政官関係の改革に主として取り組んだ。しかし、思ったほどの成果を挙げることはできなかった。「民主党政権がこれだけ国民から半ば憎しみを以て政権から追われたのは、民主党が何をやりたかったのか、国民から見て分からなかったということだと思います」（御厨他編、2013年、139頁-140頁）という回顧から、松井の悔しさが伝わってくる。

官僚の世界から政界に入り、しかも、政官業の「鉄のトライアグル」の一部分を構成する自民党からではなく、その構造を壊すことを目的として当時の野党であった民主党から国会議員になった松井は、多くの問題意識を持って改革に取り組んだ。松井の回顧は少なくとも4種類もの本に収録されているのだが、どれを読んでも随所に誠実な人柄が現れている。

しかし、肝心の民主党自身が、実際の政権交代後にどのような方針で、どのような優先順位で政治を行うかについての議論を綿密にしていなかった。このために、社会保障や外交といった個別の政策分野の側面だけではなく、政治と行政の関係といった内政面の統治機構改革についても、大きな成果を挙げることなく、政権は幕を閉じてしまった。

松井も市民派、社会民主主義者、労組派とは異なるので大きくは「改革保守」のカテゴリーに入れるのが順当であろう。「改革保守」の中にも既存の利

権構造との闘いを前面に出すものと、霞ヶ関の改革（統治機構改革）により熱心なものがいたが、松井は典型的な後者の議員であったといえよう。

2-10 小　括

　政治家の自己評価をあえて類型化するならば以下のようになるだろう。まず小沢と菅は多くの面において極めて似ていることが理解できる。それぞれ、反省し失敗も認めているのだが、選挙による政権交代には意味があったという認識を強く持っているという点で両者は共通している。

　菅は小沢とは逆の意味で、かつて説いていたことと逆の政策を実行した。元々、菅が市民運動家であり、労組出身者とは一線を画しながらも左派陣営の政治家であったことは一般に広く知られている。だが、菅が政権担当時に行ったことは、それまでの菅の主張からは考えられないものであった。小沢の「先祖返り」はよく批判されたが、その意味でいえば、菅はこれまでの政策も自身の訴えも捨て、小泉政権時代の自民党に「先祖返り」するような政策転換を行った。

　本来、98年の第2次民主党の結党の大同団結以来、「改革の党」だったはずの民主党が小沢と合流し、後に小沢に主導権を奪われたことにより、政権獲得だけを目指した「改革の党」ではなくなったとする立場から見るならば、菅の政策転換は、また本来の「改革の党」に戻したとの解釈も成り立つだろう。

　だが、なぜ、小泉政権以降の安倍晋三、福田康夫、麻生太郎の自民党政権に対するアンチテーゼとしての政権交代が起きたのかという視点から見れば、菅の政策転換はやはり、筋の通ったものではなかったと評するべきであろう。

　鳩山の場合は政権運営の甘さやリーダーシップの面で今日でも批判され、そして本人も反省している。だが、鳩山について考察する際に考えなくてはならない本質的な問題はもっと深い部分にある。鳩山政権の本質は、練られた戦略がなかったことは確かであっても、戦後、初めて本格的に外交面において対米自立を試みたという点である。

　鳩山の最大の失敗は目指した方向が間違っていたというよりも、鳩山の目指す方向で政治（外交）を進めると、アメリカを直接相手にする以前に国内の巨大な親米派との勝ち目のない闘いをしなければならないことに気付かなかった

ということであろう。現に今も鳩山は日米安保を絶対視する保守系メディアからは強く批判され続けている。

　反省もあるが、中には良いこともしたのだから、そこは評価してもらいたいというのが野田である。だが、野田政権は政権獲得の時に鳩山・小沢が中心となって訴えたことの全部、逆の政策を推進した。これは、小沢によって歪められていた民主党を本来の「改革の党」に戻したと評する立場からは、評価されることなのかもしれない。だが、野田は民主党が政権を獲得した選挙での公約を、自身が政権を担当した時に反故にしたことに対する批判には反論できないであろう。

　岡田はまた、出直して政権を狙うべきだという考え方を示している。岡田は民主党が政権から陥落した後も、また民主党代表を務め、最初の民進党の代表も務めた。このことからも岡田が、いまだに選挙による政権交代と二大政党制を諦めていないことが理解できる。だが、岡田は民主党政権の失敗の原因を政権への不慣れさや、手法のまずさといったものに矮小化しすぎている感がある。党内で理念や政策が統一されていなかったという反省はないようである。

　前原もまた率直に失敗は認めている。前原は小沢や菅のように政権交代が起きたことそれ自体を過度には評価していないようである。この理由は小沢の主導したマニフェストへの根本的な批判があったからかもしれない。また、前原は12年の時点だが、日本政治は、政界再編と保守の再編によって二大政党制へ向かう過渡期だという考え方を示している。

　この点、枝野は民主党政権の失敗という問題よりも、もう少し長い視野で考えているようである。枝野は現在の政治家では、珍しく近代化の終わりということを視野に入れている。ここは先に見た前原と比べて対極にある。前原と枝野の違いが何とか包含されていたのが政権を獲得するまでの民主党であった。だが、ついに、民主党が政権から陥落した後、後継政党である民進党は、まさに「前原と枝野の違い」によって分裂することとなったのであった。

　藤村と松井は政治経歴も属した派閥も活躍した政権も違ったが、結局、民主党はバラバラで自壊したという共通の認識を持っている。松井のように官僚出身でありながら、自民党政治の限界を感じ民主党から政界入りした人々と、93年に日本新党から出馬した55年体制を経験していない保守政治家や自民党を離

党して新党さきがけを結成した政治家には、ある種の共通したメンタリティがあったのかもしれない。共通の目標は自民党を中心とする、政官業の鉄のトライアングルに象徴される「旧体制」の打破であった。

　政治家の回顧を読むと、反小沢系の議員は、自分自身は小沢とは違った立場だったということを後からいっていることが目立つ。ただし枝野だけは「分配」といった時に、今後は経済成長の見込めない中での「負の分配」が必要だという部分まで踏み込んで論じている。

　ここで取り上げた９人のうち、小沢を除く８人は、鳩山を除く７人までが「反小沢」であったことが分かる。菅と野田は、「反小沢」といってもそれぞれに違うが、２人とも小沢と対立した。つまり民主党は06年以降、小沢の指示により、05年の衆議院選挙での大敗から09年の政権獲得まで短期間で盛り返したのだが、鳩山以外の主要政治家は全て何らかの意味で「反小沢」であったということがいえる。

　さて、広義の保守に属する立場でありながら、反小沢で活動してきた民主党議員にとっての政権交代とは何だったのだろうか。最も検証されるべきは、「反自民」であるが社会民主主義者でもなく市民派でもなく保守政治家であり、保守ではあるが「反小沢」であるという議員（改革保守）が何を目指していたのかということである。小沢を批判するものは多いが、小沢とは何者であったのかということを冷静に考察し、自分自身をも相対化して、反省している政治家は全くいない。

　民主党にいた日米安保の強化と成長戦略重視路線の「改革派」が何を目指していたのかは、全く判然としない。この立場の政治家は自民党と本質的に異なる政策を打ち出すことが最も困難な政治家たちである。場合によっては、自民党全体が「改革派」になれば、彼らの主張はかすんでしまうからである。彼らは行政改革への取り組みの甘さの部分だけが自民党とは合わないので、野党である民主党に身を投じたのだろうか。

　彼らも抽象的な意味で「旧体制の打破」を目標としていたことは確かではあった。だが、彼らは具体的には何を目指したのかは、今もって判然としない。この問題こそが、90年代の初頭から20年以上に及ぶ日本政治の混迷の原因を考察する際に避けては通れない論点なのである。しかし、この問題は今日も

第5章 「政治改革」後の日本政治をめぐる評価

真剣に議論されているとはいえないであろう。

3 民主党政権についての評価(2)―政治学者たちの見解―

　本節では、民主党政権について政治学者たち（一部、ジャーナリストを含む）がどのように総括しているのかを検討する。政治学者たちが「政治改革」後の日本政治とその結果、実現した政権交代に対しどのような総括を行い、今後の日本政治と政治学の役割にどのような展望を持っているのか検証することは、研究者と有権者の双方にとって大きなヒントとなるであろう。

3-1　山口二郎
　山口二郎については90年代の言説も既に確認した。山口はわが国の現代の政治学者の中で、最も初期の段階から、最も熱心に政権交代の必要性を説き続けた人物である。

　さて、山口は民主党政権をどう総括しているのだろうか。まだ野田政権が続いていた12年１月の段階で山口は『政権交代とは何だったのか』（岩波新書、2012年）を刊行している。以下、同書に沿って山口の見解を見ていこう。

　野田内閣が継続していた時点で山口は、「改めて考えなければならないのは、民主党らしさとは何なのか、政権交代を起こしたのは何のためかという基本的問いである。（中略）しかし、実際には、野田政権は自民党がしたくてもできなかったことを、代わりに実現しようとしているのである」（山口、2012年、30頁）と述べ、既にこの時点での民主党政権をあるべき姿だとは認めていない。

　そして、「野党時代の民主党は、しがらみを持たないことを売り物にして、政権獲得の暁には政官業の癒着構造を破壊し、生活第一のスローガンに沿って公平、公正な生活支援政策を展開すると自負していた。しかし、わずか二年の政権与党としての経験の中で、経済界の主張に沿った法人税減税を決定し、TPP参加に道を開こうとしている」（山口、2012年、31頁）と述べ、失望感を露にしている。山口の従来の主張から考えれば、この失望は当然であろう。

　山口は政策転換が不十分に終わった原因について、「政権交代には、世の中を造りかえるという理念ではなく、自民党以外の勢力が政権を取るという担い

手の交代という消去法的選択という側面も存在した。それは、九〇年代の選挙制度改革や行政改革がもたらした変化と位置づけることができる」（山口、2012年、47頁）と、民主党に明確な理念が存在しなかったことを認めている。

さらに山口は「この党に綱領がないということはしばしば批判されたが、『何はともあれ政権交代』という目標以上の綱領をこの党は必要としなかった。また、それ以上の目標を設定しようとすれば、党の結束が乱れ、政権交代という目標が遠ざかったのだから、綱領議論に踏み込まないのは賢明な現実主義であった」（山口、2012年、49頁）とも述べ、部分的に民主党に理解を示している。

山口のそれまでの主張からすれば、政権交代までに小沢が主導して作った政策には比較的好意的な評価を下しているのかとも考えられる。だが、山口は小沢に対しては「小沢にとっての政権交代とは、単に自民党を追い出して城を乗っ取ったということにとどまるように思える」（山口、2012年、51頁）と批判的な評価を下している。

しかし、小沢を批判する側に位置する論者が改革側と位置付ける反小沢勢力についても山口は「他方、小沢に対抗するグループにおいても、理念の不在という大きな欠落を指摘せざるを得ない。菅や前原などは、財政再建、成長戦略、普天間基地問題に関する日米合意の履行など、自民党政権時代と変わらない政策を主張していた」（山口、2012年、51頁）と批判している。

山口は民主党が政権を獲得するための「方便政党」であったことを認めているし、長く民主党を応援してきた自身の不明すら恥じている。そして、なぜ、「方便政党」たる民主党ができてしまったのかということについては、政治改革による選挙制度改革の結果であることも認めており、この点では民主党を擁護してはいない。

かつて、山口は小選挙区制に賛成したことに対して反省していた時期もあったのだが（山口、1997年、25-26頁）、12年の本では山口は再び選挙制度改革を行うことについては、否定的である（山口、2012年、236頁）。山口は97年に出版した『日本政治の課題―新・政治改革論―』（岩波新書）の中で、「永田町のみならずマスメディアや国民の多くがなぜこの熱病にかかり、選挙制度改革が日本の政治を立て直す特効薬だと期待したのか。政治改革という誰も反対しないシンボルのもとで、小選挙区比例代表並立制という制度の導入が政治改革の最大

第5章 「政治改革」後の日本政治をめぐる評価

の焦点として浮かび上がったのはなぜか。いまさら何をいっても手遅れかもしれない。（中略）しかし、政治家も国民も、この制度についてはすわりの悪さを感じているのではないだろうか」（山口、1997年、11頁）と述べている。

　そして、この書では「選挙制度改革をめぐる常套句の誤り」についても言及している（山口、1997年、24-26頁）。だが、その後、09年に政権交代が起きたことによって、現行の選挙制度に対して、再び肯定的な評価を下すようになったのであろうか。山口は選挙制度再改革には否定的である（山口、2012年、236頁）。

　そして、山口は「原発をはじめ、TPP、税と社会保障などの重要課題について、真剣な論争を深め、政治家が覚悟を決めた後でも、選挙制度議論は遅くない」（山口、2012年、236頁）として、政策理念の中身に対する議論を熟させることが先だとしている。山口の政権交代と民主党政権への評価の妥当性については、後にもう一度、検討する。

3-2　中北浩爾

　中北浩爾の専門は日本政治外交史、現代日本政治論。中北については、序章でもその言説を検討した。中北は『現代日本の政党デモクラシー』（岩波新書、2012年）で現代日本のデモクラシーをまず2種類に分けて論じる。1つが「市場競争型デモクラシー」であり、もう1つが「エリート競争型デモクラシー」である[28]。

　中北自身は現在の「エリート競争型デモクラシー」を肯定しているわけではなく、限界を呈したとする「市場競争型デモクラシー」に戻る方策を模索しているのでもない。中北は自身の考え方として2つの「競争デモクラシー」を「参加デモクラシー」に変えていくことを模索することを提言している。

　また、中北は山口との対談で民主党内がバラバラであることの原因を結党段階に求めている（山口・中北編、2104年、310頁）。民主党政権の評価については、鳩山政権から菅政権になった時の菅の政策転換が分かれ目だったとの認識を示し、菅の政策転換を評価してはいない（山口・中北編、2014年、274頁-275頁）。また、中北は今後の民主党については、「民主党はそもそも市民が主役という意味で民主党という名前だったわけです。野党になったからこそ、そういう原点をもう一度見直して再生を図ってほしい」（山口・中北編、2014年、317頁）と述

べている。

　中北の見解について考察したい。この中北の民主党に関する見解は、厳密にいえば認識不足を指摘せざるを得ない。中北は「市民が主役」という言葉を引用して、本来の民主党が戻るべき方向性について述べている。だが、ここで思い起こされているのは96年の最初の民主党を指している。この民主党は当時、「第三極」を標榜しており、単独で政権を獲得するということを目的としている政党ではなかった。[29]

　確かに最初の民主党のキャッチフレーズは「市民が主役の民主党」であったが、第2次民主党（新民主党）からは、「市民」という言葉は姿を消し、キャッチフレーズは「民の力に実行力」となった。これは、第2次民主党（新民主党）の結党で民主党の性格が明確に変わったことを象徴することであった。

　中北の主張は理解できるが、この議論を進めれば、民主党は第2次民主党になるべきではなかったということになる。これは、96年に結党された第1次民主党のまま、既存の政党を合併せずに、その理念に賛同する新人候補のみを選挙で擁立し、統一感を保ったまま、勢力を拡大していくべきであったという主張につながる。だが、中北はそこまでは明確に言及してはいない。

　中北の特徴は先にも確認したが、穏健な多党制に含みを残していることである。明確に主張しているわけではないが、中北は政権交代可能な二大政党制が理想だという考え方は持っていないようである。ここは、山口と共同で編著書を出しながらも、政党制や選挙制度については、異なった立場に立っているということが分かる。

　そして、かつて90年代にもう1つの政治改革の系譜として「穏健な多党制」があったと言及している。中北は「比例代表制の比重を高め、穏健な多党制を実現し、参加デモクラシーへと向かうべきであるという主張は、決して新しいものではない」（中北、2012年、206頁）とした上で、90年代に敗北した「参加デモクラシー」も理念的には生き残っていたということを主張している。

　そして、中北は自身の著書の最後で細川護熙元首相の11年10月8日付『朝日新聞』での発言を引用した上で「今、改めて政治改革の原点に立ち戻り、日本の政党デモクラシーのあり方を考え直すことが必要ではなかろうか」（中北、2012年、209頁）と結んでいる。[30]

だが、「政治改革の原点」は必ずしも日本の政党デモクラシーのあり方を考え直すことでも、「参加デモクラシー」を実現することでもなかった。これは、本書の前半部分で確認した通りである。

「政治改革の原点」は自民党内の金権腐敗の問題に端を発し、55年体制を崩壊させなければならないとの認識を持つ人々によって制度改革論議が始められたことであった。「政党デモクラシー」についての積極的な議論がなされたことはなかった。そして、権力闘争の過程で小選挙区制導入への賛否をめぐり、全ての政治勢力が「改革派」と「守旧派」に分けられることとなった。中北の主張については、さらに考察を加えることが必要であろう。

3-3　小林良彰

小林良彰は主として数理的な手法を駆使した選挙分析を行ってきた政治学者として有名である。『公共選択』（東京大学出版会、1988年）、『現代日本の選挙』（東京大学出版会、1991年）、『選挙制度―民主主義再生のために―』（丸善、1994年）、『選挙・投票行動』（東京大学出版会、2000年）などの著書がある。

小林の90年代からの一貫した主張は、政権交代の必要性を説くというようなものではなく、民意を反映した選挙制度によって、民意を反映した議会を作る必要があるというものである。小林はそもそも、90年代の政治改革時においても、小選挙区制の導入に対しては否定的な立場をとっていた。

小林は民主党政権の崩壊後、『政権交代―民主党政権とは何であったのか―』（中公新書、2012年）を刊行している。この本の中で小林は、鳩山政権から野田政権までの民主党政権の出来事を詳細に記述し、その評価も行っているが、小林の主張が他の政治学者と異なるところは、そもそも政権交代と政権交代可能な二大政党制を是とする考え方自体を「神話」だとしているところである。

小林は「政権交代しない代議制民主主義よりも、『政権交代する代議制民主主義のほうがいい』という政権交代神話が誕生」した理由として、フランスの政治学者M・デュベルジェが「小選挙区制がもたらす二党制が理想的と考えた」こと、さらにイタリアの政治学者G・サルトーリが「英米系アングロ・サクソン諸国にみられる二大政党制やドイツ、ベネルクス三国、北欧諸国にみられる穏健な多党制のほうが民主主義が効率的に機能し、日本やインドのような

一党優位制やイタリア、フランス第三・第四共和制にみられる分極的多党制は政治的非効率であると批判した」ことを挙げ、2人の意見が支持された結果、政権交代神話が二大政党制神話を生み、二大政党制神話から小選挙区制神話が生み出されたことを指摘している（小林、2012年、6頁-7頁）。

　小林はそもそも、現在の日本では民主主義が機能していないとの見解を有しており、その原因を選挙制度とその結果に出現した政党制に求めている。政権交代がないことを問題だとしてきた政治学者の多くが、その後、民主党政権が失敗したこの原因を分析し、日本政治に再び政権交代可能な状況をどのようにすれば構築できるかという問題意識を持っている中で、小林の問題意識は90年代初頭から一貫したものであり、小選挙区制は民意を反映しないために反対だというものである。

　そして、小林は政権交代が起きた09年の衆議院選挙の「民主党候補者の選挙公報と自民党候補者の選挙公報の内容は想像以上に似通っていた」ということを指摘している（小林、2012年、180頁）。そして、このことから小林は09年の政権選択選挙といわれた総選挙ですら、有権者には選択権はなかったということを明らかにしている（小林、2012年、180頁-182頁）。

　その理由としては、「全有権者の最適点（自分の最も良いと思う政策の位置）の分布における最頻値が一つあると想定すると、A・B両政党はより多くの有権者の投票を求めて、政策を示す横軸に沿って最適点の最も多い中央部に政策を移動する。この結果、有権者にとっては、両政党の政策に相違がみられなくなる」（小林、2012年、180頁）ということを、1957年にA・ダウンズが発表した表を示しながら指摘している。

　小林は現行のわが国の小選挙区制中心の衆議院の選挙制度には反対の立場であり、明確に「小選挙区制が民主主義にはなじまないことを指摘」（小林、2012年、182頁）しているが、独自の選挙制度改革案を提案している。小林は衆議院と参議院は異なる制度にすべきと指摘した上で（小林、2012年、185頁）、衆議院の制度については、極めて独創的な制度を提言している。

　小林の特徴は選挙制度によって政権をうかがえる有力な政党の数を人為的に2つに絞ることへの批判を持っていることである。小林の場合は、どの政党に肩入れをするかという立場ではなく、また二大政党間の競争を説くのでもな

く、まず民意を議会にどう正確に反映させるべきかという視点から選挙制度と政党制をめぐる基本的な議論を展開している。小林の主張については、次章でもう一度、検討する。

3-4　御厨　貴

　御厨貴の専門は政治学、近現代日本政治史。オーラルヒストリーの専門家としても有名である。御厨は自身を含む3人の政治学者同士での対談で、政治改革から政権交代までの20年について論じている[31]。この中で御厨は3つの連続する課題がコロラリー（論理的に導かれる帰結の意味）として矛盾なく連なっていたとした上で、第1は小選挙区制、第2は二大政党制で、自民党に対抗しうる野党が待望されたこと、第3は二大政党制のコロラリーとしての政権交代であったと指摘する（御厨他編、2013年、2頁-3頁）。

　御厨は政治改革以来の日本政治を総括して、自身のかつての言説にも反省を加えている（御厨他編、2013年、3頁-4頁）。御厨は政治学者の中では、旧社会党の右派や民主党の側に立って市民政治の実現を標榜してきたわけではない。御厨は政治的には保守の側に立っており、本人も述懐しているように（御厨他編、2013年、37頁）、自民党の側から現実の政治を見てきた学者である。

　だが、そんな御厨でも小選挙区制を良い制度だと信じ、二大政党制を理想として、政権交代可能な体制が日本に出現することは期待をしてきたようである。御厨のいう「現象によって理論がねじ伏せられた」（御厨他編、2013年、4頁）とは、このような制度を導入すれば、このような政治体制になると考えられていたことが、実際、その通りに展開しなかったということを指している。

　そして、御厨は歴史家としての視点というべきであろうか。「九三年以来の政治変動の中で、様々な政治改革のキーパーソンが出ましたが、みんな引退したりいなくなったりした。その中で、唯一生き残ったのが小沢一郎なのです。小沢の持っていた影響力を、今後の政治学はどうとらえたらいいのであろうか。でも政治学はまっとうに分析する事をやらないし、できないでいます。（中略）小沢さんを大好きというのと、こういうところが大嫌いという二通りしかない」（御厨他編、2013年、24頁）と述べ、小沢の評価を政治学者が誰もまともにしていないこと、できていないことの問題点を指摘している。

政治家だけではなく、政治学者たちも小沢の評価をきちんとできていないまま今日に至っているということは確かであろう。御厨自身も小沢の評価を行っているわけではないが、このことに言及しているのは御厨だけである。
　そして、御厨は「政治改革」後の20年の問題として、「一番大事なのはＡかＢかという二大政党です。竹下のような人間が圧倒的に自民党を支配していた部分が分からないと小沢が飛び出すことが分からない。そのあとを継いだ小泉も五一対四九ですからね。（中略）二大政党にどう決着をつけるかというのが喫緊の問題でしょうね。野党がこんなに総崩れ状態になってしまったいま、二大政党制をどう乗り越えていくのか」（御厨他編、2013年、27頁）と述べている。
　御厨は民主党政権は失敗を糧にして、もう一度、出直せというような議論には賛同していない。御厨は90年代の最初の議論まで戻って、何が間違っていたのかを検証しなくてはならないという問題意識を持っている。
　御厨はさらに「だれも中選挙区でいいとも思っていないし、一党優位に戻ってよかったとも思っていない。確証があったものが崩れて、だからこそ政権交代に賭けたのですが、ここまで打ちのめされてしまうとどうしようもない」（御厨他編、2013年、36頁）と述べ、20年間、曲がりなりにも正しいこととして主張されてきたことは、そうではないようだったという現実政治を目の前にして、政治学者も行き詰まっているという認識を示している。
　そして、自分たちの世代の政治学者は、「自民党から見ている方も社会党から見ている方も、五五年体制の敷地にいて呪縛されていた」（御厨他編、2013年、37頁）と述べている。また、現状の自民党政治に対しては、「一党優位とはいえ、中身は似て非なるもの」（御厨他編、2013年、37頁）との認識を示す。
　御厨は自民党の側から政治を見てきた自分自身も、現状の日本政治をどう理解して良いかが分からなくなったという認識を率直に示している。このことは歴史家として、非常に謙虚な反省をしているといって良いであろう。

3-5　飯尾　潤

　飯尾潤の専門は現代日本政治論。『日本の統治構造—官僚内閣制から議院内閣制へ—』（中公新書、2007年）、『現代日本の政策体系—政策の模倣から創造へ—』（ちくま新書、2013年）などの著書がある。飯尾も編著書『政権交代と政党

政治—歴史のなかの日本政治6—』（中央公論新社、2013年）の中の自身の論文「政権交代と『与党』問題—『政権党』になれなかった民主党—」で民主党政権の失敗の原因について分析している。

まず、飯尾は政権を担った民主党について、「選挙区事情によって仕方なく民主党に入っている議員が多いからという説明もある」こと、「その点で、老舗の自民党に比べれば、伝統やネットワークによる結びつきが弱いのは確か」だということ、民主党には「政策論議は好きだが、共通の基本理念を作るところまでの徹底した議論が欠けていた」こと、「結局、政治家になるために民主党に所属はしているが、その先のところまで共通の認識を作り出そうという努力が欠けていたということ」を指摘する（飯尾編、2013年、132頁-133頁）。民主党の性格について飯尾も山口と近い認識を有していることが理解できる。

飯尾は山口のように「方便政党」とまではいっていないが、民主党が「結局、政治家になるために民主党に所属している」議員によって成り立っていた政党だという認識までは持っている。しかし、特に民主党の成り立ちや、党内の派閥に対しての関心を示してはいない。

さらに飯尾は、90年代以来、「政治改革は、政党を統合の主体としてきたところがある」こと、「統合力の弱い政府構造を変革し、首相の下で強い指導力を発揮できる政府構造を目指したが、それを民主政治と結びつけるためには、強力な政党による有権者の統合が必要とな」ったこと、「それが、与党として政権に『与る』のではなく、積極的に統治主体となる『政権党』が必要な理由であ」ったことを指摘する（飯尾編、2013年、135頁）。「そして、現状変更の機会となるのが、永続的な政権担当で現体制になじんだ自民党中心の政権から、別の政党が主体となる政権交代であった」（飯尾編、2013年、135頁）と政権交代の意味について述べている。

いわば、「政治改革」後の20年は、政権交代までの20年であると同時に自民党に変わりうる統治主体となるべき「政権党」を育てる20年であったはずだとの見方である。しかし、飯尾の評価によれば、実際に政権政党になった民主党は「政権交代後にかかってきた強い圧力に、民主党は耐えることができ」ず、「いわば『政権党』になろうとして果たせず、『与党』としての機能すら果たせない状況に陥った」（飯尾編、2013年、135頁）のであった。

単なる「与党」と「政権党」とは異なるというのが飯尾の見解である。そして、民主党は「政権党」にはなれなかったというのが飯尾の評価である。そして、飯尾は「民主党政権の苦い経験は、これからも政党が統治主体であろうとするとき、何が必要で、何がこれまで欠けていたのかを、明るみに出すことになったともいえよう」（飯尾編、2013年、135頁-136頁）と総括している。

飯尾の分析は抑制的で穏当なものである。殊更、民主党を責めるものでも、また再び政権交代に期待するというものでもない。また飯尾は市民主義の立場でも保守主義の立場でもない。そのためか、飯尾の関心は、参加デモクラシーや政策の中身にあるというよりは、官僚を統治するための「政権党」はいかにあるべきかという部分にあるようだ。

飯尾の問題意識は理解できるが、この飯尾の「政権党」に着目する視点にも多少の疑問が残る。我々は「政権党」というものを人為的に社会の中に養成することが可能なのかという問題である。また、「政権党」の条件は絶えず単独政権をうかがう勢力でなければならないのだろうか。日本社会の政党の実際の姿というものを考察した上でなければ、政権党のあり方について、安易な議論はできないであろう。このテーマについても次章で考察したい。

3-6　薬師寺克行

薬師寺克行は元朝日新聞の政治記者。朝日新聞の政治部次長、論説委員、月刊『論座』編集長、政治部長、編集委員などを務め朝日新聞を退職後は、東洋大学社会学部教授となった。民主党政権の崩壊後も、8人の政治家[32]にインタビューした『証言　民主党政権』（講談社、2012年）を刊行している。

薬師寺は小沢を批判的に見ており、反小沢系の議員を「改革勢力」と見なしていることが著書から理解できる。そして、「構造改革に加え統治改革という民主党政権の挑戦はこれまでのところ不十分なままに終わっている。（中略）しかし、すべてを否定的に捉えるべきではないことは言うまでもない」（薬師寺、2012年、293頁）と反小沢系であった議員には好意的である。

また、薬師寺は80年代以降の日本政治を「政治改革に始まり、政策の改革（小泉内閣では『構造改革』と呼んだ）、そして民主党による統治改革」と一連の流れの中で捉えている（薬師寺、2012年、293頁-294頁）。そして、「かつての自民

第5章　「政治改革」後の日本政治をめぐる評価

党政治のような『政官業のトライアングル』を復活させることは容易な話ではない」との認識を示した上で「これから政権交代が繰り返される中、統治改革は試行錯誤の中で続けられることになる」との展望を示している（薬師寺、2012年、294頁）。そして、総括として「民主党による政権交代は、政治の限界とともに次の時代に向けた政治の可能性も同時に示した」（薬師寺、2012年、295頁）という認識を示している。

　以下、薬師寺の見解について考察したい。薬師寺の主張は典型的な「民由合併」以前の民主党を「改革の党」として評価し、肩入れする立場であることが理解できる。しかし、この立場からの小沢批判には問題があることを指摘しておきたい。まず小沢・鳩山の路線は小泉構造改革以降の格差社会への批判という部分で民主党を政権交代に導いた部分が多く、そもそも07年（参院選）や09年（衆院選）の民主党は自民党ではできない「統治機構改革」を前面に掲げて政権を目指したわけではなかった。

　小沢は小泉以来の自民党と同じ「改革路線」をとる限り、政権は取れないと考え、民主党を「反新自由主義的政党」に転換させたからこそ、政権を獲得できたのである。小泉政治の延長線上で民主党が政権を獲得したわけではなかったのは明白な事実である。小沢主導の路線で政権を獲得した時には、小沢を批判せず、後に小沢を批判するのは、バランスを欠く態度であろう。

　本来的には、反小沢の政治家や論者は、07年の参議院選挙の時点で、小沢主導の政権公約を批判すべきだったのである。だが、この参議院選挙では「消えた年金問題」の追い風もあり、民主党は参議院第1党となった。そして、この選挙結果が第1次安倍内閣の退陣につながった。この時は民主党内の反小沢の政治家も「逆転の夏」などといって浮かれていたのが実情であった。

　また、民主党が官僚主導に対して政治主導は掲げていたことは間違いのないことだが、それが最も大きな選挙の争点になったということもなかった。政権交代選挙の争点はまさに「政権交代するかどうか」だけであり、統治改革について後ろ向きである自民党と積極的な民主党が、このテーマを争点として選挙で争ったわけではなかったのである。

　つまり、薬師寺が80年代以降の日本政治を政治改革、政策改革（小泉構造改革）、統治改革（民主党）と3つの「改革」を同一の線上で論じ、あたかも自民

党と民主党の合作で「改革」が徐々に進んできたと評価するのは、あまりに現実を無視した見解だと指摘せざるを得ないのである。

　しかも、薬師寺が高く評価する統治改革はそもそも小沢自身が、90年代の最初に提言したものであった。しかも、この部分だけは、小沢は経済政策や農業政策の社会民主主義化とは別に一貫して主張し続けていた部分でもあった。政治主導の最初の提唱者も90年代の小沢だったのである。

　薬師寺の見解は、政権交代が起きたのは、自民党の「政策改革路線」は引き続き支持されていた状況の中、統治改革部分だけが不十分であったから民主党に政権が移ったというものである。つまり、それまでの民主党は統治改革路線を含む「改革路線」で支持を得ていたにもかかわらず、小沢の政策で直前の衆議院選挙に臨んだので、政権獲得後は、「改革路線」を捨てて、旧来のバラマキ路線に戻り、そのために、民主党政権は国民の支持を失ったという主張である。

　この解釈に従えば、鳩山・小沢の政権を批判的に評価し、菅政権以降、より正確にいえば野田の路線に対し「改革路線」として評価するという理屈になるのだが、これは、「野田政権は自民党がしたくてもできなかったことをかわりに実現している」（山口、2012年、30頁）という評価を下している山口とは対極的な評価である。

　薬師寺の主張からすれば、菅政権と野田政権は反小沢政権であったので本来あるべき「改革の党」に戻った後の「改革政権」だったということになり、鳩山政権（小鳩政権）は、実際の主要閣僚は別として、政策は小沢のマニフェストに縛られていたために、「改革の党」から後退した時期の約束で政権を握ったということになってしまうのである。

　しかし、現実の日本社会で有権者が民主党政権をおかしいと感じ始めたのは、中北も指摘しているように（山口・中北編、2014年、274頁）、菅の増税発言の辺りからであった。鳩山政権が退陣し、菅が政権に就いた時点で真の「改革路線」に戻ったなどと評価した有権者はいなかったのである。

　薬師寺に見られる、2つの民主党があり、1つの民主党は真面目な改革集団であったが、小沢と合流して以降、おかしくなったという、反小沢の議員に同情を示すような総括は一面的評価に過ぎないと指摘せざるを得ないだろう。この立場に立つものは、小沢がいなければ政権交代がなかったこと、09年の時点

での政権交代を望んだ有権者は、引き続き小泉流の「改革路線」を求めたのではなく、新自由主義路線への反発から、09年の民主党のマニフェスト(「国民の生活が第一」路線)を支持したという側面を決定的に見落としているのである。

3-7　船橋洋一

　船橋洋一は評論家、コラムニスト。元朝新聞社主筆。その後、一般財団法人日本再建イニシアティブ理事長を務める。日本再建イニシアティブによる検証は『民主党政権失敗の検証─日本政治は何を活かすか─』(中公新書、2013年)[33]にまとめられている。

　船橋はまず「二〇〇七年参院選と二〇〇九年の衆院選のいずれにおいても、民主党の躍進と政権交代は無党派層の風を背にした成果」であり、「要するに、中軸が存在しな」かったと指摘する(日本再建イニシアティブ、2013年、289頁)。そして、その上で、民主党は「そのような風任せの選挙に別れを告げ、無党派層依存から脱却しなければならない」(日本再建イニシアティブ、2013年、289頁)と指摘する。

　その中軸について船橋は、「民主党の中軸は、改革となるはずである。ただ、『改革』の文脈は大きく変わってきている。(中略)『負の遺産』と『負の分配』の政治の力学のなかで、国民全体の利益と霞が関の各省の利益が鋭く対立する場面は、今後ますます増えていくだろう。その帰結としての『増税の政治』は、納税者(国民)の発言力と政治参画を激しく増幅させることになるだろう」(日本再建イニシアティブ、2013年、290頁)と指摘する。

　船橋のこの見解は当時の民主党の実情も実際の日本の有権者も捉えていないと指摘せざるを得ない。政権を取るまでの民主党には「中軸」がなかったとの船橋の指摘は、確かにその通りではある。また無党派層への依存があったことも確かであろう。しかし、船橋は重要な部分を見落としている。確かに民主党には「中軸」はなかったが、それぞれの議員には支持基盤は存在したし、党全体の大きな支持団体としては労働組合の連合が存在していた。

　連合にも2派があったが、連合の各組合は組織内候補以外の民主党候補に対しても消極的であったとしても選挙で支援した。組織率が落ちたとはいえ、基礎的な支持基盤として、どの選挙区にも連合の組織があったことは、民主党が

一定の基礎票を獲得し続けることができた最も大きな要因であった。

さらに保守系の議員で選挙に強い議員は自民党の議員に近い形で、後援会を選挙区内で組織化していた。議員の後援会幹部の人々は「顔の見える人々」であり、仮に明確な支持政党を持ってはいなくても、ただの無党派層ではなかった。無党派に頼っていた議員や候補者が多くいたのも事実だが、無党派層のみが民主党候補の選挙時における主要な働きかけ先というわけではなかった。労組系でも保守系でも確実に当選し続けた議員には相応の支持基盤は明確に存在していたのであった。

さらに船橋が矛盾しているのは、「中軸」を作らなければならないと述べながら、その中軸は「改革」であると最後に抽象的で全く実態の見えない結びをしていることである。この抽象的な「改革」を支持したものこそが実は「無党派層」だったのである。だからこそ、民主党は強い足腰を持った政党になれなかったのである。それにもかかわらず「無党派層」依存から脱却するための「中軸」は「改革」路線であり、その「改革」の意味する部分とは、「負の再配分」となるとの提言は、全く矛盾だらけの提言であるといわざるを得ない。

この船橋の言説をそのまま原理的に進めていけば、今後の民主党が組織すべき中核的な支持基盤は「組織された、自ら自分たちの負担を増やすことを申し出てくれる」人々ということになってくる。そのような有権者は現実に存在するわけはなく、さらに組織化されて1つの政党の「中軸」としての支持層を形成するはずもないのである。

政府へ自ら納める税金が増えることと、社会全体の負担増を嫌う人々は新自由主義的な政策を積極的に支持し、増税に反対し自己責任社会を是認する政策を支持する。これらの人々は統治改革を望む人々とは親和的だが、全体の負担をどう分かち合うかには関心の薄い人々である。

船橋と薬師寺は主張が似ている。共通点は反自民でありながら、福祉の充実を説く社会民主主義者ではなく、さらに「改革派」を支持しながら「反小沢」であったということである。この2人は政権から離れた後の民主党に対しても、引き続き「改革の党」として再び政権を目指すべきであるという主張をしている。これらの主張のどこに問題点があるかは、既に指摘した通りである。

3-8 小　括

　政治学者たちによる「検証」を検証することによって何が明らかになったであろうか。結論から述べれば、政治学者たちも、それぞれの意見を表明しているが、本当の意味で検証ができている論者は少数であるということである。

　また、それぞれがそれぞれ「検証」めいたことをしているが、立場は分かれており、政治学者たちも共通の認識には達していないことが明らかになった。学者といえども立場は人それぞれであるから、共通の認識に至らないことは当然であるが、それにしても様々な見解が存在していることが明らかになった。

　山口は政権交代前から政権交代の必要性を説いてきた人物だが、民主党政権については失敗だったと認めている。さらに民主党が「方便政党」であったことを指摘している。そして、民主党政権については、小沢にも反小沢にも両方ともに対して批判的である。しかし、鳩山・小沢政権の方に民主党らしさと政権交代の意義があったという側に立っていることは間違いなく、菅政権、野田政権と次第に「民主党らしさ」が失われていったという認識を持っている。

　中北は「エリート競争型デモクラシー」及び「市場競争型デモクラシー」と「参加デモクラシー」を対比させながら、自身の立場としては「参加デモクラシー」の必要性を説く。この辺りは山口と共通認識とまではいえないかもしれないが、近い認識を持っている。しかし、山口との相違点もある。中北は政党制に関してはどちらかといえば穏健な多党制を支持しており、政権交代可能な二大政党制が理想という考え方を持ってはいない。

　小林は「政権交代がある民主主義が望ましく」、そのためには「二大政党制」が理想であり、「二大政党制」を導くための「小選挙区制」が最良の制度だという考え方を、そもそも「神話」だとして批判する。そして、「神話」の生まれた原因をM・デュベルジェやG・サルトーリを引用して指摘し、以前からの持論であるが、小選挙区制を批判している。そして、選挙制制度を考えるにあたって重要なことは、議会に民意を反映させる制度を採用することであるとする。

　御厨は政治史を専門とする歴史家の視点から、「政治改革」後の20年の日本政治を俯瞰し、見通しが狂ったことを正直に認めている。御厨は小選挙区制から二大政党が導かれ、そして政権交代が起きるというコロラリーを自分も支持

してきたことについても反省している。そして、二大政党制についての議論に決着をつけることなくして、日本政治の展望はないという見解を示している。

飯尾は民主党について、「与党」にはなったが「政権党」にはなれなかったと指摘。最後には「与党」としての役割も果たせなくなったとも指摘している。しかし、民主党内がなぜ、バラバラだったのかということについての分析は薄い。

薬師寺は「改革の党」だった民主党が小沢との「民由合併」の結果、「改革の党」ではなくなってしまったことを問題だと考えている。そして、反小沢側の政治家を「改革派」だったと位置付けており、民主党は再び「改革の党」になるべきであるという主張である。船橋も大方、薬師寺に近い。

単純な類型化はできないが、まず、この中で積極的な価値判断を避けているのが飯尾である。次に山口と中北は、民主党政権に対しての評価という意味では共通点がある。先の政権ほど民主党らしく、後の政権ほど民主党政権らしくなくなったというものである。山口と中北にも相違点はあるが、この２人は反小沢勢力を改革派（善玉）とし、小沢が本来は「改革の党」であった民主党をバラマキ政党にしたという単純な小沢悪玉論の立場には立っていない。

最も長期的な視点から「政治改革」後の20年の日本政治とその間の政治学者の言説についての反省をしているのが御厨である。一貫して小選挙区制に対して反対の立場から、「政権交代神話」、「二大政党制神話」、「小選挙区神話」自体に批判的なのが小林である。薬師寺と船橋は近く、民主党は再び「改革の党」になれというものであった。

おわりに

本章では「政治改革」後の政治状況について確認してきたが、最後に何が明らかになったかをまとめたい。キーワードとして小沢、菅、民主党の性格、二大政党制というものを挙げたい。

まずは、小沢について考えてみよう。小沢は06年４月に民主党の代表に選出された時に、有名な『山猫』の一説を演説で引用した上で、「まず、私自身が変わらなければなりません。そして、皆様に支えていただきながら、民主党を

改革し、さらに日本を改革しようではありませんか」と述べた。小沢は民主党内に自分へのアレルギーのあることをよく理解していたので、民主党の議員たちを安心させるためにこのような発言をしたのであろう。

そして、小沢は本当にこの時から変わったのであった。93年の自民党離党時に掲げ、それ以来、新生党、新進党、自由党と一貫して掲げてきた『日本改造計画』で主張した政策を一旦封印し、社会民主主義路線に転換した。その意味では、小沢は約束の通り「変貌」したのであった。

それにもかかわらず、なぜ、小沢が「変わった」ことは非小沢系議員に受け入れられ、評価されなかったのだろうか。それは、小沢が反小沢派から求められていた部分ではない部分で「変わった」からであった。本来、小沢が「変わる」ことを周囲から求められたのは、政策面ではなく、90年代以降、批判されてきたその政治手法であった。

だが、この政治手法の部分だけは「変わる」ことがなかった。これが政策面では「変わり」ながら、政権交代まで民主党を導いた小沢と反小沢系の議員との対立が最後まで収まらなかった理由であろう。そして、複雑なのは、政治手法の面でこそ「変わる」ことを求めた反小沢系議員たちにとっては、政策面での小沢の転換はバラマキ政治への回帰を思い出させるものであって、決して歓迎すべきものでもなかったということであった。

小沢の評価は非常に難しく、薬師寺も「現代政治を考える上で、小沢一郎ほど重要だが理解が難しい人物はいない」（薬師寺、2014年、278頁）と述べている。また、先に見たように御厨は「小沢の持っていた影響力を、今後の政治学はどうとらえたらいいのであろうか。でも政治学はまっとうに分析することをやらないし、できない」（御厨他編、2013年、24頁）と現在の政治学者が小沢を分析し切れていないという指摘をしている。

実際、政治学者たちにも「民由合併」以降の小沢に批判的な評価を下しているものはいても、90年代初頭からの20年間のトータルでの小沢についての評価を下すことを試みているものはいない。本書でも小沢の全てに評価を下すことまではできない。しかし、小沢をどう評価するかということは、政治改革以降の日本政治の総括とともに、改めて90年代の政治改革が正しかったのかという大きな問いを考察する上で避けては通れないテーマなのである。

次に菅について検討したい。実現を目指していた政策においては小沢との接点は殆どなかったにもかかわらず、制度改革や理想とする政党システムについては小沢と同じ考え方を持っていた菅をどう評価するべきだろうか[35]。小沢と菅の2人を同時に批判するものは多いが、政治学者でも小沢と菅を同時に同じ理由で同等に高く評価する人は少ないだろう。

　だが、小沢と菅は全く異なった政治家なのだろうか。実はこの2人は相違点もあるが、一方で極めて多くの類似点を持っていた。象徴的な2人の政治家をどう評価するのかということは、日本で二大政党制を目指した政治改革運動をどう評価すべきなのかという問題を考える際に避けては通れない論点である。小沢と菅はある意味ではコインの裏表であり、両者は同じ体制を目指してきたともいえるからである。

　菅と小沢の共通点はリアリストであり、権力を奪取するためには何でもするということである。小沢は権力を奪取するためなら、政敵とも手を組み、何でもするということがよく批判の対象となってきた。しかし、そのことについて考えるならば、菅も小沢に負けず劣らずリアリストであり、そして、原理原則に従って行動する政治家というよりも、「先に権力を獲得して、それから後のことは議論する」という考え方の持ち主であった[36]。

　菅は市民運動家出身であるから、一見、大衆政治家のようなイメージが持たれていたが、「民主党になって社会党的な党内民主主義はなくなり、国会議員中心の政党になった。よく議員政党か組織政党かということを議論していました。私は初めから『議員政党で行くべきだ』と主張していました」（五百旗頭・伊藤・薬師寺編、2008年b、198頁）とも述べている。

　菅は必ずしも政治家としては「参加デモクラシー」を拡大するという考え方を持っていたわけではなかった。菅は一方では「市民が主役」を標榜しながらも、政党の運営は国会議員中心の方が良いという考え方を当初から持っていたのである。

　中北は菅を「市場競争型デモクラシー」の代表として、小沢を「エリート競争型デモクラシー」の代表と評したが、その部分では違っていたとしても、2人とも「参加デモクラシー」を標榜していたわけではなかったという部分では共通点があったということである。むしろ、中北の整理に従えば、実際には菅

こそが当初から「エリート競争型デモクラシー」を志向していたのであった。

だが、共通点の多い小沢と菅は元々は、目指していた方向は違っていた。民主党の失敗と今後の日本の政党制を考える上では、ここまで踏み込んで考察しなければならない。だが、現状ではこの作業は殆どなされていないといっても過言ではないだろう。

薬師寺は民主党について「寄り合い所帯のような民主党だが、議席増とともに政権交代の可能性が出てきたことで、一体性を高めるための党内議論が活発化してきた。その一つは、統治システム全般の見直しであり、政権運営のあり方や政策決定の手法、内閣や官僚と党の関係などが中心的課題だった。もう一つは、自民党政権とは異なる民主党らしい政策の体系化と具体的政策の検討であった」(薬師寺、2014年、224頁-225頁)と述べている。

薬師寺は民主党に共通の目標があったと考えているようである。だが、「統治システム全般の見直し」や「政権運営のあり方や政策決定の手法」といった問題は、利害関係者が官僚に限られており、「永田町」(政治)と「霞が関」(行政)の問題、つまり「政官関係」に関する課題である。この課題は重要であるが、有権者を正面から敵にまわさなくても良い課題である。

それに対して「民主党らしい政策の体系化と具体的政策の検討」が必要だったのだが、なぜ、それができなかったのかということについての分析はない。実際には、議論すればするほど、党の分裂を招く危険性のあるものであったことから、党内論議が避けられてきたのであった。そして、このことが、民主党議員の意識を、事業仕分けによって「探せばあるはずの予算」を見つけ出せば、国民の福祉を、自民党政権より充実させられるという漠然としたものに収斂させていったのであった。

小沢と菅という個性の強い2人の政治家には類似点があったが、小沢と菅が目指していたものは、方向性としては、本来は異なっていた。この本来、存在していた「小沢と菅の違い」は、本書が前半部分で対象としてきた90年代の政治改革期の政治家の議論を思い起こせば、「小沢と武村」の違いであり、「小沢と山岸」の違いでもあった。

90年代の初頭の小沢と武村正義、細川、山岸の違いは、「普通の国」と「小さくともキラリと光る国」の違い、二大政党制と穏健な多党制の違い、改革保

守と社会民主主義の違いであった。これらの論点は一貫して、政界の底流には流れ続けていたにもかかわらず、本質的な議論は避けられ、「非自民非共産」という共通点だけで野党第1党の結集が進められた。

　市民運動家出身の菅と自治官僚出身の武村や参議院議員から知事を務めた細川は全く政治経歴も思想も異なった。だが、広義の「改革派」でありながら、反小沢という部分には共通点があった。「民由合併」の時点では細川も武村も政界を引退していたが、小沢のみは健在で政権交代を目指す民主党を指導することとなっていった。

　90年代の初頭、菅はまだ頭角を現しておらず、小沢、武村、細川らが台頭してきた時期に菅の属していた政治勢力の代表は江田五月であった。江田は結局、「シリウス新党」[38]への決断ができずに、細川内閣には社民連から科学技術庁長官として入閣したが、新進党に参加して以降は存在感がなくなっていった。

　小沢のみが90年代も2000年代の終盤も政界の中心に存在し続けた。細川政権と鳩山政権の成立という戦後日本の二度の政権交代は小沢がいなければ起きなかったという事実を理解せずして、「民由合併」後の小沢を後一歩まで来ていた民主党を台無しにしたような評価を下すのは辻褄が合わないのである。

　むしろ、最後の局面での小沢は「民由合併」以降、一貫して主張していた政権交代を実現した政治家としての評価を与えるべき部分であろう。しかし、小沢には常に自民党や官僚やメディアの一部分からは、「改革派」だと認知されながらも、広く有権者全体からは、完全にそうは見なされ切れない側面があった。小沢は90年代初頭と同じ評価をその後も一貫して引きずり続けたということであった。

　小沢と菅は多くの類似点を持っていたが、市民運動家出身で市民政治を標榜する菅と自民党に代わり得る保守政党の育成を基本的に目指してきた小沢の同居は民主党を複雑怪奇な政党にした。だが、これは、無原則な勢力拡大をしたことの当然の帰結であった。この観点から考えれば改めて次に検討する山口の指摘などは、やはり的を射たものではないとの指摘をせざるを得ない。

　山口はまず、政権交代を「民主化の仕上げ」（坂野・山口、2014年、134頁）と位置付けている。そして、山口は民主党が「利害を共有する者を束ねて多数派を取り、その人たちに有利な政策を実現していくという政策の転換までは十分

に展開できず、このことが、政権交代が失敗に終わった大きな問題」(坂野・山口、2014年、134頁)だとしている。

一見、この山口の指摘は正鵠を射た指摘のようにも思われる。だが、組織の変遷、議員の質の変化、議員の属性の変化、背後の支持団体を広げたことの矛盾によって政策の幅が広がりすぎたことを考えれば、山口のいう「利害を共有する者」などは、政権を獲得した時点の民主党には存在しなかったのである。

しかし、一方で山口は「民主党が徹底的な路線闘争をやって、分裂してもしかたがない」、「怪しげなポピュリズム政党とくっつきたい人は出ていく。改憲したい人も出ていく。その上で、社会経済の持続可能性、平和外交など、はっきりした旗印を出して、もう一回穏健・常識の政治家を糾合し直す作業をするしかない」(坂野・山口、2014年、143頁)とも述べている。

実際に17年10月、民主党の後継政党である民進党は分裂した。17年の総選挙を目前とした9月から10月の短期間の「路線闘争」で小池代表が率いていた希望の党に参加する議員と枝野の立党した立憲民主党に参加する議員に分裂したのであった。山口の期待する勢力は立憲民主党に結集したということになる。

だが、同時に真剣に考えなければならない問題は、山口と同じ政治的立場に立つ政治家と有権者は、引き続き日本政治において二大政党制を目指し、自身の政治的立場を体現する政党が「二大政党の一角」となることを目指すのかという問題である。この問題については、まだ明確な議論がなされてはいないが、後に再び検討したい。

次章では90年代の初頭の政治改革論議によって導入された小選挙区制を中心とする制度が、その後の20年で、期待された通りの結果を導いたのかについて、選挙制度と政党制をめぐる観点から考察したい。

1) 例えば政治改革期から政権交代までの日本政治の動きをまとめたものや、歴史的な事実を一定の期間を対象として分析したものには中北浩爾『現代日本の政党デモクラシー』(岩波新書、2012年)、佐道明弘『「改革」政治の混迷 1989～』(吉川弘文館、2012年)、薬師寺克行『現代日本政治史―政治改革と政権交代―』(有斐閣、2014年)などがある。
2) 法規上は1998年に拡大した民主党は96年の民主党と同一政党である。また、2003年の「民由合併」では自由党が民主党に吸収合併される形をとった。

3) この論文では1人の人物でも複数の経歴を持っていると見なされる場合は、複数の経歴がカウントされている。
4) 菅直人は当時の連合会長の鷲尾悦也（旧総評系、鉄鋼労連出身）と後継会長の笹森清（旧同盟系、電力総連出身）の2人は旧社会党系と旧民社党系を一緒にしたいという思いが強かったと回顧している（五百旗頭・伊藤・薬師寺編、2008年 b、163頁-164頁）。
5) 民主党代表菅と連合会長鷲尾が一緒に写り「連合は民主党」というキャッチフレーズの載っていたポスターが当時の連合と民主党の極めて良好な協力関係を象徴していた。
6) 新進党の解党は小沢一郎と公明党が不仲になったことが大きな原因であった。解党後は当然、小沢系と公明系は別々に行動をした。この流れの中で、保守系の反小沢系の議員は、新進党解党直後、98年1月院内会派「民友連（民主友愛太陽国民連合）」に参加した後、一時的に結成された「民政党」（羽田代表）を経て民主党に合流した。
7) この勢力の特徴は「非自民非共産」であるとともに、民進党内では「非リベラル系」という特徴も併せ持っていたといって良いであろう。端的にいえば、この流れは安保政策や改憲論議では自民党に近いスタンスをとるものを多く含み、自民党に対峙する野党勢力の結集を叫ぶものの、共産党との共闘を選挙レベルでも徹底して拒否する部分に決定的な特徴があったといえるであろう。
8) 当時、脱藩官僚という言葉が少し流行した。霞ヶ関の中央省庁の官僚の経歴を持ちながらも、利権構造を死守する自民党政権では改革ができないと危機感を持った人々が、自民党ではなく民主党から徐々に立候補し始めた。鳩山内閣で内閣官房副長官を務めた元通産官僚の松井孝治もその1人である。彼らは統治機構改革や政官関係の改革、政策決定過程の改革などに熱心に取り組もうとした。
9) 鳩山由紀夫は政界引退後、13年3月に、一般財団法人東アジア共同体研究所を設立して自ら理事長に就任するなど、首相時代といさかかも主張を変えることなく、東アジア共同体構想を進めるために積極的に活動している。
10) 官房長官を務めた平野博文なども鳩山の側近ではあったが、元々の鳩山側近が普天間基地問題で必ずしも鳩山の意向を体現すべく動いたわけではなかった。そして、最終的に首相であった鳩山は首相官邸で孤立してしまった（鳩山・白井・木村、2016年、70頁-114頁）。
11) 10年9月の代表選挙は議員票、地方票、党員票を合わせた得点の合計で争われたが、菅は721点、小沢は491点だった。国会議員票だけの内訳は菅が206票（412点）、小沢が200票（400点）とほぼ拮抗していたが地方票、党員票で菅が上回った。
12) 11年8月の民主党代表選挙は前原誠司（前外相）、馬淵澄夫（国土交通相）、海江田万里（経済産業相）、野田佳彦（財務相）、鹿野道彦（農林水産相）によって争われた。この時の有権者は国会議員のみであった。投票結果は1度目が前原74票、馬淵24票、海江田143票、野田102票、鹿野52票だった。過半数を制した候補がいなかったために海江田と野田の決選投票となった。決選投票の結果は海江田177票、野田215票で野田が前原、鹿野の支持者らからの票を得て逆転で当選した。
13) その後、12年12月に「日本未来の党」に合流のため解党。その後、日本未来の党がすぐに解党し「生活の党」と改称。さらに16年には自由党と改称した。
14) 西松建設事件は、08年から東京地検特捜部が西松建設本社を家宅捜索し、09年、捜査

が政界に波及した事件。西松建設から違法な献金が行われたとされている事件で、09年小沢の公設秘書と西松建設社長と同社の幹部1人が政治資金規正法違反で逮捕された。小沢は疑惑を否定したが、09年3月4日、「献金が違法ということが明らかになったときに返却するつもりだ」と述べた。小沢は疑惑を否定し続けたが、政権交代が直前に迫った時期に民主党代表の辞任に追い込まれることとなった。

15) 鳩山は自民党経世会に所属していたが、93年に武村正義の新党さきがけの結党に参加。菅は94年1月に新党さきがけに参加したが、この時から鳩山と菅はともに行動してきた。

16) 鳩山、小沢、菅の3人による指導体制は、後に「トロイカ体制」と呼ばれたが、3人が同時に協力体制を敷いたことはなかった。この3人は常時、複雑な関係にあった。

17) 当時、野党自民党の安倍晋三元首相は菅政権を「陰湿な左翼政権」と酷評した。また、菅政権の仙谷由人官房長官は学生時代の運動歴などから「赤い官房長官」などと揶揄されていた。鳩山政権と比較しても、菅政権の閣僚の経歴にかつての左翼運動の流れを汲む千葉景子(法相)のような政治家がいたことも、菅政権に対して「左翼政権」というイメージが付きまとった理由であろう。

18) 岡田克也は野田内閣に入閣後、内閣府特命担当相として「行政刷新」、「少子化対策」、「新しい公共」、「男女共同参画」を担当した。

19) しかし、岡田はその後「ただ、官僚に乗っかっていれば、こういう問題も起きないんですよね。もし鳩山さんが、従来の多くの自民党の総理と同じように官僚に乗っかっていたら、見えなかった問題です。だから、それを一方的に悪いことだというのはフェアじゃないと私は思います」(御厨他編、2013年、109頁)とも述べ、官僚のペースに乗らなかった鳩山に対して一定程度の評価を行っている。

20) 鉢呂吉雄は11年9月8日、野田首相らと福島第一原子力発電所の視察から戻った後、非公式の取材の場で防災服の袖を毎日新聞の記者に擦りつけ「放射能を分けてやるよ」という趣旨の発言をしたとされている。本人はそのような発言はなかったとしている。

21) 枝野幸男は自社さ政権を与党議員として経験している。日本新党で初当選した議員は、細川・羽田連立政権の崩壊後は新進党に参加したのだが、細川政権時に日本新党を離党して新党さきがけに移っていた枝野や前原は新進党を経由せずに自社さ政権の村山・橋本政権では与党を経験し、その後、96年の第1次民主党結党に参画した。

22) 菅の90年代の証言によれば、薬害エイズ事件の時、橋本龍太郎内閣で菅が厚生相に就任する前の時期から枝野は政府への質問趣意書の出し方などで菅のアドバイスを受けている(五百旗頭・伊藤・薬師寺編、2008年b、112頁)。

23) 保守系議員の定義に厳密なものはないが(自民党なら全員が広義の保守系議員となる)、民主党議員の色分けであれば、労組の支持する旧社民党系と旧民社党系以外を保守系と括るのが一般的であろう。また社民連出身の菅や江田五月も「保守系」ではなかった。ただし、「リベラル派」という呼び方が漠然とあるように、議員の出自に関係なく「保守系」ではない議員もいる。また「市民派」は「保守系」ではないのはいうまでもないが、「労組系」でもない議員を指していた。「市民派」は特に旧社会党や最初の民主党では「労組系」との対比で使用された。民主党内の議員でいえば典型的な「保守系」は松下政経塾出身者を中心とする日本新党、新党さきがけで政界入りした議員と、

93年以降の選挙に初めて出馬した議員では労組出身者以外の議員であろう。

24) 日米安保を絶対的に堅持し、郵政民営化にも賛成（新自由主義的規制緩和にも親和的という意味）というのであれば、これは小泉自民党以来の自民党と少しも変わらない。少なくとも鳩山は対米自立を目指していたし、鳩山のスタンスは社民党と通じるものがあった。「民由合併」に否定的だった反小沢の保守系議員には小沢が主導して作った09年の衆院選挙のマニフェストは不評であったが、09年の政権交代には、小泉純一郎退陣後に顕在化してきた格差社会の是正が期待されるという意味合いも強くあった。その意味から、もう少し民主党全体に反新自由主義の共通認識があっても不思議ではなかったのが、これも鳩山や菅を除きあまりなかったということがいえる。

25) 『マグナカルタ』とは09年の衆院選挙のマニフェストを作るに際して民主党でまとめられた基本方針。小沢が命じて社民党出身の赤松広隆（元社会党書記長）が中心となってまとめた。この中に09年の衆院選挙のマニフェストに書き込まれることとなる子ども手当て、高校無償化、農家の戸別補償、高速道路無料化などが書かれていた。当初から財源についての懸念はあったが、補助金の無駄排除、行政経費の削減などで15兆円程度を捻出するという計画となっていた。09年の衆院選のマニフェストによって政権を獲得した民主党であるが、実際、政権交代後、ここで約束したマニフェストの実現に取り組まなければならなかったのは、主として反小沢系や非小沢系の議員であったことが、また問題を複雑にした。

26) 松井の回顧が収録されている本は、薬師寺編『証言民主党政権』（講談社、2012年）、御厨他編『政権交代を超えて』（岩波書店、2013年）、山口・中北編『民主党政権とは何だったのか―キーパーソンたちの証言―』（岩波書店、2014年）と3冊もあり、松井自身と劇作家平田オリザとの共著『総理の原稿―新しい政治の言葉を模索した266日―』（岩波書店、2011年）も入れると4冊になる。

27) 野田は「マニフェストについてできなかったことはもちろんありました。できたことで自信を持っていいのは『チルドレン・ファースト』に関連する『人生前半の社会保障』についてで、給付の面でも負担の公平化の面でも歯を食いしばって総力を上げてやってきましたから、これは後退させてはいけないと思っています」（山口・中北編、2014年、266頁）と述べている。

28) 中北浩爾はマニフェスト選挙が盛んだった時代を「市場競争型デモクラシー」の時代であったとする。しかし、10年の参議院選挙で菅首相の率いる民主党が敗北し、マニフェストの建て直しに失敗してからは、「市場競争型デモクラシー」が限界となり「政党なきエリートデモクラシー」が台頭したとする。これの代表は橋下徹の大阪維新の会（日本維新の会）だとしている。小沢と菅に関しては、中北は小沢を「エリート競争型デモクラシー」、菅を「市場競争型デモクラシー」であったと評している。

29) 菅とともに共同代表の1人になった鳩山は当時「時限政党」としていたくらいである。96年の民主党は二大政党制を目指すために結党されたのではなく、自民党と新進党の保守二大政党制を阻むために結党されたのであった。

30) 細川護熙は11年10月8日付『朝日新聞』で「私は二大政党だけには収まらない『穏健な多党制』が望ましいので、比率は半々くらいが適当と考えており、小選挙区に偏りすぎたのは不本意でした。しかもその後、比例区が一八〇議席に減らされてしまい、心配

した通り小泉自民党が勝った時も、鳩山民主党が勝った時も片方に雪崩を打ってしまった。(中略)どういう国民的合意が必要かが大事で、それには多様な選択肢があった方がいい。二大政党がガチンコ勝負で『右か左か』より、その方がいい」と語り、自分自身が首相の時の最終決断を反省している。

31) 御厨貴は『政権交代を超えて―政治改革の20年―』(岩波書店、2013年)の中で自分よりも若い世代の牧原出とさらに若い世代の佐藤信とともに、政治改革から政権交代が起きるまでと、政権交代とは何であったのかという問題について対談している。

32) 薬師寺は『証言 民主党政権』(講談社、2012年)の中で菅、岡田、北澤俊美、前原、枝野、福山哲郎、松井、片山善博の8人にインタビューを行っている。

33) 執筆者は船橋洋一自身を入れて8人。中野晃一、中北らが分担執筆している。民主党衆議院議員56人にアンケート調査を実施(回答は45名だったとある)し、主に民主党政権で役職についた議員を中心に(民間人から内閣官房参与、内閣府参与になった人物や民主党を離党した小沢系議員も含んでいる)、ヒアリングも実施している。

34) 小沢はイタリア映画『山猫』から「変わらずに生き残るためには、自ら変わらなければならない」という言葉を引用し、自分自身が変わることを宣言し話題となった。

35) 菅は「基本的に私は2大政党論です。(中略)私は政権交代のダイナミズムを選ぶべきだと考えていました」(五百旗頭・伊藤・薬師寺編、2008年b、72頁)と述べている。

36) 菅は回顧録で「政党が純粋であろうというのであれば、小さくてもいいと割り切らなくてはならない。小さければ純粋でもいいんです。しかし、純粋のままで大きくなることはありえない。(中略)衆議院内閣制で過半数をとろうというときは、純粋だから勝てるわけではない」(五百旗頭・伊藤・薬師寺、2008年b、262頁)と述べている。

37) 菅は自身のイメージしていた二大政党制については「自民党とは違う政党。『第三の道』でもいい。しかし、かつての社会党とも違う政党です」(五百旗頭・伊藤・薬師寺編、2008年b、152頁)と述べている。

38) 菅の回顧によると、93年の総選挙で「シリウス新党論」が出たが、江田がそこまで踏み切れなかったとのことである。理由は社会党が選挙後、小沢たちと組むということを決めていたので、社会党の中をまた割るのは問題だという意見があったからだという。菅は93年の選挙後、新党さきがけの会派に入り、94年1月に社民連を離党して、新党さきがけに入党した(五百旗頭・伊藤・薬師寺編、2008年b、56頁-57頁)。

第6章　政党制と選挙制度をめぐる考察

はじめに

　本章では現代日本の政党制と選挙制度をめぐる問題点についての考察を行う。前章で見たように1990年代初頭の小選挙区制導入を主眼とする「政治改革」によって、その後の20年の紆余曲折を経て第3次民主党のような一貫した政策体系を持てない政党が人為的に生み出された。
　「政権交代可能な二大政党制確立のために選挙制度改革が必要である」という考え方は90年代の初頭に小選挙区制を中心とする選挙制度を導入することを目指す勢力から喧伝された。しかし、「政治改革」後の20年以上を経て、この議論は日本においては完全に説得力を失った。
　それにもかかわらず、今も「二大政党制神話」から脱することのできない議論が多く存在する。本章では現代日本の政党制と選挙制度をめぐる問題点についての考察を行い、なぜ、「政権交代可能な二大政党制」を目指すべきであるという議論が日本においては馴染まないかということを明らかにしたい。
　本章の構成は以下の通りである。第1節においては、日本の55年体制と現在の政党制について論じる。第2節においては現在の「一強多弱」と呼ばれる現象と二大政党制の関係について検討する。
　第3節では選挙制度をめぐる議論を紹介しつつ、その妥当性を検討する。現在、現行の選挙制度について改正を提言する声は決して多くはないものの、全くないわけではない。そこで、現在、現行の選挙制度を否定的に考えている論者の見解も紹介しながら、その意義を検討する。
　第4節においては、戦前の二大政党制の性格から、日本社会の政治風土について考察する。なぜ、戦後の55年体制は二大政党制（自民党と社会党の勢力比が1対1）にはならずに、1か2分の1政党制（勢力比は2対1）だったのかとい

う理由について考察するならば、戦前の政党の性格と有権者の政党支持がどのようであったのかという議論にまでに遡らざるを得ないからである。そして、第5節では戦後と戦前の類似点と相違点について検討する。

1　政党制をめぐる考察

1-1　現代日本の政党制をめぐる議論

　戦後日本で形成されたいわゆる「55年体制」は一党優位制であったことは、よく知られている。これは先進自由民主主義体制の国家では極めて珍しい体制であった。多くの階層に受け入れられる政策を提示する政党を包括政党というが、日本の55年体制では自民党だけが包括政党となった。優位政党が長期にわたって政権を維持するためには包括政党にならなければならないという側面があったからである。

　革命政党の色を残しながらも、表向きはその旗を降ろして議会政党となった共産党、宗教政党の公明党が包括政党になれなかったのはいうに及ばず、議会内第2勢力であり、長期にわたって3分1の程度の勢力を誇った社会党も、包括政党になることはできなかった。仮に同規模の包括政党が日本社会に2つ存在し、日常活動や党員の数、組織の規模もほぼ互角で、社会の隅々にまで根を張っていたとすれば、基礎的な勢力の比率は1対1となっていたと考えられる。そうなっていれば、小選挙区制か中選挙区制かにはかかわりなく、議員の数も拮抗したはずである。だが、社会党の勢力はそこまでにはならなかった。

　社会党が自民党に対抗できる政党になり切れなかったのは、社会党自身の政党としての性格に起因するものであった。社会党には結党当初から国民政党か階級政党かという議論があり、戦後まもなく「階級的大衆政党」という玉虫色の表現で妥協したことは知られている。[1]　その後、1950年に左右が分裂し、この時は一旦、統一したが、51年に再分裂し、55年には再統一を果たした。だが、社会党では再統一後も左右対立は収まらず、国民から「護憲」の部分では一定の支持を得ながら、国民政党には脱皮できないまま55年体制の終焉を迎えた。

　60年に社会党から分裂した右派勢力によって結成された民社党は安全保障政策や外交政策に関して、日米安保を堅持する路線など社会党よりもはるかに現

実路線をとり、自民党右派以上のタカ派ともいわれた。民社党は中道政党としてそれなりの存在感は示した。しかし、主たる支持基盤は同盟系の労働組合であり、それ以外は一部の中小零細商工業者の支持を得るにとどまった。

この結果、単一保守党たる自民党の圧倒的優位が40年近く続いた。そして、本書で見てきたように90年代初頭に政治改革論議が出てくることになるのだが、この時の議論とは、つまるところ、制度改革によって一党優位制を人為的に崩壊させようとする試みであった。自民党政治改革委員会の『政治改革大綱』、第8次選挙制度審議会『答申』、民間政治臨調の提言は全て同じ論理によって貫かれていた。

55年体制が崩壊した後、20年以上の紆余曲折を経て、日本の政党システムはどのように変化したのだろうか。例えば、待鳥聡史は現状について「二大政党制と多党制のいずれになっているのかがはっきりしないと指摘されることが多い」ことを挙げ、「二大政党制に向かう途上での逸脱か、多党制への回帰か、研究者の間でも見解は一致していない」と指摘する（待鳥、2015年、125頁）。

そして、今後については「政党間の政策や理念の対立には意味がないわけではもちろんなく、どのような政党の競争になるかについては制度以外の要因で決まる面が大きい」ことを指摘し、「社会文化的な争点が重要となり、保守主義勢力と自由主義勢力の対抗関係が形成されるのか、経済的争点をめぐって自由主義的勢力と社会民主主義勢力の対抗という構図になるのか、（中略）無党派層への一時的訴求を目指す政党が登場してブームを巻き起こしては消えるという展開になるのか、現時点での予測は困難」（待鳥、2015年、194頁）と述べている。

さらに待鳥は「今後の政党は、従来とは違った存在になっていくのかもしれない。すなわち、長期にわたって基本的に変化のしない特定の理念や利害関心に基づいて政策実現を目指す存在というよりも、最長でも有権者1世代（30年程度）を目処に、政府の活動や政策に関する情報に優先順位をつけてパッケージ化し、説明する能力をめぐって争う存在になるのではないか」（待鳥、2015年、201頁-202頁）と述べている。

待鳥は現在の政党制についての現状を分析し、今後の政党の性格が変化する可能性には言及しているが、明確に今後、二大政党に向かうのか、多党化に向

かうのかまでの予測は行っていない。二大政党制に向かう途上での逸脱か、多党制への回帰かという問題については、同じ制度が別の現象を生む可能性を内包していると主張をする論者もいるので、これについては次節で検討したい。

1-2　なぜ、二大政党制は成立し切れなかったのか

　選挙制度改革が行われたにもかかわらず、二大政党化がうまく進まなかった理由について建林正彦は「二大政党化、政党本位化の延長化の延長線上には、それぞれの政党が提示する政策パッケージにもとづいた有権者の意味ある政権選択、政策本位の政治が指向されていた」はずだが、「二大政党を支える理念や実現可能性を持った政策パッケージの提示が十分ではなく、有権者の側にも理念や政策パッケージの選択に基づいた安定的な支持基盤が形成されることはなかった」と指摘する（建林編著、2013年、315頁）。

　その上で建林は「多くの論者が、このような政治改革の『失敗』の主たる要因を選挙制度改革に求め、今また新たな選挙制度の導入、あるいは中選挙区制への回帰を主張している」（建林編著、2013年、315頁）と政治改革の失敗を選挙制度改革に求めているものに対して批判的な見解を述べている。

　そして、建林は日本の各層における政治競争において、地方政治家が、国政レベルとは「異なるゲーム」を争い、「政党ラベルをレベル縦断的に一貫した形で形成することに高い価値を見出さなかった」こと、「国政レベルで実現した政党本位は、地方における十分な組織的基盤を持たなかったこと」、そして、そのことが、「国政政党の活動家や議員予備軍の人材不足、さらには政策形成能力の弱さという帰結をもたらした」のだと指摘する（建林編著、2013年、316頁）。

　要は二大政党制といえる状況がうまく出現しなかったのは、衆議院の選挙制度改革に原因があったのではなく、政党（特に地方政治家）の努力が足りなかったという主張である。建林のいう「異なるゲーム」とは、国会議員と地方議員はそれぞれ別の制度で別の論理で選挙を戦っていたことを意味している。

　また、建林はこの論考の後、2017年12月の段階でも「衆議院、参議院、地方政治に異なる制度を用いてきた」ことが、二大政党制が実現していない理由だと主張している。そして、建林は政党本位の政治という目標に向けて地方政治

や参議院を含めた整合的な制度設計を考え直すべきだとの主張をしている（日経 2017.12.18）。制度改革によって、政党本位の政治が導き出されるはずだという根本の主張は変わっていない。衆議院と参議院及び地方政治の制度が別々だったから、政党本位の政治が実現していないというのが建林の見解である。

　果たして建林の分析と主張に妥当性はあるのだろうか。結論からいえば、このような分析とそこから導き出される主張は全く的を外したものであると指摘せざるを得ない。建林は自民党と民主党（当時、以下この章同）の地方組織をつぶさに観察した複数の論考からなる編著書の中で、地方議員と国会議員が「異なるゲーム」を争っていたことを明らかにしたのだが、なぜ、地方議員たちが「政党ラベルをレベル縦断的に一貫した形で形成することに高い価値を見出さなかった」のかということ自体には全く考えが及んでいない。

　建林は自民党と民主党を分析の対象としており、特に民主党に対して「政党ラベルをレベル縦断的に一貫した形で形成する」努力が足りなかったことを指摘していると考えられる。だが、全ての政党が政党ラベルを縦断的に形成していなかったわけではなく、実際には公明党と共産党は常に「縦断的に一貫した形」で政党ラベルを形成してきた。

　自民党は利害関係の中で議員と有権者が結びついた保守政党であり、唯一の包括政党であるから、そもそも「政党ラベルをレベル縦断的に一貫した形で形成する」必要性は最初からなかったのである。この作業が必要だったのは、新しい野党であった民主党だけだったのである。

　建林の分析には多くの違和感が覚えるが、まず指摘したい根本的な違和感は、建林が自民党と民主党だけを分析対象としながらも「政党」を一般化して論じていることである。議論の関心が自民党と民主党にしか向いておらず、民主党が全部（国と地方）のレベルで一体化していれば、二大政党化は成功したであろうと考えている様子がうかがえることである。

　この主張には大きな欠陥がある。建林は政党によって組織形態や組織の作り方は違うという自明のことを無視して、「国政レベルで実現した政党本位は、地方における十分な組織的基盤をもたなかった」と総括しているが、これは、あまりに現実を無視した議論だと指摘せざるを得ない。公明党や共産党は中選挙区制の時代に構築した強固な組織を小選挙区制になってからも維持し続けて

第6章　政党制と選挙制度をめぐる考察

きている。人材育成も党内で行っているし、公職を目指す選挙の候補者も組織内（公明党は創価学会から）から出てくる。

　建林は候補者個人本位の選挙が二大政党化を阻んだ原因であると主張しているところから推測すると、個人選挙に批判的な立場に立っているようである。そこから推測すると建林は、政党はすべからく組織政党であるべきという価値観に立脚しているようであるが、その割には組織政党である公明党と共産党を全く視野に入れていないようである。

　建林は個人本意から政党本位の選挙への切り替えができなかったのが二大政党制を阻んだ原因であり、そして、国政（衆議院と参議院）と地方政治が同じ制度を導入すれば、二大政党化は進んだと考えているようである。だが、この見解は決定的に誤っている。それは、制度によって人為的に政党の数をコントロールしても、その結果、社会に現れてくる野党第1党の理念と政策体系までを機械的にコントロールすることは不可能だからである。

　自民党は包括政党であるから、日本社会のどの部分ともつながってはいたが、民主党の議員は国会議員も地方議員も選挙のレベルが異なっていただけであり、行動原理は同じようなものであった。したがって、そもそも「政策パッケージにもとづいた政党ラベルを形成しよう」というインセンティブを埋め込む埋め込まない以前に、民主党にこのような発想を持つもの自体が、国会議員にも地方議員にも存在しなかったのである。

　さらに言及すれば、自民党にも民主党にも、この両党から選挙に立候補することを希望する議員志望者には一体的な政策ラベルを形成しようなどという考えは最初からなく、政党公認という文字通りの「ラベル」を獲得さえすれば良かったのである。これは国会議員候補にも地方議員候補にも共通のことであった。民主党は社会党とは違い、イデオロギー色が薄れた政党となっていった。このため民主党には自民党から公認をもらえない議員志望者が殺到した。特に第2次民主党以降に、新たに民主党に身を寄せたものには、理念や政策に共鳴して入党したものは殆どいなかったといっても過言ではないだろう。

　これが中央・地方共に共通する保守政治と民主党の拡大過程の特徴であった。民主党の形成過程では、民主党も保守政党化してきたので、「政策パッケージにもとづいた政党ラベル」を形成しようという考え方は誰も持たなかっ

たのである。そして、これは政治家志望者の思想や理念やその人物が議員を志望する動機そのものに直接的にかかわる部分である。何らかの制度を設ければ、地方政治家が政策パッケージ基づく政党ラベルを作る努力をする保障などは最初から全くなかったのである。

　また、この種の「政党本位」論に最も違和感を覚えざるを得ないのは、よく主張される「政党は統治主体にもなり得る半ば公的な団体だから、もっとしっかりしたガバナンスがなされるべきである」との主張である。建林もこのような主張を持っているが、この主張には慎重に考慮すべき問題がある。

　政党の情報が公共性を持った情報であることは確かではあるのだが、だからといって「政党はかくあるべし」という基準を誰かが示すことには慎重であらねばならない。確かに与党は国政において行政府に議員を閣僚や副大臣、政務官として送り込む。その側面に注目すれば、政党は行政のトップを出すことを前提とした公的な団体の側面も持つ。野党であっても政権を担う可能性のある政党は、いつ政権に議員を送り込むことになるかは分からない。

　しかし、そもそも、わが国において政党は自由民権運動以来、在野の結社として出発した歴史もあり、政党は国家機関ではない。政党は国家（現在であれば総務省であるが、遡れば自治省から内務省になる）によって過度に管理されることの馴染む存在ではないという側面にも配慮しなければならない。

　民主党は社会に深く根を張った自民党のような意味での包括政党ではなかったにもかかわらず、議員にのみ注目をすれば、地方議員も国会議員と同様に保守系、市民派、労組系（2派）など雑多な人々から成り立っていた政党であった。したがって、国会議員と地方議員がいくら「異なるゲーム」を争っていたとしても、それは選挙で争っているレベルが異なっていただけであり、実際にやっていることは同じことだったのである。国会議員は厳密に政策で争い、地方議員は個人で争っていたと単純にいえるわけではなかったのである。

　「マルチレベルでの政党間競争」は確かに日本では実現しなかったのだが、それがきちんとできていれば、二大政党制になっていたと考えるのは、あまりにも早計であろう。政策による政党間競争を都道府県議会、市町村議会レベルまで持ち込むことは、日本の地方政治の実情から、そもそも論として無理なことであったからである。[2)]

第6章　政党制と選挙制度をめぐる考察

　政治改革期以降の離合集散によって結果としてできた「方便政党」である民主党は事実上、国政レベルでも共通の目標としては行政改革などの「統治機構改革」しか主張し得なかったが、地方レベルにおいては、それすらも強く主張できない状況であった。自治労の支持を受ける議員が多かったこともその理由の1つである。このような政党に地方においても「トータルパッケージの政策」の提示など期待すること自体が非現実的な話だったのである。[3]

　仮にもっと政党助成金を増やして、政党の地方組織を強化するために、助成金の3分の2は地方組織の活動費に充てるべきだと法律で厳重に義務付けたところで本質は変わらなかったであろう。秘書や党職員など有給で働くことにできるプロのスタッフが、地方の政党組織に増えたことくらいは予想できるが、それは「政治によってご飯を食べられる人」の数をもう少しは増やせたかもしれないという程度の話であり、「政党としてのトータルパッケージ」を作れたかどうかということは別の議論と考えざるを得ない。

　政治改革後の20年以上を経ても、二大政党を支える理念や政策パッケージが十分に提示されなかったことの理由は、政党をそのように持っていくインセンティブの埋め込みが足りなかったからなのではない。小選挙区制によって人為的に作られた「方便政党」たる民主党に結集した人々が国会議員も地方議員も同じ体質を持っていたからである。数度にわたる「非自民非共産」という結節点でのみ拡大した民主党に、政党としての主体性を議論して、新しい政党を作る努力を求めること自体が実際には非現実的な期待だったのである。

2　「一強多弱」現象と二大政党制

2-1　再び二大政党制と呼べる状況は生まれるか

　では、日本では第1党と第2党が議席数の上で拮抗する形の上での二大政党制と呼べるような状況に戻ることはあるのであろうか。民主党が一度は政権を獲得したことから、55年体制の頃のような半永久的に政権交代がなかった政治状況とは異なった状況が生まれたことは間違いのない事実である。

　しかし、民主党が政権を失った総選挙を含めて最近の国政選挙では自民党が5回連続して勝利を収めた。[4] 17年の総選挙後の国会は衆議院と参議院の両院に

269

おいて、自民党及び公明党は圧倒的な勢力を誇り、これに野党であっても政策的に政権側に近い日本維新の会を中心に、改憲勢力は3分の2を超えている。現在の日本の政治状況は、二大政党制どころか、55年体制の時以上に自民党（及び与党的な勢力）の存在感が増したものとなっている。

政治学者や政治評論家などの論者の多くが最近まで想像し得なかった、極めて不可解な状況が短期間で目の前に出現したということがいえる。では、今後の日本の政党政治はどのように展開するのだろうか。現行の選挙制度を続ける限り、小選挙区制度が主であるために、これまでにも何度も野党の「大同団結」が繰り返されてきたように、また「擬似二大政党制」が復活する可能性は否定できないかもしれない。

「擬似」とは、表面的に議席数などでは二大政党に見える状況が続いても、実態としては二大政党とはいえない、「似て非なる」二大政党制という意味である。しかし、17年10月に民進党が分裂したことにより、この20年余りの日本政界で続いた、理念なき野合による野党第1党作りに対する反省が野党政治家に共有されるならば、野党の分裂状態が当面は続く可能性もあり、先の予測はつき難くなった。

今後、理念なき野党の大同団結自体に意味を見出さないと考える政治家や政治勢力が増えてくるならば、野党の分裂状態は続き、必然的に自民党の比較優位がまた強まることも予測される。事実、17年10月に民進党が分裂したことにより、当面、政権交代可能な二大政党制を目指すべきだという主張は減退するかもしれない。この結果、自民党の一強体制は継続するであろう。

だが、擬似二大政党制と「一強多弱」状況の間を、今後も何十年と揺れ動くことが果たして日本政治にとって「望ましい」ことであろうか。どの勢力が多数を獲得する状態が望ましいのかということは、人々の価値観によるものであるから、誰にとっても「望ましい」状況というものは存在しない。しかし、議会の構成をいかに、選挙結果を反映して公平なものにするかという観点から考えた場合、消極的な意味合いであっても比較的「望ましい」と考えられる政党制までは存在するであろう。

その「望ましさ」の度合いは、政党が有権者に対し、選挙時に理念、思想から将来の国家構想、当面の政策レベルでの選択肢を示せるのかどうかという視

点から考察されるべきものであろう。多数派であろうが少数派であろうが、少なくとも選挙時には、自身の政策や理念で選択できる政党が存在している状況と得票数に応じて政治勢力は議席を獲得できる状況をここでは「望ましい」状態、そうではない状態を「望ましくない」状態であると定義したい。

2-2 「一強多弱」と二大政党制について

さて、現在の日本政治では二大政党制を導くといわれた選挙制度の下で、俗に「一強多弱」といわれる状況が生まれた。なぜ、このような状況が現実に出現したのであろうか。この問いへの回答としては、従来は過渡的な状況でなかなかはっきりした二大政党制にならないという主張が多く散見された。しかし、この主張に明確に反論する説が登場したので、この説を紹介しながらこの議論の妥当性を検討したい。

久保谷政義は「現行の衆議院の並立制は、基本的に二大政党制を導くものであるという議論がなされてきた。これに対し、（中略）現行制度は二大政党制を解体する効果も内包することを論じる。すなわち、二大政党制を促進する要因と阻害する要因とが、現行制度には並存している」（久保谷、2016年、1頁）と述べている。

そして、久保谷は「比例代表があるため、小選挙区制の効果が直ちに完全な形で現出することはなく、政党システムの変動は『過渡期』にあるという考え方」を否定した上で「二大政党制を促進する要因および阻害する要因は、共に小選挙区制に内包されている」と主張する（久保谷、2016年、2頁）。

久保谷はA・ダウンズの理論を引用した後に「小選挙区制と二大政党制がまさに実現することで、（中略）政策本位の選挙は行われなくなる。さらに、政党間の政策に差異がないなら人物本意で選択しようとする有権者が出現してくる事態にもなりかねない」（久保谷、2016年、15頁）と述べる。つまり、自民党と民主党が似すぎてしまったからこそ、政党では選ぶことができなくなり、選挙の際、有権者は人物で選び始めていたという指摘である。

さらに久保谷は「ダウンズの議論に沿って考えれば、政権を争うような大政党が中央に収斂してくるほど、どの政党が勝利しても政府の政策に重要な差異は生じないことになり、（中略）結果として多党化を促進することになる。他

方、中位投票者の位置に近い穏健な有権者は、どの政党が勝ってもまずまずの満足感は得られるので、棄権を選択する誘因が増すことになる」(久保谷、2016年、17頁)と指摘する。二大政党が似すぎた場合、その二大政党に吸収されない人々が出てくることから、多党化が進み、二大政党のどちらかで良いと考える有権者は棄権する可能性が高まるという指摘である。

さらに久保谷は「自民党と民主党との間で選挙による政権交代が実現したものの、政党間の競合は早くも二大政党的なものから『一強多弱』政党制的なものへと移行することとなった」理由について、「わが国において政党が市民社会に根ざしてないことが原因として挙げられよう。すなわち、職業政治家たる議員たちが、目前にある政治状況に対して近視眼的に過敏に反応することで、一般有権者に対して十分な時間をかけて説明することもないままに政党の離合集散を繰り返した結果として、政党システムが長期間にわたって安定・永続しないという状況が生み出されたといえる」(久保谷、2016年、234頁)と指摘している。

そして久保谷は「現状の一強多弱政党制が、早々と別の政党システムへと移行していく可能性もある。ただ、そうはならないかもしれないし、別の政党システムに移行していくにしても、それが二大政党制であるとは限らない」(久保谷、2016年、235頁)と述べ、今後のことは明確には予測できないとしている。

以下、考察を加えていく。この久保谷の指摘は極めて的を射たものであろう。実際に第3次民主党の後継政党である民進党と自民党は殆ど区別がつかなくなった。先のことは明確に予測できないが、現在の立憲民主党、18年5月に結党された国民民主党が再び合同すれば、二大政党的な状況に戻る可能性もあるだろう。そうなれば、何かの機会にその合同した野党第1党に政権が移行する可能性も出てくるであろう。現行の小選挙区制中心の制度が続く限り、野党第1党が衆議院選挙に過半数の候補者を擁立する程度の力量くらいが温存できれば、また政権交代の起きる可能性までは否定できない。

だが、その何かの僥倖で政権が転がるかもしれない可能性のある政党(大同団結した野党)は、自民党政権と違った政策を実行する政党になる保障はどこにもない。むしろ、現実的には、民主党がそうなっていったように、半分以上は保守党の性格を有しながら、一部だけ社会民主主義者も候補者になることが

許容されるという程度の政党ができる可能性が極めて高いだろう。

そのような状況が再び起きることを是としない議員が増えれば、議員数で自民党に匹敵する政権交代可能な野党第1党を人為的に作る試みは、当面は行われないかもしれない。具体的には立憲民主党の多数派が「非自民非共産」というだけの共通点で安易に国民民主党や他の政党と「大同団結」することに反対し続けることができるかどうかがポイントとなるであろう。

2-3 「一強多弱」でも二大政党制でもない体制の可能性

最後に「一強多弱」と二大政党制以外の展開の可能性について、可能性は低いと思われるが考察したい。これは全体主義を思わせる巨大な政治勢力が徐々に議会内に形成されてくる可能性である。

これは自民党に入りきれない保守勢力が建前では自民党を批判しながら膨張し、相対的に保守勢力が拡大し続け、その結果、事実上の翼賛体制を思わせる体制に向かうというものである。自民党内に入りきれない保守勢力が膨張するために、この場合、自民党は新たな保守政治勢力に侵食され、議会への進出をある程度まで許すので、形の上では「一強」体制は崩れることとなる。

この萌芽ははっきりとはまだ見られないが、注意深く観察すれば見つけることもできる。17年9月末に小池百合子東京都知事によって結党された希望の党に、当時の民進党代表であった前原誠司が衆議院議員の大半を合流させ、総選挙で公認申請をするという出来事が起きた。その途中の小池の「排除発言」から民進党は分裂し[5]、代表代行であった枝野幸男が17年10月2日に立憲民主党の結党を宣言し、前原と枝野は決別、民進党は分裂した。

その後の第48回衆議院議員総選挙では、立憲民主党、社民党、共産党の3党の選挙協力が全国各地で成立し、一定の成果を挙げることとなった。この時、この3党は希望の党を友党とは見なさなかった。選挙前の民進党の分裂と、希望の党への合流を前原が目指したことによって生じた状況を共産党は、「野党共闘が分断された」と評した。

そして、選挙の前には安倍自公政権に対して対抗勢力と見なされていた希望の党は、選挙戦の過程で、自公政権に対抗する選択肢とは見なせないという認識が有権者の間に短期間で広がった[6]。選挙直前に結党され、当初、苦戦が予測

されていた立憲民主党は急激に支持を伸ばし、結果として野党第1党の議席を獲得した。[7]

　この選挙の結果、保守二党によるいわゆる「翼賛体制」を思わせるような極端な議会の構成にはならなかったが、明確にリベラル勢力を滅亡させ、保守二党制を目指す動きが顕在化したことは確かであった。17年の秋の総選挙前にはこの動きへの反発が政界からも有権者からも起きたが、今後もこのような動きが起こらないとは言い切れない。

　民進党は党内に雑多な勢力を抱えていたが、17年に立憲民主党と希望の党に分裂したことにより、ある程度、政党間の基本的な性格の違いが分かり易くなった。17年にいわゆる「リベラル勢力」と称される勢力と、保守の再編によって、自公政権に対抗しようという勢力に分裂したが、最も大きな分かれ目は改憲の是非をめぐる問題と保守派側のいう意味での現実的な外交政策（日米同盟の深化）を是とするか、外交や社会保障政策で、多少の非現実性はあったとしても理想主義的な政策に軸足を置くかであろう。

　17年の総選挙においては希望の党への風は吹かず、立憲民主党が解散時から大幅に議席を伸ばし、野党第1党となった。久しぶりにリベラル勢力と称される側に風が吹いた。これは20年以上もなかったことであった。この20年以上の歴史を見ると、選挙の都度に風を吹かせてきたのは、自民党時代の小泉を含む「改革保守」勢力であった。93年の日本新党に始まり、小泉自民党、橋下徹の大阪維新の会（日本維新の会）、都議選以降は止まったが17年の小池の都民ファーストなどがこれにあたる。

　リベラル派（左派）で全国的に人気があったのは、社会党（当時）の土井たか子委員長にまで遡らなければならない。[8] その後は菅直人が自社さ連立の橋本龍太郎政権で厚生相として活躍した時に多少のブームを起こした程度である。90年代前半から自民党を批判するが左派勢力ではない「改革保守」勢力が選挙のたびに風を吹かせてきた。問題はこの「改革保守」勢力が躍進しても、明確には自民党の対抗勢力にはなり得ないということである。

　「改革保守」勢力は選挙時には「非自民」であることを国民にアピールする。だが、「改革保守」勢力は、どこが自民党と違うのかは、有権者からは極めて分かり難い。この勢力の特徴はメディアを上手に活用することと、風頼りとい

うことである。結局のところ、「改革保守」が自民党との違いを出そうと思えば、行政改革や弱者切捨て政策をも含む既得権益の打破などでの違いを出すしか方法はない。そして、これがポピュリズム政治につながってきた。

さて、第3次民主党は雑多な人々による政党であったことから、全てが「改革保守」というわけでもなかった。リベラル派も一定の割合でまだ存在したし、政権を獲得した時の政策が社会民主主義よりになっていたのは、確認した通りである。96年に最初に結成された時の民主党の色は薄くなってはいたものの、党内において市民派的な勢力も完全になくなり切っていなかった。

しかし、16年3月末の第3次民主党と当時の維新の党との合併によって誕生した民進党はさらに保守政党としての色合いを強めた。民進党には戦前回帰を志向するようなイデオロギー的な保守主義者はいなかったものの、新自由主義者を大量に抱え込むこととなった。その結果、民進党は第3次民主党とも全く性格を異にする政党となった。だが、支持率は全く上がらなかった。

その民進党が17年に分裂したわけだが、この時に希望の党に参加した人々は、維新の党の出身者のみならず、第3次民主党または第2次民主党からの参加者も含めて、広義の保守勢力と見なして良い議員（及び候補者）であった。個別に見れば、これまで福祉政策に力を入れ、社民的な立場に立っており、希望の党に行くのが相応しくないと思われる議員もいたのだが、全体としてはリベラル色の薄い議員が希望の党に合流した。

今後の野党の再編については明確には予測できない。立憲民主党と18年5月に結党された国民民主党が再び合同すれば、元の民進党に戻る。ただし、立憲民主党と国民民主党には理念上の対立がいくつかの部分にあるので、この合同は進まず、立憲民主党と社民党、自由党が先に1つの政党となる可能性もなくはない。再編の方向は完全には見通せないが、17年の秋の民進党の分裂は、明確に保守二党制を作る動きが一度、顕在化し、それに反発する動きの中から起きた現象であった。安易な「大同団結」はまた、リベラル勢力支持の有権者の選挙での投票先（受け皿）を奪うこととなるだろう。

また、野党内の保守政治家が、保守の再編を目指すことにより、短期の擬似二大政党的な状況かこのままの「一強多弱」体制を経て、徐々に議会内に反対勢力のいない全体主義的傾向が生まれるかもしれない。擬似二大政党制でも

275

「一強多弱」でもない政治体制の可能性もないとは言い切れないのである。

　このような政治状況が出現する可能性は現段階においては低いと考えられる。また、今後、日本の政治が全体主義的な傾向に向かうか、実際にはそうはならないかは、国際情勢やそれに対する国民の反応、人心の赴くところによるので、選挙制度が中選挙区制であろうが、小選挙区制を主軸にするものであろうが直接的には関係はないかもしれない[10]。

3　選挙制度をめぐる考察

3-1　多数代表制と比例代表制

　本節では選挙制度をめぐる考察を行う。ここでは、選挙制度改革がなされた後の様々な議論を紹介しながら、それぞれの説の妥当性を検討したい。

　選挙制度が政党制を規定するということは、政治家や政治学研究者の間では常識的なことである。選挙制度改革がなされる時は、当然ながらその結果、想定される政党制が念頭に置かれている。

　まず、加藤秀治郎の説を見てみよう。加藤は03年に刊行した著書の時点ではあるが、「政権交代が可能な二大政党制といわれたのに、そうはなっていないとの批判」に対して「これはまったく初歩的な誤解によるもの」とする。そして、「小選挙区制の下の二大政党制とは、イギリスの例を見れば明瞭なように、そのときそのときの選挙結果が二党伯仲状態になることでは」ないと指摘し、「小さな得票率の差を大きな議席差にするのが小選挙区制だから、そのときどきの議席差は開きやすく、伯仲状態となるのはむしろ稀」（加藤、2003年、173頁-174頁）だと述べている。

　加藤は自分の考え方の変遷を述べた上で「参議院改革と並行して、衆議院の選挙制度は、政権交代の可能性を高める方へさらに改革していけばよい、と考えるに至った」（加藤、2003年、197頁）と述べている。そして、加藤は自身の考え方としては、「一貫している点を確認すると、多数代表制か比例代表制か、どちらか一本がよいということ」（加藤、2003年、197頁）と述べている[11]。加藤は混合型には批判的であり、衆議院に関しては多数代表制を支持している。

　加藤の説にはいくつかの疑問点がある。加藤は（現状が）厳密な二党制に

なっていないことを認めた上で、「問題は『二党制に近い』かどうか」（加藤、2003年、175頁）だと述べている。だが、なぜ「二党制」が望ましいのかどうかには明確には言及していない。「中間的、折衷的、妥協的な制度が好まれる日本的風土にあっては、明快な二者択一を求める見解は十分に意味のある立場」（加藤、2003年、198頁）との言及があるので、加藤が二党制を明確な二者択一のできる選挙制度と政党制だから支持しているということはうかがえる。

　ただし、ここにも議論の余地は残っている。03年に書かれた加藤の著作と16年の久保谷の著作を並べて比較するのは無理もあるのだが、二党制になれば、明確な二者択一になるのかという問題である。二党制（二大政党制）の推進者や擁護者は、二党制（二大政党制）は明確な選択肢を国民に示せると安易に考える傾向が極めて強い。選択肢が明確になるというのが、二党制の推進論者の共通点である。だが実際には二党制になれば、明確な選択肢が示されるとは限らないのである。

　二党制を支持する論者には制度と結果をストレートに結び付ける傾向があるが、仮に二党制になったにしても、どんな「二党」が存在するかによって「二党制」の意味合いそのものが変わってくるのである。しかし、制度論を論じる人々の多くは実際に制度改革の結果、出現することになる政党の中身（性格）については殆ど論じない傾向があるようである。

　西洋の理論を日本にそのまま移植することによって、数年を経ると似た政党システムが日本社会に出現すると安易に考える制度信仰論者が日本の政治学者にも数多く存在し[12]、90年代の政治改革論議のリードした人々の中にもこの傾向が極めて強く存在したことを改めてここで指摘しておきたい。

3-2　小選挙区制の根本的な問題点

　次に小選挙区制へ一貫して批判的な立場をとっている小林良彰の説を見てみよう。前章まででも既に確認したが、小林は90年代の「政治改革」期から一貫して、小選挙区制には反対してきた。

　ここで小林の提言する選挙制度改革案を検討する。小林は91年、94年の著作でも独自の提言をしているが、以下は2012年に刊行された著書の中でなされている提言である。基本的には小林の主張は変化していない。小林の主張は前章

で既に確認しているが、その主張の特徴は小選挙区制が著しく民意を歪める制度であるという基本認識から出発していることである。小林は小選挙区制が民主主義になじまないことの理由を説明する際に、分かりやすく意思決定の例を挙げている（小林、2012年、182頁-184頁）。

小林は多数決を2回行うことで少数者が全体を支配することができるということを説明しているが、このことは、実は現実政治でしばしば起きている。2回の多数決とは選挙で1回、国会で1回の多数決を行うことである。小選挙区制は仮に候補が2人に絞られた選挙区でも「51対49」で過半数を獲得すれば全体を代表できるので、「作られた多数派」が形成されやすいことになる。

社会全体からは過半数と少しの支持しか受けていない、それぞれ51％の支持しか受けていない代表者が1ヶ所に集まって、そこで意思決定をすれば、代表者が全てAという立場のものばかりの場合は、全会一致で全員の賛成で決定されたように見える。しかし、この場合でも社会全体には49％の反対者が存在しているのである。

または代表者がAの立場とBの立場に分れていて、Aの立場が多数で、半分以上の賛成を得られた案件も、一見、社会の多数派の意見が通ったように見える。だが、実際には「2回の多数決」の結果、Aが多数になっているだけで、最初の投票（選挙）の時点で有権者全体の数ではBが多数ということも起こり得るのである。場合によっては社会全体に半分以上の反対者がいる案件が多数決で可決されるということは、常に起こり得ることなのである。

小選挙区制や二大政党制の擁護者は多数決を2回行うことによって、世論が歪められるという部分をほぼ無視するが、これは極めて重要なポイントである。小選挙区制や二大政党制の擁護者はそのメリットとして、選挙の時に選択肢が国民の前に提示され、国民の多数派が支持した勢力が行政を握り、多数派の付託を受けた政党の意思がストレートに行政に反映するとの主張をする。しかし、しばしば主張されるこのメリットも実際には根拠が薄弱なのである。

それでも、選挙制度は実際には折衷案もあるが究極的には比例代表制か多数代表制しかない。それゆえに、比例代表制は小党分立につながり、意思の統一が図られ難くなるので、多数代表制によって、半分弱の世論を切り捨てても少しでも多数派となった方が明確に行政権を握った方が良いという意見は必ず存

在し続けるであろう。現在においても、この主張が多数を占めている。

また、小林は小選挙区制については、もう1つ重要な指摘をしている。これはダウンズ理論によるもので、二大政党の政策が中央によってきて、実際の選択肢は選挙で二大政党からは示されなくなるというものである（小林、2012年、180頁-182頁）。先に見た久保谷も同じ指摘をしていたことである。そして、小林はこれらの問題を根本的に解決するための独自の改革案を提言している。

小林の提言は政党の勢力は比例代表原則で選び、当選者は人物本位で選ぶことができるというものである。完全比例代表制は、有権者が人物を選べないという意味で決定的な欠陥を有している。一方、選挙は人物を選ぶと同時に政策体系を掲げる政党を選ぶことで、国民の政策へ意思を議会に反映させるためのものでもある。議会の勢力を決めるにあたって、比例代表原理で代表の人数を決め、有権者の意思を議会に反映させ、実際の当選者は得票順に選ぶという案は、よく考えられた提言であるといって良いだろう。

多数代表制か比例代表制のどちらが望ましいのかという議論は、結局のところは、それぞれに価値観に基づいているので、どこまで議論しても、どちらの擁護者も存在し続けることになる。それゆえに、どちらかの論者が相手の論者を完全に納得させることはあり得ない。国政における議会の選挙を行政のトップを選ぶためのものと位置付けるものは多数代表制を、議会の選挙はあくまでも有権者の意思を議会に忠実に反映することに第一義的な意味合いがあると考えるものは比例代表制を支持する傾向があると考えられるだろう。

3-3 多数代表制の問題点

改めて多数代表制の問題点と二大政党制の問題点について考えたい。まず、現行の選挙制度の最大の問題点は死票の問題である。この問題は90年の政治改革時にも、後藤田正晴らによっても議論はされてはいたのだが、現実に無視できない大きな問題となっている。

先に小選挙区制の場合は、得票の比率が「51対49」で当選できるため、「作られた多数派」が形成されることを指摘した。だが、これは1対1で候補が五分五分の戦いをした究極の場合であって、現実の選挙ではもっと死票が出る可能性もある。ある選挙区で当選者に投じられた票と落選者の全ての投じられた

得票の比率が「51対49」となり死票の比率が49％になるというのは、当選者と落選者ほぼ1対1で対決し、落選者が相当に健闘した場合である。

　実際には小選挙区制下でも小党に分裂した状況で候補者が乱立することがあり得る。実際の選挙では必ず与党対野党第1党（または、野党連合候補）の1対1の対決となる保証はない。落選した候補者の全ての得票が過半数を得ることもあり得るし、その場合、1位の候補者は過半数以下程度の得票で当選することもあり得る。立候補者数によってはもっと少ない得票でも当選の可能性はある。

　実際に6割程度の票が死票になる可能性もある。例えば現実に12年12月16日に執行された第46回総選挙の小選挙区で候補者に投じられた票のうち56％は死票となったのである（浅川、2014年、183頁）。つまり、有権者の投じた票のうち実際の国会の議席に反映された票は44％だったのである[13]。

　この選挙では議席に反映された票を全て足しても44％であり、このうち自民党と公明党以外の政党に投じられて野党の議席に反映した票もあるので、与党は合わせても、最大でも4割のそのまた過半数程度しか得票していない。比例代表原理で議席を各政党に与えれば、4割の得票であれば、4割の議席しか獲得できないということになるが、現行制度では死票の多さから、4割のそのまた過半数程度の得票でも3分の2の議席を占めることができるのである。

　次の問題点はこの結果、起きることであるが、小選挙区で選ばれた「作られた多数派」議員による投票を行って国会の意思を決めることで、実際の社会に存在する民意と違った決定がなされるということである。この間、現実の国会は世論における多数決原理とはかなり異なった原理で動いてきた。4割（のまた過半数程度）の得票で3分の2の勢力を持つ与党勢力があらゆる法案を強行採決によって国会で通過させていったとしても、有権者の多数の支持を得ていない法案はいくらでもあるということである[14]。

　よく多数派の横暴ということが批判される。しかし、本当の「多数派の横暴」であれば、少数派は最終的には我慢を強いられるというのは、民主主義の原則には適うものともいえる。しかし、現実の日本政治で起こっていることは、「多数派」ですらないものが、現行の選挙制度によって、国会に議席を得る段階で、実際以上の「多数派」に膨れ上がり、国民の世論を二分するような

案件についても強行的に決定しているのである。

　死票にならなかった4割の票のそのまた過半数程度の得票で3分の2の議席を獲得することができることの問題点を指摘したが、これは投票された票だけを計算に入れての話である。投票率の問題まで勘案すれば、仮に6割が死票で4割の票が議席に反映された選挙の投票率が50％であったとするなら、有権者の2割の支持で国会の議席が決まったことになる。そして、その過半数程度の支持で3分の2議席の獲得が可能となる。極論ではあるが、その国会では8割から9割の有権者が反対する法案でも可決することが可能となるのである。

　投票率の問題は多数派だけの問題ではなく、低い投票率で議席を得た野党議員も有権者全体から受けた支持は低いという事実については同じ理屈が適用される。したがってこの場合は、与党の権力の非正統性のみを指摘することはできない。投票率が著しく低すぎると野党も含めて国会全体の正統性が問われることにつながるだろう。だが、投票に行った有権者だけを対象にして議論したとしても、現行制度が有権者の投票結果を議会に反映していないという意味で、民意を歪めていることは明らかである。

3-4　二大政党制の問題点

　次に二大政党制の問題点について述べる。日本で現実に起きた問題について論じるが、これは社会に確固とした基盤を持たず選挙制度によって人為的に導かれた二大政党の一角の野党第1党が、自民党と何の変わりもない政党になっていったという問題である。1957年にダウンズによって示されたモデルに関しては、現在の日本で一度は現実のものとなったと考えて良いだろう。

　この選択肢の事実上の消滅ということは、政党の問題を考える際に最も大きな問題である。「現実的な政党」、「政権の受け皿となり得る責任野党」などといえば、聞こえはいいかも知れないが、強固な巨大与党と変わりのない大同小異の政策しか出せない野党は野党としての存在理由をほぼ失っていたといえるだろう。17年の民進党の分裂は、自民党との選択肢を示し得ない野党第1党作りの限界を露呈させたことと、保守二党制では飽き足らない有権者が国民の中に一定の割合で存在していたことを明らかにしたといって良いだろう。

　「政党は須らく政権を目指すべきである」、「政権を目指さない政党はねずみ

を獲らない猫と同じである」といった一見、もっともらしい議論が、わが国の政界から政権政党とは異なった政策体系を掲げる健全な野党勢力を消滅させてしまったのである。55年体制の中盤から後半の社会党の体たらくが酷かったことから、自民党に変わって政権を担いうる現実的な野党の成長が期待されたことまでは理解できる。

　しかし、政権交代のためなら政策の差異には目をつぶってでも大同団結するべきだとの論調が広がったことの代償も、民主主義や政党政治の本質から考えれば、大きなものがあったというべきであろう。

　政治改革後の20年のもたらした最大の問題点は、「反体制」とまではいかないが、少なくとも「非体制」くらいに位置する政党勢力が、国会から完全に姿を消したことである。ここでいう「非体制」の政党とは、基本的に議会制民主主義と自由主義経済体制を擁護しつつ、政権与党とは外交政策や経済政策、富の再分配政策等において、明確に別の政策体系を示している政党である。「革命政党」ではないが、政府与党とは別の選択肢を示し得る政治勢力といって良いであろう。

　勿論、有権者の志向の変化の結果、政治勢力の変化がそのようになったのであればそれは仕方がないことであった。しかし、実際には有権者（日本社会）の中には「非体制」の人々も一定程度は存在しているにもかかわらず、その人々を代表する議会内勢力が徐々に減退していったのであった。

　今も厳密にいえば遠い将来への展望という意味からは「反体制」といっても良い共産党は残っている。しかし、自由主義経済、議会制民主主義の枠内には存在しながら、また潜在的には政権獲得の可能性は秘めつつも、自民党政権に対してはいくつかの面においては明確に「非体制」であるという勢力はこの20年で徐々に姿を消してしまった。その結果、第一保守党（自民党）と「改革保守」政党が何を基準に競っているのかが明確には見え難い政治状況が徐々に生まれてきた。

　さて、先にも述べたが、多数代表制か比例代表制かどちらが優れた選挙制度という議論の結論は、結局のところは、それぞれの擁護者の価値観に基づいている。そのことを充分に踏まえた上であるが、本書の立場は、現在の日本政治の現状を見る限りは、多数代表制（小選挙区制）と二大政党制の弊害ばかりが

顕在化しているというものである。1つの弊害は制度そのものの持つ部分から発している。実際に与党が選挙で有権者から受けている支持（得票数）以上に議会での影響力を行使し続けていることである。

また、代表制民主主義を考える上で、深刻かつ重要な問題は、もう1つの問題である。すなわちダウンズの指摘した問題点である。数回の選挙を繰り返す中で、日本でも二大政党間に明確な政策の違いがなくなったことである。特に民主党政権の崩壊後の野党の合併で、この現象はさらに進んだ。この問題は17年の民進党分裂によって、新しい政治状況が生まれたので、今後の動向に注目したい。

政権政党と支持基盤も基本政策も違いがない野党第1党は形成されても、そのような政党であれば、存在する意味はない。有権者は選挙時に政治理念及び将来社会への展望で政党を選ぶことができなくなり、当面の政策だけで選択せざるを得なくなるからである。次節では歴史を遡って、果たして日本では二大政党制が成立する要件が潜在的にあるのかという問題について検討したい。

4　戦前と戦後の比較から考える

4-1　戦前の二大政党制—政友会と民政党—

本節では日本で二大政党制が成立するかという問題について検討したい。先に結論を述べれば、筆者は日本では二大政党制は成立し得ないと考えている。

勿論、現行の選挙制度を続ける限りは、形としての二大政党制らしいもの、つまり擬似二大政党制にまた戻る可能性は完全には否定できない。

しかし、本質的な問題は、第1党と第2党の議席数の均衡状態がまた訪れるのかどうかというところにあるのではない。実質的に意味のある二大政党制が日本で実現するかどうかという部分に本質的な問題がある。選挙後の議席が均衡状態になれば、二大政党制に戻ったと言い切れるものではないのである。

本節では近代日本の歴史を遡り、日本で二大政党制が成立し得る条件があるのかという問題について考察したい。戦前の日本にも短期間だけ、二大政党制が成立したように見えた時期があった。立憲政友会（以下、政友会）と立憲民政党（以下、民政党）による二大政党制である。

井上寿一は09年の政権交代から3年が経った12年の時点の日本の政治状況を

みて、国民の失望と不信が深くなっていることについて、「このような国民の政治心理は既視感がつきまとう。戦前昭和の二大政党制の時代が思い起こされる」（井上、2012年、253頁）と述べる。

　戦前の二大政党制は1925年8月の第2次加藤高明内閣（憲政会）から1931年12月の犬養毅内閣（政友会）までの期間であるとされる（井上、2012年、ⅲ頁）。首相は天皇による大命降下によって決まっていたが、民政党（憲政会の後身）か政友会の総裁が首相となった（井上、2012年、ⅲ頁）。

　だが、戦前の二大政党制はうまく機能しなかった。「二大政党の政策は接近」し、「政策距離の接近が二大政党の限界」となったからである（井上、2012年、ⅲ頁）。やがて、「二大政党制は、政策の優劣を競うシステムではなくなった。反対党の失点が自党の得点になる。二大政党の下で党利党略が激しくなる。国民は機能不全に陥った二大政党を見放した」（井上、2012年、242頁）という。

　この時代は基本的に大きな政策の違いのない政友会と民政党が政権を交互に担当した。政友会と民政党で議席の8割を占めるという状況であったが、やがて政友会も民政党も敵失が自党にとって政権獲得のチャンスとなるという状況になっていった。外交政策には大きな違いはなく、内政においても「社会政策は、実施の是非を超えて、どちらの政党の方がより速くより確実に実現できるかを競争するようになる」（井上、2012年、ⅲ頁）という状況が生まれた。

　戦前の二大政党は、結果として、挙国一致内閣の後、政友会も民政党も自ら解散し大政翼賛会に入っていった。政友会も民政党も軍部に対抗することはできなかった。

　この時期は日中全面戦争の勃発が非常に大きな出来事であり、戦争の拡大が既成政党の解消から新党構想へ、大政翼賛会の成立につながっていった。日本は一度、二大政党制を経験しながらも、この体制は長くは続かず、二大政党双方ともが国民の信頼を失い、大政翼賛会の成立から本格的な軍国主義の時代に入っていったことは改めて確認しておいても良いことであろう。

　井上は歴史の教訓として我々が学ぶべきものとして第1に「二大政党制よりも連立政権の重要性」を考えること、第2に私たちは「国民と痛みを分かち合える政治指導者」を求めるべきであること、第3に「政治参加に対する国民の責任感覚の回復」だと説く（井上、2012年、245頁-246頁）。

第6章　政党制と選挙制度をめぐる考察

　戦前と戦後の最大の日本の国家体制の最大の違いは軍部があるかないかである。軍部が政治を壟断する社会が来ることは二度とないと考えたいところである。だが、議会政治の範囲内で第1党と第2党の大連立による「新党構想」が起こらないとは限らない。また先に検討したが、広義の保守勢力が増えすぎると、議会のほぼ全てが同じ方向を向くという状況が生じる可能性も否定できない。
　冒頭で述べたように筆者は日本では二大政党制は成立し得ないと考えている。これは、西欧型の保守政党と社会民主主義政党の二大政党制もアメリカ型の保守二大政党制も成立しないという意味である。なぜ、このように考えざるを得ないのか。このことについては、近代以降の日本の政治風土について考察しなければならない。このテーマについては、さらに検討していく。

4-2　戦後政治における保守勢力の強さ

　90年代の政治改革期において、「改革派」は選挙制度改革を推進する理由に、中選挙区制では「同士討ち」が起こることを挙げた。これは後藤田の考え方が反映された89年の自民党『政治改革大綱』に始まり、最後の時期の細川護熙首相の国会演説にまで一貫して生き残った考え方である。民間政治臨調も一貫してこの考え方で活動した。だが、なぜ、中選挙区制で「同士討ち」が起きていたのかは誰も明確には説明しなかった。しかも、中選挙区制で「同士討ち」が起きていたのは自民党だけであって、他の政党では「同士討ち」は起きてはいなかった。
　社会党は中選挙区時代にも1つの選挙区で複数の候補を擁立することは稀であり、殆どの選挙区には候補者は1人しか擁立していなかった。89年の参議院選挙で土井ブームが起きた時の直後の衆議院選挙でさえ、多くの選挙区では、社会党は複数擁立にまでは踏み込まず、確実に各選挙区での1議席の獲得に専念した。社会党はどれほど伸びても過半数の衆議院候補を擁立することはできなかった。これは「しなかった」のではなく「できなかった」のである。
　つまりは、自民党にのみ「同士討ち」が起きていたのは、自民党が複数の候補者を当選させることのできる支持基盤を持っていたからである。自民党の支持勢力は他党を圧倒していたのである。したがって、中選挙区制だから「同士討ち」が起きたとの説明は全く誤ったものであった。自民党の力が一貫して強

すぎたからこそ、「同士討ち」が起きるだけの候補者を擁立できたのである。

仮に中選挙区制の下でも、第1党と第2党の勢力が接近していれば、双方ともが複数の候補者を擁立して、「同士討ち」は上位2党の両方の党内でも起きたかもしれない。問題はなぜ、自民党が圧倒的な力を持っていたのかということなのである。このことは、90年代の政治改革論議では議論されなかった。

90年代初頭の政治改革論議の5年間の間、議論されたのは、金権腐敗が起きるのは、中選挙区制だからだということ、それゆえに選挙制度を改革しなければならないということだけであった。金権腐敗の理由が「同士討ち」に求められた。本来、一党優位体制を打ち破るためには野党勢力が自力で成長し、自民党勢力を徐々に減退させなければならなかった。しかし、現実には自民党が分裂する形での再編が起こった。ここで、90年代以降に台頭したのが非自民を名乗る「改革保守」の勢力であった。

実際の日本政治は全体として拡大した保守勢力の一部分が非自民陣営にまわり、55年体制下の野党と合併して、無原則な拡大の結果、第3次民主党まで拡大した。そして第3次民主党は政権を獲得するところまではいった。だが、そもそも、戦後社会において自民党が圧倒的な勢力を誇っていなければ、中選挙区制でも政権交代が起きる可能性は充分にあったのである。

殆どの論者が、中選挙区制という制度が政権交代の起きない最も大きな理由だとして、この論を喧伝した。しかし、これは不可解な議論であった。現実に自民党が強すぎるという事実を無視して、それを制度の責任に転嫁したからである。より本質的な問題は、自民党が実際に強すぎたということなのである。

90年代の選挙制度改革は、強すぎる自民党を制度改革によって適度な大きさまで弱めるという側面があった。「同士討ち」を選挙の前に防ぐ狙いがあったのである。だがどうして、自民党がこれほどまでに強いのかという議論は、自民党内部でも野党側でもマスコミにおいても全くといって良いほど存在しなかった。

ではなぜ、自民党は戦後一貫して、あれほどまでに強かったのだろうか。そして、今も強いのだろうか。この問題への真剣な議論を欠いていたからこそ、西洋の理論を応用して、一般的かつ抽象的な議論から、制度改革によって理想的な二大政党制を導くという言説が力を持ってしまったのである。次に考察し

たいのは、1955年以降、自民党と名乗った政党の強さの秘密だけではなく、日本における保守勢力全体の強さの理由である。[15]

戦後の10年間、すなわち1945年から55年までは、保守陣営も、戦前の無産政党が集まって再出発した革新陣営も双方とも離合集散を繰り返した。そして、10年の混乱期、離合集散の時期を経て、55年に「55年体制」が成立した。離合集散はあったものの、全体的には戦前の保守勢力が全てまとまったのが自民党であり、合法無産政党、社会主義政党などがまとまったのが社会党であった。社会党の前身は主に右派の社会民衆党、中間派の日本労農党、左派の日本無産党などであった。[16]

かつて、石川真澄は、自民党と社会党による55年体制の成立以前から保守勢力と革新勢力の比は「2対1」であったことを指摘した。[17]ではなぜ、保守勢力は、戦後一貫してこんなに強かったのだろうか。この問題は戦前の日本の政党政治にまで遡って考えなければならない。

戦前は男子普選が導入されてから、政友会と民政党の保守二大政党になった。普選が実施されたからといって、合法無産政党や社会民主主義政党が、急激に勢力を伸ばしたわけではなかった。合法無産政党は1回目から3回目は著しい少数派であった。普選になってからの4回目（1936年2月）と5回目（1937年12月）でも多少の議席が増えた程度だったことは確認した通りである。

4-3　保守勢力の持つ2つの側面

この問題については、日本の保守政党の持つ特有の性格を考えなければならないであろう。山口二郎は保守には2つの系譜があったとする。以下は山口の分類である。1つは「土着的な草の根の保守勢力」で、「伝統主義が保守勢力の基盤となっている」ものである。山口はこの勢力の「代表人物は、田中角栄や竹下登といった政治家」だとして、「彼らは、行動様式においてある意味で戦後民主主義と親和的で」、「そもそも支持者の多くは農地解放で自作農になれたような、戦後改革者の受益者」だったとする（坂野・山口、2014年、70頁-71頁）。

そして、「もう一つの保守の系譜は、（中略）宏池会につながるような官僚出身者、あるいは石橋湛山の流れに位置付けられる開明的な保守政治家」だとして、この系譜は「湛山の場合には経済理論、大平正芳や宮沢喜一であれば、経

済官僚としての合理主義といったバックボーン」があり、「物事を冷静・客観的に捉える傾向がある人たち」だったとする（坂野・山口、2014年、73頁）。

　山口は戦後の保守勢力について議論しているが、この系譜の元がどこから来ているかについて、歴史家の坂野潤治は「戦前で言えば、大蔵官僚や内務官僚が中心になって作った憲政会（民政党）」が戦後の保守の2つ目のカテゴリーにあたるとする（坂野・山口、2014年、73頁）。坂野は戦前にも保守には2つの流れがあり、1つ目にも2つのルーツがあったと述べる。

　坂野によれば1つ目の流れの中の「一つには、藩閥官僚主義があって、もう一つには、伝統土着の農村地主で、これは自由民権運動が掘り起こして固めたもの」で、「その二つが合体すると一九九〇年の立憲政友会」になったとする（坂野・山口、2014年、75頁）。そして坂野は「一八八〇年代の自由民権運動の時でも、士族民権と豪農民権は、対立しているというよりは、リーダーが士族でサポーターが農村地主だった」（坂野・山口、2014年、75頁）と述べている。

　そして、坂野は「第二の保守グループは改進党から憲政会、民政党と行くけど、いつもマイナーな存在であり続けた」（坂野・山口、2014年、76頁）と述べる。しかし、1925年に男子普通選挙制が成立したことにより、「政友会と民政党の力は互格」となり、「普選になれば政友会の一党支配が終わる」（坂野・山口、2014年、76頁）こととなったのである。

　坂野の語るところから推測すると、普選で新しく選挙権を獲得した人々の多くは民政党に投票した。その結果、政友会に対抗できる勢力が生まれたのであった。そして、短期間の二大政党制が形成される。二大政党制の形成と男子普選は切っても切れないものだが、普選によって形成された政治状況は今日の言葉でいうなれば、保守勢力と社民勢力の二大政党制ではなく、いわば保守二大制党制だったのである。

　さらに、坂野は「その政友会と民政党が戦後になって一九五五年になって一つになってできたのが、自由民主党だった」（坂野・山口、2014年、76頁）との見解を示す。そして、坂野はこの状況でも「革新勢力が三分の一取れたのは立派」で、「三分の一をずっと取れた理由は、（中略）反戦と反米のナショナリズムが革新勢力を支えた」（坂野・山口、2014年、76頁-77頁）からだとの見解を示している。

第6章　政党制と選挙制度をめぐる考察

　さて、ここから考察を加えていく。近代化以降の日本政治の大まかな流れは、実際にこの通りであっただろう。戦前と戦後では政治体制は大きく異なる。そもそも国家の形を規定する憲法が違うし、政治制度も多くの重要な部分で異なる。議院内閣制が導入されたこと、貴族院が廃止され参議院になったこと、地方自治が保障されたことなど、戦後の日本は戦前とは別の国家に生まれ変わった。戦後は GHQ の占領期を経て新憲法になり、我々の多くは、戦後、全く新しい別の国が生まれたと考えている。だが、別の視点から見れば、戦前と戦後の政治勢力には全く連続性がなかったわけではなかったのである。

　戦後、初期の総選挙に立候補し当選した政治家たちが、やがて戦後政治の中枢に入り、日本政治を動かしていくことになった。人は入れ替わる。しかし、支持基盤や政治家の特徴という視点で、広く政治勢力の源流にまで遡れば、自由民権運動から発した土着保守に基盤を置く政友会的なるものと官僚を中心とする民政党的な流れは形を変えて生き残った。

　勿論、内務省が解体されたことや農地改革が行われたことを無視することはできない。だが、ここで述べたいことは、それらの諸改革を経てもなお、骨格部分として日本社会には残ったものが存在したということである。そして、それが自民党の支持基盤の強固さにつながっていったのであった。

　つまりは戦後の自民党の強さは、戦前の日本社会に遡ることができるのである。保守政治の持つ二面性は55年体制下でも、55年体制の崩壊後の今日でも続いているのである。小泉構造改革によって地方は切り捨てられたといえども、現実には現在でも地方ほど自民党は大きな勢力を誇っている[18]。

　また、都市部でも国会議員は官僚出身、地方議員は地元の名望家という構図も根強く残っている。また、国会議員自体は中央省庁の官僚出身者であっても、その選挙活動や日常の活動を支えているのは、地方の名望家や中小企業の経営者である[19]。

　55年体制下では、自民党が唯一の包括政党であったが、自民党が包括政党であることができたのは、戦前の保守政党の支持基盤を全て統一することに成功したからである。自民党は財界や農村といった日本社会のある一部分だけを代表していたのではなく、かなりの部分を代表していたのであった。

　勿論、戦後の日本社会には都市住民や組織労働者など自民党が組織化できな

289

い部分はあったし、ここが革新政党の支持基盤になった。しかし、自民党は強力な支持を得られるかは別としても、常時、3分の2の人々にはアプローチできる政党であった。広義の保守勢力は絶えず3分の2の勢力を誇っていたのであった。自民党を離党した保守政治家たちも急に基本的な主張を変えたわけではなかった。「非自民」を名乗りながら、旧来の選挙のやり方を続けるものも多かった。いわば、自民党の外に自民党のような勢力が拡大したのであった。

　このことを考えれば、衆議院の選挙制度を改革したにもかかわらず、明確に二大政党制に向かわなかったのは、地方政治家の努力不足であるとか、マルチレベルでのパッケージとしての政策競争を行うインセンティブが埋め込まれなかったからだというような言説がいかに政治の表層しか見ていない言説であるかが理解できるであろう。また、衆議院、参議院、地方議会の制度を全て整合的に統一すれば、野党が日本社会の中に自然に育ってくるなどということもあり得ない話である。

　あらゆる選挙の選挙制度を小選挙区制にすれば、自民党から立候補できる人は事前に1人に絞られるので、その意味では自民党に入りきれない人々が「もう1つの政党」を作り始めるだろう。だが、それは、これまでにも何度も出現してきた「改革保守」による第二保守党であって、日本の市民社会から自然発生的に野党が育ってくることとは全く意味の異なる現象なのである。

　名乗っている政党の名称がその都度、変わったとしても日本中、広義の保守勢力が圧倒的に強いという構造は、政治改革時の選挙制度改革以前から大きくは変化していないのである。それどころか、基本的な枠組みは戦前からすら大きくは変化していないといっても過言ではない。

　時代によりスタイルは変化するので、政党のあり方は見た目には変化しているように見える。しかし、保守勢力は世代を超えて再生産されている。政党の名称が変化し、出てくる候補者が若返っても本質（中身）は大きくは変化してはいないのである。自民党の議席が減っても、そこを埋めるものも広義の保守勢力であり、「改革」を訴えるポピュリストも保守側から登場する。それらの勢力は一部、自民党の支持基盤とは対立するが、攻撃の矛先はむしろ戦後的な価値観を擁護するリベラル派であるということが、最近、続いている。

　自民党の持つ土着的な側面が政友会からきているとするなら、官僚出身者を

中心とした戦後の宏池会的なる流れは、戦前の民政党の流れである。こちらの流れは土着保守よりスマートで、統治者意識とともに、良い意味でのエリート意識があるので、権力の行使の仕方に抑制的であるなど、むしろ保守勢力の中ではリベラルに近い傾向があった。[20]

　90年代初頭の政治改革論議の時には、自民党がなぜ、突出して強いのかという問題は誰も論じることなく、中選挙区制による「同士討ち」が金権腐敗政治の原因とされた。そして、中選挙区制だから、政権交代が起きず、一党優位が固定しているとの言説が広められた。だが、本質はそんなところにはなかったのである。地方における土着保守の圧倒的な強さと、官僚の出先機関が自民党になっていたことが、自民党の強さとともに腐敗の理由でもあった。

4-4　戦前の無産政党及び社会民主主義勢力

　さて、ではなぜ、一方において、戦前においても日本では社会民主主義勢力は多数派にはなれなかったのだろうか。このことを次に検討してみたい。

　男子普選が実施され民政党が躍進し、政友会の一党支配が終わり、つかの間の二大政党制が生まれたが、戦前の社民勢力はなぜ、伸びなかったのだろうか。なぜ、日本では西欧のように社民勢力が一定以上には根付かなかったのだろうか。このことも考察しなければ、90年代の選挙制度改革の結果、現在のような政治状況が生まれたのかの説明はできない。

　先に普選が実施されて民政党が力をつけて、政友会と対等になったという議論を見たが、では、合法無産政党、社会民主主義政党に投票した人々はどれくらいの比率だったのだろうか。これも坂野の研究を引用するが、合法無産政党、社会民主主義政党に投票したのは労働者と小作人の1割だったそうである。そして、「これは三回の選挙でもほとんど変わらない。四回目と五回目でそれが倍になる程度」（坂野・山口、2014年、130頁）だったという。[21]

　確かに4回目で無産政党が合流してできた社会大衆党が18議席獲得し、諸派・無所属が前回の12議席から35議席になっている。しかし、1割が倍になった程度だから、4回目と5回目でも労働者と小作人で合法無産政党、社会民主主義政党に投票した人は2割しかいなかったのである。

　そして、坂野は「農民は五五〇万人」だったが、「寄生地主・手作地主・自

作農・自小作・小作と分けてみても、それぞれの政治的違いはあまり感じられない」（坂野・山口、2014年、131頁）と述べる。そして、「有権者一二〇〇万から、農民五五〇万と労働者三一〇万を引くと、残りの三五〇万人～三六〇万人が都市中間層」（坂野・山口、2014年、131頁）だったのだという。

　坂野は有権者を大きく3つの階層に分けているが、1200万人の中で最も多いのが農民の550万人、次が都市中間層の350万人から360万人程度、そして労働者の310万人である。労働者と農民を足せば860万人となり、都市中間層よりも圧倒的に大きな勢力となるが、この層の1割程度しか合法無産政党、社会民主主義政党には投票していなかったのである。

　小作でも合法無産政党、社会民主主義政党に投票していた人は1割だったというのだから農民全体で見れば、9割以上の人が政友会か民政党に投票していた計算になるだろう。坂野によれば、1928年から32年の間に3回の総選挙があったが、政友会、民政党ともに「固定票は三〇〇万ずつぐらいしか持っていなくて、それに一五〇万の浮動票が来ると大勝利」（坂野・山口、2014年、131頁）だったのだという。

　普選で民政党は政友会に追いついて対等になったのであるから、元々の固定票は政友会が多く持っていたということになる。新たな有権者には民政党の支持者となった人が多かったので、固定票では対等となった。そして、浮動票が毎回動き、これを獲得した方が勝利したということである。この数字から考えると都市中間層も大半は政友会か民政党のどちらかに投票しており、この層が移動する浮動票の層だったと考えられる。

　都市中間層と労働者を足すと660万から670万人となり、農民の550万人よりも多くなるが、この勢力が農民層を中心とする保守勢力に対抗する都市型社会民主主義政党の基盤となることはなかった。つまりは戦前の日本においては、労働者と農民からなる勢力も都市中間層と労働者からなる政治勢力も明確には形成されなかったということになる。労働者も農民も9割は政友会か民政党に投票しており、合法無産政党や社会民主主義政党は労働者にも小作人にも都市中間層にも充分に浸透することができなかったということなのである。

　戦前の二大政党はどれくらい続いたのかについては、坂野は「せいぜい七年」としている。そして、「普通には一九二四年六月の護憲三派内閣の成立か

ら数える」が、「その時は政友会も与党の一翼だった」ので、「翌二五年八月に、田中義一の政友会が三派内閣から離脱して、憲政会の単独内閣ができた時から、慣行としての二大政党時代が一九三二年五月まで続いた」との見解を示す（坂野・山口、2014年、132頁）。

　先に見た井上も始まりは1925（大正14）年8月の加藤高明内閣からとしているので（井上、2012年、ⅲ頁）同じ見解である。また終わった時期を井上は1931（昭和6）年12月に成立した犬養毅内閣の時までとしているが、坂野のいう終焉の時期である1932（昭和7）年5月には、挙国一致の斎藤実内閣が成立している。議席の上での政友会と民政党の拮抗状態はこの後の2回の選挙まで続くが、挙国一致内閣が成立したことで、慣行としての二大政党制は終了したと考えるのが一般的な見解であるようだ。[22]

　この後、1936（昭和11）年2月の選挙では民政党が圧勝し、政友会が惨敗し、社会大衆党が躍進したが、直後に二・二六事件が起こり、3月に広田弘毅内閣が発足し、軍部大臣現役武官制が復活する。重要なことは、普選になっても、戦前の日本では合法無産政党と社会民主主義政党は大きな勢力とならなかったという事実である。婦人参政権が認められていなかったとはいうものの、1925（大正14）年には男子に関しては普選が認められた。

　それにもかかわらず、労働者階級も小作農の人々も本来の自分たちの利益を代表するはずの主張をする政党へは投票せずに保守二党のどちらかに投票する人が多数派だったのである。

　民政党が普選によって誕生した新しい有権者の受け皿になったのは、政友会に比べれば、まだ社会民主主義的な傾向の政策を出していたからであろう。だが、それにしても、男子普選で多くの労働者—当時の言葉でいうならば無産階級—の人々も選挙権を獲得したにもかかわらず、合法無産政党と社会民主主義政党が議席を伸ばせなかったのは今日の目をもってみれば意外な感じも残る。

4-5　二大政党制と社会民主主義

　日本は二大政党制にならないのかということについて、坂野はヨーロッパと日本を比較した上で、戦前も戦後も共通することとして、非常に興味深い見解を示している。坂野によれば「二大政党制は帝政と社会主義に関係する」のだ

という。つまりは王政、帝政と社会主義がぶつかる時に両者の間に入って調停した勢力が生まれたところから、ヨーロッパにおいては二大政党制が始まったという見解である。これは、「フランスのパリ・コミューンしかり、ロシアのヴ・ナロードしかり」であり、「イギリスは、（中略）保守党と自由党が古くからあって、王制と議会の二〇〇年もかけた争いの中でだんだんと習慣として二大政党制になった」のだという（坂野・田原、2006年、178頁-180頁）。

なぜ、日本には社会民主主義が育たなかったのか。まさにこの理由は日本に保守対社民の二大政党が根付かなかった理由と同じなのである。これについて坂野は、「保守と社会主義というか、天皇制と社会主義の激突をまさに間に入って『まあまあまあ』とやるのが社民」なのだが、この「激突の火種が日本にはない」ことを指摘している（坂野・田原、2006年、188頁）。

仮に戦後、自民党政権と共産党が正面衝突していれば、中に入って調停する位置に社会民主主義勢力が進出したとも考えられる。しかし、実際には戦後社会でもそこまで共産主義者が多数派になることはなかった。したがって、調停者も不要だったことから社会民主主義も大きな勢力にならなかったのである。

坂野の見解は極めて興味深いものであり、歴史家ならではの広い視野からの見解である。帝政、王政を擁護する保守派とそれを打倒しようとする社会主義（革命志向）勢力の間で、両者を調停しながら、帝政、王政を認めながら、右の行きすぎと左の行きすぎを正すというポジションに社会民主主義勢力が生まれたという説明は納得がいく。そしてその結果、ヨーロッパでは社会民主主義勢力が保守に対する二大政党としての一角を担うようになっていったのである。

日本の場合は、戦前も戦後も基本的には強力な天皇制打倒勢力が存在しなかった。このことから、社会民主主義勢力が育つ余地もなかったのである。このように考えると、戦前、男子の普選が実現した時にも民政党が支持を伸ばし政友会に追いつき、合法無産党や社会民主主義政党が大きな勢力となり得なかったことの理由も理解することができる。

労働者も小作農も都市中間層も大半の人々は天皇制打倒の思想を持っていたわけではなかった。したがって、社会主義・共産主義勢力は日本では伸びなかった。このことから、保守勢力と社会主義・共産主義勢力の調停者となるべき社会民主主義勢力もヨーロッパのように必要とされなかったのであった。

アメリカの場合は、キリスト教に忠実で保守的な共和党と、そこからいかに自由になるかを目指した民主党に分かれてきたといわれている（坂野・田原、2006年、181頁-182頁）。この視点から考えてみれば、日本は元々、多神教の国であり、戦前は人工的に作られた国家神道が国家から強要されはしたものの、それまでの日本には、神道と仏教は神仏習合の形で社会の各層に根付いていた。日本には、アメリカ型の二大政党になる土壌もなかったのであった。

男子普選最初の選挙から挙国一致内閣までの７年間の二大政党時代は、西欧型の二大政党制でもなく、アメリカ型の二大政党制でもなかったのである。短期間の日本型二大政党制の時期は存在したのだが、これは、大きな保守勢力が２つに分かれていたというだけのことであった。明確なイデオロギーによる対立軸や社会基盤の違いによって成立した二大政党制ではなかったのである。

政友会と民政党は支持基盤や議員が輩出されてくるグループに多少の違いはあったものの、本質的な違いはなかった。それゆえに、政友会と民政党は敵失が自分の得点となるような、足の引っ張り合いを繰り返した挙句、最後は挙国一致内閣から、新党構想、自壊を経て大政翼賛会への道をたどっていくこととなった。

社会民主主義勢力が相対的に見て日本社会で少数派であったことは、戦後の日本社会に初めて生まれた状況ではなく、戦前からの日本社会の特徴であった。それゆえ日本には西欧のような二大政党制は、戦前と戦後を通じて一度も出現しなかったのである。

5　戦前と戦後の連続性と相違点

さて、次に考察したいのは、戦前と戦後の連続性と相違点についてである。戦後社会は憲法を初め制度面では大きな変化があったが、全てが変化したというわけではなかった。変化しなかったものとしては、国民の間にある絶対的な保守勢力への支持の強さである。

戦後の10年間は保守陣営も革新陣営も双方ともに混乱していた。戦後２回目の総選挙では社会党が比較第１党となった。その結果、社会党の片山哲を首班とする内閣が成立した。しかし、これは保守勢力が２つに分かれていたからこ

そ起こったことであった。社会党は比較第1党にはなったのだが、単独で過半数の議席を獲得したというわけではなかった。[23]

戦後10年を経て、戦前の保守勢力が自民党としてまとまり、戦前の合法無産政党の勢力は社会党としてまとまった。勿論、まとまったといっても、社会党の場合は、右派と左派の間には大きな壁があり、一本化はしたものの、マルクス・レーニン主義を信奉する社会主義勢力と議会政治に軸足を置く社会民主主義勢力の対立は残った。これは「二本社会党」などと揶揄され、この左右の対立は冷戦終結の直前まで続くこととなった。

戦前から戦中の弾圧から解放されたことと戦後の民主改革の結果、左派勢力は一時期、優勢になった。保守合同による自民党の誕生も、社会党の左右合同に触発されてのものであった。また、55年体制の成立後10年ほど経った60年代前半にも革新勢力が今後、さらに勢力を伸ばすとの予測も一部にはあった。[24]しかし、結果として、革新勢力（社会党右派、左派と共産党を全て含む勢力を指す）は伸び悩んだ。その後、中道政党（公明党と民社党）が政界に進出し、保守勢力と革新勢力の比率は概ね2対1程度で移行した。

社会党内では左派勢力の方が強く、右派（社会民主主義）勢力が一貫して劣勢だったことも日本に社民勢力が根付かなかったことの大きな理由である。だが、社会党内での勢力比率の問題をおいても、全ての保守勢力と全ての革新勢力の比率が2対1程度であったということは、重要な部分である。

自民党と社会党の勢力の比率が2対1程度で推移したことの理由は、社会党の政策が全体的に見て非現実的すぎて、国民に安心感を与えることができなかったことから、伸び切れなかったからであろう。社会党が自民党は違う政策を志向しながらも、現実的な選択肢を示していれば、もっと党勢が拡大したかもしれないということは予想される。[25]

ここで、戦前と戦後の連続性及び違いをまとめておきたい。まず、連続している部分は、軍部はなくなったものの広義の保守勢力の強さはそのまま生き残ったといっても良いことである。戦後の一時期、革新勢力が議席を伸ばしたが、全体として保守勢力と革新勢力が1対1にまでなることはなかった。戦後も国民の多数派は保守政党に投票し、革新陣営の支持者は保守勢力の支持者と比較すれば少数派であった。革新勢力を支持する都市の賃金労働者プラス農民

層という政治勢力は戦後の日本社会には形成されなかった。

　一方、戦前と戦後は明確に変わった部分もあった。戦前は普選の実施後も２つの保守党が議席の大半を占め、合法無産政党と社会民主主義政党は３分の１も勢力を占めることはできなかった。この点には変化が起きた。55年体制の保守合同による自民党の誕生は、戦前２つあった保守政党である政友会と民政党の合同であったと考えるならば、保守党は団結して一本化しなければ、どちらかの政党だけでは政権を単独では維持できないところまでは勢力が後退したのである。ここは戦後改革の「民主化」の成果というべき部分であろう。

　革新勢力の台頭は、戦後思想の広まりや憲法を初めとする制度改革の所産によるものであったが、産業構造の変化も原因の１つであった。都市の組織労働者の人口が増え、この層が革新勢力を支持した。しかし、高度経済成長期以降は、極端な左派勢力の支持は伸び悩み、自民党の安定政権が続く。そして、保守政権側も戦後の価値観を受け入れ、戦前回帰を想起させる勢力は後退していった。[26]　そして戦前以来の農民は保守勢力を支持し、都市の労働者層も極端な左派勢力は支持しないという戦後体制が徐々に固まっていった。

　そして、約40年間、保守勢力全体に対して、革新勢力が半分程度という時代が続く。社会党は時間が経つにつれて、政権を目指すことを自ら放棄する政党となっていった。だが、それでも、護憲勢力として３分の１程度の勢力を保持することができたのは、戦後的価値観を擁護する勢力として、一定の勢力を維持し続けることができたからであった。

　戦後社会は新憲法によって軍部が社会から完全に追放され、再出発したのであるから、議会内の保守党（自民党）が全体として戦後的な価値観の擁護者となっていったことも、そこまで不思議なことではなかった。戦後も当初は改憲を主張する岸信介、鳩山一郎らの流れもあったが、この流れは、自民党内で長く主流とはならなかった。

　93年に55年体制は冷戦の終結の余波を受けて崩壊した。実際にはその前から緊張感のない体制は完全に綻びていたが、形の上での保革対立は続いた。しかし、改めて考えてみると、なぜ、冷戦の終結と55年体制の崩壊は連動したのであろうか。これは、社会党の一部分（左派）が社会主義政党であったからである。冷戦の終結がヨーロッパやアメリカの政党には大きな影響を与えなかった

のは、ヨーロッパとアメリカには社会主義（マルクス・レーニン主義）政党がなかったからである。つまり、ソ連崩壊の影響を受けずに済んだのであった。

その意味でいえば、冷戦終結までに、日本の社会党が完全な社会民主主義政党に脱皮できていれば、完全な崩壊は免れたであろう。実際には、戦後社会には3分の1の革新勢力の支持者がいたにもかかわらず、1つの核としての社民勢力が社会にも議会にも根付いてはいなかった。それゆえに冷戦の終結はそのまま、社会党の分裂から右派と中間派の民主党への参加、そして左派勢力の完全な消滅へとつながっていったのであった。

社会党から社会主義政党の側面が先になくなっていれば、冷戦の終結は、日本の政党政治には殆ど影響を与えなかったかもしれない。冷戦の終結と政界再編はストレートにつながらなかったとも考えられるのである。それ以前に自民党の一党優位体制は、どこかの段階で崩れていたかもしれないし、そもそも、戦後の日本に一党優位体制自体が生まれていなかったかもしれない。

要するに戦後の日本政治は、ヨーロッパ型の保守党と社民勢力の拮抗した勢力を持つ状態になっていなかったにもかかわらず、弱い方の革新陣営も完全な社会民主主義勢力にはなり切れてはいず、3分の1の勢力がまた半分に分裂し、その半分では左派が優勢という歪な構造になっていたのであった。

このような状況の中で90年代の政治改革論議が始まったので、二大政党制による政権交代は理想として議論されたものの、その二大政党のイメージは誰も明確には語れなかったのであった。小沢一郎のように冷戦の終結を社会主義の崩壊であると考える保守勢力内の「改革派」は当然、保守二党制を想定した。今日に続く「改革保守」勢力の登場であった。

社会党内で社会主義勢力と闘争していた社会民主主義者であった山岸章は、左派社会主義の消滅後、社民主義が中心となった政党と自民党による二大政党制を志向していた。だが、どのような二大政党制が望ましいと考えるのかという議論は明確には、なされないままに選挙制度改革のみが「改革の本丸」として推進されたのであった。

第 6 章　政党制と選挙制度をめぐる考察

6　小　　括

　ここまでの議論を整理しておきたい。90年代に制度改革によって政党の数をコントロールしようとした人々は、自民党ともう１つできる政党の性格については、全く議論しなかった。90年代の政治改革では政権交代が起きないということが、中選挙区制の最大の欠点だとされた。自民党『政治改革大綱』にも民間政治臨調の提言にも通じるものは、政権交代の必要性を説く部分、日本政治の腐敗の原因を一党支配に求めるというものであった。そして、政権交代を導くための選挙制度として小選挙区制が導入された。

　しかし、なぜ戦後、政権交代が起きなかったのか。いうまでもなく自民党が強すぎたからである。だがなぜ、自民党が強すぎたのか。この議論は殆ど、政治改革期にはなされなかった。自民党が強すぎるという自明の事実はそのままにして、政権交代を起こす制度を導入するしかないという議論が５年間の日本政治を席巻したのが90年代初期の日本の政界の論議だった。

　ではなぜ、戦後政治の保守と革新の政治勢力は１対１ではなく、ほぼ２対１で固定したのか。これは実は戦前にまで遡らなければ、本当の原因は分からないのである。政友会と民政党は両方とも保守政党であった。戦前の政友会と民政党が戦後になって結集したのが自民党であったので、最初から単一保守党が強かったのは当然のことであった。つまり、保守勢力が統一した途端に半永久的な一強体制が生まれたのであって、これは中選挙区制によってもたらされたものではなかったのである。

　勿論、戦前と戦後の違いもあった。それは３分の１の革新勢力が生まれたことであった。これは戦前においては、この規模の勢力としては存在しなかった政治勢力の誕生であった。戦後の社会党は戦前の無産政党の流れを汲む人々の結集によって結成された。社会党は左派と右派に別れていたが、全部足しても保守勢力を凌駕するところまではいかなかった。

　55年体制下の保守と革新の勢力の比率は１対１ではなく、１対２になったのということの原因は、戦前からの日本の保守勢力の強さにあったのである。１対２を１対１にしようとすれば、保守の側の0.5を１に足さなければ１対１に

ならない。結局、選挙制度改革後の20年で起きたことは、極めて大きく見ればそういうことに過ぎなかったのである。

現に最初の政権交代は、小選挙区制の導入後ではなく、中選挙制下で93年に起きた。これは55年体制下での野党が躍進したからではなく、保守分裂による新保守党の躍進によるものだった。戦後の途中から現れた勢力としては中道政党というものがあった。中道政党と社会党と自民党から分裂した保守党と新保守党(日本新党)を足して辛うじて自民党を上回ったのが93年の細川政権であった。非自民政権を作るには自民党の分裂は不可欠だったのである。[27]

自社の勢力比率の2対1が1対1にならなかったのは、社会党の力不足や非現実的な政策を掲げる左派を社会党が抱えていたことも大きな原因ではあるものの、そもそも戦後の出発時点から、西欧のような保守勢力と社民勢力が1対1になる要素がなかったからである。そもそもの社民勢力が保守勢力に互していける力がなかったにもかかわらず、社民勢力を含むところの社会党の中がさらに割れており、半分以上を左派勢力が握っていたことが、日本の戦後に健全な議会政治が定着しなかった原因である。

そもそも、55年に自由党(当時：緒方竹虎総裁)と民主党(当時：鳩山一郎総裁)が合同して自民党ができることがなければ、自由、民主、社会(こちらは左右合同して、その後はある程度までは現実的社民主義が多数派になったとして)の三大政党制になったかもしれない。公明党の進出と、右派社会党から発展した民社党の結党があったとしても、自民党が誕生していなければ当然ながら自民党一党優位にはならなかったことが考えられる。

90年代の政治改革は自社体制を崩壊させるために政権交代を人為的に起こすことを目指したものであった。だからこそ、社会民主主義的立場や市民主義的な立場からの政権交代を期待してきたものは、政権交代後に失望することとなったのである。また、別の立場のものからも不満が出るし小沢批判も起こった。今後、小沢のような特異な政治家は出ないとしても、構造的に二大政党を目指せば本来の保守勢力と非保守勢力(仮に便宜上リベラル派と呼ぶしかないのだが)の2対1の構造を選挙制度によって1対1にするという不自然な営みがまた始まるかもしれない。

この試みが長く続くと、場合によっては議席の上ではほぼ完全に近い保守二

党制になる可能性もあるかもしれない。2つ目の政党には辛うじて連合推薦議員が参議院の比例代表で一定数は残るかもしれないが、選挙区レベルでの立候補者は保守系に全て限定され、ほぼ完全な保守政党が形成されるかもしれない。だが、そうなれば、代表される有権者と代表する議員の乖離がますます広がることになるだろう。それは戦後、議席を確保できたリベラル勢力の完全な衰退を意味することとなっていくであろう。

　だが、現実には、社会の矛盾を克服しようという立場に立つ運動も一定程度は残るであろうと考えられる。したがって、完全な保守二党制まではいかない可能性の方が高い。17年秋の民進党の分裂劇は「政治改革」以降の20年以上にわたる野党第1党作りの矛盾がはっきりと顕在化した結果であったといえるであろう。二大政党制を目指した運動の失敗は、西欧型の保守党と社民党の二大政党制を作ることが無理だったことが明らかになったのと同様に、裏側から見れば、保守二党体制を作ることにも失敗したという側面もあったのである。

　90年代の議論を思い起こせば山岸が志向したことも、小沢が志向したことも両方が失敗に終わったのである。ただし、小沢は時期によって主張を変えながら生き残ってきたために、このことが非常に見えづらくなっているのである。

　93年の時も保守政党の分裂なくして政権交代は起きなかった。政権交代以降の日本政治は、自民党の枠からはみ出て膨張した保守勢力が自民党の外に第二保守党を作り、中道と社民勢力（当時は社会党）を巻き込みながらも、その後、徐々にその政党内部で非保守勢力（リベラル勢力）を駆逐していった歴史だと見ることが可能だろう。

　逆からいえば、リベラル勢力は自民党と対抗できるだけの支持基盤を持たなかったゆえに、「非自民」勢力というだけで「改革保守」との同居を選ばざるを得なかったのであった。

　実際に起きたことは同じことであっても、巷間、語られる「非自民勢力の結集までに20年かかった」、「一党支配を崩すための挑戦に20年かかった」、「20年間かけて、やっと政治の民主化が成った」というストーリーとは別の側面に着目すれば、「20年かけて日本の戦後民主主義を信奉するリベラル勢力は徐々に壊滅して行った」ということがいえるのである。政権交代を過度に評価する立場の人々からは、この視点で物事が語られることは殆どない。しかし、第3次

民主党の後継政党であった民進党（当時）を見れば、それは一目瞭然のことであった。

その民進党は自民党の受け皿になれず、受け皿となったのは自民党の外にできた新保守勢力であった。そして、そちら側を支持することによって自民党への不信感を表すことへの抵抗感がある有権者は民進党を超えて一足飛びに共産党にまで投票先を変えなければ、巨大な保守勢力に抵抗できないという構図が生まれてきた。この流れが16年の参議院選挙、17年の衆議院選挙での市民と野党の共闘路線につながっていった。

「一強多弱」以降、共産党だけが野党の中で得票を伸ばし続け、「野党共闘の要」といわれる状況が生まれてきた背景には、今も一定数は残る保守の一元支配への抵抗者である社会民主主義勢力に期待する有権者が民進党よりは共産党へ投票先を変え始めたからであった。

民進党は軸足が明確ではないゆえに、旧来の反自民、非保守の有権者の受け皿でもなくなってしまったのである。保守色を強める程、逃げた票も存在した。民進党がもはや、受け皿になり得ないことに焦った前原は、17年に衆議院議員候補の希望の党との合流を決めたが、このことが民進党の分裂を招いた。立憲民主党が結党されたことは、日本で人為的に二大政党制を目指すことの矛盾を白日の下にさらしたという意味では大きな意義のあることであったといえるであろう。

細川・羽田孜政権が10ヶ月で崩壊したのは連立政権だったからという主張もあるが、3年3ヶ月の民主党政権もある意味では連立政権といっても過言ではない。鳩山由紀夫・菅・野田佳彦政権時の民主党は統一された単独の政党だったというのは表面的な見方に過ぎない。事実上は政権を獲得する前の段階においても、民主党は統一された政党とはいえなかったのである。

では、民主党は雑多な出自の議員を擁する強みを活かして自民党と同じ意味で包括政党になれたかといえば、そういうわけでもなかった。民主党は議員を増やしていったからといっても、日本社会のあらゆる部分に根を張ったわけではなかったからである。

小沢だけを特別視する見解は政権担当時の民主党の政治家にも政権交代に期待をした政治学者やジャーナリストにも多いのだが、小沢がいなければ民主党

は政権を獲得できたかどうかは誰にも説明できない。また、小沢がいなければ後は一枚岩だったともいえない。小沢を批判することで、小沢がいなくなった民主党は一から出直せば良いという意見も存在したが、小沢がいない民主党であれば、自民党と違った目指すべき国家像を提起できたのかといえば、そうともいえなかったはずである。

民主党政権は小沢勢力と反小沢の連立政権ではなく、小沢系、反小沢の保守系（日本新党出身者や新党さきがけ出身者）、労組系二派（総評系、同盟系）、鳩山、菅のグループの連立政権のようなものだったのだから、小沢がいなければ民主党は良かったという見方はあまりに一面的に過ぎるのである。

おわりに

最後に言及すれば、政党は必ず政権を目指すべきなのかという大きな問いがあるのだが、二大政党論者は殆ど「健全な野党の役割」には考えが及ばないようである。また政権交代は必要だとしても、政権交代は１対１の二大政党間でなければならないのかという問いは残る。戦後の選挙による政権交代（３回）のうち一度は中選挙区制の下で起こり、誕生した細川政権は連立政権だった。

非自民非共産勢力でさえあれば、１つにまとまるべきだという主張が大勢となって、09年には政権交代まではいった。だが、非自民でさえあれば同一政党に収まるべきであるという主張自体に無理があった。大同団結を強調すれば、政策が曖昧になる以前にその上位にある思想が曖昧になるからである。そうなれば、最大公約数的に誰からも文句が出ないフレーズは「政権交代」と「統治機構改革」程度になってしまうこととなる。これは宿命的なことであった。

かつての55年体制の社会党にも問題はあった。社会党はそもそも政権を目指していなかったので、選挙が政権選択の機会になっていなかった。これは大きな問題であった。だが、視点を変えれば、社会党は政権への批判票を取り込む機能までは持っていた。政権に反対することで、日本社会内部に存在する政治的な意見を議会に反映する役割は果たしていた。また戦後体制を擁護し、戦前回帰を試みる勢力のストッパーになるという役割も果たしていた。

だが、第３次民主党とその後継政党である民進党は、戦後、社会党が果たし

ていた野党としての役割すら果たせなくなっていった。17年の民進党の立憲民主党と希望の党への分裂は、保守二党を目指す勢力と保守二党制を是としない勢力の間での分裂であった。この分裂は本来、政党は基本政策や目指すべき方向性によって組織されるべきであるという考え方からは、積極的に評価されるべきことであろう。

かつて自民党が政権を失った時の首相であった宮沢喜一は、二大政党制であれば小さな政府（自由競争）と大きな政府（高福祉）で、二大政党制は分かりやすい方が良いと述べていた（宮澤、1995年 b、68頁-73頁）[28]。しかし、実際には保守勢力と社民勢力は対等の勢力にはならなかった。

自社さ連立政権で首相を務めた社会党の村山富市も「今でも社会民主主義政党が政権は取れなくても議会で一定の力を持った政党として存在することは必要であり、なくてはならないと思っている」（薬師寺編、2012年、261頁）と述べている[29]。しかし、小選挙区下では社民勢力だけでは単独で2分の1の勢力は取れないのだから、この勢力は「政治改革」後の20年で、非自民の保守勢力が合併した勢力の中に入って生き残ることを模索するしか方法がなくなっていったのであった。

前章の最後で立憲民主党の政治家や支持する有権者は引き続き「二大政党の一角」を目指すのかという問題が残るということを述べた。結論からいえば、立憲民主党は安易に「二大政党の一角」を目指してはならないのである。政党である限り選挙で地道に議席を伸ばす努力はすべきである。だが、他の政治勢力（改革保守勢力）との大同団結による「二大政党の一角」は目指してはならないということを強く指摘しておきたい。

我々は、今一度、いかに現行の選挙制度が現在の日本の議会政治（政党政治）を根底から壊す役割を、この20年間、一貫して果たし続けてきたのかということを考えなくてはならない時期にきているのではないだろうか。現在の日本の選挙制度とその制度改革に導かれた20年以上の政界再編、人為的に結党された野党第1党の性格とその分裂（と部分的再結集）という結末を見れば、結論は明らかであろう。

1) 社会党は新憲法施行直前の1947年4月の第23回総選挙では比較第1党となった。その

結果、民主党（当時）、国民協同党との三党連立の片山哲内閣が成立したが、党内左派が内閣の方針を公然と批判するなど、党内対立が激化。このため、翌48年、片山内閣は瓦解した。その後、第4回大会では、社会党の性格をめぐって国民政党か階級政党かという議論が森戸辰夫と稲村順三との間で戦わされた（森戸・稲村論争）。この時、社会党の性格は「階級的大衆政党」という定義がなされて決着を見た。

2) 選挙における政党間競争は政令指定都市までは行われているが、実体は個人選挙であり、町村議会議員まで降りていけば、多くは保守系無所属である。市でも政令市以下の市は、実体は保守の一元支配が行き渡っている都市も多い。そんな都市のレベルまで想定して、本来はマルチレベルでの政党間競争が必要だったというのは非現実的な話である。また個人選挙はいけないので、地方選挙も比例代表制の導入を検討すべきという議論があるが、地方議員には政党代表というよりも地域代表の側面が強い。これは地方に行くほど顕著である。地方議員の選挙を国政選挙と同じように当該自治体の政策をめぐる完全な政策論争の場にすることを期待する方が非現実的である。

3) 民主党（当時）の地方議員候補は、それぞれの出自や属性によって個々人の候補者が「若さ」や「市民派」や「女性」や「子育て世代」を強調して選挙を戦った。それが、民主党（当時）の地方議員の実像であり、それは自民党とさして変わらなかった。

4) 野田政権下で行われた第46回衆議院議員総選挙（2012年12月）で自民党に政権が戻った。そして安倍政権が誕生したが、第23回参議院議員通常選挙（13年7月）、第47回衆議院議員総選挙（14年12月）、第24回参議院議員通常選挙（16年7月）、第48回衆議院議員総選挙（17年10月）と連続して自民党（与党勢力）は勝利している。

5) 小池百合子は2017年9月28日、前原誠司の民進党候補の丸ごとの希望の党への公認申請に対し「安保法制に賛成しない方は（希望に）アプライ（申請）してこない」、翌29日には民進党からの合流について「排除いたします」と発言した。小池の発言は民進党左派の議員に動揺を与えると同時に猛反発を生み、結果として10月1日の前原と枝野幸男の会談を経て、2日の枝野による立憲民主党結党へとつながった（設立は10月3日）。

6) 第48回衆議院議員総選挙では選挙中に急激に立憲民主党が世論調査で支持を伸ばすという現象が見られた。メディアも解散直後は安倍自公政権対小池（希望の党）という対決の構図で報道していたが、立憲民主党の結党後は、安倍自公政権対日本維新・希望の党対立憲民主党・共産党・社民党（野党共闘路線）の三極による対決との報道に移行していった。結果、立憲民主党は健闘し、希望の党と日本維新の会は埋没した。

7) 第48回衆議院議員総選挙における主要政党の獲得議席は次の通りであった。自民党284議席、立憲民主党55議席、希望の党50議席、公明党29議席、共産党12議席、日本維新の会11議席、社民党2議席。立憲民主党の躍進が目立った選挙となった。立憲民主党は選挙前の15議席から55議席へと躍進。希望の党はブームを起こさず、選挙前議席すら7議席も下回った。自民党は選挙前と同じであった。

8) マドンナブームや「おたかさんブーム」などといわれた80年代後半から90年代初頭の一連のブームを指す。憲政史上初の国政政党の女性党首となった土井たか子は労組出身者の多い社会党のイメージを払拭し、幅広く市民層、女性層から支持された。

9) あくまでも保守二党制を前提とした二大政党制を主張する政治家（及び政治勢力）が共産党及び共産党との選挙協力を是認する勢力（俗にいうリベラル派）の排除をし続け

れば、またも不毛の保守系の「野党第1党」作りが繰り返される可能性も排除できないであろう。
10) 北朝鮮のミサイルや核開発、中国の海洋進出に対する国民の「危機意識」なるものが、一気に高まれば、どのような選挙制度を採用していても、国民の右傾化は止められず、今後、日本が全体主義的傾向を強める可能性も完全に排除できないであろう。
11) 加藤秀治郎はこの部分ではG・サルトーリの二党制の定義も引用し、サルトーリの『現代政治学』にも伯仲状態などという言葉は出てこないと述べている（加藤、2003年、174頁）。そして、誤解の原因として「『二党制』という言葉をわが国では『二大政党制』と呼び習わしているが、二党が同じような議席でないと『二大政党制』ではないとの訳語から受けるイメージのためか。今後は「二党制」との訳語を意識的に使っていかなければならないかもしれない」（加藤、2003年、174頁-175頁）と述べている。
12) イギリスの議会政治を理想的と見なすウェストミンスターモデルの支持者には、この傾向が強い。ウェストミンスターモデルは本来、政官関係を指す言葉だが、このモデルの支持者の多くは二大政党論者であり、定期的な政権交代のためには、小選挙区制が良い制度であると主張する。
13) 第46回衆議院議員総選挙では12党が乱立した。議席を獲得した政党は自民党（294議席）、民主党（57議席）、公明党（31議席）、日本維新の会（54議席）、みんなの党（18議席）、日本未来の党（9議席）、共産党（8議席）、社民党（2議席）の8政党であった。結果、自民党と公明党で衆議院の3分の2議席を占めた。
14) 安倍晋三政権が強行採決した法案で最後まで国論を二分したものには13年11月の「特定秘密の保護に関する法律」（通称：特定秘密保護法）、15年7月の「平和安全法」（通称：安全保障関連法）、17年6月の「改正組織犯罪処罰法」（通称：テロ等準備罪法や共謀罪法）」などがある。これらの法案への反対の世論は最後まで根強いものがあったが、いずれも充分な審議時間を確保することなく強行採決がなされた。
15) 自民党は1955年の保守合同によって誕生した。そして、中曽根康弘内閣の一時期、新自由クラブ（代表：河野洋平）との連立政権の時期を除き、単独政権を組織してきた。93年に政権を失うまでは、常に一党優位体制を敷いたのだが、自民党は徐々に勢力を拡大したわけではなく、保守合同によって誕生した時から巨大な与党であった。
16) 日本社会党は1945年に戦前の非共産党系の合法社会主義勢力によって結成された。結成時には、右派の社会民衆党系、中間派の日本労農党系、左派の日本無産党系などが合同した。後に分裂して民主社会党（民社党）を結成する右派は反共主義であった。社民系、労農系、無産系の対立は戦前から引きずっていたものであった。59年に後に民社党を結成することとなる右派の離脱後は自衛隊と日米安保を認めるかの対立はほぼなくなった。その後はマルクス・レーニン主義か社会民主主義かの路線対立が続き、これが冷戦終結の直前まで続くこととなった。
17) 石川真澄は戦後第1回目の総選挙（帝国議会での最後の選挙）について「むしろ驚かねばならないのは、これほど厳しい追放令が旧勢力に浴びせられたにもかかわらず、旧政友会、旧民政党など戦前の支配政党の系譜にある人々が多数当選したことのほうであった。（中略）それほど旧勢力の地盤は固かったということでもあった。（中略）この選挙は、戦後の政治を半世紀近く律し続けた『保守対革新』の枠組みを、はやばやと設

けたものであったと位置づけていいだろう」（石川、1995年、34頁）と述べている。また第2回目の総選挙（新憲法施行直前の選挙）については「のちに成立する『五五体制』の実態である『1か2分の1政党制』（『二大政党制』をもじって言った）の構成に必要な勢力配置は、すでにこのときの復活第一回中選挙区制選挙から用意されていたのである。（中略）そして、『保守対革新』は、票数のうえでも一六七二万対八二〇万と、やはり二対一以上の開きがあったのである」（石川、1995年、41頁-42頁）と述べている。

18) 県議会でも地方ほど自民党の勢力は強い。また県議会の下のレベルに市議会があるが、政令指定都市は別として、それ以下の人口規模の市議会では自民党及び保守系無所属は圧倒的に大きな勢力を誇っている。そして、都市部では変化してきているが、地方の自民党は今でも名望家政党の側面を色濃く残しており、地方議会に行けば行くほど、自民党の議員と保守系無所属の議員の比率は高まる。

19) 象徴的にいえば香川から出ていた大平正芳も、徳島から出ていた後藤田正晴も、広島から出ていた宮沢喜一も官僚出身だったが、今日の無党派の風に訴えるような都市型の選挙をしていたわけではない。候補者はかつての民政党を思わせる候補者であっても、選挙地盤は政友会以来のものであるというのが、戦後の自民党の特徴であった。

20) こちらの流れも官僚主導の政治に対する批判などで、一頃ほどは強くはなくなった。しかし、保守政治全体という部分まで視野を拡大すると、現在も県知事には官僚出身者が最も多く、その中でも総務省（旧自治省）出身者の比率が極めて高いことなどを勘案すれば、この流れも健在であるといえるだろう。

21) 普選の第3回目（第18回総選挙）は1932（昭和7）年2月に行われ、議席数は政友会301、民政党146に対して革新党2、無産政党5議席であった。それが1936（昭和11）年2月の普選の第4回目（第19回総選挙）では民政党205、政友会175に対して社会大衆党が18議席を獲得した。また1937（昭和12）年4月の第5回普選（第20回総選挙）では民政党179議席、政友会175議席に対し社会大衆党は37議席獲得した。

22) かつて福田康夫内閣の時に自民党と民主党（当時：小沢一郎代表）との間で大連立構想があったが実現しなかった。大連立になれば二大政党制は崩壊したと見るのが常であろう。ただ、戦後は、大連立政権は一度もない。自民党と社会党の連立政権も直後に新進党が誕生するなど野党勢力が議会の半数近く存在したことや、当時の新進党は社会党よりも議席数が多かったことから、「自社大連立」とは呼ばれなかった。

23) 新憲法施行直前の1947年4月に第23回衆議院議員総選挙が行われた。戦後2回目の総選挙で、日本国憲法の施行を直前にした時期に行われた。主要政党の獲得議席は社会党143議席、自由党131議席、民主党124議席、国民共同党31議席であった。この結果、片山内閣が発足。片山内閣は日本国憲法下で組閣を行った最初の内閣となった。

24) 自民党の石田博英は1963年、雑誌『中央公論』に「保守政党のビジョン」という論文を発表した。石田は都市化や産業構造の変化による社会の変容によって、6年後の社会党政権の誕生を予期して、自民党に警鐘を鳴らした。しかし、実際には社会党では江田三郎の現実的な右派路線（「江田ビジョン」）は敗北し、さらに中道政党が政界に進出したことなどにもより、石田の懸念は杞憂に終わった。

25) 視点を変えれば、別の解釈も可能であろう。つまり、非現実的な政策を掲げる左派勢力が党内では優勢であったにもかかわらず、広義の革新派は3分の1程度の勢力を保持

できていたのである。つまり、社会主義経済に移行することも革命が起きることも支持していない一般の有権者が大多数である中でも、3分の1程度の支持を得られたのは、戦前への反省と戦後の憲法体制への支持が戦後社会には根強くあったからである。

26) 保守勢力にも徐々に変化は起こり、戦前のような土着保守を基盤とするグループと官僚政治の系譜という政友会、民政党以来の保守政治の支持基盤は残ったものの、60年代以降の自民党は大きく見れば戦後的な価値観を擁護する保守政党となった。池田勇人内閣以降は、改憲を表に出さなくなっていったのである。しかし、これは大正期の政党政治を思い起こしてみても、そこまで不思議なことではないのかもしれない。

27) 55年体制の野党である社会党と中道政党の公明党、民社党に新しく国会の外から国政に参加した日本新党を足しただけでは、過半数にはならなかった。55年体制の誕生の時点でまず、大枠が決定されたことは何にも増して重要なことであるが、90年代の政治改革論議では、なぜ、日本の政治は保守地盤がここまで強いのかという議論はなかった。

28) 宮沢は首相退任後の95年に刊行した回顧録で「二大政党制といっても、どういう二大政党かによって、話はずいぶん違います。一つは保守政党であるとしても、もう一つが社民主義なのか、それとも別の保守、あるいは自由主義政党なのか」と述べ、「日本にもソーシャルデモクラットの大人の政党ができなくてはならないと思う。ヨーロッパほどの貧富の差がないとはいえ、少なくとも国民の二割程度は、貧富の差を是正しようとする政治の機能に期待する人がいると思っています」(宮澤、1995年b、68頁-73頁) と述べている。

29) 村山富市は回顧録で「自民党も民主党も保守政党だ。政界再編が起きても保守勢力ばかりが多数を握るというのではだめだ。社会民主主義政党が野党の時には野党としての任務や役割がある。社民政党がきちんと存在し政策について与党と切磋琢磨する緊張感が政界には必要だ。そして政権を握れば政権を握った立場でやり方がいろいろある」(薬師寺編、2012年、261頁) と述べている。

終　章　政治改革論議の本質と再考すべき政党制の問題

はじめに

　これまで第1章から第4章では政治改革期の出来事について内閣ごとに見てきた。そして第5章では政治改革後の日本政治の一つの帰結としての第3次民主党の結党に至る過程とその過程で起きた事実の意味について確認した。そして、ついに政権を獲得し崩壊した民主党政権についての検証を主要政治家と政治学者及びジャーナリストなどに分けて検討した。
　そして、前章においては政党制と選挙制度についての基本的な議論を行う中で、日本において、なぜ、政治改革時において期待された意味での二大政党制—その二大政党制には2つのイメージがあったわけだが、その両方という意味である—が成立しないのかについて考察した。ここまでの章で論じてきたことを最初に簡単にまとめておきたい。そして、序章で設定した問いについて、ここまでの章で明らかになったことから回答を示したい。

1　政治改革期のまとめ

1-1　政治改革の始まり—後藤田正晴と小選挙区制—

　まず、1990年代の政治改革はなぜ、始まったのかである。目に見える事実関係からいえば、リクルート事件が引き金となって始まった。金権腐敗政治をいかに断ち切るかということが当初の課題であった。宣言したのはリクルート事件の発生時の首相であった竹下登であった。89年がまだ昭和64年だった1月上旬、竹下が正式に表明する。
　しかし、竹下自身はそれ以降、自らは具体的に政治改革に取り組むことはなかった。[1] 竹下が政治改革の進め方について事実上、一任したのが後藤田正晴で

あった。その時、竹下は後藤田に対し、武村正義を部下として使うことを命じる。そして、後藤田が責任者として自民党内で政治改革論議を始めた。その舞台となったのが政治改革委員会であった。この委員会には直接、竹下は影響力を行使しなかった。

　武村は後藤田を助け、政治改革の骨格をまとめて提言した。武村が後藤田に改革案の骨子を提言したのは元号が平成に変わった日であった。武村はリクルート疑惑の起きた88年の夏にユートピア政治研究会を自民党内で主催し、同年、12月には総裁の竹下に選挙制度改革を提言していた。ここだけを見れば、武村が最初に選挙制度改革を唱えた政治家と考えることも可能だが、実際には武村らのユートピア政治研究会が提言を行う前に後藤田は、88年に刊行した著書の中で選挙制度改革の必要性と政権交代の必要性を説いていた。そして、後藤田は88年に著書を刊行した時点で既に、自身は以前から小選挙区制論者であったことを明らかにしている。

　後藤田は田中角栄内閣の官房副長官（政界転出の前で事務担当）の時に一度、田中の命令で小選挙区制導入を研究し、選挙区の区割りまで行ったことがあった。この時に検討されたのは、単純小選挙区制であったが、自民党と野党とマスコミの大反対から田中は断念し、その後、選挙制度改革が政治日程に上ることはなかった。そして、この経験から後藤田は小選挙区制を導入する時は野党の賛同も得るために何らかの形で比例代表制も加味したものでなければならないとの考え方を持つようになった。そして、後藤田同様に旧内務官僚であった奥野誠亮なども同じ認識を持っていた。この辺りは政治改革「前史」である。

　後藤田はリクルート事件とは関係なく、それ以前からやがて中選挙区制は変更すべきであるという考え方を持っていた。そして、その理由は２つであった。１つ目は中選挙区制は自民党内の候補間での争いが激しく、同士討ちが起こり、それが金権政治の温床となっていることであった。もう１つの理由は、当時の中選挙区制度では政権交代が起きないということであった。事実は、単一保守党たる自民党の支持者が多いから政権交代が起きなかったにもかかわらず、中選挙区制度が自民党一党優位を生み出している原因だとの議論が進められた。

　そして、後藤田が中選挙区制を忌み嫌った理由は、自身の選挙での体験による金権政治への嫌悪感もあったのではないかというのが本書の見解である。後

藤田は戦前の旧内務官僚の視点から、非現実的な社会主義的な政策を掲げる政党が議会内勢力として残っていることを好ましくは思っておらず、特に安全保障や外交については、ほぼ共通の土台で議論ができる二大政党が存在することが好ましいと考えていた。

後藤田の主導した自民党政治改革委員会の『政治改革大綱』は、自民党の内部文書でありながらも、自民党の一党支配が続くこと、政権交代が起こらない体制を本質的に望ましいことではないという内容の記述があることをもって、今でもこの文書を高く評価する者は多い。

その代表的な論者はこの時期、自らも選挙制度改革に携わった学者たちであるが、この時期には改革論議に加わっていなかった若い世代の政治学者にすら、『政治改革大綱』の画期性を評価する声がある。ここまでが前史と政治改革論議が始まるまでの出来事である。

そして、竹下内閣の時期に第8次選挙制度審議会の設置が決まった。自民党の政治改革委員会での議論が政府の審議会での議論に拡大された。第8次選挙制度委員会の設置が決まったのは竹下内閣時であったが、実際に始動したのは宇野内閣時であった。第8次選挙制度審議会の設置は表向き竹下の意思で行われている。

だが、竹下が選挙制度改革には、実際には消極的であったことを考えれば、第8次選挙制度審議会の設置を最初に着想した人物までは分からない。本書では後藤田が竹下に進言したことによって竹下が決断したのではないかという推論を行ったが、そこは不明である。政治改革そのものを竹下に進言したのは平野貞夫であった。

1-2　海部内閣期―冷戦の終結と国内「改革派」の台頭―

宇野宗佑内閣時に発足した第8次選挙制度審議会が実際に始動したのは海部俊樹内閣時であった。この時期に前面に出てきたのは自民党幹事長に就任した小沢一郎であった。この時期、表向き見えにくいことが起きた。まず、第8次選挙制度審議会が衆議院に小選挙区比例代表並立制を導入すべきだという内容の『答申』を海部に提出した。そして、海部内閣はこれを3つの法案にまとめた。『答申』の内容は、自民党『政治改革大綱』と基本的な方向性は同じもの

であった。

　自民党政治改革委員会を主導した後藤田と第8次選挙制度審議会の会長を務めた小林与三次は2人とも戦前の旧内務官僚であった。戦後、小林は自治官僚からマスコミ界に転身。この時期には小林は旧内務官僚の経歴とともに読売新聞のトップに上り詰め、日本のマスメディアを代表する立場にあった。自民党政治改革委員会と第8次選挙制度審議会は別の会議体であったが、底流ではつながっていたと考えるのが順当である。そして、平野貞夫の回顧にあるように、実際に第8次選挙制度審議会の『答申』には、後藤田の密命を受けた小沢とさらに小沢から相談を受けた平野が関与している。

　そして、海部は『答申』を法案化してその成立を目指した。だが、海部自身は最後まで、自身の信念からではなく、半信半疑のまま、役割としてこの法案の成立を目指した。これは海部の微妙な立場とも関係があった。海部はリクルート事件の批判を受けて、自民党の人気回復のために「弾除け」として首相（総裁）に据えられたためであった。だが、海部を首相に据えた有力者の間に権力闘争が起きた。このことが海部をさらに微妙な立場に追い込んだ。[2]

　当時「政治改革」の意味するものの本質は選挙制度改革であった。政治資金規正という柱もあったが、事の重要性からいえば選挙制度の変更は他の全ての改革とは比較にならないほど大きなテーマであった。海部は第8次選挙制度審議会『答申』を法案化した海部3案の成立を図るがこれに失敗した。理由は野党の反対以前にそもそも、自民党内で反対派の方が多かったからである。

　なぜ、反対派の方が議員全体では圧倒的多数であったにもかかわらず、『答申』の法案化と法案の提出まではこぎ着けることができたのか。これは海部内閣時の自民党内での議論が全て強行突破されたからであった。自民党内での党内手続きは総務会での決定に至るまで、何度も強硬的な手法が取られた。無理がたたり、実際に国会に提出された海部3案は自民党内で猛反対に合う。そして、海部は総裁任期が切れる頃、小選挙区制導入反対派が多数の宮沢喜一、三塚博、渡辺美智雄の3派閥によって再選断念に追い込まれた。

　この時期に「改革派」と「守旧派」という言葉がマスコミから出てくる。「改革派」とは選挙制度改革に賛成するものであり、自ら血を流すことを覚悟した勇気のあるものだというイメージが形成され始めた。しかし、この時期、

実際に自民党が二分して「改革派」と「守旧派」に分かれて争っており、「改革派」が敗れたというのは一面的な見方に過ぎない。事実は「改革派」と称した勢力は少数派であり、「改革派」の間にも、共通の目的や合意は存在しなかった。

しかし、海部内閣の時期には、自民党内の選挙制度改革への賛否をめぐる議論とは別の文脈での改革論議が盛り上がってきた。原因は米ソの冷戦が終結したからである。このことの余波が日本にも迫ってきた。このことから、小沢を中心とする自民党内の「改革派」が最初に登場する。その小沢は選挙制度改革を提唱していたが、小沢にとっての選挙制度改革は、それ自体が目的なのではなく、自らの提唱する改革をスムーズに進めるための方法であった。

一方、海部内閣時に行われた総選挙で初当選した社会党の中からも55年体制時の社会党を批判的に見て行動するグループが登場した。そして、この時期、選挙制度改革（小選挙区制の導入）への賛否という問題から、55年体制への是非をめぐって「改革派」と「守旧派」との綱引きという枠組みがメディアを通じてはっきり見える形となってきた。

その議論はやがて、55年体制の最大の特徴は政権交代がないことであったから、政権交代を可能にする体制を生み出すためには、選挙制度改革が必要であるという論理に進展した。その理屈はさらに説得性を増し、「改革派」は55年体制に挑戦するものという構図が次第にはっきりし、「改革派」はすなわち選挙制度改革を推進するものだというムードが醸成され始めた。民間政治臨調の前身となる「政治改革に関する政党と民間各界の連絡会議」（通称：政治改革フォーラム）などは、この考え方を社会に向けて積極的に広めていった。

1-3　宮沢内閣期―経世会の分裂と「改革派」の乱立―

海部の退陣後、宮沢が首相に就任した。宮沢は海部の宿題を引き継いだ。宿題は外交においてはPKO、内政においては政治改革であった。この時期、さらに状況が複雑に変化した。まず、自民党最大派閥であり海部、宮沢両政権の生みの親となった経世会（竹下派）が分裂したことであった。分裂の原因は最大の実力者であり小沢の後見人の金丸信の失脚であった。金丸の失脚を機に、経世会は分裂した。既にこの時までにも、キングメーカー同士の金丸と竹下の

間にも深刻な確執が起こっていた。

　金丸の失脚後、小沢は竹下との確執を深める。小沢は派閥内での権力闘争には敗れたが、闘争の舞台を派閥レベルから自民党全体に拡大する。そして、さらには野党や労働界を巻き込み、政界全体に闘争を拡大していった。この時の旗印が「改革」であった。理念は『日本改造計画』に発表されていたために小沢を「改革派」と考える人々が増えていった。

　最大派閥の分裂は、経世会の顔色を見て政権運営を強いられていた宮沢に有利に動くかとも思われたが、そうはならなかった。宮沢は経世会の権力争いとは冷静に距離を置いていたが、経世会の権力争いと分裂後の闘争が小沢によって「改革派」と「守旧派」の闘いという構図に設定されていったことにより、宮沢も大きな影響を被ることとなった。

　この時期の特徴は「改革派」の乱立であった。経世会の後継争いに敗れた小沢は羽田孜を担ぎ「改革派」を標榜する。だが、「改革派」はそれにとどまらなかった。代表的な「改革派」には自民党の外から日本新党を結党した細川護熙、自民党内では後藤田の委員会で改革案を提言し、小沢とは一切の交流のなかった武村、そして労働界の再編から野党再編に乗り出した連合の山岸章、そして山岸と連携する江田五月らであった。

　「改革派」の乱立は旧来の自民党と社会党を「守旧派」と位置付けていくこととなる。この流れの中では宮沢がいかなる法案を提出しようが「改革派」と見なされることはなかった。宮沢は本来、国家から政党助成金を引き出すことと引き換えに衆議院の選挙制度を小選挙区制に変更することに反対であったが、時代の空気には抗えなかった。

　一方、社会党はもっと困難な状況に陥っていった。世界的に社会主義の敗北が明らかになる中でも、社会党はこの時期までにまだ社会主義を掲げる党内最左派（社会主義協会）を一定程度抱えていた。このことから、社会党は党そのものが時代遅れと見なされていた。そのような状況の中で社会党からも新人議員、右派、中間派、現実的な範囲内の左派から、生き残りをかけて「改革」を標榜する動きが出てきた。この文脈で登場したのが山花貞夫であった。

　しかし、時代の流れは社会党の「改革派」には有利に働かず、政界再編の主導権を握った「改革派」は保守勢力内部から登場した。大きな原因の１つはや

はり社会党が党内改革を長く怠っていたことであった。このことは80年代に遡ってその原因を考えなければならない。仮に冷戦の終結までに社会党の現実政党化つまりは、完全な西欧社会民主主義政党化が実現していれば、その後の社会党のたどった道筋も違ったものとなっていたであろう。そして、90年代の政治改革論議とその後の政界再編も全く違った様相のものとなったであろう。

　宮沢内閣期には「改革派の野合」ともいうべき現象が起こった。まず、宮沢内閣期の末期から次の細川内閣誕生までの過程で小沢（羽田）の勢力と連合の山岸は手を結ぶ。だが、この両者はそれぞれ別の敵と闘ってきた者同士という共通点以外には何も共通点はなかった。

　もう１つ明確に違いがあったのが小沢と武村である。この２人の志向の違いは細川政権が成立してすぐに表面化することになり、細川政権が短命に終わったこと、そして、その後の「自社さ」政権誕生にまでつながる。そもそも、武村は自民党内で政治改革論議が始まった時から否定すべき最大の勢力を田中派の中枢にいた小沢だと考えていた。

　小沢と武村は同時に「改革派」を名乗ったが、自民党時代に幹事長を経験していて経世会の中枢にいた小沢と当時、知事を経験していても安倍派の当選３回の議員に過ぎなかった武村は同志ではないどころか、同格ですらなかった。[3]

1-4　細川内閣期―理念なき「改革派」による野合政権―

　93年の総選挙後に成立した細川政権は、自民党を離党した羽田・小沢の新生党を中心に55年体制時の共産党を除く全ての野党と細川、武村が組んだ政権であった。細川の爽やかなイメージと日本新党の政界進出の鮮やかさから、細川政権の誕生は新時代の登場を印象付けた。何といっても38年ぶりの政権交代と自民党が野党に転落したという事実が衝撃的であった。日本新党の当選者は、55年体制での自民党も社会党も経験していない若者であったことから、確かに時代の変わり目を感じさせた。

　民主党政権を担った主要政治家である前原誠司も枝野幸男もこの選挙で当選しているし、93年の選挙での当選者がその後の日本政界で果たした役割は大きなものがあった。彼らは保守政治家であっても自民党の金権体質とは無縁であり、また「非自民」であっても社会党左派のような非現実的な外交・安全保障

政策は掲げていなかった。その意味で、確かに冷戦終結後の日本政治で大きな役割を果たした。

しかし、日本新党当選組は一定の評価ができるとしても新生党はどうであっただろうか。自民党を離党したというだけであって、彼らは自民党と大きな違いはなかった。さらにいえば新生党は自民党を離党して結党された政党だが、自民党から派閥横断的な「改革派」が集って離党したわけではなかった。

細川政権は確かに歴史に名前を残す政権となったが、その実、政権発足前に合意されていた並立制の導入を行っただけであり、それ以上の成果は残せなかった。そもそも、残せなかったというよりも、細川政権の本質は「非55年体制」政権であるということだけであった。海部政権と宮沢政権でできなかった選挙制度改革以外に政権に参加した各政党間に結節点がなかったからである。

しかも、この細川政権が選挙制度改革に成功したのは、自民党も最後は妥協したからであり—実際には連立与党が自民党案に近付いたのだが—、この時期には、並立制に賛成することをもってして「改革派」というのであれば、共産党以外の全てが最後は「改革派」となっていたのであった。

つまり、一見、細川政権が改革派政権に見えるものの、この時期には自民党も社会党の大半の部分も「改革派」と化していたのであった。社会党には最後まで抵抗した勢力も存在したが、山花が社会党の連立政権への参加を決めた時点で、社会党もそれまでの主張であった併用制を捨てて並立制に舵を切った。さらにその次の委員長に就任した村山富市も山花路線の継承を確認して委員長に当選した。

このように見てくると、90年代初頭の日本政治は、「反55年体制」を標榜する人々が「改革派」であったことまでは間違いない。しかし、政治理念や政策内容をめぐっての「改革派」と「守旧派」が闘争したわけではなかった。この時代、55年体制を崩壊させようとする人々は、選挙制度改革を目指した。

そして、選挙制度改革を支持するものが正義であり、それに抵抗するものは悪であるという議論が延々と展開された。このような時代状況の中、中選挙区制を擁護するものは、そのまま55年体制を擁護するものと同義とされた。そこに冷戦終結後の保革対立をどう乗り越えるかという「改革論議」が加わってきた。「改革派」がいずれも選挙制度改革の推進者であったことが本来は複雑な

議論を単純化させてしまったのであった。

そして、「改革派」か「守旧派」なのかという議論が5年以上も続いたが、結局はどの時期に小選挙区制導入を受け入れたのかの違いがあっただけである。そして、後で受け入れた勢力ほど、「守旧派」というレッテルを貼られた。最初は小さかった「改革派」が最後は政界のほぼ全ての勢力を席巻したといえば聞こえは良いが、実体はかなり異なっていた。

最後まで理解が難しい部分は、なぜ、細川政権の成立前の段階で、それまで並立制には反対で併用制を主張していた（55年体制時の）野党勢力が小選挙区主体の選挙制度を受け入れたのかということである。その理由は、この時期には社会党以外の野党は、自党の存続を前提としなくなっていたからであった。

それでは、自党の存続を党全体としてはまだ前提としていた（解散を前提として55年体制時代の野党でまとまると決めたわけではなかった）社会党までもが、小選挙区主体の並立制を受け入れたのはどうしてなのか。これは1つには、選挙で敗れたにもかかわらず、連立政権にも参加しないという選択肢が実際には当時の山花執行部にはなかったからであった。社会党は何らかの展望があって並立制を容認したのではなかった。社会党は限られた選択肢の中から現実的ではあるが、展望のない消極的な選択をするしかなかった。

また、もう1つ重要なことは、既に社会党は93年の総選挙の敗北後、党全体としの統一した意思を持つことすら不可能になっていたという事実である[4]。つまり、細川政権が樹立される前後の時点で、社会党では分裂が始まっていたのであった。この点、公明党や民社党の方がまだ、自党の消滅を前提とした政界再編論とはいうものの、一致して先の見通しを持ち始めていたといえる。

2　政治改革論議の本質とは何だったのか

2-1　その後の20年―「非自民」と「反小沢」―

次にその後の20年である。端的にいえば「政治改革」は、日本政治に何をもたらしたのかということである。政治改革後の20年は、一貫して自民党に対抗する二大政党制の確立が模索された。これは小選挙区制が中心の選挙制度となったことによって、当初の掛け声どおりに政権交代可能なもう1つの政党の

誕生が求められたからである。

　しかし、物事は簡単に進まなかった。それは、非自民の結集さえうまくいけば良いというものではなかったからである。共産党はこの政党再編の流れには一切、加わらなかったので、繰り返された政権の受け皿づくりは非自民非共産勢力の結集であった。だが、非自民非共産勢力の結集が目指されただけであれば、話は簡単であった。厳密にいえば、政治改革後の日本政治は「非自民」と「反小沢」の2つの対立軸が絶えず存在しながら推移した。この部分こそが、この20年あまりの日本政治の本質なのだが、充分には分析されていない。

　最初の非自民勢力による政権は細川政権であった。これは小沢が主導した。しかし、程なく小沢の主導する細川・羽田の両政権は崩壊した。続く自社さ政権は55年体制の仇敵であった自民党と社会党の連立政権であった。この政権の本質は「反小沢」政権であった。最初に社会党委員長村山が首相となり、次に自民党の総裁橋本龍太郎に首相の座は移った。自社さ政権の時に非自民勢力は小沢を中心に新進党を結成してまとまる。だが、程なく新進党も分裂して解党する。この時の主要因は小沢と公明党（創価学会）の確執であった。

　その後、少数派となった小沢勢力は、一度は自民党との連立に踏み切る（自自公連立の小渕恵三政権）。だが、小沢はまたしても自民党との連立も解消し野党に転じる。この時期、非自民勢力かつ反小沢勢力でもあった人々は96年に第1次民主党を結党し（鳩山由紀夫と菅直人の2人代表による）、さらに新進党の解党後、新進党参加者の中の反小沢勢力を結集して第2次民主党が結党された。この時点では小沢は少数勢力に追い詰められており、非自民勢力は小沢抜きで結集していくかに見えた。

　だが、その後、小沢の率いる自由党は第2次民主党に合流し、「民由合併」によって民主党は拡大して第3次民主党となった。この状況によって反自民の主たる勢力が再び小沢を含む勢力となった。これは新進党以来の出来事であったのだが、新進党との違いはこの政党には公明党勢力が参加していないことであった。非自民と反小沢という政治勢力を分ける軸は93年に小沢が自民党を離党してから、2009年に第3次民主党が政権を獲得するまで常に存在し続けたのであった。

　非自民勢力が一貫して1つにまとまり切れなかったのは、小沢に対する拒否

感が常に非自民勢力の側にも存在したからである。しかし、一方、非自民勢力も小沢を完全に無視し切れなかった。それは絶えず小沢が一定の勢力を確保しながら、激しく再編期に動いたからであった。

第３次民主党の結党と09年の政権交代でこの非自民勢力が一本化したかに見えた。だが、そうではなかった。政権を獲得した民主党内では引き続き親小沢と反小沢の対立軸が存在し、民主党はまたもや小沢をめぐって分裂した。民主党から首相を輩出した３つの政権のうち小沢の主導した政権は最初の鳩山政権のみであり、続く菅政権と野田佳彦政権は民主党内の反小沢政権であり、野田政権の時に民主党は分裂し、小沢はまた離党した。そして、小沢を党外に追いやった民主党そのものが政権を失い下野するに至った。

だが、この後もまだまだ再編は続く。非自民であり反小沢勢力の中から、非民主党勢力ともいうべきみんなの党や日本維新の会が国政に進出した。しかし、やがて非自民、反小沢、非民主ともいうべき勢力も行き詰まり、政権から滑り落ち小沢もいなくなっていた民主党とこれらの勢力が合併した。それが16年３月末の民進党である。

これが政治改革後の20年余りの日本政治の動きであった。実体は、最後は小沢まで巻き込んで、民主化を成し遂げた20年などとは程遠いことが理解できるであろう。09年までの野党再編の過程が、誇らしい「民主化の過程」などというものではないことは明らかである。

一貫して小沢は非自民勢力の政治家たちにとっても、常に心許せる味方ではなかった。場合によっては、自民党以上に小沢を嫌う人々によって何度も小沢勢力との闘争が繰り広げられた。ここで改めて確認したいのは、政治改革後の20年余りの日本政治は、単に野党側の非自民勢力の結集にのみに費やされた時間ではなかったということである。底流には絶えず親小沢か反小沢かの闘争が繰り広げられていた。このことは90年代の初頭には読み切れないことであった。

2-2　民主党政権の失敗の本質

政治改革の１つの帰結が、第３次民主党の結党と、09年に起きた自民党から民主党への政権交代であった。だが、これもまだ政界の流動化の１つの現象に過ぎなかった。なぜなら、民主党政権が短期間で失敗に終わったからである。

93年の経世会の分裂以降、絶えず日本政治の底流にあった、親小沢か反小沢かという軸は、「民由合併」による第3次民主党にも持ち越された。

民主党政権失敗の原因は様々な政治家や政治学者らが検証しているが、小沢自身を除く殆どの論者は、その失敗の原因を小沢に求めている。民主党政権の失敗の原因として最も多くの政治家と政治学者らが挙げたことは、小沢の政治手法とともに09年の政権交代の直前に小沢の主導で作られた衆議院選挙のマニフェストとそれに先立つ『マグナカルタ』と呼ばれた政策の基本方針が「バラマキ」になっていたという部分である。

では、仮に小沢という政治家がいなければ、93年以降の日本政治はどのように展開したのだろうか。小沢がいなければ、非自民勢力の結集は比較的、分かりやすく進んだのかもしれない。しかし、それでもその結節点はそう簡単ではなく、非自民勢力が第2保守党なのかという大きな問題は残ったであろう。野党第1党の結集を進めれば、必ずこの問題には直面したはずである。

そして、日本の政治土壌から考えれば、再編の過程で非自民勢力も第2保守党の色彩を濃くしていったことまでは容易に予想される。そのように大きく考えれば小沢という個人が存在したか否かは、事の本質にはかかわりがなかったかもしれない。

だが、実際にはそうとも言い切れない。なぜならば、小沢に批判的な政治家や政治学者らは、小沢さえいなければうまくいったと主張しがちなのだが、現実に戦後日本社会で起きた非自民勢力への政権交代は2回とも小沢が主導したからである。最初が細川政権の誕生であり、2度目が09年の鳩山政権の誕生である。やはり93年の政権交代も09年の政権交代も小沢が主導した以上、この問いを立てることは不可能である。小沢がいたからこそ、この20年あまりの混迷も2回の自民党から非自民勢力への政権交代も行われたのである。したがって、非自民勢力の結集に肩入れしてきた人々も、小沢の部分だけを批判して済ませるということは責任逃れといっても良いだろう。

そもそも海部内閣期に動き出した小沢がいなければ、その後の政界再編もなかったのである。そして小沢が93年に自民党を割らなければ非自民細川連立政権の樹立もなかったのである。さらには小沢が「民由合併」後に民主党を率いなければ09年の鳩山民主党政権への政権交代もなかったであろう。

終　章　政治改革論議の本質と再考すべき政党制の問題

　非自民であるが同時に反小沢でもあるという政治家の理屈も理解できなくはないのだが、そもそも小沢がいなければ戦後わずか2回しか起こっていない自民党から非自民勢力への政権交代はなかったという事実を重視すれば、小沢さえ批判すれば良いという議論はどのように考えても無理が残るのである。

　そして、民主党政権の失敗の原因はもう1つあるというのが本書の結論である。あまりに90年代以降、小沢だけが目立ったので小沢に全ての責任を帰着させる議論が主流であるが、既に指摘したように、非自民でありながら反小沢であった政治家たち―特にその中でも市民派や社会民主主義者ではない保守政治家―が実のところ何を目指していたかが判然としないからである。この視点からの議論は現在まで、殆どなされていない。

　民主党政権の失敗を検証する議論は政治家も政治学者らも、民主党の統治能力の幼稚さと小沢の特異さしか検証してはいないのである。統治能力の幼稚さや官僚を敵に回して意識決定から締め出し、政務三役だけで政策決定をしようとした部分の批判や反省が語られるが、それはあくまでも「技術論」であって「本質論」ではない。官僚との関係、政官関係、政権の意思決定の問題は大きなテーマではあった。だが、大きなテーマではあっても、日本社会そのものをどう変革するのかという部分の議論はまた別になされるべきであった。

　民主党政権の検証には、野党時代には一致団結していた民主党が、政権を獲得した途端にそれぞれのグループのエゴが全面に出て、政権運営が行き詰まったという評価が多く存在する。だが、民主党政権の失敗は本質的にはそのような検証では済まされる問題ではない。事の本質は、野党時代に詰めた議論を回避してきたことのつけが政権獲得後に一気に噴出したということなのである。

　そして、さらに言及すれば、野党時代に本格的な議論を避けたのは、既に野党時代に、民主党は1つの統一された政党とは言い切れない雑多すぎる勢力を抱えた政党になってしまったからであった。そして、その理由こそが、90年代に導入された小選挙区制度による「政権交代可能な二大政党制運動」ともいうべき誤った「思想運動」または「政治運動」といっても過言ではない運動の帰結なのであった。

2-3　政党制と選挙制度について

　政党制と選挙制度については第6章で論じた。現在でも二大政党制に向かうのか、多党制になるのか、今は二大政党制に向かう過渡期なのか、もう過渡期という説明では対処できないのかという議論が存在する。様々な議論が存在するが、本質的に的を外した議論があるので、それについては指摘しておいた。

　それは、選挙制度改革後、二大政党制が確立しなかったのは、国会レベルでは政党本位が実現したが、地方議員まで巻き込んでの政党本位が確立されなかったからであるという議論である。これは現実の政党組織—特に第2次から第3次民主党—を理解していない論者の見解である。現実には国会レベルでも政党本位は確立されていなかったし、地方議員も含んでのマルチレベルでのパッケージに基づいた政党ラベルなどできようはずもなかったのである。

　現行の選挙制度自体が、二大政党制と一強多弱の両方を生み出す論理を内包しているという説もあることも検討した。この説については、筆者は説得力があると考えるし、現行の制度を続ける限り、何かの原因でまた二大勢力による二大政党らしき状況が生まれることまでは否定できないと考える。と同時にかなりの長期間にわたって自民党の一強体制が続き、この制度の下でも野党の分裂により長期間にわたる一党優位制が復活するのかもしれない。だが、どちらに転んでも本質的な問題は解決しない。どちらの現象が起きても選挙も議会政治もほとんど機能が停止された状態が続くからである。

　それは先に確認した通り、現行の選挙制度によって導き出される二大政党は、何らかの意味で期待される本当の意味での二大政党にはならないからである。二大政党にも保守二党制と西欧型の保守党と社会民主主義政党による二大政党制がある。前者の代表がアメリカであり、後者はイギリスである。だが日本ではどちらにもならない。

　その理由は第3次民主党とその後の民進党に見られるように、非自民という勢力には中心となる価値観が存在しないからである。また第2党を統一する価値観は議論すればするほどに構築していくことができないからである。本書では戦前に短期間だけ実現していた二大政党制時代についても考察した。戦前は男子普通選挙制が導入されても、無産政党が二大政党の一角を占めることはなく、基本的に大きな違いのない政友会と民政党の保守二党制になった。そし

て、戦後、1955年に保守勢力が一堂に結集したのが自民党であった。

したがって、そもそも自民党が突出して強い勢力を誇っていたのは中選挙区制に原因があったのではなく、戦後、議席を得た革新派に対抗するために、保守勢力が全て大同団結したからであった。しかし、この議論は90年代にはなされなかった。戦前と戦後の継続している部分は日本社会においては圧倒的に保守勢力が強く社会民主主義勢力が育たないということ、戦後起きた変化は、戦後改革によって3分の1程度は非保守勢力が議会に議席を得たことであった。

さて、当時も現在も指摘する者はいないのだが、後藤田や武村らが90年代に志向したのは、「3分の2」の力を潜在的に持つ自民党が候補者の数を選挙が始まる前の段階において「2分の1」まで減らすことであった。このことは当時も今も誰も指摘していないが、まさにこれが政治改革論議の本質であった。自社体制を崩壊させるために自民党も選挙前に公認候補を各選挙区で絞るというのが後藤田の構想であった。

「3分の2」と「2分の1」は戦後日本においては、議会政治と55年体制の本質を考える上で重要な数字である。いうまでもなく「3分の2」は改憲発議に必要な議席で、「2分の1」は過半数である。本来、潜在的に自民党が支持基盤として持っていた「3分の2」程度を捨てて、選挙前には「2分の1」を擁立すれば良いと割り切ったのが後藤田の発想であった。このことが当時も改革後の20年も指摘されていないのは不可思議である。だが、このことを理解しなければ、なぜ、二大政党制がうまくいかないかが理解できないであろう。

「3分の2」と「2分の1」は「6分の4」と「6分の3」である。要は本来的には保守勢力の支持者の票が余っている状況にもかかわらず、自民党の公認候補を「6分の4」擁立することを避け、立候補段階で「6分の3」人程度に絞ることを目指したのが自民党『政治改革大綱』の本質であった。したがって、『政治改革大綱』は、自民党が政権を失うかもしれない可能性に言及しているので勇気ある歴史的文書などという評価は的外れな評価である。実際には、この文書は自民党内での争うことを選挙の本番前に解決しておくことによって「同士討ち」を避けるという発想から出たものといってもよい。

そして、当時の後藤田や伊東正義を支持した自民党若手議員は「勇気ある改革派」などというのではなく、自身の当選を確実にしようという自己保身から

小選挙区制に賛成したものも多かったのである。しかし、自民党内の権力闘争の中で小沢がそれを利用し、武村も小沢のみを「改革派」と認めるわけにいかず自身も「改革派」を名乗りたいがために自民党を出ていくこととなった。

　元々、自民党に入り切れない保守政治家志望者は自民党の外側に政党を作れば良いというのが後藤田の基本的な考え方であり、それを動乱の中で実際に実行したのが小沢（羽田）と武村であった。それゆえに自民党に入れない広義の保守政治家と元々、「3分の1」以上は伸びないが、一定の支持基盤を保っていたリベラル系勢力はまとまらざるを得なかった。これが、政治改革後の20年間に起こったことであった。この視点で考えれば、何度も試みられた野党第1党の性格と分裂の理由も理解できよう。

　このような大きな日本の政治構造についての議論も90年代の政治改革論議の中では議論されることがなかった。そして、そのことから、90年代の政治改革論議においては、政権交代の必要性を論ずる者の誰もが、自民党に対抗する政党のイメージを明確に描き切れなかった。勿論、個々には様々なイメージが描かれ、実際に再編が試みられた。だが、二大政党制といった時に最も基本的な議論はなされてはいなかったのである。この問題は今日なお、正面から議論されないまま、場当たり的なマニフェスト選挙が繰り返されている。

　最も基本的な議論とは、自民党に代わりうる政党は、自民党とどこが同じでどこが違うのかということである。端的にいえば、自民党と同じ政党をもう1つ作ることを目標とするのか、かなり色合いの違う政党を非自民政党の結集軸とするのかということである。現実的には、自民党から出てきた改革論議は保守二党制を想定していた。後藤田にしても伊東にしても、さらには当時の小沢にしても、「自民党が政権を失うかもしれない」ことまでは想定しても自民党に対抗する政党として、西欧型社会民主主義政党を想定してはいなかったことは間違いがない。

　特に90年代の小沢の改革論はその後の橋本行革や小泉構造改革を先取りするような内容の政官関係の改革と新自由主義的な経済構造改革を想定していた。長老の後藤田や伊東は政界再編論には加わっていないが、後藤田の著書からは当時の野党の現実政党化も想定しつつも、保守二党制を想定していたことが理解できる。

終　章　政治改革論議の本質と再考すべき政党制の問題

　一方では、西欧型社会民主主義政党を日本に根付かせることを模索していた山岸や江田もいたが、彼らが二大政党の一方の雄になることを想定しても、現実には日本の戦後政治における総体としての保守勢力の大きさから、それは無理な想定であった。ここで詰めた議論が本来は行われるべきであったのだが、自民党を離党した小沢（羽田）と山岸や江田らの間でそのような議論がなされなかったことが、細川政権での「改革派の野合」につながった。

　また、同じ自民党から出てきたもう１つの「改革派」であった武村も小沢とは異なった路線を示したものの、二大政党のイメージまでは言及しなかった[5]。このように政権交代の実現ということだけは90年代の初期から語られていたのだが、どのような政党が自民党の受け皿になるべきかという議論は一度もまともにはなされなかったのであった。

3　再考すべき政党制の問題

3-1　序章で提示した問題への回答

　さて、ここまでは前章までの記述を振り返ったが、序章で提示した問題について回答を示していきたい。まず、どうして、90年代には「改革派」と「守旧派」が激しく闘争し、政治改革をめぐって政界再編が起きたという単純な「歴史観」が多数派になっているのかということである。これが本書の最初の、そして根源的な問題意識である。

　結論を述べれば、政権交代が起きないことが諸悪の根源とされた90年代の政治改革論議の中で、その主要因が中選挙区制に求められたからであった。政権交代が起きる政治体制を構築することが「改革派」であり「善」なる勢力であり、そのために、具体的な「改革派」とは自分も血を流す覚悟で選挙制度改革を行う覚悟をしたものであるという理屈が安易に広がったのであった。

　だが、これまでに何度も言及したようにこれは極めて一方的な見方であった。現実には自民党内で「改革派」と「守旧派」の真摯な議論などは存在しなかった。実際に存在したのは、小選挙区制による政権交代可能な体制の構築が政治改革であるという思想に、一方では選挙基盤の軟弱な若手議員が賛同し、一方ではこれを自身の権力闘争に小沢が利用したというのが偽らざる事実で

あった。仮に選挙制度改革に賛成し、最終的には小選挙区制に賛同した人々皆を「改革派」とするならば、政界は93年の時点で共産党以外は全部の勢力が「改革派」となったのであった。このように考えれば、そのような「改革派」には何一つ積極的に評価する意味合いはなかったということになる。

また、現在の「常識」は正しいのだろうかというのが序章で提示した問いである。いうまでもなく、この「常識」は正しくない。このような言説が今日では既に「常識」と化したのかという本書の大きな問いへの答えも既に出ている。歴史記述から明らかなように、冷戦の終結を背景にして、様々な「改革論」が宮沢内閣時に出されてきたが、──そのこと自体には充分に意味のあることであったが──彼らのように55年体制を否定し、「改革派」を標榜した勢力は小選挙区制導入を眼目とする選挙制度改革についてもセットで推進した。

このことから「改革派」とは選挙制度改革に熱心であった勢力、裏を返せば、政治改革（選挙制度改革）への賛否をめぐって政界再編が起きたという「常識」が作られたのであった。考えられる可能性としては、理念や政策内容において「改革派」であっても選挙制度については中選挙区制のままで良いという政治勢力が存在しても良かったのである。

事実、「改革派」であっても穏健な多党制を想定した細川やそこまで二大政党制を強固に主張したとまではいえない武村らもいた。しかし、中選挙区制のままでも良いという「改革派」勢力だけは存在しなかった。中選挙区制のままでも問題がないと考えていた宮沢や梶山静六は、政権構想や政治的見識や先見性とは別に、ただそのことだけで「守旧派」のレッテルを貼られてしまった。[6]

何らかの意味で55年体制を否定する「改革派」が須らく選挙制度改革つまりは二者択一の小選挙区制の導入による政界再編を結び付けて議論したところに、今日の分かりやすい「常識」が生まれた理由がある。この「常識」はその後も根強く生き続け、今日でも現行制度によって二大政党制を導き日本社会に根付かせることが理想だと主張する政治家や政治学者らによって信奉されて続けているのである。

3-2 改めて何が問題なのか

ここまでで論じてきたように本書は90年代の政治改革論議の結果、導入され

た現行の選挙制度には大きな問題があり、その選挙制度の所産として生まれた政治状況には極めて批判的な立場をとっている。ここで改めて、現代日本政治の何が問題なのかを論じておきたい。以下、5つに絞って論じたい。

まず1つ目であるが、現在の選挙制度では小選挙区制が主体となっているため、巨大与党の自民党に対抗する政党づくりが必ず進むが、反自民または非自民以外の結集軸はないためにその政党は理念・政策でまとまった体系を持つ政党にならない。野党第1党が大きくなればなるほどこの傾向は顕著になる。最大の失敗の事例は新進党と第3次民主党（その後継政党である民進党）であった。特に安保・防衛問題での一本化が難しいために必ず党内に対立を抱える。

2つ目は、政党再編は、わが国では国会議員（衆議院議員候補者）中心に進むだけであって、自民党に対抗する政党は非自民の候補者の寄せ集め政党になるだけである。中小政党は小選挙区制度で当選の見込みがないのだが、日常活動を熱心に行っている中小政党よりも実態のない第2党の候補の方が当選しやすい。今後もこの制度を続ける限り、野党の大同団結による新党が作られると、その政党は新進党や第3次民主党（その後の民進党）のような問題を潜在的に抱えざるを得ない。地域社会に根差していない議員政党が第2党になる可能性を絶えずはらんでいる。このようなことが議会政治の本質から考えて望ましいことであろうか。

3つ目である。そもそも日本の政治土壌から考えて、国民をあらゆるテーマで「二分」することは無理であるにもかかわらず、現行制度は「二大勢力」を前提に作られた制度であるから、これらの勢力は基本政策で似通ってきて、事実上政策体系の違いによる「選択肢」は示せず、ある政党による政権が失敗をした時に逆の党に票が流れるということ以上の選択肢を示せない。[7]

4つ目は、現行の選挙制度最大のデメリットにかかわる部分である。中小政党の得票は実力ほどには議席に反映されない。これは最初から指摘されていた死票の問題で宿命的な問題である。二大勢力に包含されないテーマを掲げて新党が結成され、その政党の得票が一定の有権者の支持を得ても得票率ほどには議席数には反映されないのである。死票の問題は元々指摘されていたが、有権者の政党への支持が議席に忠実に反映されず、圧倒的に第1党と第2党に有利な選挙制度それ自体の抱える問題は永久に解決されない。

5つ目である。宗教団体である創価学会の支持を受ける公明党勢力が厳然と日本社会で一定の勢力を持っている以上、元来、明確な意味での「二大政党制」は日本では成立し得ない。小選挙区制にすれば、無理やり二大勢力に自民党と人為的第2党を閉じ込めることになるから、創価学会・公明党はどちらかにつかざるを得ない[8]。

公明党は小選挙区では当選できないから候補者をほぼ擁立しないが、小選挙区制で勝てるかどうか微妙な自民党候補を応援することによって、事実上、自民党の議席の中に公明党支持者の票が入りこんでいるという状況が生まれている。だが、自民党と公明党は実際、全ての基本政策で一致できるわけではないし、特に安保・外交や憲法問題では溝がある。記憶に新しい15年の安保法制をめぐる審議の中では、支持者の創価学会員と公明党の選択との間で齟齬をきたす事態にまでなった[9]。

このようなことも、冷静に考えれば誰かが気付きそうなものであった。だが、政治改革期に、小選挙区制導入によって問題解決を確信する人々の間では、このような議論はなされていなかった。他にも多くの問題点があるが以上の5つの問題点だけでも、現行の選挙制度は見直すに値する大きな欠陥を抱えている。

3-3 制度改革の提言

今日の政治状況が生まれている原因は、制度の運用に問題があったのでもなく、有権者の意識に問題があったのでもなく、政党政治家の努力が足りなかったのでもない。必然的に今の状況が生まれたのである。

その現在の選挙制度によって民進党（17年秋に分裂）のような政党が生まれた。国民に実質的な選択肢を提示できない選挙が繰り返されること、そして見通せる範囲内では、ほぼ永久に野党第1党をめぐって離合集散が繰り返されることは大きな問題である。選挙によるドラスティックな政権交代可能な政党システムを諦めた上で、新しい政党制を模索する方が余程、生産的ではないだろうか。

そのために制度改革を提言したい。ここでは単純に3人から5人が定数のかつての中選挙区制に戻すことをそのまま提言しても良いのだが、それでは、工

終　章　政治改革論議の本質と再考すべき政党制の問題

夫がないので、以前の制度とは違った制度を提言したい。第6章で確認した小林良彰の提言も検討に値するが、小林の私案は選挙での得票をそのまま議席に反映させる画期的な案ではあるものの、投票率によって自然に定数が変わるなど、少し複雑な面がある。投票率の低い選挙区からは定数を減らすことにより自然に定数是正を常に行うという提言は確かに画期的ではあるが、筆者は定数については投票率にかかわらず、選挙前から決めておいた方が良いと考えるので、もう少し簡単な制度を検討したい。それは1区の定数が3人の中選挙区制である。

　この制度も決して新しいものではなく、かつて公明党代表の神崎武法らが提言したことがあった。また政治評論家の浅川博忠もその著書で提言している（浅川、2014年、212頁-217頁）。そして、浅川自身、この案は加藤紘一や渡部恒三、園田博之も賛成していたと述べている（浅川、2014年、212頁）。新しい案ではないが、この制度の導入によって、上述した現在の問題の多くが解決されると考えられる。小選挙区論者からすれば、改革を交代させる案だと評されるかもしれないが、多くのメリットが考えられる案である。

　新しく出てくる問題は第1党と第2党によるドラスティックな政権交代がなくなるという点である。このことについては、定期的に2党間での政権交代を絶対視する人々からはデメリットだと批判されるであろう。だが、90年代の「改革派の野合」以来、人為的に長い時間をかけて導き出された、理念なき野党第1党の存在こそ、現在の日本政治において健全な議会政治の発展を阻んでいると考える立場の本書は、政権交代可能な二大政党制という神話自体を明確に否定したい。この神話にとらわれ続けていることが、日本の議会政治と選挙の持つ意味合いを完全に破壊したのである。

　端的にいえば民進党という新進党や第3次民主党以上にアイデンティティが明確ではない国会内第2政党を生み出したこと自体がこの選挙制度の最大の失敗であった。16年に結党された民進党は自民党と経済や外交における基本政策も議員志望者の平均的な経歴もほとんど変わらない政党となった。96年の第1次民主党が志向していた市民派色はなくなり、一方、利権から遠いことをむしろ強みとして行革を目指し既得権益に切り込むという色も出せなくなった。

　現実に野党だという理由で無理をして野党色を出そうとすれば、保守勢力の潜在的支持者からは、自民党の受け皿とも見なされなくなり、大阪維新の会で

一世を風靡した橋下徹やその後の小池百合子のようなポピュリスト保守政治家には太刀打ちができない。目指すべき価値観によって結党された政党ではないから、そこまでの野党色も出せなくなる。だが、民進党は自民党のように日本社会のあらゆる部分に根を張った包括政党でもなかったことから、野党色を抑えたところで保守層には信頼される政党にはならなかった。

　一方、野党色を薄め保守化したことは、別の問題も引き起こした。この路線ではより根本的なレベルでの政権への批判者の期待には応えられず、さらには反体制や非体制的な意識を持つ有権者の受け皿にもなれない。このことから、民進党はかつての野党が辛うじて持っていた弱者への同情的な視点を失い、少数者の政治的受け皿として役割も果たせなくなっていった。

　選挙制度を再び変更することは実際に殆ど不可能に近いことではあろう。現実的には今後、数十年間、基本的な骨格としては現行制度が継続し、その枠内で数年に一度、一票の格差の是正をめぐって定数是正がなされるという程度であろう。だが、そのような状況を続ければ、先に指摘した問題が半永久的に続くこともまた確実であろう。

　そして、まだ当分は「二大政党制に向かう過渡期論」と「もはや過渡期というには説明がつかない論」が継続することも予想される。このことについては自民党政権が長く続けば続くほど、次第に「過渡期論」は姿を消していくだろう。このことから、小選挙区制を主体とした選挙制度を続けながらも政権交代が起きないことをめぐっての議論がまた研究者の間で活発になるだろう。一方、それに飽き足らない有権者の志向に合わせる小党が絶えず生まれては消えるという現象も起こり続け、そのことを批判的に論じる者も出てこよう。

　分裂したが、民進党のようなタイプの野党第1党は、自民党の批判勢力にもなれず、代替勢力にもなれず、絶えず存在価値を問われ続けるだろう。だが、再びそのような政党が結党された場合、その政党は滅亡するかといえば、滅亡しない可能性の方が高いであろう。なぜならば、選挙制度が小選挙区制主体であることだけが、このタイプの野党第1党の延命装置となるからである。小選挙区制主体の選挙制度を続ける限り、小選挙区においては自民党の候補者は1人しか出ないので、このタイプの野党ができても必ず党組織は形式的には残るからである。

終　章　政治改革論議の本質と再考すべき政党制の問題

　既に述べたことであるが、17年10月の民進党の分裂による立憲民主党の結党と、18年5月の民進党と希望の党の合併による国民民主党の結党で、当面は原理原則なき野党第1党作りは遠のいたように見える。しかし、また何時、「大同団結」論が台頭してくるかは分からない。

　この状況を起こさせない方法は選挙制度を変更し、日本においては比較的理想に近いと考えることの可能な穏健な多党制を導き出すしかない。以下、本書が提案する選挙制度への変更によって穏健な多党制を導くことのメリットを論じて終章のまとめとしたい。

おわりに

　ここで「比較的理想に近い」という表現を使ったのは、唯一絶対の完全な理想的な選挙制度も政党制もあり得ないということを最初に確認しておきたいと考えるからである。それでも、先に論じた問題点を解消することに意味があると考える本書では、比較的理想に近い政党制を構想しておきたい。

　穏健な多党制は「5大政党制」程度が適度であろう。この「5大政党制」とは、共産党と公明党を含む5大政党制という意味である。この2つの極めて特徴的な組織政党を除けば、日本の有権者の政治的な思想傾向を議会に極力、忠実に反映するには「3大政党制」が望ましいであろう。

　二大政党制か3大政党制かは単に政党の数が1つ違うだけではなく、戦後と現在の日本社会という限定した政治空間を対象とする議論を展開する上では非常に大きな違いである。日本の戦後社会の有権者の政治的思想傾向を議会に反映するという観点から考える上では、本質的な問題である。それは、保守二党に収斂させるのか保守二党に対して、小さくても非保守政党―言葉の定義は困難だが、仮にリベラル政党と呼ぶ―が生き残れるかの違いである。

　非保守政党とは、イメージとしては、基盤となる思想と基本政策から96年の第1次民主党ぐらいまでだろう。現在の立憲民主党のイメージでもある。96年の民主党が保守政党か否かは見解の分かれるところではあろう。55年体制下の野党のように社会主義を志向していなかったという意味においては、最初の民主党には保守政党としての性格もあった。55年体制末期の社会党と第1次民主

党は明らかにカラーの違う政党としてスタートした。

　しかし、一方では、そもそも「保守政党」の定義をはっきりさせない限り、96年の民主党の性格をどう評価するかも困難である。55年体制下での「革新政党」が何らかの意味で社会主義を志向していたという意味でいえば、96年の民主党は革新政党ではなかったことは間違いない。しかし、その見方でいえば、55年体制下では、「革新」でもないが「保守」でもなく「中道」政党が存在した。その用法に従うならば、極めて消極的な定義であるが、「中道」政党の中のリベラル系までを「非保守政党」と定義することも場合によっては可能かもしれない[10]。

　この問題はいくら真剣に議論しても、言葉遊びになってしまう可能性が高い。これは、しばしば、日本では政治の世界でも政治学者の間でも、「リベラル」の定義が1つにまとめることができないこととも関係がある[11]。

　自民党内でいう「リベラル」は強権的な国家主義者ではないというニュアンスを含み、典型的には宏池会のスタンスであり、宮沢が典型的にその立場であった。この言葉は多重の意味を持っていた。自民党でいわれてきた「リベラル」は国家主義や強権的な政治手法との対比で使われ、社会党では「リベラル」は、社会主義や革命路線との対比で使用された[12]。

　筆者が5大政党制（公明党と共産党を除く3大政党制）を比較的、現在の日本で考えられる範囲では理想に近いと考えるのは、有権者・国民の中にある政治的な立場や思想を最も忠実に議会に反映させられると考えるからである。

　今の世界及び日本と55年体制時の最も大きな状況の違いは、冷戦構造が終焉したことである。このことにより3大政党（共産、公明を含む5大政党）となっても、極端な左派政党—革命政党—は国会に議席を持てないであろう。このように考えると保守A、保守B、社民リベラル（と仮に呼ぶしかない）、共産党、公明党に政界が再編され直すことが最も自然であると考えられる。

　一貫して、本書では、小選挙区制中心の制度を導入することで、人為的に日本に二大政党制を導き出し、政権交代可能なシステムを日本に根付かせようとした人々を批判的してきた。したがって、本書も選挙制度を変更することで、人為的に3大政党制を導き出そうと考えているわけではない。真意は逆であり、選挙制度をコントロールすることによって、人為的に作ることが目指され

終　章　政治改革論議の本質と再考すべき政党制の問題

てきた二大政党制という神話から、政党と政治家を一旦、自由に解放するという部分にこの提言の主眼がある。

　現状の日本政治を想定しながらの議論に戻ろう。筆者は保守党が２つあっても良いと考えているし、むしろそれが日本の有権者の平均的な意識から考えて自然であるとも考える。そもそも、55年に保守合同によって自民党が誕生したのは、同年に統一した社会党に対抗するためであった。55年の時点で保守勢力が合同したのは、当時は曲がりなりにも社会主義への脅威があったからである。社会主義への脅威がなく、戦後の社会党が55年の統一時点で、最初から西欧型社民政党としてスタートし、革命路線や階級闘争史観を持っている議員の割合が低ければ、保守政党は２つ存在したままだったかもしれない。

　激しい階級闘争史観を前面に押し出し、計画経済への移行などを強く打ち出す政党の議会への進出がほぼ考えられない今日、政党間の基本政策の分かれ目は、より経済成長に軸足を置くか、より再分配（または負の再分配）に軸足を置くかということや、外交政策において米国一辺倒でいくのか、東アジアをも重視する路線に舵を切るかという部分であろう。

　そして、近代日本の歩みをどう評価するかという思想的な部分も政治家の集合体である政党がどう再編されるかの分かれ目ともなるとも考えられる。戦後70年以上継続した現行憲法体制に価値を見出し、戦後日本社会の基盤を一定程度は擁護するか、戦後社会を否定的に総括し、その結果、戦前の国家体制への回帰を目指しつつ、それを「改革」や「新しい国づくり」などという美辞麗句で推進するのかといったあたりも政治の対立軸となろう。

　また、資本主義か社会主義か、自由主義経済か計画経済かということは、政党を分ける対立軸としては、当面は浮上しないであろう。主要産業の国有化を主張する勢力も存在しない現在、議論は規制緩和の対象や度合いをどのようにするかという範囲内で行われるだろう。[13]

　対立軸が出現するまでに、多少の時間がかかったとしても、どこかで徐々に線が引かれれば、保守政党は複数、議会に存在することとなろう。現状では保守勢力は小選挙区制を廃止さえすれば、２つに分かれる可能性は極めて高いと考えられる。

　小選挙区制を続けていることによって、最大保守党は必然的に自民党である

が、議会内にも自民党の圧倒的多数とは別に、自民党に入りきらない保守政党が進出した。これらはいずれも新自由主義（ネオ・リベラル）色の強い勢力でもあり、また一方に戦前回帰を標榜する思想的に右派色の強い政党も出現した。

この数年、自民党の外側に自民党以上に極右的な主張をする政党（次世代の党など）や新自由主義的な政策を掲げる勢力（みんなの党）が出現した。これらの政党は「非自民」とはいっても野党第１党と連携して政権交代をともに起こすために連携することには無理のある政治勢力であった。問題はこれらの政党も「野党」であり「非自民」であったということである。

これらの政党（政治勢力）は本来なら自民党の一部分に包含されたままであった方が自然な勢力であった。仮に小選挙区制のくびきから、自民党と自民党以外の保守政党を一挙に解放すれば、両者は一度、一緒になって、圧倒的な多数勢力を誇った上で、徐々に２つの適正な規模の政党に分裂することになるかもしれない。

分裂が予想されるのは、かつての究極的な争点とされた「体制の選択論」がないので、反社会主義、反共産主義で保守が一本化する必要はなくなったためである。そして、保守二党よりもはるかに少ない勢力であることが現状では予測されるが、小選挙区制主体の現行制度さえ廃止すれば、第３勢力も自然な形で適正規模での存在までは許されるだろう。勿論、日本政治の現状を考えれば、この第３勢力は３分の１程度の議席も取れず、公明党、共産党よりは多い程度の勢力にとどまるであろうと予想される。

しかし、この第３勢力（現在でいえば野党第１党になっているが、政策的に立憲民主党にあたるスタンスの政党）は、場合によっては、保守Ｂ（国民民主党にあたるスタンスの政党）や公明党との連立を通じて、保守Ａに対抗する政権を構成する勢力としての存在感は発揮できるかもしれない。第３勢力も革命政党や階級政党ではないという意味では広義の保守政党ではある。しかし、再分配や格差是正を前面に出すことで有権者に選択肢としての政策を提示する政治勢力になることが想定される。[14]

この結果、例え衆議院において50名から70名程度でも、非保守勢力が残ることは、今日の日本政治とは違った状況を日本の政治にもたらすであろう。新進党が存在していた96年に最初に結成された第１次民主党の衆議院議員は52議席

終　章　政治改革論議の本質と再考すべき政党制の問題

であった。そして、結党直後の衆議院選挙の選挙でも解散前と全く同じ52議席にとどまった。だが、この第1次民主党は、政権を狙えないかわりに、曲がりなりにも自民党政治（広義の保守政治）に対する対抗軸を出せていた。

　3大政党制（5大政党制）は、穏健な多党制であるから、選挙によるドラスティックな政権交代は起きなくなる。だが、外国では中選挙区制のもとでも政権交代は起きている。「政権選択選挙」などというものは行われなくても、選挙後の政権交代―政権政党の組み合わせの変更―が起きる可能性は中選挙区制でも充分にあるのである。このように3大政党制（5大政党制）になっても、中選挙区制の選挙の結果、連立政権が常態となり、政権交代の可能性は残る。

　また、保守Aと保守Bはまたもやどこかのタイミングで、1955年のように「保守合同」し自民党の永久政権になるかもしれない。だが、それはある意味では仕方がないのではないだろうか。それが日本の有権者・国民の全体に占める保守勢力の強さの結果であれば、仕方がないだろう。この問題は戦前、戦後を通じての日本の国民性にまで遡って考えなければならず、アメリカやヨーロッパとの比較で議論しても結論は的外れなものにしかならないのである。

　肥大化した野党第1党から出ていた自身の選挙区の候補者が、政策的にも体質的にも自民党と変わらない候補者であり、その候補への投票は政権与党への批判票になるという実感の持てなかった有権者にとっては、3つ目の政党が一定レベルで活動をできる状況が生まれれば、投票先は確保されるだろう。これだけでも幾分は選択肢が増えることは間違いない。当面は、その様な状況が続くかもしれない。

　最後に90年代の政治改革論議が生み出した擬似二大政党制の欺瞞から目を逸らさずに、選挙制度の変更のための議論を開始する強く提言したい。このことにより、穏健な多党制による実質的な選択肢が国民に提示される政党政治が実現すること期待して本書の記述を終えたい。

1) 第1章の本文で言及したが、竹下登が1989（昭和64）年正月、政治改革を宣言したのは平野貞夫の助言によるものだった。竹下は税制改革後の次のテーマを政治改革に定めた。したがって、退陣後の竹下は急速に政治改革への熱を失っていったのであった。
2) 平野氏の筆者への証言によると、竹下が退陣する時、竹下は金丸信に相談せずに宇野宗佑を後継者としたが、このことに金丸は怒ったという。その仕返しに金丸は竹下の意

向を無視して海部-小沢政権を作ったという。そして、この頃から竹下と金丸の対立が始まったとのことであった。海部俊樹は金丸、竹下、小沢一郎に支えられていたが、有力者間の対立は海部にも影響を与えた。

3) 武村正義が経世会の分裂を好機と見て改革論議に参入し、改革の旗を掲げることを自身の権力闘争に利用したのかどうかまでは判断できない。だが、小沢が選挙制度改革を自派の権力闘争に利用したことは明らかである。その混乱を横目に見た武村も自身の権力闘争に選挙制度改革を利用したのであれば、これはどっちもどっちというべきものである。

4) この時期、既に社会党は事実上の崩壊が始まっていたということは、後の村山富市の回顧録からうかがうことができる。村山は社会党に新党を目指すグループと社会党の主体性を守ろうとするグループに分かれてきた時期について、「この二つの流れは一九九三年七月の総選挙の結果、出て来た。新党を作ろうというグループは新生党や日本新党、公明党などと連立政権の中で動いていた」(薬師寺編、2012年、139頁)と述べている。つまり、羽田政権やその後の「自社さ」村山政権が誕生する前の時点である1993年の総選挙の敗北時から社会党の分裂は始まっていたのであった。村山はまたこの分裂は旧来の「左派右派」とは違っていたと述べている(薬師寺編、2012年、140頁)。

5) 武村はこの後、96年には新党さきがけからの離党者を大量に出し、第1次民主党への参加も叶わず、再編期に活躍することも叶わなかった。武村は環境主義や小沢の「普通の国」への反対論を打ち出したが、政界再編後の政党制については、明確な見通しまではなかったのであった。

6) 宮沢喜一の数多い回顧録には、自身が首相を務めた当時に覚えていた時代の空気への強烈な違和感が述べられている。宮沢は既に95年の時点で「あれは熱病みたいなものだったから、まあこれでやってみようかというところで落ちついたのです。他方で政治スキャンダルの程度というものは本当にひどいものだった。(中略) 発想が逆だなあと気になりながらも、その点で政治改革の展開は一度はやむを得なかったと思います」(宮澤、1995年b、29頁-30頁)と述べている。

7) このことは2005年の小泉郵政選挙、09年の政権交代選挙、12年の自民党への政権回帰選挙を見ても明白で、小選挙区制の導入論者が期待した「政策による選挙」などは全く行われていない。05年は「郵政民営化」のワンイシュー選挙、09年は「政権交代」への是非を問うだけの選挙、12年は民主党が自滅しただけであった。どの選挙もかみ合った二大勢力(政党)の論争など行われなかった。

8) 政界再編から初期の間は、創価学会公明党勢力は「非自民」に包含されたので、新進党勢力に入った。だが、新進党はすぐに崩壊した。その後、公明党勢力は分党を経て、新生公明党を結成した。その後、小渕政権下で自公連立(当初は自由党を含む自自公連立だったが)を選択し、その後の10年以上、自民党と一緒に政権与党を構成し、鳩山政権の誕生時から野田政権時代までは、自民党とともに野党も経験している。

9) しかし、自公協力が10年以上にわたって続けられている。これも本来の政党政治の原則からいえば不自然かつ自民党にとっても公明党にとっても不幸なことである。

10) これも、消極的な定義であり「中道保守」は中道政党なのか、保守政党なのかという問題も出てくる。また、労働組合が主たる支持基盤であることをもって「非保守政党」

終　章　政治改革論議の本質と再考すべき政党制の問題

　と位置付けることも不可能ではないが、連合の中の旧同盟系は、殆ど自民党と同じ立場をとっている現状において、連合が支持することをもってして、組織労働者を主たる支持基盤にした政党だから、非保守政党だということも定義もできなくなってきている。

11）　既に細川政権の誕生前から、社会党内に２つの流れができていた時に、目指すべき社会党のイメージについて、村山らは「社民リベラル」といい、久保亘らは「民主リベラル」といった。両者とも「リベラル」の意味を正確には定義していなかった。

12）　本書でも「リベラル勢力」という表現を使ったが、非保守勢力でありながら、非共産党でもある政治勢力を日本で呼ぶ時には、明確には定義が難しいが、このような言葉を使う他ないから致し方なしにこの言葉を使用したことを断っておきたい。

13）　そのように考えれば、保守政党が複数、議会に存在することは全く不思議ではない。保守Ａと保守Ｂの分かれ目は、利権重視（または分配重視）か新自由主義（競争重視）かという部分（経済政策）で線が引かれるかもしれない。または、右翼的な思想（復古的な歴史観）か戦後的価値観の擁護かで線が引かれるかもしれない。

14）　18年秋の民進党の分裂で、野党間の政党としての性格の違いが一旦、はっきりするかに思えた。だが、18年５月の民進党と希望の党と一部合流による国民民主党の結党で先行きはまた不透明になった。

あとがき

　1989年に竹下登元首相が消費税を導入した時、消費税導入の意義について問われた竹下氏が「後世の歴史家が評価してくれる」と述べていたことを思い出す。筆者にはこの「後世の歴史家」という言葉が強く印象に残っている。当時、中学生だった筆者は、未来の社会にも過去を振り返って、未来から見た過去に評価を下す歴史家がいるものなのかと不思議に思った。

　人々の記憶から消えた遠すぎる過去でもなく、過去のこととして今日の目をもって検証し直しても良い、最も新しい時代がいわゆる政治改革期の日本政治なのではないかと筆者は考え始めていた。その理由は、筆者がこの20年あまりの日本政治の混迷と、民主党政権の失敗、何度試みても失敗する野党第1党作りの原因を考えるにつけ、元をたどれば全ての原因は90年代の「政治改革」期に行われた選挙制度改革にあったと考えるに至ったからである。

　本書の執筆の最終局面で2つの出来事があった。1つは羽田孜元首相の死去（2017年8月28日）であり、もう1つは民進党（当時）の新代表に前原誠司氏が選ばれたということであった（17年9月1日）。この2つの出来事には直接的には何の関係もなかった。羽田氏は既に政界を引退していた。だが、筆者はこの2つの出来事がほぼ同時に起きたことにある種の感慨を抱いた。民進党（当時）の混迷も実は、急に起きたものではなく、遠因を求めると、羽田氏の時代に進められた政治改革論議に遡らざるを得ないからである。

　羽田氏が小沢一郎氏とともに海部内閣期から導入を図ろうとしたのが現行の選挙制度であった。この2人は自民党経世会時代から行動をともにしていた。羽田氏は93年に自民党を離党して新生党を結成した。その93年7月の第40回衆議院議員選挙で初当選したのが当時、細川護熙氏の率いる日本新党から出馬した前原氏であった。

　その後、羽田氏は新進党の崩壊前に太陽党（96年）を結成し、短期間の民政党（98年）を経て第2次民主党に合流した（98年）。羽田氏は自民党を離党して以来、小沢氏と袂を分かった時期もあったが、一貫して「二大政党制」の実現を目指し続けた。一方、93年に初当選した前原氏は、その後の24年間で、日本

新党から新党さきがけを経て、第1次民主党結成に参画し、第3次民主党では代表を務めた（05年9月に就任）。その後、民主党の政権担当時には国土交通相、外相、民主党政調会長、内閣府特命相などの重責を担った。

　17年9月に前原氏と民進党の代表の座を争ったのは枝野幸男氏であった。枝野氏も初当選は93年の総選挙であった。新代表に選ばれた前原氏はこの時点でも「政権交代を目指す」と述べた。前原氏に期待する声は大きかった。だが、筆者はこの時点で民進党の分裂は避けられないと予測した。分裂する時期までは予測できなかったが、17年の9月に安倍晋三首相が衆議院の解散を決断したことから、野党側でも大きな動きが起こった。民進党の分裂は現実のものとなり、民進党は立憲民主党と希望の党に分裂した。だが、18年5月、民進党と希望の党の大部分が合併し、国民民主党が結党された。今日も野党再編が続いている。

　日本の政治風土、有権者の中にある潜在的な保守層と非保守層（55年体制の言葉でいえば革新派）の比率から考えても、どうしても有力な政党を2つに収斂させようとすれば野党第1党は寄り合い所帯にならざるを得ない。これは、無党派層が「第1党」となり、選挙の度に投票先を変える有権者が増え、全体的に浮動票が増えたといっても、ずっと続いてきた現象である。

　長年続いた戦後の55年体制のもとでは、政権獲得の意思のない野党第1党が存在した。そのことによって一党優位の体制が政治腐敗を生み、選挙が政権を選ぶ機会として機能しなくなっていたことの問題点が指摘されてきた。

　そして、90年代、政権交代が起きないということが、日本政治の諸悪の根源だという主張が各方面からなされた。そのような主張は国民が選挙で政権を選べないことの問題点を指摘する論者以外からもなされた。例えばリーダーの意思決定のあり方の側面から日本政治の問題点を指摘し、首相に強いリーダーシップを求める主張をした論者などもいた。いずれも、当時の日本の状況を考えてみれば理のある主張であった。

　だが、政権交代が必要だとしても、それは必ずしも小選挙区制下による二大政党間で行われる必要はない。中選挙区制下における多党制のもとでも政権交代は起きるからである。今こそ、我々は小選挙区制でなければ政権交代が起きない、政権交代は二大政党間でのみ行われるべきものだという思い込みから解

あとがき

放されるべきではないだろうか。まだ政界でも学界でも論壇でも大きな議論にはなってはいないが、ようやく、現行の選挙制度の見直しに言及する議論も出てきつつある。本書が今後の議論に役立つこととなれば幸いである。

各章ごとに初出の情報を記せば以下の通りである。

　序　章……書き下ろし
　第1章……「竹下内閣期及び宇野内閣期における政治改革の研究」鹿児島大学稲盛アカデミー『研究紀要』第5号　2015年3月
　第2章……「海部内閣期における政治改革の研究」鹿児島大学『法学論集』第49巻2号　2015年3月
　第3章……「宮沢内閣期における政治改革の研究」鹿児島大学『法学論集』第50巻2号　2016年3月
　第4章……「細川内閣期における政治改革の研究」鹿児島大学『法学論集』第51巻1号　2016年11月
　第5章……書き下ろし
　第6章……書き下ろし
　終　章……書き下ろし

ただし、第1章から第4章部分も、元の原稿を圧縮した上で、その後、加筆するなど大幅に手を入れた。また終章は基本的に書き下ろしであるが、一部分、第1章部分の基となった論文の中で論じた内容を記述している。

本書を刊行するにあたって、法律文化社の小西英央氏に大変、お世話になった。最初に刊行の話が持ち上がった後に17年秋の政変が起きて、総選挙が行われたため、第5章と第6章は大幅に修正することとなった。小西氏のお陰で刊行までこぎ着けることができた。深くお礼を申し上げたい。

また、元衆議院事務局職員で元参議院議員の平野貞夫先生には数度のインタビューをさせて頂いた。そして、一旦、完成した草稿を全て読んで頂き、当時の事情についてお手紙で細かい助言を頂いた。記して感謝申し上げたい。

最後に筆者の原稿に目を通してくれるなど、絶えず筆者の研究者・教師生活を支え続けてくれている最愛の妻、美希に感謝し本書を捧げたい。

2018年6月

吉田　健一

引用・参考文献

【書籍・論文】

浅川博忠『小選挙区制は日本を滅ぼす―「失われた二十年」の政治抗争―』講談社、2014年
朝日新聞政治部編『小沢一郎探検』朝日新聞社、1991年
有馬学『帝国の昭和』(日本の歴史23) 講談社、2002年
粟屋憲太郎『昭和の政党』岩波現代文庫、2007年
飯尾潤・苅部直・牧原出『政治を生きる―歴史と現代の透視図―』中央公論新社、2012年
飯尾潤編『政権交代と政党政治』(歴史のなかの日本政治6) 中央公論新社、2013年
飯尾潤「政権交代と『与党』問題―『政権党』になれなかった民主党―」飯尾潤編『政権交代と政党政治』(歴史のなかの日本政治6) 中央公論新社、2013年所収
五百旗頭真・伊藤元重・薬師寺克行編『90年代の証言　小沢一郎―政権奪取論―』朝日新聞社、2006年 a
五百旗頭真・伊藤元重・薬師寺克行編『90年代の証言　宮澤喜一―保守本流の軌跡―』朝日新聞社、2006年 b
五百旗頭真・伊藤元重・薬師寺克行編『90年代の証言　森喜朗―自民党と政権交代―』朝日新聞社、2007年
五百旗頭真・伊藤元重・薬師寺克行編『90年代の証言　野中広務―権力の興亡―』朝日新聞社、2008年 a
五百旗頭真・伊藤元重・薬師寺克行編『90年代の証言　菅直人―市民運動から政治闘争へ―』朝日新聞出版、2008年 b
石川真澄『選挙制度―ほんとうはどう改革すべきか―』岩波書店、1990年
石川真澄『小選挙区制と政治改革―問題点は何か―』岩波書店、1993年
石川真澄『戦後政治史』岩波新書、1995年
石川真澄『戦後政治史　新版』岩波新書、2004年
伊藤惇夫『政党崩壊―永田町の失われた十年―』新潮新書、2003年
伊藤惇夫『民主党―野望と野合のメカニズム―』新潮新書、2008年
伊藤光利・田中愛治・真渕勝『政治過程論』有斐閣、2000年
伊藤之雄『政党政治と天皇』(日本の歴史22) 講談社、2002年
井上寿一『政友会と民政党―戦前の二大政党制に何を学ぶか―』中公新書、2012年
上神貴佳「政権交代期における指導者像―自民党総裁と民主党代表のプロファイルとその変容―」飯尾潤編『政権交代と政党政治』(歴史のなかの日本政治6) 中央公論新社、2013年所収
上神貴佳・堤英敬編『民主党の組織と政策―結党から政権交代まで―』東洋経済新報社、2011年
上住充弘『日本社会党興亡史』自由社、1992年
臼井貞夫『「政治改革」論争史―裏側から見た「政治改革」―』第一法規出版、2005年
内田健三『派閥』講談社現代新書、1983年
大嶽秀夫「結語『政治改革』は成功したか」大嶽秀夫編『政界再編の研究―新選挙制度による

総選挙—』有斐閣、1997年所収
大嶽秀夫編『政界再編の研究—新選挙制度による総選挙—』有斐閣、1997年
大嶽秀夫『日本政治の対立軸—93年以降の政界再編の中で—』中公新書、1999年
岡野加穂留『政治改革』東洋経済新報社、1990年
小沢一郎『日本改造計画』講談社、1993年
小沢一郎『語る』文藝春秋、1996年
小沢一郎『剛腕維新』角川学芸出版、2006年
カー，エドワード・ハレット（清水幾太郎訳）『歴史とは何か』岩波新書、1962年
海江田万里編『民主党政策ハンドブック　2014・秋』勉誠出版、2014年
海部俊樹『政治とカネ—海部俊樹回顧録—』新潮新書、2010年
笠井尚『最後の会津人　伊東正義—政治は人なり—』歴史春秋出版、1994年
梶山静六『破壊と創造—日本再興への提言—』講談社、2000年
加藤秀治郎『日本の選挙—何を変えれば政治が変わるのか—』中公新書、2003年
川人貞史『日本の政党政治　1890-1937年—議会分析と選挙の数量分析—』東京大学出版会、
　　1992年
川人貞史『選挙制度と政党システム』木鐸社、2004年
川人貞史・吉野孝・平野浩・加藤淳子『現代の政党と選挙』新版　有斐閣、2011年
北岡伸一『自民党—政権党の38年—』読売新聞社、1995年
北岡伸一『日本の近代5　政党から軍部へ—1924〜1941—』中央公論新社、1999年
木下厚『細川護煕 vs 小沢一郎—確執と相関のベールを剥ぐ・どうなる今後の日本—』銀河出
　　版、1993年
ギャディス，ジョン・L（浜林正夫・柴田知薫子訳）『歴史の風景—歴史家はどのように過去
　　を描くのか—』大月書店、2004年
草野厚『連立政権—日本の政治　1993〜—』文春新書、1999年
国正武重『伊東正義　総理のイスを蹴飛ばした男—自民党政治の「終わり」の始まり—』岩波
　　書店、2014年
久保亘『連立政権の真実』読売新聞社、1998年
久保谷政義『「一強多弱」政党制の分析—得票の動きからみる過去・現在—』三和書籍、2016
　　年
河野康子『戦後と高度成長の終焉』（日本の歴史24）講談社、2002年
後藤謙次『ドキュメント平成政治史1—崩壊する55年体制—』岩波書店、2014年 a
後藤謙次『ドキュメント平成政治史2—小泉劇場の時代—』岩波書店、2014年 b
後藤謙次『ドキュメント平成政治史3—幻滅の政権交代—』岩波書店、2014年 c
後藤基夫・内田健三・石川真澄『戦後保守政治の軌跡』（上・下）岩波書店、1994年
後藤田正晴『政治とは何か』講談社、1988年
後藤田正晴『情と理—後藤田正晴回顧録—』（上・下）講談社、1998年
小林良彰『現代日本の選挙』東京大学出版会、1991年
小林良彰『選挙制度—民主主義再生のために—』丸善ライブラリー、1994年
小林良彰『現代日本の政治過程—日本型民主主義の計量分析—』東京大学出版会、1997年
小林良彰『政権交代—民主党政権とは何であったのか—』中公新書、2012年

佐々木隆『明治人の力量』（日本の歴史21）講談社、2002年
佐々木毅編『政治改革1800日の真実』講談社、1999年
佐々木毅・21世紀臨調編『平成デモクラシー―政治改革25年の歴史―』講談社、2013年
佐道明広『「改革」政治の混迷　1989～』（現代日本政治史５）吉川弘文館、2012年
サルトーリ，ジョルヴァンニ（岡沢憲芙・川野秀之訳）『現代政党学―政党システム論の分析枠組み―』早稲田大学出版部、1980年
サルトーリ，ジョルヴァンニ（岡沢憲芙監訳・工藤裕子訳）『比較政治学―構造・動機・結果―』早稲田大学出版部、2000年
塩田潮『江田三郎―早すぎた改革者―』文藝春秋、1994年
塩田潮『新版　民主党の研究』平凡社新書、2009年
社会経済生産性本部21世紀へのメッセージ刊行委員会編（内田健三・佐々木毅・早野透）『後藤田正晴　二十世紀の総括』生産性出版、1999年
白鳥浩編『政権交代選挙の政治学―地方から変わる日本政治―』ミネルヴァ書房、2010年
白鳥浩編『衆参ねじれ選挙の政治学―政権交代下の2010年参院選―』ミネルヴァ書房、2011年
新川敏光『戦後日本政治と社会民主主義―社会党・総評ブロックの興亡―』法律文化社、1999年
季武嘉也・武田知己編『日本政党史』吉川弘文館、2011年
征矢野仁『読売グループ新総帥　《小林与三次》研究』鷹書房、1982年
第三書館編集部編『羽田孜のマヤカシ、新生党のゴマカシ―金竹小直系の羽田内閣研究―』第三書館、1994年
竹下登『証言　保守政権』読売新聞社、1991年
武村正義『小さくともキラリと光る国・日本』光文社、1994年
田崎史郎『梶山静六―死に顔に笑みをたたえて―』講談社、2004年
建林正彦編『政党組織の政治学』東洋経済新報社、2013年
建林正彦・曽我謙悟・待鳥聡史『比較政治制度論』有斐閣、2008年
田中愛治他編『2009年　なぜ政権交代だったのか―読売・早稲田の共同調査で読みとく日本政治の転換―』勁草書房、2009年
田中宗孝『政治改革六年の道程』ぎょうせい、1997年
谷口将紀『現代日本の選挙政治―選挙制度改革を検証する―』東京大学出版会、2003年
デュベルジェ，モーリス（岡野加穂留訳）『政党社会学―現代政党の組織と活動―』潮出版社、1970年
仲衛『羽田孜という男』東洋経済新報社、1993年
中北浩爾『現代日本の政党デモクラシー』岩波新書、2012年
中北浩爾『自民党政治の変容』NHK出版、2014年
中曽根康弘『天地有情―五十年の戦後政治を語る―』文藝春秋、1996年
中野晃一「政権・党運営―小沢一郎だけが原因か―」日本再建イニシアティブ『民主党政権失敗の検証―日本政治は何を活かすか―』中公新書、2013年所収
成田憲彦「『政治改革の過程』論の試み―デッサンと証言―」『レヴァイアサン』第20号、木澤社、1997年所収
日本共産党中央委員会『日本共産党の八十年―1922～2002―』日本共産党中央委員会出版局、

2003年
日本再建イニシアティブ『民主党政権失敗の検証―日本政治は何を活かすか―』中公新書、2013年
日本再建イニシアティブ『「戦後保守」は終わったのか―自民党政治の危機―』角川新書、2015年
野中広務『私は闘う』文藝春秋、1996年
野中広務『老兵は死なず―野中広務全回顧録―』文藝春秋、2003年
鳩山友紀夫・白井聡・木村朗『誰がこの国を動かしているのか――握りの人による、一握りの人のための政治を変える―』詩想社新書、2016年
羽原清雅「小選挙区制導入をめぐる政治状況―その決定に「理」は尽くされたか」『帝京社会学―』第20号、帝京大学、2007年所収
濱本真輔「民主党における役職配分の制度化」上神貴佳・堤英敬編『民主党の組織と政策―結党から政権交代まで―』東洋経済新報社、2011年所収
原彬久『戦後史のなかの日本社会党―その理想主義とは何であったのか―』中公新書、2000年
原彬久『戦後政治の証言者たち―オーラル・ヒストリーを往く―』岩波書店、2015年
坂野潤治『昭和史の決定的瞬間』ちくま新書、2004年
坂野潤治『明治デモクラシー』岩波新書、2005年
坂野潤治『近代日本政治史』岩波書店、2006年
坂野潤治『日本憲政史』東京大学出版会、2008年
坂野潤治『日本近代史』ちくま新書、2012年
坂野潤治・田原総一朗『大日本帝国の民主主義―嘘ばかり教えられてきた！―』小学館、2006年
坂野潤治・山口二郎『歴史を繰り返すな』岩波書店、2014年
平田オリザ・松井孝治『総理の原稿―新しい政治の言葉を模索した266日―』岩波書店、2011年
平野貞夫『平成政治20年史』幻冬舎新書、2008年
平野貞夫『平野貞夫・衆議院事務局日記』1～5巻、信山社、2013年
福永文夫・河野康子編『戦後とは何か―政治学と歴史学の対話―』（上・下）丸善出版、2014年
藤村修『民主党を見つめ直す―元官房長官・藤村修回想録―』毎日新聞社、2014年
藤本一美編『民主党政権論』学文社、2012年
古川隆久『ポツダム宣言と軍国日本』（敗者の日本史20）吉川弘文館、2012年
ブロック、マルク（松村剛訳）『新版 歴史のための弁明―歴史家の仕事―』岩波書店、2004年
不破哲三『日本共産党史を語る』（上・下）新日本出版社、2006年-2007年
不破哲三『不破哲三 時代の証言』中央公論新社、2011年
細川護熙『内訟録―細川護熙総理大臣日記―』日本経済新聞出版社、2010年
細川護熙編『日本新党・責任ある変革』東洋経済新報社、1993年
堀江湛「政党システムと選挙制度」堀江湛編『政治改革と選挙制度』芦書房、1993年所収
堀江湛編『政治改革と選挙制度』芦書房、1993年
堀江湛編『現代の政治学　Ⅰ　日本の選挙と政党政治』北樹出版、1998年

堀込征雄『90年代の政治改革と政界再編の深層―こうして政権交代の素地は作られた―』ほおずき書籍、2010年
前原誠司『政権交代の試練―ポピュリズム政治を超えて―』新潮社、2012年
升味準之輔『なぜ歴史が書けるか』千倉書房、2008年
升味準之輔『新装版 日本政党史論5―西園寺と政党政治―』東京大学出版会、2011年
待鳥聡史「民主党政権下における官邸主導―首相の面会データから考える―」飯尾潤編『政権交代と政党政治』（歴史のなかの日本政治6）中央公論新社、2013年所収
待鳥聡史『政党システムと政党組織』東京大学出版会、2015年
待鳥聡史『代議制民主主義―「民意」と「政治家」を問い直す―』中公新書、2015年
的場敏博『戦後日本政党政治史論』ミネルヴァ書房、2012年
御厨貴・中村隆英編『聞き書 宮澤喜一回顧録』岩波書店、2005年
御厨貴・牧原出編『聞き書 武村正義回顧録』岩波書店、2011年
御厨貴編『「政治主導」の教訓―政権交代は何をもたらしたのか―』勁草書房、2012年
御厨貴・牧原出・佐藤信『政権交代を超えて―政治改革の20年―』岩波書店、2013年
宮川隆義『小選挙区比例代表並立制の魔術』政治広報センター、1996年
宮沢喜一『社会党との対話―ニュー・ライトの考え方―』講談社、1965年
宮澤喜一『新・護憲宣言―21世紀の日本と世界―』朝日新聞社、1995年a
宮澤喜一『21世紀への委任状』小学館、1995年b
宮沢喜一『ハト派の伝言―宮沢喜一元首相が語る―』中國新聞社、2005年
村山富市『元内閣総理大臣村山富市の証言録―自社さ連立政権の実相―』新生舎出版、2011年
村山富市・辻元清美『そうじゃのう…―村山富市「首相体験」のすべてを語る―』第三書館、1998年
森正「政党システムの比較と包括政党」堀江湛編『現代の政治学 Ⅰ 日本の選挙と政党政治』北樹出版、1997年所収
薬師寺克行『証言 民主党政権』講談社、2012年
薬師寺克行『現代日本政治史―政治改革と政権交代―』有斐閣、2014年
薬師寺克行編『村山富市回顧録』岩波書店、2012年
山口二郎『一党支配体制の崩壊』（シリーズ【日本の政治】）岩波書店、1989年
山口二郎『日本政治の課題―新・政治改革論―』岩波新書、1997年
山口二郎『危機の日本政治』岩波書店、1999年
山口二郎『政権交代とは何だったのか』岩波新書、2012年
山口二郎・生活経済政策研究所編『連立政治同時代の検証』朝日新聞社、1997年
山口二郎編『日本政治 再生の条件』岩波新書、2001年
山口二郎編『民主党政権は何をなすべきか―政治学からの提言―』岩波書店、2010年
山口二郎・石川真澄編『日本社会党―戦後革新の思想と行動―』日本経済評論社、2003年
山口二郎・中北浩爾編『民主党政権とは何だったのか―キーパーソンたちの証言―』岩波書店、2014年
山岸章『連合 世直しへの挑戦』東洋経済新報社、1992年
山岸章『我かく闘えり』朝日新聞社、1995年a
山岸章『「連立」仕掛人』講談社、1995年b

山岸章『「連立政権時代」を斬る』読売新聞社、1995年 c
吉田徹『二大政党制批判論―もうひとつのデモクラシーへ―』光文社新書、2009年
吉田徹『ポピュリズムを考える―民主主義への再入門―』NHK 出版、2011年
吉田徹編『野党とは何か―組織改革と政権交代の比較政治―』ミネルヴァ書房、2015年
渡邉恒雄『反ポピュリズム論』新潮新書、2012年

【答申など】
自由民主党政治改革委員会『自由民主党政治改革大綱』1989年5月23日
第8次選挙制度審議会第1次答申「選挙制度及び政治資金制度の改革についての答申」1990年4月26日
第8次選挙制度審議会第2次答申「参議院議員の選挙制度の改革及び政党に対する公的助成等についての答申」1990年7月31日

【提言など】
政治改革に関する有識者会議「政治改革に関する有識者会議提言」1989年4月27日
政治改革推進に関する各界署名運動発起人「政治改革推進に関する各界署名運動趣意書」1991年8月9日
政治改革推進協議会（民間政治臨調）「政治改革に関し第百二十六回国会において実現すべき事項に関する提言」1992年4月17日
政治改革推進協議会（民間政治臨調）「政治改革推進協議会（民間政治臨調）発足宣言」1992年4月20日
政治改革推進協議会（民間政治臨調）「政治改革推進協議会（民間政治臨調）の発足趣旨」1992年4月20日
政治改革推進協議会（民間政治臨調）「政治改革に対する基本方針」1992年4月20日
政治改革推進協議会（民間政治臨調）「新しい政党のあり方に関する提言」1992年5月17日
政治改革推進協議会（民間政治臨調）「日本の危機と政治改革の道筋」1992年11月1日
政治改革推進協議会（民間政治臨調）「国会改革に関する緊急提言」1992年11月7日
政治改革推進協議会（民間政治臨調）「政治改革を求める国民集会　アピール文」1992年11月10日
「中選挙区制廃止宣言　趣意書と署名議員」1992年11月10日（民間政治臨調「政治改革を求める国民集会」）
政治改革推進協議会（民間政治臨調）「民間政治改革大綱」1993年6月14日
政治改革推進協議会（民間政治臨調）「総選挙にむけての緊急アピール」1993年7月2日
政治改革推進協議会（民間政治臨調）「政治改革関連法案の審議に対する緊急提言」1993年12月13日

【新聞】
『読売新聞』縮刷版　1989年1月～1994年1月
『朝日新聞』縮刷版　1989年1月～1994年1月
『毎日新聞』縮刷版　1989年1月～1994年1月

事項索引

あ 行

安倍晋三政権　273
一強多弱　262, 270-273, 275, 276, 302, 322
犬養毅内閣　284, 293
宇野宗佑内閣（政権）　58-61, 68, 119, 178, 186, 311
大阪維新の会（日本維新の会）　274
小渕恵三内閣（政権）　151
穏健な多党制　15-17, 186, 240, 242, 251, 255, 320, 321, 335

か 行

改革フォーラム21（羽田・小沢派）　106, 111, 120, 121, 126, 128-132, 134-136, 153, 171, 174, 207
改革保守　218, 219, 233, 255, 274, 275, 286, 290, 298, 301, 304
階級政党　263
海部俊樹内閣（政権）　74, 80, 83, 84, 105, 107, 108, 115, 116, 118-120, 122, 123, 129, 136, 137, 147, 160-162, 164-166, 173, 174, 178, 186, 192, 193, 207, 313, 320, 339
革新勢力　284, 287, 296, 297, 299
加藤高明内閣　284, 293
菅直人内閣（政権）　222, 224-226, 229, 239, 248, 302, 319
希望の党　218, 230, 257, 273-275, 302, 304, 340
共産党→日本共産党
競争デモクラシー　15-18, 239
共和事件　119, 124
共和党（アメリカ）　295
緊急改革（宮沢内閣期）　124, 125
経世会→竹下派
小泉純一郎政権　217
宏池会　287, 332
合法無産政党　287, 291-294, 297, 299
公明党　ii, 16, 18, 21, 22, 64-68, 101, 102, 111, 120, 121, 124, 132-135, 152, 154, 155, 159, 171-173, 175-177, 179, 181, 183, 184, 194-197, 207, 216, 263, 266, 267, 270, 280, 296, 300, 317, 318, 327-329, 331, 332, 334
国民新党　220, 221, 224, 231, 232
国民政党　263
国民の声　226, 231
国民の生活が第一（政党名）　221
国民の生活が第一（路線）　218, 249
国民民主党　7, 272, 273, 275, 334, 340
55年体制　5-7, 9, 10, 18, 53, 64, 108, 121, 140, 145, 149, 155, 157-159, 168, 173-176, 179, 180, 206, 207, 236, 241, 262-264, 269, 270, 282, 286, 287, 289, 297, 299, 300, 303, 313, 315, 316, 326, 331, 332

さ 行

斎藤実内閣　293
佐藤栄作内閣（政権）　118, 150
参加デモクラシー　15-18, 239, 246, 251, 254
自公民路線　21, 64, 101, 102
自社さ連立政権　223, 229, 274, 304, 315, 318
自民党→自由民主党
自民党『政治改革基本要綱』　80
自民党『政治改革大綱』　6, 10, 11, 12, 14, 16, 17, 30, 41-43, 48, 51, 52, 54, 60, 69, 70, 77, 78, 80-82, 90-95, 99, 111, 116, 117, 127, 165, 192, 264, 285, 299, 311, 312, 323
自民党一党優位（体制）　6, 8, 23, 103, 244, 263, 286, 291, 300, 310, 340
自民党政治改革（推進）本部　61, 62, 75, 80, 81, 91, 124-127, 187
自民党政治改革委員会　6, 10, 12, 14, 15, 26, 38-40, 42-48, 52, 57, 60, 64, 69, 78, 80, 82, 90, 93, 264, 310, 312
自民党選挙制度調査会　45, 47, 75, 80, 84, 85, 88, 89, 97, 103, 104, 107, 111
社会大衆党　291, 293
社会党→日本社会党

社会民衆党　287
社会民主主義政党（勢力）　287, 291-298, 300-302, 304
社会民主党（社民党）　21, 22, 105, 216, 220, 231, 232, 273, 275
社会民主連合（社民連）　4, 59, 66-68, 100, 120, 130, 154, 155, 157, 164, 171, 173, 175-177, 181, 186, 207
社公民路線　21, 64, 101, 102
社民党→社会民主党
自由党（緒方竹虎総裁）　300
自由党（小沢一郎党首）　217, 222, 253, 275, 318
自由民権運動　268, 289
自由民主党（自民党）　ii, 3-10, 13, 16-18, 20-24, 28, 30, 34, 37, 38, 42, 43, 50-53, 58-60, 62, 65, 67, 70, 78, 81, 84, 85, 91, 92, 94-96, 99, 100, 102, 104, 108, 111, 115, 116, 120-125, 127-129, 132-135, 146, 147, 152-160, 163-168, 171, 174, 175, 177-181, 184, 186, 187, 190-196, 198-200, 204, 205, 207, 208, 215, 216, 218, 232, 236, 238, 241-245, 247, 250, 256, 262-264, 266, 267, 269-274, 280-282, 285-287, 289-291, 296-304, 310-320, 323-325, 327-330, 332-335, 339
小選挙区制　2, 4, 8, 11, 14, 15, 17, 18, 24-26, 42, 43, 46, 53, 62, 65, 66, 70, 74, 75, 77, 79, 80, 83, 85, 94, 97, 103, 104, 117, 122-125, 127, 129, 130, 132, 136, 139, 140, 147, 156, 157, 159-165, 168, 173, 174, 181, 182, 184, 191, 192, 196-198, 205, 206, 208, 224, 242, 243, 251, 252, 257, 262, 263, 266, 269-272, 276-280, 282, 290, 299, 300, 304, 310, 312, 314, 317, 321, 324-328, 330, 332-334, 340
小選挙区比例代表併用制　15, 17, 18, 65, 67, 88, 96, 97, 99, 101, 110, 111, 120, 121, 128, 132, 133, 135, 173, 316, 317
小選挙区比例代表並立制　i, 15, 17, 18, 23, 39, 42, 54, 65, 67, 74, 75, 77, 80, 88, 91, 93, 94, 96, 97, 104, 110, 120-122, 124, 127, 128, 130, 135, 173, 179-194, 197, 200, 206-208, 238, 311, 316, 317
小選挙区比例代表連用制　120, 121, 128, 133,
135
シリウス　4, 21, 120, 130
新産別　19
新進党　7, 21, 22, 78, 104, 216, 226, 229, 231, 253, 256, 318, 327, 329, 339
新生党　4, 18, 121, 126, 135, 171-173, 175-180, 182, 183, 194-197, 205, 207, 213, 253, 316, 339
新党さきがけ　4, 121, 135, 146, 151, 157, 165, 171, 173, 175-183, 193-196, 205-207, 216, 218, 223, 227, 229, 213, 236, 303, 340
鈴木善幸内閣　118
政権党　245, 246
政治改革3法案（海部3案・海部内閣期）　2, 25, 74, 111, 115, 116, 165, 124, 127, 312
政治改革法案（細川内閣期）　198-200
政治改革4法案（宮沢内閣期）　120, 127
税と社会保障の一体改革　225
全電通　152
全日本労働総同盟（同盟）　19, 152, 216, 303
創価学会　109, 172, 217, 318, 327, 328
総評（日本労働組合総評議会）　19, 152, 303

た行

大政翼賛会　284, 295
第8次選挙制度審議会　10, 15-17, 38, 39, 59-64, 68, 69, 75, 84, 86-88, 90-97, 99, 100, 102, 103, 109, 110, 120, 160-162, 311, 312
第8次選挙制度審議会『答申』　86-88, 90-92, 95, 98, 99, 103, 116, 117, 162, 163, 174, 264, 311, 312
太陽党　339
竹下登内閣（政権）　i, 68, 118, 147, 177, 178, 186, 205, 311
竹下派（経世会）　25, 28, 44, 75-77, 110, 119, 120, 122, 125, 126, 137, 147, 153-156, 172, 173, 226, 313, 314, 320, 339
多数代表制　276, 278, 279, 282
多党制　160, 163
男子普通選挙　284, 287, 288, 291, 293, 294
単純小選挙区制　82, 93, 120, 125-127, 131, 179, 310
中選挙区制　1, 3, 5, 6, 10, 50, 52, 55, 56, 93,

350

111, 116, 120, 132, 159, 160, 179, 263, 266, 276, 285, 286, 291, 299, 300, 303, 310, 316, 323, 325, 326, 328, 329, 335, 340
東京佐川急便事件　119, 120
統治（機構）改革　234, 247, 248, 250
同盟→全日本労働総同盟
都民ファースト　274

な　行

中曽根康弘内閣（政権）　118, 152
二大政党制（二党制）　1, 4-8, 13-18, 22, 54, 55, 74, 78, 79, 89, 97, 140, 153, 154, 159, 163, 185, 186, 191, 196, 205-208, 221, 224, 235, 240-244, 251, 252, 254, 255, 257, 262, 264-273, 275-279, 281-286, 288, 290, 292-295, 298, 300, 302-304, 309, 311, 317, 322-326, 328, 335, 340
日本維新の会　270, 319
日本共産党（共産党）　ii, 19, 30, 53, 94, 119, 159, 171, 186, 191, 206, 266, 267, 273, 282, 302, 315, 318, 326, 331, 332
日本社会党（社会党）　4, 5, 7-9, 17, 18, 21, 22, 30, 34, 53, 62, 65-68, 100-103, 105, 111, 119-121, 124, 130, 131, 133-137, 146, 150, 152-155, 157-159, 163, 164, 166-168, 171-200, 205-208, 217, 262, 263, 267, 274, 282, 285, 287, 295-301, 303, 313-318, 331, 333
日本新党　4, 104, 119-121, 124, 131, 134, 135, 142, 143, 145, 171-173, 175-183, 193, 194, 196, 197, 206, 207, 218, 227, 229, 213, 236, 274, 300, 303, 314, 316, 339
日本民主党（鳩山一郎総裁）　300
日本無産党　287
日本労働組合総連合会（連合）　79, 151, 152, 156, 165, 167, 186, 192, 206, 216, 249, 250, 314
日本労農党　287
ニューウェーブの会　4, 99-103
野田佳彦内閣（政権）　222-226, 229, 231, 235, 237, 241, 248, 302, 319

は　行

羽田・小沢派→改革フォーラム21
羽田孜内閣（政権）　165, 302, 318
抜本改革（宮沢内閣期）　120, 125

鳩山由紀夫内閣（政権）　214, 221, 222, 225-227, 229, 231, 233, 239, 241, 248, 256, 302, 319, 320
比例代表制　15, 17, 40, 42, 56, 97, 132, 159-161, 163, 184, 276, 278, 279, 282
広田弘毅内閣　293
福田赳夫内閣　118
平成維新の会　120
包括政党　263, 267, 289, 302, 329
保守勢力　274, 275, 281, 283, 284, 287, 288, 290, 291, 294, 296-302, 304, 323, 329
保守二党制　5, 103, 275, 322, 324, 331
細川護熙内閣（政権）　ⅰ, 84, 95, 111, 122, 135, 146, 147, 150, 155, 156, 160, 165, 168, 171-175, 178, 181, 183, 185, 186, 190, 193, 196, 205-208, 256, 302, 315-318, 320

ま　行

『マグナカルタ』　233, 320
松下政経塾　215, 224, 227
三木武夫内閣　118
宮沢喜一内閣（政権）　85, 106, 115-118, 120-123, 129, 130, 135, 136, 146, 153, 164-167, 171, 173, 174, 178, 179, 186, 193, 205, 207, 315, 316, 326
民間政治臨調（政治改革推進協議会）　8, 11, 13, 119, 120, 133, 135, 160, 264, 285, 299, 313
民社党　16, 21, 64-68, 101, 102, 120, 121, 124, 134, 135, 152, 154, 155, 157, 159, 160, 164, 171, 173, 175-177, 179, 181, 186, 194, 196, 197, 207, 216, 231, 264, 296, 300, 317
民主改革連合　120
民主党（アメリカ）　295
民主党（第1次～第3次）　13, 22, 78, 104, 105, 135, 139, 157, 213-219, 221-229, 231-236, 238-240, 242, 245-253, 255-257, 262, 266-269, 271, 272, 275, 286, 298, 302, 303, 318-322, 327, 329, 331, 332, 334, 335, 339, 340
民主党政権　7, 104, 139, 213, 214, 219-221, 223-227, 229, 231-233, 235, 237, 239, 241, 242, 244-246, 248, 251, 252, 303, 309, 315, 319-321, 339
民進党　7, 218, 228-230, 235, 257, 270,

事項索引

351

272-275, 301-304, 319, 322, 328-330, 339, 340
民政党（羽田孜党首）　226, 231, 339
みんなの党　319
民由合併　141, 214, 217-219, 22-223, 231, 232, 247, 252, 253, 256, 318, 320

や行

有識者会議（竹下内閣期）　38-41, 43, 44
ユートピア政治研究会　12, 14, 25, 26, 44, 54, 55, 57, 68, 147, 310

ら行

リーダーシップ21　120, 130

リクルート事件　1, 2, 3, 5, 37, 38, 40-43, 65, 75, 107, 208, 309, 310
立憲政友会（政友会）　283, 284, 287-289, 291-295, 297, 299, 322
立憲民主党　230, 257, 272-275, 302, 304, 331, 334, 340
立憲民政党（民政党）　283, 284, 287-289, 291-295, 297, 299, 322
連合→日本労働組合総連合会
連合参議院　171

人名索引

あ行

赤松広隆　131, 132, 134, 135
秋葉忠利　100
浅川博忠　23-27, 280, 329
麻生太郎　234
安倍晋三　138, 234, 340
安倍晋太郎　42, 44-47, 58, 65, 68, 119, 122
阿部照哉　63
阿部文男　119, 124
新井明　63
新井裕　63
飯尾潤　244-246, 252
池田元久　100
石井一　46
石川真澄　157, 161-164, 287
石田幸四郎　60, 62, 67, 68, 133, 172, 184
石橋湛山　151, 287
石原俊　63
石原慎太郎　128
市川雄一　21, 183
伊東秀子　100
甕正敏　188, 190
伊東正義　12, 24, 26, 27, 58, 60, 68, 74, 76, 77, 80, 81-83, 85, 91, 92, 96, 109, 110, 116, 161, 164-166, 167, 226, 323, 324
犬養毅　293
井上寿一　283, 284, 293
岩田順介　100
上神貴佳　214
内田健三　63, 87, 88, 97
宇都宮徳馬　155
宇都宮真由美　100
宇野宗佑　2, 24, 58-61, 64, 68, 75, 172, 311
江副浩正　43
江田五月　4, 20, 60, 66-68, 101, 104, 120, 130, 164, 165, 175, 176, 256, 314, 325
江田三郎　153, 154
枝野幸男　220, 229-231, 235, 257, 273, 315, 340
江藤淳　40
江幡修三　63
大内啓伍　66
大久保直彦　66
大嶽秀夫　12, 13, 54
大平正芳　287
大前研一　120
岡崎トミ子　100
岡田克也　220, 225, 227, 266, 231, 235
緒方竹虎　300
岡野加穂留　157-159
小川信　100
奥田敬和　77, 125
奥野誠亮　93, 94, 310
小此木彦三郎　25
小沢一郎　4, 9, 12, 14, 17-28, 54, 68-70, 74-78, 83-88, 91-95, 103-111, 115-117, 120, 121, 125-131, 134-141, 145-147, 149, 150, 153-156, 162, 164-168, 171-178, 180, 184-186, 193-195, 200, 202, 204, 205, 207, 217-228, 230, 232, 234-236, 238, 243, 244, 246-248, 251-256, 298, 301-303, 311, 313-315, 318-321, 324, 325, 339
小渕恵三　39, 74, 110, 117, 120, 125, 318

か行

海部俊樹　2, 4, 19, 20, 24, 25, 69, 74-81, 83-88, 93, 94, 98, 108-111, 115-117, 119, 122, 123, 172-174, 198, 208, 311-313
梶木又造　44
梶山静六　4, 44, 125, 128-130, 135, 178, 326
粕谷茂　44, 126
片山哲　295
加藤紘一　123, 329
加藤繁秋　100
加藤秀次郎　276, 277
加藤高明　293
加藤孝　43
金子満広　66

353

金丸三郎　94
金丸信　4, 19, 20, 24, 25, 69, 75, 77, 90, 108, 120, 124-127, 131, 137, 177, 313, 314
鹿野道彦　22, 231
亀井静香　232
亀井正夫　40, 61, 63, 133
川内博史　221
河上丈太郎　153, 154
川島正英　63
川島實　100
神崎武法　329
菅直人　20, 21, 101, 217, 220-227, 229, 234-236, 239, 248, 252, 254-256, 274, 302, 303, 318, 319
岸信介　217, 297
ギャディス, J.　27-33
京極純一　39, 40
清原武彦　63
草柳大蔵　63
久次米健太郎　56
久保谷政義　271, 272, 277, 279
久保亘　18, 187-189, 193
小池百合子　230, 257, 273, 274, 330
小泉純一郎　117, 138
河野洋平　15, 65, 95, 126, 173, 182, 184, 195-200, 202-205, 207, 208
河野義克　61, 63
河本敏夫　75, 122
香山健一　15
後藤田正晴　3, 6, 12, 14, 17, 19, 24, 26, 27, 39, 41-48, 51-58, 60, 64, 68-70, 74, 76-78, 80-83, 85-96, 99, 109-111, 116, 124, 126, 127, 147, 162, 164-166, 192, 198, 226, 279, 285, 309-312, 314, 323, 324
五島正規　100
近衛文麿　141
小林与三次　18, 60, 62, 63, 90, 91, 94, 96, 110, 312
小林良彰　157, 241-243, 251, 277-279, 329
小松定次　100
ゴルバチョフ, ミハイル　105, 106
権藤恒夫　107

さ 行

斎藤明　63
斎藤実　293
坂野重信　59, 61, 64, 92, 96
坂本春生　61, 63
坂本三十次　44
桜内義雄　135
佐々木毅　i, 8-11, 17, 18, 37, 41, 63, 83, 84, 90, 93, 102, 103
佐々木秀典　100
佐藤功　61, 97
佐藤栄作　118
佐藤観樹　183
左藤恵　44
サルトーリ, G.　241
塩川正十郎　44, 59
渋谷修　100
昭和天皇　54
真藤恒　43
季武嘉也　19
鈴木善幸　118
鈴木恒夫　201, 202
須永徹　100
砂田重民　44, 47, 62
仙谷由人　100, 101, 105
曽野綾子　40
園田博之　329

た 行

ダウンズ, A.　271, 279, 283
宝樹文彦　152
田川誠一　155
竹入義勝　102
竹下登　i, 2, 4, 23-27, 37-41, 43, 44, 47, 48, 55, 56, 58-61, 64-66, 68-70, 74-77, 90, 92, 93, 96, 108, 118-120, 172, 208, 287, 309-311, 313, 314, 339.
武田知己　19
武部勤　46
武村正義　4, 12-14, 19, 21, 26, 27, 44, 54-57, 68, 80, 81, 116, 121, 139, 146-151, 165, 167, 171, 174, 175, 178-180, 184, 185, 195, 255, 256,

人名索引

310, 314, 315, 323-326
建林正彦　265-268
堅山利文　63
田中角栄　56, 57, 77, 90, 102, 119, 137, 287, 310
田中義一　293
田辺誠　109, 120, 130, 131
田原総一朗　121, 128
塚本三郎　43, 64
筒井信隆　100
堤英敬　214
デュベルジェ, M.　241
土井たか子　17, 60, 66-68, 101, 182, 202, 203, 274
外口玉子　100
友納武　44
豊永郁子　17

な 行

中尾栄一　128
中川順　63
中北浩爾　14-18, 239-241, 248, 251, 254
中島衛　129
永末英一　60, 64-68
中曽根康弘　118, 139
成田憲彦　95, 201, 202
成田正路　63
西尾末広　102
野田毅　74
野田佳彦　220, 222, 224-227, 229, 231, 232, 235, 236, 302, 319

は 行

橋下徹　274, 330
橋本龍太郎　59, 117, 120, 125, 274, 318
長谷川峻　124, 125
長谷百合子　100
羽田孜　4, 12, 18, 20, 22, 26, 68, 74, 76-81, 83, 84, 88, 93, 103, 105, 109, 110, 115-117, 120, 125-137, 147, 153-156, 161, 164, 165, 167, 171, 172, 174, 175, 177, 186, 205, 207, 226, 231, 314, 315, 318, 325, 339
鉢呂吉雄　100, 229

鳩山一郎　297, 300
鳩山邦夫　21
鳩山由紀夫　21, 139, 219, 220, 223, 225, 226, 231, 248, 232, 234-236, 247, 251, 318, 319
羽原清雅　95, 96
浜田幸一　46
濱本真輔　214, 215
林修三　39
原文兵衛　202
播谷実　63
坂野潤治　288, 291-295
檜垣徳太郎　44
平野貞夫　19, 69, 70, 85-88, 91, 106-109, 312
広田弘毅　293
福島譲二　44, 45
福田赳夫　60, 118
福田康夫　234
藤田晴子　63
藤村修　220, 231, 232, 235
ブッシュ, ジョージ　105, 106
船田元　129,
船橋洋一　249, 250, 252
不破哲三　67
細川護貞　141
細川護熙　i, 2, 4, 9, 14, 15, 21, 22, 26, 28, 65, 68, 95, 116, 119, 121, 139, 141-147, 166-169, 171-175, 178-186, 191, 193-206, 240, 255, 256, 285, 300, 302, 314-318, 325, 326, 339
細川律夫　100
細谷治通　100
堀江湛　63, 96, 97, 157, 160, 161, 163, 166
堀家嘉郎　63
堀込征雄　100-103

ま 行

前尾繁三郎　87
前原誠司　219, 220, 222, 227-230, 232, 235, 273, 315, 339, 340
待鳥聡史　264
町村信孝　46
松井孝治　220, 232-235
松原脩雄　100,
三木武夫　56, 75, 77, 87, 118, 122

355

御厨貴	243, 244, 251	山口二郎	157, 158, 163, 166, 237, 238-240, 245, 248, 251, 256, 257, 287, 288, 291-293
三塚博	59, 78, 122, 312		
皆川迪夫	63	山口鶴男	62, 66
宮沢喜一	2, 4, 20, 25, 69, 78, 115-119, 121-130, 132, 133, 135, 136, 165, 166, 171, 174, 208, 287, 304, 312, 314, 326, 332	山下元利	44
		山中邦紀	100
		山花貞夫	18, 21, 62, 120, 131, 135, 172, 177, 178, 180-185, 187, 188, 190, 197, 206, 314, 324, 325
村山富市	187-192, 197, 199, 206, 208, 304, 316, 318		
森山真弓	44	山本明	63
森喜朗	123, 199, 200, 202, 203	屋山太郎	63
		吉岡賢治	100

や 行

薬師寺克行	246-248, 250, 252-255	吉国一郎	63
安原美穂	39	吉田和子	100

わ 行

矢野絢也	66, 68	若林正俊	46
山岸章	4, 14, 17, 18, 94, 97, 151-157, 164-168, 186, 192, 193, 206, 216, 255, 298, 301, 314, 315, 325	渡辺恒三	125, 329
		渡部美智雄	45, 78, 122, 126, 312

■著者紹介

吉田　健一（よしだ　けんいち）

　　1973(昭和48)年　京都市生まれ
　　2000(平成12)年　立命館大学大学院政策科学研究科修士課程修了
　　現　　　在　　鹿児島大学学術研究院総合科学域共同学系准教授

著　作

『分権推進と自治の展望』（共著）日本評論社、2005年
『京都市政　公共経営と政策研究』（共著）法律文化社、2007年

「政治改革」の研究
―― 選挙制度改革による呪縛

2018年11月15日　初版第1刷発行

著　者　吉田　健一
発行者　田　靡　純　子
発行所　株式会社　法律文化社

〒603-8053
京都市北区上賀茂岩ヶ垣内町71
電話 075(791)7131　FAX 075(721)8400
http://www.hou-bun.com/

＊乱丁など不良本がありましたら、ご連絡ください。
　送料小社負担にてお取り替えいたします。

印刷：中村印刷㈱／製本：㈱藤沢製本
装幀：前田俊平
ISBN 978-4-589-03955-2

©2018 Kenichi Yoshida Printed in Japan

JCOPY 〈㈳出版者著作権管理機構 委託出版物〉
本書の無断複写は著作権法上での例外を除き禁じられています。複写される
場合は、そのつど事前に、㈳出版者著作権管理機構（電話 03-3513-6969、
FAX 03-3513-6979、e-mail: info@jcopy.or.jp）の許諾を得てください。

岡本哲和著
日本のネット選挙
―黎明期から18歳選挙権時代まで―
A5判・186頁・4000円

候補者はどのようにネットを使い、またどのような有権者がネットから影響を受けたのか。2000年衆院選から2016年参院選までの国政選挙と一部の地方選挙で実施した調査をもとに、実証的かつ中長期的スパンで体系的に分析・提示。

河田潤一著
ソーシャル・キャピタル
社会資本の政治学
―民主主義を編む―
A5判・200頁・4000円

アメリカにおける草の根の政治的実践の考察を中心として、人々のつながりを生み出し、社会への信頼感を高め、自発的な協働作業を促す社会資本(ソーシャル・キャピタル)醸成のカギと民主主義の活発化条件を探る。

坂本治也編
市民社会論
―理論と実証の最前線―
A5判・350頁・3200円

市民社会の実態と機能を体系的に学ぶ概説入門書。第一線の研究者たちが各章で①分析視角の重要性、②理論・学説の展開、③日本の現状、④今後の課題の4点をふまえて執筆。3部16章構成で理論と実証の最前線を解説。

村上弘著
新版 日本政治ガイドブック
―民主主義入門―
A5判・256頁・2400円

日本政治を捉えるためのガイドブック。基礎知識を丁寧に概説したうえで、政治の争点につき賛否両論をわかりやすく整理のうえ概説する。新版にあたって、政治の基礎を学ぶための「政治学入門」を新たに追加した。

五十嵐仁著〔〈18歳から〉シリーズ〕
18歳から考える日本の政治〔第2版〕
B5判・128頁・2300円

政治を見る目を鍛えるねらいのもと、私たちと政治の関係、戦後政治の展開と争点を豊富な資料を交え検証した好評書の改訂版。政治改革、省庁再編、政権交代、3.11、改憲論等、昨今の政治動向を盛り込んだ。

佐藤史郎・上野友也・松村博行著
はじめての政治学〔第2版〕
A5判・154頁・1900円

はじめて政治学を学ぶ人のためのコンパクトな入門書。政治を自分たちの問題として身近に感じられるようにわかりやすい文章で解説し、イラスト・図表にて概念を整理するなど工夫を凝らす。近時の政治動向をふまえ全面的に補訂。

――法律文化社――

表示価格は本体(税別)価格です